Código Bruño

PROGRAMA DE MEJORA

ESO

ÁMBITO CIENTÍFICO Y MATEMÁTICO NIVEL II

Jorge Pérez Nistal
Nuria Ortuño López
Alicia Albiñana Blázquez

Bruño

ÍNDICE

Estructura de las unidades. MATEMÁTICAS

MATEMÁTICAS

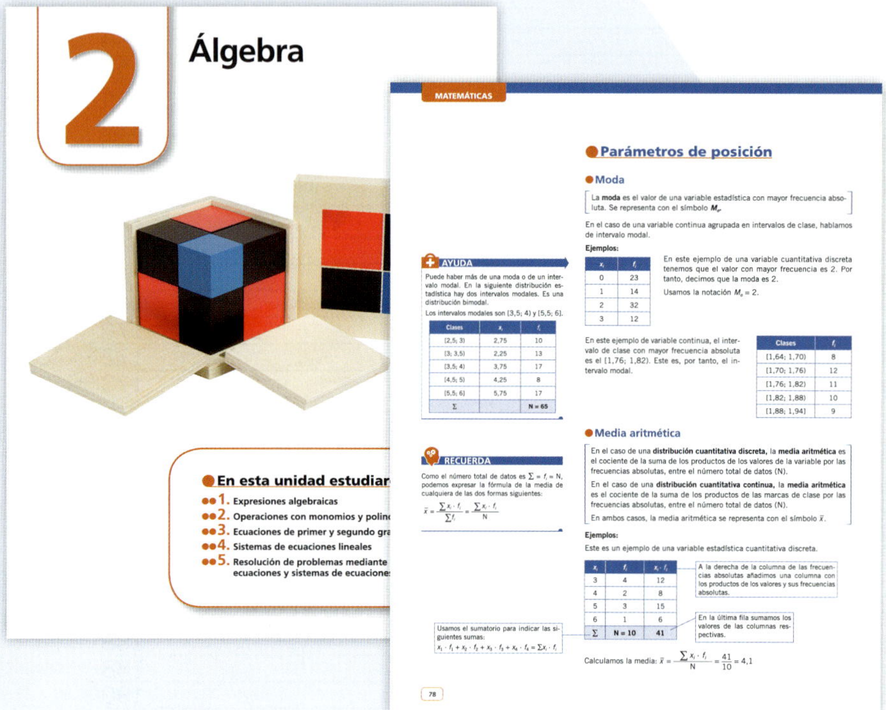

La exposición de contenidos se complementa con:

Ejemplos. Aplicación del contenido que ser resuelve de forma pormenorizada.

Ayuda. Pautas de trabajo para realizar algunas actividades.

¿Sabías que? Curiosidades o ampliaciones del contenido.

Recuerda. Repaso de contenidos de otros cursos o de unidades anteriores.

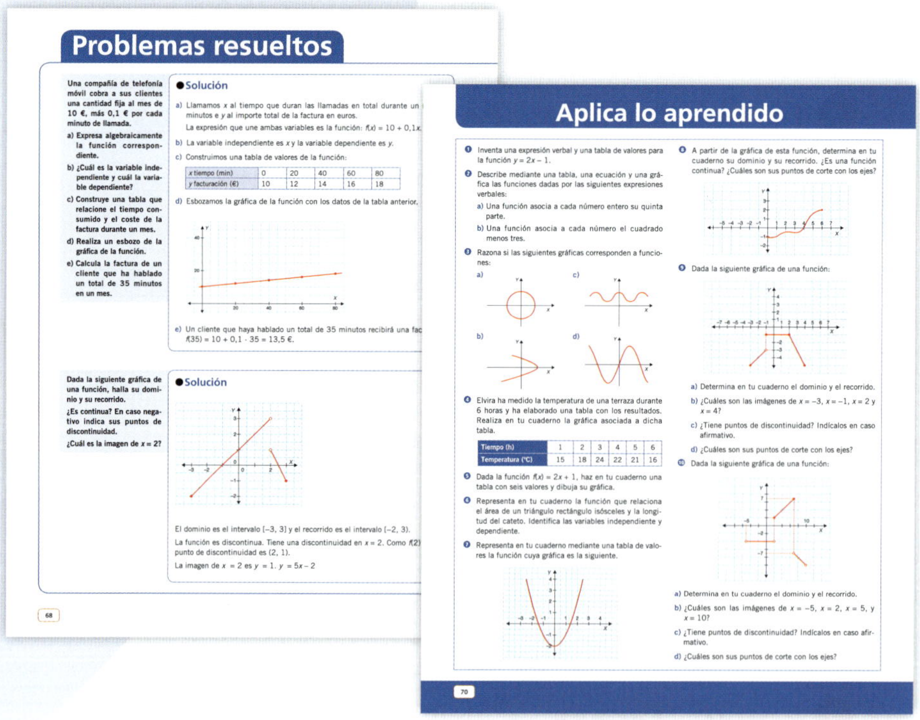

Y al final, para practicar:

Problemas resueltos. Actividades y ejemplos que resultan motivadores por los métodos utilizados en su resolución.

Aplica lo aprendido. Actividades básicas que ayudan a consolidar lo aprendido en la unidad.

Estructura de las unidades. BIOLOGÍA Y GEOLOGÍA

BIOLOGÍA Y GEOLOGÍA

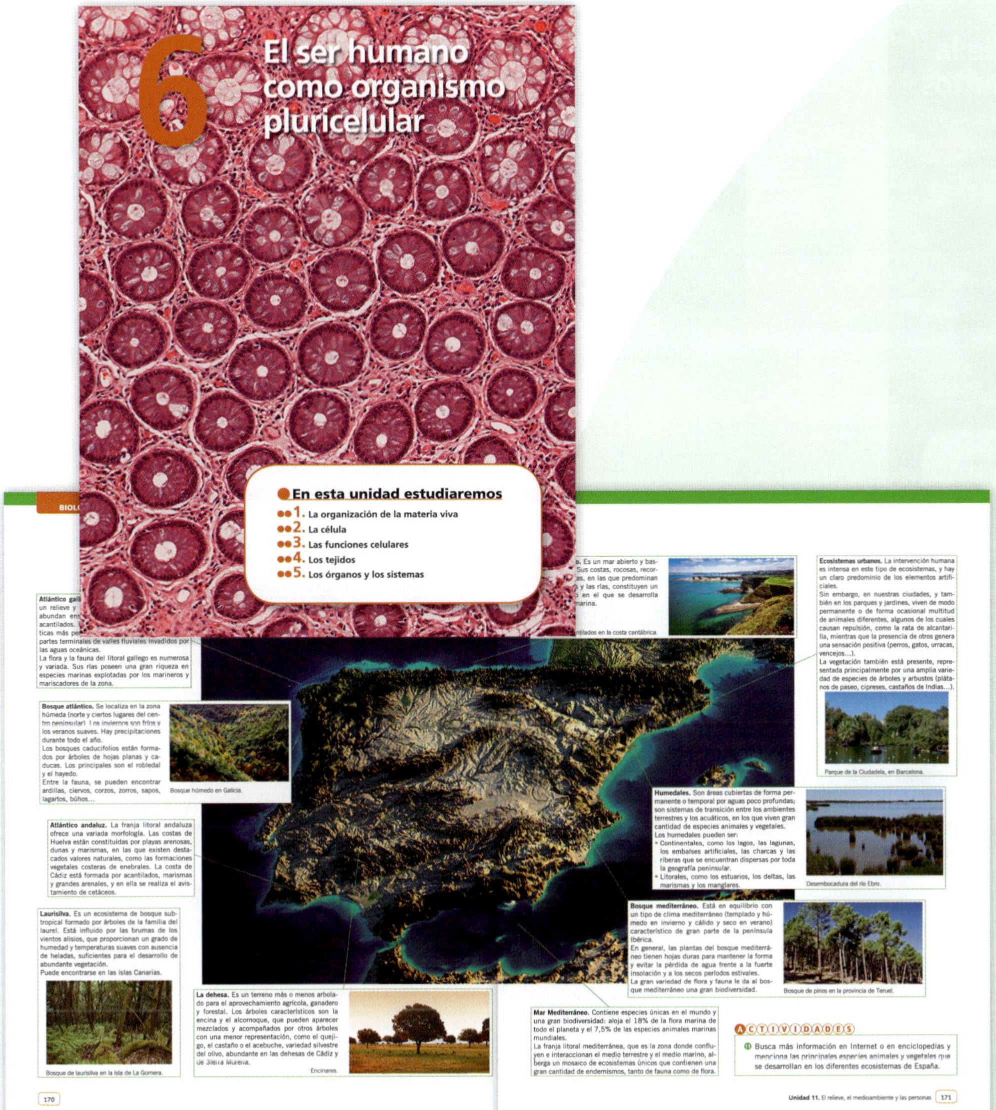

La unidad comienza con una **fotografía** motivadora y la **enumeración de los contenidos** que se trabajan.

A continuación, la exposición de contenidos se acompaña de **esquemas** y **gráficos** que ayudan a organizar las ideas.

Se presentan **magníficas ilustraciones** que apoyan y complementan los contenidos.

Ejemplos, Ayuda, ¿Sabías que?, Recuerda... acompañan al alumno en su aprendizaje.

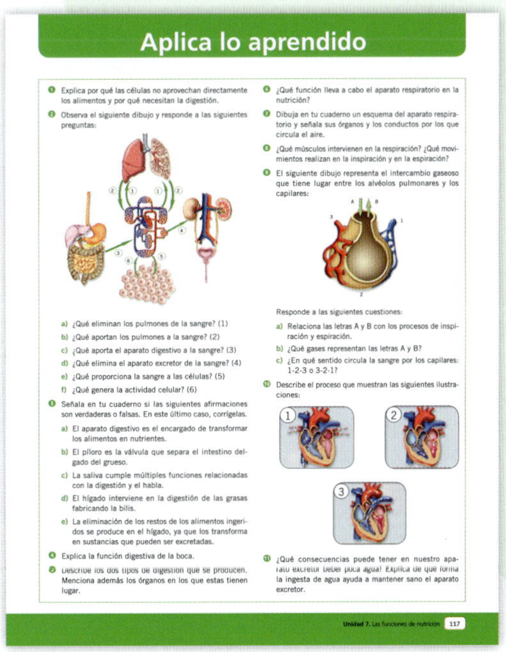

Y al final, **Aplica lo aprendido,** para recordar, relacionar y practicar.

Estructura de las unidades. FÍSICA Y QUÍMICA

FÍSICA Y QUÍMICA

La organización y desarrollo de los contenidos de Física y Química tiene como punto de referencia el **Método científico.**

Ejemplos, Ayuda, ¿Sabías que?, Recuerda… facilitan la asimilación de lo estudiado.

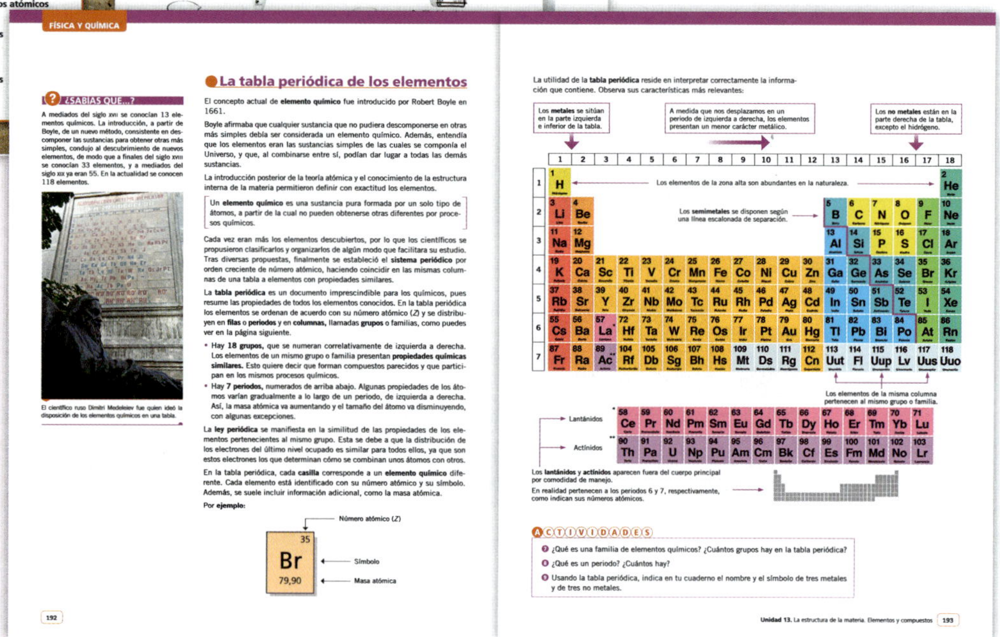

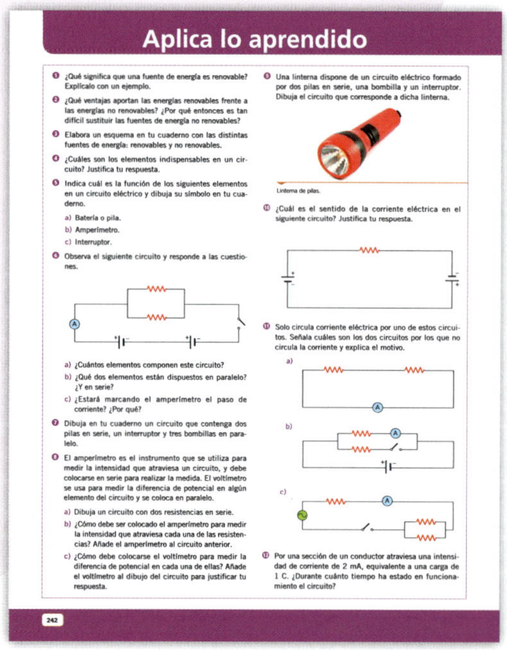

La unidad se cierra con la sección **Aplica lo aprendido** que propone actividades de muy diferente tipología.

SECCIONES COMUNES

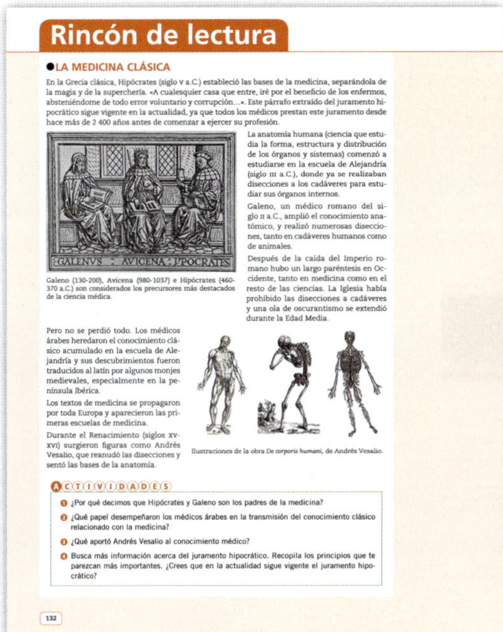

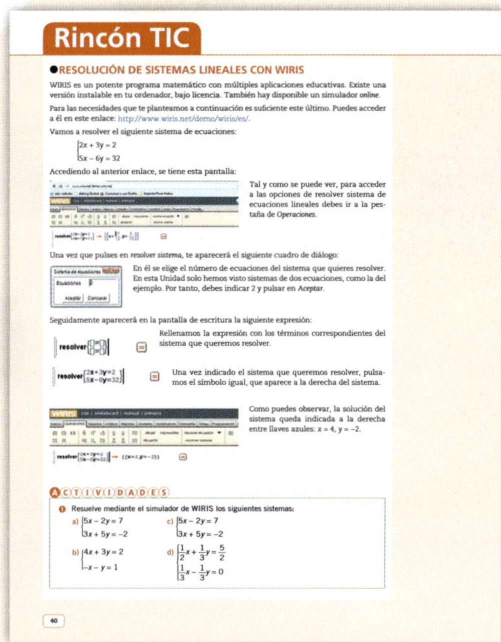

Rincón de lectura. Propuesta de actividades de comprensión lectora, análisis de textos… a partir de un texto científico. Se trabajan las competencias lingüísticas de manera específica.

Rincón TIC. Se presentan técnicas para que los alumnos se introduzcan en el uso de programas informáticos relacionados con los contenidos. Se trabaja la competencias digital de manera específica.

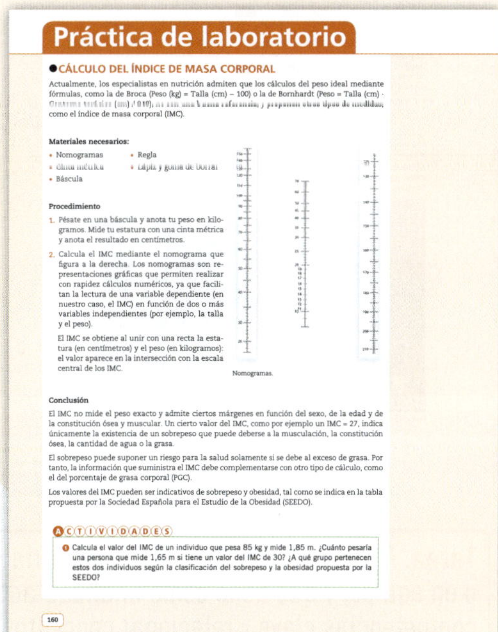

Práctica de laboratorio. Trabajos experimentales para desarrollar las habilidades y competencias propias de la ciencia.

Prueba Pisa. Actividad basada en la metodología de las pruebas PISA oficiales.

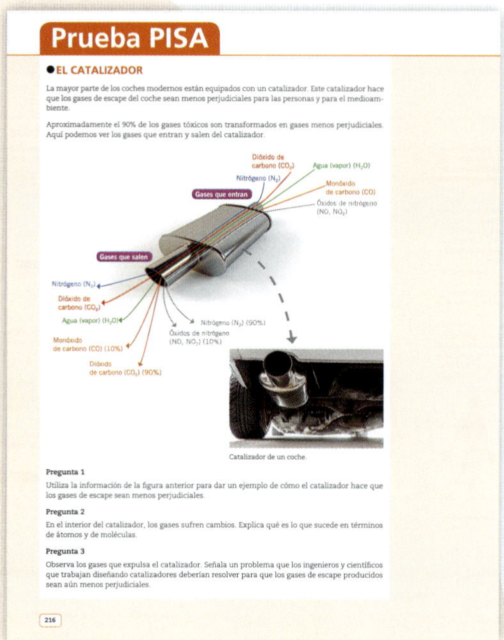

Prueba PISA

● EL CATALIZADOR

La mayor parte de los coches modernos están equipados con un catalizador. Este catalizador hace que los gases de escape del coche sean menos perjudiciales para las personas y para el medioambiente.

Aproximadamente el 90% de los gases tóxicos son transformados en gases menos perjudiciales. Aquí podemos ver los gases que entran y salen del catalizador.

Catalizador de un coche.

Pregunta 1

Utiliza la información de la figura anterior para dar un ejemplo de cómo el catalizador hace que los gases de escape sean menos perjudiciales.

Pregunta 2

En el interior del catalizador, los gases sufren cambios. Explica qué es lo que sucede en términos de átomos y de moléculas.

Pregunta 3

Observa los gases que expulsa el catalizador. Señala un problema que los ingenieros y científicos que trabajan diseñando catalizadores deberían resolver para que los gases de escape producidos sean aún menos perjudiciales.

216

ANEXO

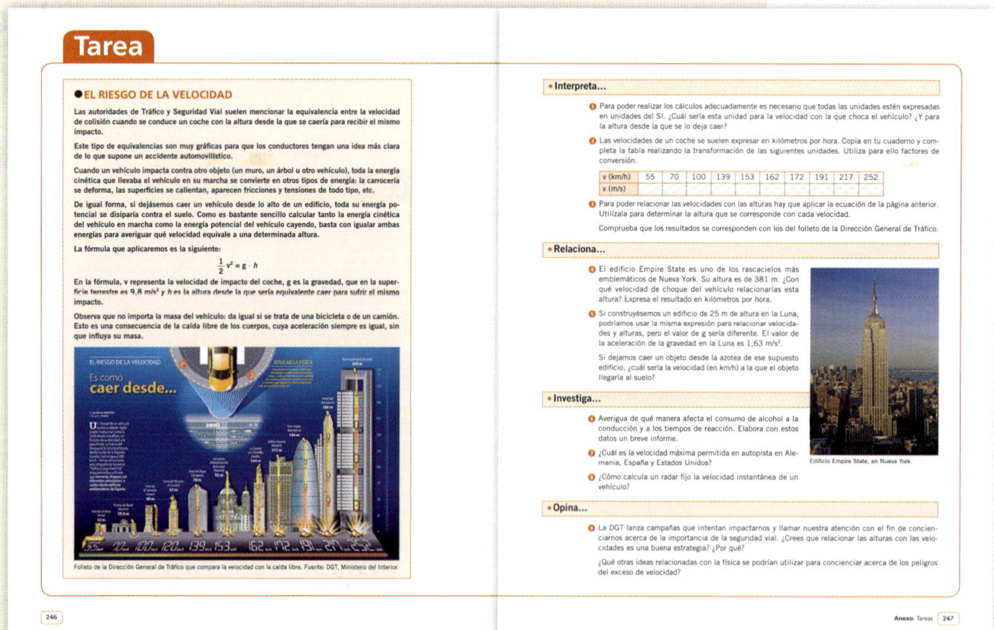

Tarea

● EL RIESGO DE LA VELOCIDAD

Las autoridades de Tráfico y Seguridad Vial suelen mencionar la equivalencia entre la velocidad de colisión cuando se conduce un coche con la altura desde la que se caería para recibir el mismo impacto.

Este tipo de equivalencias son muy gráficas para que los conductores tengan una idea más clara de lo que supone un accidente automovilístico.

Cuando un vehículo impacta contra otro objeto (un muro, un árbol u otro vehículo), toda la energía cinética que llevaba el vehículo en su marcha se convierte en otros tipos de energía: la carrocería se deforma, las superficies se calientan, aparecen fricciones y tensiones de todo tipo, etc.

De igual forma, si dejásemos caer un vehículo desde lo alto de un edificio, toda su energía potencial se disiparía contra el suelo. Como es bastante sencillo calcular tanto la energía cinética del vehículo en marcha como la energía potencial del vehículo cayendo, basta con igualar ambas energías para averiguar qué velocidad equivale a una determinada altura.

La fórmula que aplicaremos es la siguiente:

$$\frac{1}{2}v^2 = g \cdot h$$

En la fórmula, v representa la velocidad de impacto del coche, g es la gravedad, que en la superficie terrestre es 9,8 m/s² y *h* es la altura desde la que sería equivalente caer para sufrir el mismo impacto.

Observa que no importa la masa del vehículo: da igual si se trata de una bicicleta o de un camión. Esto es una consecuencia de la caída libre de los cuerpos, cuya aceleración siempre es igual, sin que influya su masa.

Folleto de la Dirección General de Tráfico que compara la velocidad con la caída libre. Fuente: DGT, Ministerio del Interior.

246

• Interpreta...

1. Para poder realizar los cálculos adecuadamente es necesario que todas las unidades estén expresadas en unidades del SI. ¿Cuál sería esta unidad para la velocidad con la que choca el vehículo? ¿Y para la altura desde la que se lo deja caer?
2. Las velocidades de un coche se suelen expresar en kilómetros por hora. Copia en tu cuaderno y completa la tabla realizando la transformación de las siguientes unidades. Utiliza para ello factores de conversión.

v (km/h)	55	70	100	139	153	162	172	191	217	252
v (m/s)										

3. Para poder relacionar las velocidades con las alturas hay que aplicar la ecuación de la página anterior. Utilízala para determinar la altura que se corresponde con cada velocidad.

   Comprueba que los resultados se corresponden con los del folleto de la Dirección General de Tráfico.

• Relaciona...

4. El edificio Empire State es uno de los rascacielos más emblemáticos de Nueva York. Su altura es de 381 m. ¿Con qué velocidad de choque del vehículo relacionarías esta altura? Expresa el resultado en kilómetros por hora.
5. Si construyésemos un edificio de 25 m de altura en la Luna, podríamos usar la misma expresión para relacionar velocidades y alturas, pero el valor de g sería diferente. El valor de la aceleración de la gravedad en la Luna es 1,63 m/s².

   Si dejamos caer un objeto desde la azotea de ese supuesto edificio, ¿cuál sería la velocidad (en km/h) a la que el objeto llegaría al suelo?

Edificio Empire State, en Nueva York.

• Investiga...

6. Averigua de qué manera afecta el consumo de alcohol a la conducción y a los tiempos de reacción. Elabora con estos datos un breve informe.
7. ¿Cuál es la velocidad máxima permitida en autopista en Alemania, España y Estados Unidos?
8. ¿Cómo calcula un radar fijo la velocidad instantánea de un vehículo?

• Opina...

9. La DGT lanza campañas que intentan impactarnos y llamar nuestra atención con el fin de concienciarnos acerca de la importancia de la seguridad vial. ¿Crees que relacionar las alturas con las velocidades es una buena estrategia? ¿Por qué?

   ¿Qué otras ideas relacionadas con la física se podrían utilizar para concienciar acerca de los peligros del exceso de velocidad?

Anexo. Tareas 247

Tarea. Actividad global y complementaria, que puede ser realizada individualmente o en equipo, y que tiene como finalidad adquirir de manera integrada las competencias clave y relacionar conceptos de las materias trabajadas en este libro.

1 Números y fracciones

En esta unidad estudiaremos

1. Fracciones. Operaciones con fracciones
2. Números decimales
3. Potencias de exponente entero
4. Potencias de 10 y notación científica
5. Aproximaciones y errores de aproximación
6. Raíces

Fracciones

Si a y b son dos números enteros y b es distinto de cero, la expresión $\frac{a}{b}$ es una **fracción.**

- El número entero a es el **numerador;** representa las partes iguales de la unidad que contienen una fracción.
- El número entero b es el **denominador;** representa las partes iguales en las que se divide una unidad.

Fracciones equivalentes

Dos fracciones de términos enteros $\frac{a}{b}$ y $\frac{c}{d}$ son equivalentes si se verifica que:

$$a \cdot d = b \cdot c$$

Para expresar simbólicamente que estas fracciones son equivalentes se escribe:

$$\frac{a}{b} = \frac{c}{d}$$

Dadas dos fracciones equivalentes, de la que se exprese mediante números menores se dice que es una **fracción simplificada** de la otra.

Ejemplo:

Las fracciones $\frac{1}{2}$ y $\frac{3}{6}$ son equivalentes ya que: $1 \cdot 6 = 2 \cdot 3$.

La fracción $\frac{1}{2}$ es una fracción simplificada de $\frac{3}{6}$.

Fracciones irreducibles

Si dividimos el numerador y el denominador entre el máximo común divisor de ambos, obtenemos una fracción equivalente, llamada **fracción irreducible.**

Ejemplo:

$$\frac{4}{28} = \frac{4:4}{28:4} = \frac{1}{7}$$

Suma de fracciones

Recuerda que para **sumar fracciones** es necesario reducirlas antes a común denominador mediante el mínimo común múltiplo de los denominadores.

Ejemplo:

$6 : 3 = 2 \rightarrow 2 \cdot 1 = 2$

$$\frac{1}{2} + \frac{-1}{3} = \frac{1}{2} - \frac{1}{3} = \frac{3}{6} - \frac{2}{6} = \frac{1}{6}$$

m.c.m. $(2; 3) = 6$

$6 : 2 = 3 \rightarrow 3 \cdot 1 = 3$

AYUDA

Esta pizza está dividida en seis porciones iguales. Hemos cogido $\frac{5}{6}$. Aún nos queda $\frac{1}{6}$.

En una fracción, el denominador (el número de abajo) indica las partes en las que está dividida una unidad. En este caso, la pizza completa representa la unidad, y cada porción es una fracción.

El numerador indica cuántas partes se toman. En este caso, cinco de las seis porciones en las que hemos partido la pizza, es decir, $\frac{5}{6}$.

Pizza cortada en porciones.

EJEMPLO

Comprueba gráficamente que las fracciones $\frac{1}{2}$ y $\frac{3}{6}$ son equivalentes.

Una manera de resolver este problema es la siguiente. Dibuja dos recuadros de la misma longitud, y divide el primero en dos partes iguales y el segundo en seis partes iguales.

Luego, toma del primero una de las dos fracciones en las que lo has dividido, $\frac{1}{2}$, y del segundo toma tres de las seis fracciones, $\frac{3}{6}$.

Comprueba a continuación que ambas ocupan el mismo espacio:

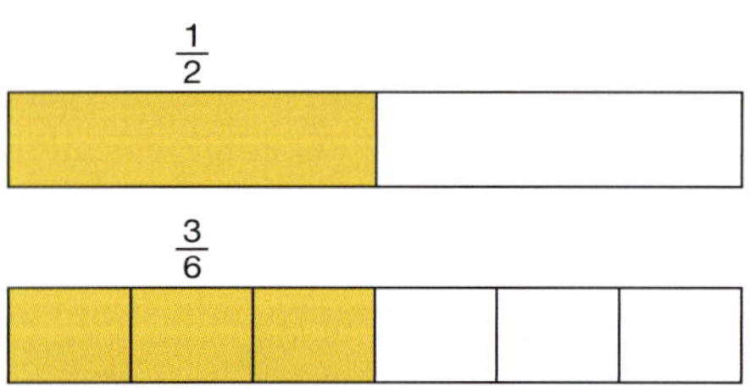

Producto de fracciones

El **producto de dos fracciones,** $\frac{a}{b}$ y $\frac{c}{d}$, es otra fracción cuyo **numerador** es el producto de los numeradores de las fracciones dadas y cuyo **denominador** es el producto de los denominadores de las fracciones dadas. Es decir:

$$\frac{a}{b} \cdot \frac{c}{d} = \frac{a \cdot d}{b \cdot c}$$

Cociente de fracciones

El **cociente de dos fracciones,** $\frac{a}{b} : \frac{c}{d}$, es la fracción resultante del producto $\frac{a}{b} \cdot \frac{c}{d}$. Es decir:

$$\frac{a}{b} : \frac{c}{d} = \frac{a}{b} \cdot \frac{d}{c} = \frac{a \cdot d}{b \cdot c}$$

Prioridad de operaciones

Cuando se **combinan operaciones** con fracciones, los cálculos han de realizarse siguiendo un **orden:**

- Si hay **paréntesis,** se resuelven primero estos.
- Después, se efectúan las **divisiones** y las **multiplicaciones** en el orden en el que aparezcan, de izquierda a derecha.
- Por último, las **sumas** y las **restas,** también en el orden en el que aparezcan (de izquierda a derecha).

Ejemplo:

Primero se resuelven las operaciones de los paréntesis.

$$\frac{1}{7} : \left(\frac{3}{4} - \frac{2}{5}\right) + \frac{2}{7} =$$

Luego, las divisiones y multiplicaciones.

$$= \frac{1}{7} : \frac{7}{20} + \frac{2}{7} = \frac{1}{7} \cdot \frac{20}{7} + \frac{2}{7} = \frac{20}{49} + \frac{14}{49} = \frac{34}{49}$$

Por último, se resuelven las sumas y restas.

AYUDA

Dadas varias fracciones, para compararlas debemos reducirlas primero a común denominador.

Luego, comparamos los numeradores; las fracciones serán mayores cuanto mayores sean sus numeradores.

Por ejemplo:

Dadas las fracciones $\frac{3}{6}$, $\frac{4}{3}$ y $\frac{5}{4}$, las reducimos a común denominador:

$$\frac{3}{6} \rightarrow \frac{6}{12}$$
$$\frac{4}{3} \rightarrow \frac{16}{12}$$
$$\frac{5}{4} \rightarrow \frac{15}{12}$$

Por tanto, tenemos que: $\frac{4}{3} > \frac{5}{4} > \frac{3}{6}$.

¿SABÍAS QUE...?

El producto de una fracción por una suma de fracciones se puede transformar en la suma de los productos del factor por cada una de las fracciones del interior del paréntesis.

Esta propiedad se llama propiedad distributiva del producto respecto a la suma.

$$\frac{a}{b} \cdot \left(\frac{b}{c} + \frac{m}{n}\right) = \frac{a}{b} \cdot \frac{b}{c} + \frac{a}{b} \cdot \frac{m}{n}$$

ACTIVIDADES

1 Calcula y simplifica el resultado.

a) $\frac{4}{24} + \frac{5}{6} - \frac{3}{4}$

b) $\frac{-5}{24} + \frac{12}{3} - \frac{-7}{6}$

c) $\frac{2}{3} \cdot \frac{5}{7}$

d) $\frac{6}{7} : \frac{8}{3}$

e) $\left(\frac{3}{5} - \frac{1}{3}\right) : \frac{1}{4}$

f) $\left(\frac{4}{3} - \frac{2}{3}\right) : \left(-\frac{3}{4}\right)$

Números decimales

Los **números decimales** son aquellos que están formados por una **parte entera** y una **parte decimal.**

La parte entera y la parte decimal están separadas por la **coma decimal.**

La **parte entera** de un número decimal la componen las cifras situadas a la izquierda de la coma.

0,98

1,52

23,87

La **parte decimal** está formada por las cifras situadas a la derecha de la coma.

Las cifras situadas en la parte decimal representan órdenes de la unidad: décimas, centésimas, milésimas, diezmilésimas...

$$45{,}567892 = 45 + \frac{5}{10} + \frac{6}{100} + \frac{7}{1\,000} + \frac{8}{10\,000}$$

Órdenes de la unidad				
Parte entera	Décimas	Centésimas	Milésimas	Diezmilésimas
45	5	6	7	8

Relación de orden entre los números decimales

De entre varios números decimales, el mayor es el que tiene la parte entera mayor.

Si dos números decimales tienen la misma parte entera, el mayor es el que tiene la cifra mayor de décimas. Si tienen el mismo número de décimas, comparamos las centésimas. Si tienen el mismo número de centésimas, comparamos las milésimas. Y así sucesivamente.

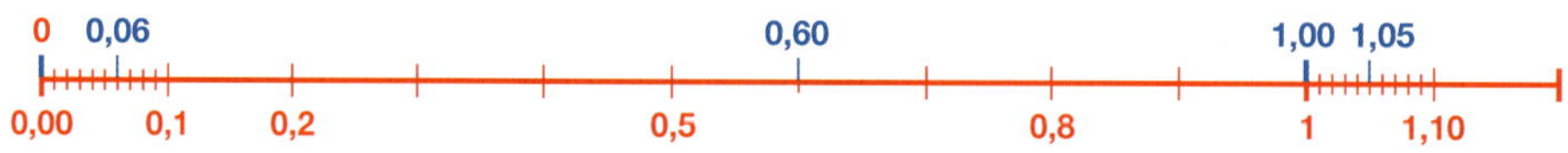

1,05 > 1,00 > 0,60 > 0,06

Tipos de números decimales

Los números decimales se clasifican de la siguiente manera:

- **Números decimales exactos.** Son aquellos que tienen un número finito de decimales. Por ejemplo: 3,45; 47,3456.
- **Números decimales periódicos puros.** Son aquellos números decimales tales que su parte decimal consiste en un grupo de cifras que se repite infinitamente, al que se denomina periodo. Por ejemplo: 340,75757575... = $= 340,\widehat{75}$.
- **Números decimales periódicos mixtos.** Son decimales periódicos en los que entre la coma y el periodo existe un conjunto de cifras que no se repite, que se denomina anteperiodo. Ejemplo: 29,456212121... = $29,456\widehat{21}$.

AYUDA

Recuerda cómo se realizan los cálculos con los números decimales:

- Suma:
  210,35 + 45,021

```
 210,350
+ 45,021
 255,371
```

- Resta:
  302,23 – 214,154

```
  302,230
– 214,154
  088,076
```

- Producto:
  124,21 · 23,5

```
    124,21
×     23,5
     62105
    37263
   24842
  2918,935
```

- División:
  335,61 : 27

```
335,61 | 27
65       12,43
116
  081
    0
```

Fracciones y números decimales

Las fracciones, al ser cocientes implícitos de números enteros, dan lugar a los tres tipos de números decimales vistos antes.

Veamos tres **ejemplos:**

- $\frac{3}{4} = 0{,}75 \rightarrow 0{,}75$ es una expresión decimal limitada.
- $\frac{7}{3} = 2{,}333... = 2{,}\widehat{3} \rightarrow 2{,}\widehat{3}$ (es una expresión decimal periódica, porque la cifra decimal, 3, se repite indefinidamente).
- $\frac{7}{22} = 0{,}3181818... = 0{,}3\widehat{18} \rightarrow 0{,}3\widehat{18}$ es también una expresión decimal periódica, porque el periodo 18 se repite indefinidamente. No obstante, como el periodo no comienza inmediatamente a la derecha de la coma, es una expresión periódica mixta. El anteperiodo es 3.

Fracciones generatrices

Los números decimales exactos y periódicos pueden expresarse con fracciones. En el siguiente cuadro se resume el procedimiento.

Decimal	Procedimiento	Ejemplo
Exactos	**Numerador:** el número expresado sin coma decimal. **Denominador:** la unidad seguida de tantos ceros como cifras decimales.	$27{,}467 = \frac{27\,467}{1\,000}$
Periódicos puros	**Numerador:** el número expresado sin coma decimal menos la parte entera. **Denominador:** tantos nueves como cifras tenga el periodo.	$98{,}\widehat{675} = \frac{98\,675 - 98}{999} = \frac{98\,577}{999}$
Periódicos mixtos	**Numerador:** el número expresado sin coma decimal, menos la parte entera junto al anteperiodo. **Denominador:** tantos nueves como cifras tenga el periodo, seguidos de tantos ceros como cifras tenga el anteperiodo.	$5{,}6\widehat{45} = \frac{5\,645 - 56}{990} = \frac{5\,589}{990}$

AYUDA

Podemos conocer la expresión decimal a la que dará lugar la división implícita de una fracción sin realizarla.
Para ello, previamente hay que calcular la fracción irreducible. Seguidamente, descomponemos en factores primos el denominador. Dependiendo de los factores primos del denominador tenemos:

- Si los factores del denominador son 2 o 5, el número será un decimal exacto.

$$\frac{14}{40} = \frac{7}{20} = \frac{7}{2^2 \cdot 5} = 0{,}35$$

- Si los factores del denominador son distintos de 2 y de 5, el número será periódico puro.

$$\frac{10}{45} = \frac{2}{9} = \frac{2}{3^2} = 0{,}\widehat{2}$$

- Si la descomposición del denominador posee a la vez 2 o 5 conjuntamente con factores distintos de 2 y de 5, el número será periódico mixto.

$$\frac{10}{24} = \frac{5}{12} = \frac{5}{2^2 \cdot 3} = 0{,}41\widehat{6}$$

ACTIVIDADES

2 Calcula la fracción generatriz de los siguientes números decimales.

a) $56{,}78$ b) $2{,}\widehat{56}$ c) $13{,}0\widehat{98}$ d) $0{,}98$ e) $7{,}\widehat{87}$ f) $56{,}8\widehat{7}$

3 Determina, sin hacer la división, el tipo de decimal al que dan lugar las siguientes fracciones.

a) $\frac{33}{10}$ c) $\frac{50}{220}$ e) $\frac{55}{110}$

b) $\frac{42}{70}$ d) $\frac{33}{132}$ f) $\frac{12}{90}$

Aproximaciones

En ciertos contextos reales en los que se trabaja con números decimales, no se pierde información importante si se prescinde de algunos decimales y se utilizan **valores más cómodos** y **fáciles de recordar.**

Por ejemplo, si un ganadero ha ordeñado 30,345 litros de leche, se puede afirmar, sin demasiado error, que ha ordeñado 30,3 litros o 30,4 litros.

En el primer caso, se dice que hemos **aproximado por defecto** a las décimas, y en el segundo, que lo hemos hecho **por exceso.**

Igualmente, en el caso de cálculos rápidos en los que no es necesaria una gran precisión, se pueden realizar aproximaciones.

Ejemplos:

$25{,}1345 \cdot 65{,}4563 \approx \underbrace{25{,}13 \cdot 65{,}45} \approx 1644{,}75\cancel{85}$

Hemos aproximado ambos factores por defecto a las centésimas.

Solo podemos tomar con certeza dos decimales, ya que hemos aproximado a las centésimas los factores. Los dos últimos decimales no son válidos.

$30{,}3423 \cdot 5{,}6743 \approx \underbrace{30{,}343 \cdot 5{,}675} \approx 172{,}196\cancel{525}$

Hemos aproximado ambos factores por defecto a las milésimas.

En este caso no son válidos los tres últimos decimales.

Truncamiento

El **truncamiento** es un tipo de aproximación de números decimales en el que se eliminan las cifras decimales a partir de un orden de la unidad determinado.

Por **ejemplo,** si se aproxima por truncamiento a las milésimas el número 245,7845988, simplemente se eliminan las cifras decimales a partir de las milésimas:

$245{,}7845988 \approx 245{,}784$

Redondeo

El **redondeo** de números decimales es un método de aproximación a un orden de la unidad determinado.

Para realizarlo hay que seguir los siguientes **pasos:**

1. Se eliminan los decimales posteriores al orden de unidad pedido.
2. Si el primer decimal eliminado es menor que 5, el último decimal no eliminado queda igual que en el número original. Si, en cambio, el primer decimal eliminado es mayor o igual que 5, se aumenta en una unidad el último decimal no eliminado.

Por **ejemplo:**

Aproximemos el número 9,23456 a las centésimas:

$9{,}23456 \rightarrow 4 < 5$, luego, dejamos las tres centésimas iguales: $9{,}23456 \approx 9{,}23$.

Aproximemos el número 0,4786 a las décimas:

$0{,}4786 \rightarrow 7 > 5$, luego, las siete décimas aumentan una unidad: $0{,}4786 \approx 0{,}5$.

AYUDA

En las operaciones con aproximaciones, realizadas por cualquier método, solo puedes aceptar los decimales que no superen el orden de aproximación de los factores.

¿SABÍAS QUE...?

En las ciencias experimentales es muy usual utilizar en las aproximaciones ceros en la derecha de la parte decimal.

Esto tiene un significado especial. Por ejemplo, si en un laboratorio químico nos dan 0,340 g de una muestra de una sustancia, no es lo mismo que 0,34.

En el primer caso se nos informa implícitamente que han pesado la muestra con una exactitud de milésimas, por lo que en los cálculos que realicemos con esa sustancia podemos aproximar hasta las milésimas, mientras que en el segundo no nos aseguran esa exactitud.

Las medidas en un laboratorio deben tomarse con la exactitud adecuada.

Error absoluto y error relativo de una aproximación

Siempre que se realiza una aproximación se comete un **error.**

Una primera medida de ese error se calcula con la siguiente fórmula:

$$\text{error absoluto} = E_a = |\text{valor real} - \text{valor aproximado}|$$

Ejemplos:

La longitud de una mesa es de 2,453 m. Calculamos el error cometido al aproximar su longitud a 2,45 m.

$E_a = |\text{valor real} - \text{valor aproximado}| = |2{,}453 - 2{,}45| = 0{,}003$ m.

La longitud de la mano de una persona es de 0,153 m. Calculamos el error cometido al aproximar su longitud a 0,15 m.

$E_a = |\text{valor real} - \text{valor aproximado}| = |0{,}153 - 0{,}15| = 0{,}003$ m.

Podemos comprobar que en ambos ejemplos el error absoluto es el mismo: 0,003 m.

Pero el error es menos importante en la mesa que en la palma de la mano, debido a su mayor longitud.

Para medir el error que se comete con relación al valor real se define el **error relativo,** que es una medida porcentual del error absoluto cometido en una aproximación respecto al valor real.

El error relativo sigue la siguiente fórmula:

$$\text{Error relativo} = E_r = \frac{E_a}{|\text{valor real}|} \cdot 100\%$$

Para los ejemplos anteriores, tenemos:

$$\text{Mesa} \rightarrow E_r = \frac{0{,}003}{|2{,}453|} \cdot 100\% = 0{,}0012\%$$

$$\text{Palma de la mano} \rightarrow E_r = \frac{0{,}003}{|0{,}153|} \cdot 100\% = 0{,}0019\%$$

Comprobamos que el error relativo es mayor en el caso de la palma de la mano.

AYUDA

El valor absoluto de un número es resultado de eliminar al número su signo positivo o negativo.
Se expresa introduciendo el número entre barras | |.
Por ejemplo:
$|4| = 4$
$|+89| = 89$

ACTIVIDADES

4 Aproxima por redondeo al orden de la unidad pedido y calcula el error absoluto y el error relativo de las aproximaciones realizadas.

a) 45,678 a las décimas.
b) 0,543 a las centésimas.
c) 2,36 a las décimas.
d) 67,567 a las centésimas.

5 Dados A = 364,5645 y B = 32,4309, aproxímalos por truncamiento a las décimas y calcula con el número correcto de cifras decimales.

a) $A + B$
b) $A - B$
c) $A \cdot B$
d) $A : B$

Potencias

Potencias con exponentes naturales

Recuerda el significado de las potencias cuyos exponentes son números naturales.

El número situado abajo, llamado **base,** se multiplica por sí mismo tantas veces como indique el número superior, llamado **exponente.**

$$3^2 = 3 \cdot 3 = 9 \qquad 5^4 = 5 \cdot 5 \cdot 5 \cdot 5 = 625$$

Potencias con exponentes negativos

La potencia de un número natural elevado a un número negativo se define de la siguiente forma:

$$a^{-n} = \frac{1}{a^n}$$

Ejemplos:

$$7^{-1} = \frac{1}{7} \qquad 4^{-2} = \frac{1}{4^2} = \frac{1}{16} \qquad 5^{-3} = \frac{1}{5^3} = \frac{1}{125}$$

De este modo, podemos calcular potencias con exponentes tanto positivos como negativos. Es decir, en general, potencias con exponentes enteros.

Propiedades de las potencias con exponentes enteros

Las potencias con exponentes enteros tienen las mismas **propiedades** que las potencias cuyos exponentes son números naturales.

Las resumimos en el siguiente cuadro.

Propiedades de las potencias		Ejemplos
Producto de potencias con la misma base	$a^n \cdot a^m = a^{n+m}$	$3^4 \cdot 3^{-2} = 3^{4+(-2)} = 3^2 = 9$
Cociente de potencias con la misma base	$a^n : a^m = a^{n-m}$	$5^{-3} : 5^{-1} = 5^{-3-(-1)} = 5^{-3+1} = 5^{-2} = \frac{1}{5^2} = \frac{1}{25}$
Producto de potencias con el mismo exponente	$a^n \cdot b^n = (a \cdot b)^n$	$9^{-2} : 3^{-2} = (9 : 3)^{-2} = 27^{-2} = \frac{1}{27^2}$
Cociente de potencias con el mismo exponente	$a^n : b^n = (a : b)^n$	$8^{-4} : 4^{-4} = (8 : 4)^{-4} = 2^{-4} = \frac{1}{2^4} = \frac{1}{16}$
Potencia de potencia	$(a^n)^m = a^{n \cdot m}$	$(2^3)^{-2} = 2^{3 \cdot (-2)} = 2^{-6} = \frac{1}{2^6} = \frac{1}{64}$

AYUDA

Observa cómo se extienden las propiedades que ya conocías de las potencias con exponentes positivos a las potencias con exponentes negativos.

Debes tener cuidado con las operaciones con los números enteros a la hora de aplicarlas.

Potencias de 10

Ya conoces las potencias de 10 para los exponentes positivos. Recuerda que su resultado es la unidad seguida de una cantidad de ceros igual al exponente.

Veamos algunos **ejemplos:**

$$10^2 = 100 \qquad 10^3 = 1\,000 \qquad 10^4 = 10\,000$$

Veamos cómo se calculan las potencias de 10 con exponentes negativos mediante unos ejemplos:

$$10^{-1} = \frac{1}{10} = 0{,}1 \qquad 10^{-2} = \frac{1}{10^2} = \frac{1}{100} = 0{,}01 \qquad 10^{-3} = \frac{1}{10^3} = \frac{1}{1\,000} = 0{,}001$$

Observa que su resultado es igual al cociente de uno entre la unidad seguida de una cantidad de ceros igual al valor absoluto del exponente.

Notación científica

La **notación científica** es el método que consiste en expresar números muy pequeños o muy grandes de manera abreviada.

En la notación científica se expresa el número con la parte entera constituida por una sola cifra distinta de cero y el resto cifras decimales, multiplicado ello por una potencia de 10.

El exponente de la potencia de 10 coincidirá en valor absoluto con la cantidad de cifras que hay que mover la coma decimal.

En el caso de **números muy pequeños**, la coma se mueve hacia la izquierda y, por tanto, el exponente será negativo.

En el caso de **números muy grandes,** la coma se mueve hacia la derecha y, por tanto, el exponente será positivo.

Por **ejemplo:**

Número en notación decimal	Número en notación científica
3 190 000 (⑥⑤④ ③②①)	→ $3{,}19 \cdot 10^6$
0,00002205 (①②③④⑤)	→ $2{,}205 \cdot 10^{-5}$

EJEMPLO

Observa los siguientes ejemplos reales de utilización de números expresados en notación científica:

Masa del Sol: $1{,}989 \cdot 10^{30}$ kg.

Masa de un electrón: $9{,}1 \cdot 10^{-31}$ kg.

Número de estrellas de la Vía Láctea: $3 \cdot 10^{12}$.

Diámetro de un protón: $1 \cdot 10^{-15}$ mm.

ACTIVIDADES

6 Expresa como una potencia única las siguientes expresiones.

- **a)** $(3^{-4})^{-4}$
- **b)** $7^4 \cdot 7^{-1}$
- **c)** $5^3 \cdot 5^2 \cdot 3^5$
- **d)** $4^{-4} \cdot 4^3 \cdot 4^7$
- **e)** $11^4 : 11^{-5}$
- **f)** $(2^6 \cdot 2^{-2})^3$
- **g)** $5^{-3} \cdot 5^{-3}$
- **h)** $(6^{-2} : 6^{-4})^{-2}$

7 Expresa en notación científica los siguientes números.

- **a)** 36 544 387 321,0098
- **b)** 0,000 000 653
- **c)** 98 000 000 000
- **d)** 0,000 000 762

Operaciones con números expresados en notación científica

Suma y resta. Para la suma y resta de números expresados en notación científica hay que tener en cuenta los siguientes criterios:

- Si las potencias de 10 de ambos números son iguales, se suman o restan los números decimales y se deja el resultado multiplicado por la misma potencia de 10.
- Si las potencias de 10 de ambos números no son coincidentes, se expresa uno de ellos con una potencia de 10 igual a la del otro. Luego se suman las partes decimales y se deja el resultado multiplicado por la misma potencia de 10. En este caso, debemos prestar atención a que el resultado esté expresado realmente en notación científica, es decir, con una sola cifra entera distinta de cero.

Ejemplo. Queremos sumar los siguientes números en notación científica:

$$4{,}5 \cdot 10^4 + 6{,}32 \cdot 10^6$$

Observamos que las potencias de 10 son distintas. Debemos expresar uno de ellos con la misma potencia de 10 que el otro antes de sumarlos.

Por ejemplo, si fijamos $6{,}32 \cdot 10^6$, transformamos el otro de la siguiente manera:

$$4{,}5 \cdot 10^4 = 45\,000 = 0{,}045 \cdot 10^6$$

No está estrictamente expresado en notación científica, ya que su parte entera es cero, pero nos permite realizar la suma:

$$\begin{array}{rcr} 4{,}5 \cdot 10^4 & \rightarrow & 0{,}045 \cdot 10^6 \\ +\ 6{,}32 \cdot 10^6 & \rightarrow & +\ 6{,}32 \cdot 10^6 \\ \hline & & 6{,}365 \cdot 10^6 \end{array}$$

Todavía no se puede sumar.

Resultado

Multiplicación y división. Para la multiplicar y dividir números expresados en notación científica hay que tener en cuenta que:

- Se multiplican o se dividen los números decimales por un lado. Aparte, se multiplican o se dividen las potencias de 10 siguiendo las propiedades de las potencias con la misma base.
- Se expresa el resultado en notación científica, es decir, con una sola cifra entera distinta de cero.

Ejemplo. Multipliquemos los números siguientes expresados en notación científica: $2{,}456 \cdot 10^{-4} \cdot 3{,}34 \cdot 10^{-6}$.

Para resolverlo, utilizamos la propiedad asociativa del producto y multiplicamos, por un lado, las partes decimales y, por otro, las potencias de 10:

$$2{,}456 \cdot 10^{-4} \cdot 3{,}34 \cdot 10^{-6} = (2{,}456 \cdot 3{,}34) \cdot (10^{-4} \cdot 10^{-6}) =$$

$$= 8{,}20304 \cdot 10^{-4-6} = 8{,}20304 \cdot 10^{-10}$$

EJEMPLO

Divide los siguientes números expresados en notación científica:

$5{,}43 \cdot 10^5 : 6{,}31 \cdot 10^{-4}$

Siguiendo los criterios que hemos visto, podemos resolver el ejercicio de la siguiente manera:

$$5{,}43 \cdot 10^5 : 6{,}31 \cdot 10^{-4} =$$

$$= \frac{5{,}43 \cdot 10^5}{6{,}31 \cdot 10^{-4}} = \frac{5{,}43}{6{,}31} = \frac{10^5}{10^{-4}} =$$

$$= 0{,}8605 \cdot 10^{5-(-4)} =$$

$$= 0{,}8605 \cdot 10^9 = 8{,}605 \cdot 10^8$$

ACTIVIDADES

8 Realiza los siguientes cálculos con números expresados en notación científica.

a) $2{,}7 \cdot 10^5 + 3{,}65 \cdot 10^5$

b) $2{,}1 \cdot 10^4 + 3{,}54 \cdot 10^5 - 6{,}1 \cdot 10^3$

c) $4{,}5 \cdot 10^{12} \cdot 2{,}7 \cdot 10^5$

d) $4{,}2 \cdot 10^{12} : 2{,}1 \cdot 10^5$

Raíces cuadradas

Para todo número $a > 0$, decimos que $\sqrt{a} = b$ si $a = b^2$. A $\sqrt{a}$ la llamamos raíz cuadrada de a.

Por ejemplo: $\sqrt{16} = 4$, ya que $16 = 4^2$.

Podemos extender lo anterior del siguiente modo:

> Dado b un número y n un número natural, decimos que la raíz n-ésima de b es el número a si $b = a^n$. Se expresa así: $\sqrt[n]{b} = a$.

$$\sqrt[n]{b} = a$$

Índice: n · Radicando: b · Raíz n-ésima: a

Ejemplos:

$\sqrt[3]{125} = 5$, ya que $125 = 5^3$ $\sqrt[4]{16} = 2$, ya que $16 = 2^4$

Observa que una raíz de índice impar y de radicando negativo tiene como resultado un número negativo, mientras que una raíz de índice par y radicando negativo no tiene resultado.

Raíces equivalentes. Sea la raíz $\sqrt[n]{b}$. Si q es un número natural, se tiene: $\sqrt[n]{b} = \sqrt[q \cdot n]{b^q}$. Decimos que $\sqrt[n]{b}$ y $\sqrt[q \cdot n]{b^q}$ son raíces equivalentes.

Ejemplo:

$\sqrt{4} = \sqrt[3 \cdot 2]{4^3} = \sqrt[6]{4^3} = \sqrt[6]{64}$

Simplificación de raíces. La propiedad anterior nos permite simplificar raíces. Por ejemplo, si tenemos $\sqrt[6]{27}$, podemos simplificar eliminando factores iguales del siguiente modo: $\sqrt[6]{27} = \sqrt[3 \cdot 2]{3^3} = \sqrt[\not{3} \cdot 2]{3^{\not{3}}} = \sqrt[2]{3}$

Productos y divisiones de raíces. Dadas las raíces con el mismo índice $\sqrt[n]{a}$ y $\sqrt[n]{b}$, se tiene:

- $\sqrt[n]{a} \cdot \sqrt[n]{b} = \sqrt[n]{a \cdot b}$
- $\sqrt[n]{a} : \sqrt[n]{b} = \sqrt[n]{a : b}$

AYUDA

Ningún número elevado a un exponente par da como resultado un número negativo.
Por ello, raíces como $\sqrt{-2}$ y $\sqrt[4]{-25}$ no tienen solución.

AYUDA

Las raíces cuadradas tienen índice 2, aunque no se indique por escrito.

$\sqrt{9} = \sqrt[2]{9} = 3$

ACTIVIDADES

9 Simplifica los siguientes cálculos con raíces.

a) $\sqrt[3]{4} \cdot \sqrt[3]{7}$
b) $\sqrt[5]{2} \cdot \sqrt[5]{3}$
c) $\sqrt[6]{3} \cdot \sqrt[6]{7}$
d) $\sqrt[3]{2} \cdot \sqrt[3]{6}$
e) $\sqrt[3]{8} : \sqrt[3]{2}$
f) $\sqrt[5]{20} : \sqrt[5]{2}$

10 Simplifica las siguientes raíces.

a) $\sqrt[12]{7^8}$
b) $\sqrt[6]{3^9}$
c) $\sqrt[9]{4^{18}}$
d) $\sqrt[10]{5^2}$
e) $\sqrt[6]{3^{10}}$
f) $\sqrt[15]{6^{10}}$

Problemas resueltos

Marcelo sale de casa con 50 € para hacer la compra.

En el supermercado gasta las 2/5 partes de esa cantidad.

Gasta después 1/3 de lo que le quedaba en la frutería.

Finalmente, por el camino pierde la mitad de las vueltas.

¿Con cuánto dinero regresará a casa?

● Solución

Organicemos los datos y calculemos los gastos que ha realizado Marcelo:

1. Sale de casa con 50 € y gasta $\frac{2}{5} \rightarrow 50 \cdot \frac{2}{5} = \frac{50 \cdot 2}{5} = \frac{100}{5} = 20$.

   Ha gastado 20 €. Le quedan, por tanto: 50 – 20 = 30 €.

2. Gasta en la frutería $\frac{1}{3}$ del dinero que le quedaba $\rightarrow 30 \cdot \frac{1}{3} = \frac{30 \cdot 1}{3} = \frac{30}{3} = 10$.

   Ha gastado otros 10 €. Le quedan, entonces: 30 – 10 = 20 €.

3. Pierde la mitad de las vueltas: 20 : 2 = 10. Por tanto, vuelve a casa con 10 €.

Mediante las fracciones se puede calcular, por ejemplo, las partes del presupuesto que asignamos a cada producto en la compra.

Resuelve la siguiente combinación de operaciones:

$$\frac{4}{3} + 8{,}9\widehat{1} \cdot (0{,}34 + 1{,}2)$$

● Solución

Observa que en esta combinación de operaciones tenemos números decimales y una fracción. En primer lugar debemos resolver el paréntesis:

$$\frac{4}{3} + 8{,}9\widehat{1} \cdot (0{,}34 + 1{,}2) = \frac{4}{3} + 8{,}9\widehat{1} \cdot 1{,}54$$

El resultado del paréntesis lo tenemos que multiplicar por un número decimal que es un número decimal periódico. Por ello, debemos expresarlos a través de sus fracciones generatrices:

$$8{,}9\widehat{1} = \frac{891 - 89}{90} = \frac{802}{90} = \frac{401}{45}$$

$$1{,}54 = \frac{154}{100} = \frac{127}{50}$$

Se han simplificado ambas fracciones dividiendo sus numeradores y denominadores entre 2. Hemos obtenido sus fracciones equivalentes irreducibles. Por tanto, si sustituimos tenemos:

$$\frac{4}{3} + 8{,}9\widehat{1} \cdot (0{,}34 + 1{,}2) = \frac{4}{3} + \frac{401}{45} \cdot \frac{127}{50} = \frac{4}{3} + \frac{50\,927}{2\,250} = \frac{3\,000}{2\,250} + \frac{50\,927}{2\,250} = \frac{53\,927}{2\,250}$$

La estrella Alfa Centauro está a 4,3 años luz del Sol.

Expresa en kilómetros esa distancia, sabiendo que la velocidad de la luz es de 3 · 105 km/s.

● Solución

Primero calculamos los segundos que hay en un año.

En un día hay $24 \cdot 60^2 = 24 \cdot 3\,600 = 86\,400$ segundos.

Luego, en un año hay $365 \cdot 86\,400 = 31\,536\,000$ segundos.

En notación científica, serían $3{,}1536 \cdot 10^7$ segundos.

Seguidamente, calculamos en kilómetros un año luz:

$3 \cdot 10^5$ km/s $\cdot\ 3{,}1536 \cdot 10^7$ s $= (3 \cdot 3{,}1536) \cdot 10^5 \cdot 10^7 = 9{,}4608 \cdot 10^{12}$ km

Por tanto, la distancia entre el Sol y Alfa Centauro es:

$4{,}3 \cdot 9{,}4608 \cdot 10^{12}$ km $= (4{,}3 \cdot 9{,}4608) \cdot 10^{12}$ km $= 40{,}68144 \cdot 10^{12}$ km $=$

$= 4{,}068144 \cdot 10^{13}$ km.

Calcula el error absoluto y el error relativo que se comete al aproximar $\frac{2}{3}$ a las centésimas.

● Solución

Realizamos primero la operación 2 : 3. El resultado es 0,666666, que es un número decimal periódico.

Aproximando por redondeo a las centésimas, tenemos: $\frac{2}{3} = 0{,}67$.

Calculamos el error absoluto de la aproximación:

$$E_a = |\text{valor real} - \text{valor aproximado}| =$$

$$= \left|\frac{2}{3} - 0{,}67\right| = \left|\frac{2}{3} - \frac{67}{100}\right| = \left|\frac{200 - 201}{300}\right| = \left|-\frac{1}{300}\right| = \frac{1}{300}$$

Calculamos el error relativo de la aproximación:

$$E_r = \frac{E_a}{|\text{valor real}|} \cdot 100\% = \frac{1}{300} : \frac{2}{3} \cdot 100\% = \frac{3}{600} \cdot 100\% = \frac{1}{200} \cdot 100\% = 0{,}5\%$$

Realiza los siguientes cálculos con raíces hasta que quede una única raíz.

a) $\sqrt{5} \cdot \sqrt[3]{2}$

b) $\sqrt[3]{20} \cdot \sqrt[6]{3}$

c) $\sqrt[3]{10} : \sqrt{6}$

● Solución

En estos casos no podemos aplicar directamente la propiedad estudiada acerca de productos y divisiones de raíces con el mismo índice. Para resolverlas vamos a reducirlas a común índice.

El procedimiento consiste en sustituir los índices de cada una de las raíces por el m.c.m. de los índices de las raíces y elevar los radicandos a su cociente entre los antiguos índices.

m.c.m.(2; 3) = 6

a) $\sqrt{5} \cdot \sqrt[5]{2} = \sqrt[6]{5^3} \cdot \sqrt[6]{2^2} = \sqrt[6]{125} \cdot \sqrt[6]{4} = \sqrt[6]{500}$

6 : 2 = 3,   6 : 3 = 2

De forma análoga, realizamos las demás operaciones propuestas:

b) $\sqrt[4]{20} \cdot \sqrt[6]{3} = \sqrt[12]{20^3} \cdot \sqrt[12]{3^2} = \sqrt[12]{8\,000} \cdot \sqrt[12]{9} = \sqrt[12]{72\,000}$

c) $\sqrt[3]{10} : \sqrt{6} = \sqrt[6]{10^2} \cdot \sqrt[6]{6^3} = \sqrt[6]{100} \cdot \sqrt[6]{216} = \sqrt[6]{21\,600}$

Aplica lo aprendido

1 Calcula mentalmente.

a) $-\frac{1}{2}+1$ c) $1-\frac{1}{2}$

b) $-1+\frac{1}{2}$ d) $\frac{1}{4}-\frac{1}{5}$

2 Calcula las siguientes operaciones con fracciones.

a) $\frac{1}{4}+\frac{5}{6}-\frac{2}{3}$ d) $\frac{3}{6}-\frac{4}{3}+2$

b) $-\frac{5}{6}+\frac{5}{8}-\frac{1}{4}$ e) $3-\frac{1}{5}+\frac{3}{4}$

c) $-2+\frac{1}{3}+\frac{3}{5}-\frac{1}{10}$ f) $1+\frac{1}{5}+\frac{3}{4}+\frac{1}{2}$

3 Calcula las siguientes operaciones con fracciones.

a) $\frac{1}{2}\cdot\frac{3}{4}-\frac{1}{8}$ d) $\frac{1}{2}\cdot\left(\frac{3}{4}-\frac{1}{8}\right)$

b) $\frac{1}{3}\cdot\frac{1}{3}+\frac{1}{3}$ e) $\frac{1}{2}\cdot\left(\frac{1}{3}-\frac{1}{4}\right)$

c) $\frac{5}{8}-\frac{1}{2}\cdot\frac{3}{4}$ f) $\left(\frac{3}{4}-\frac{1}{8}\right)\cdot\frac{1}{2}$

4 Calcula las siguientes operaciones con fracciones.

a) $\frac{1}{2}:\left(\frac{1}{4}+\frac{1}{5}\right)+2$ c) $\left(\frac{7}{5}-1\right):\left(4-\frac{1}{3}\right)$

b) $\frac{5}{7}+2-\frac{1}{3}:4$ d) $\left(\frac{3}{2}-1\right)\cdot\left(\frac{2}{5}-\frac{1}{4}\right):7$

5 ¿Cuántas botellas de litro se llenarán con los 15 litros y cuarto que contiene una garrafa?

6 Una pieza de tela mide veinticuatro metros y medio de longitud. Se divide en seis partes iguales. ¿Cuánto miden en total cinco de esas partes?

Rollos de tela.

7 Mario recibe la mitad de una tarta y da $\frac{2}{3}$ de su trozo a Ángela. ¿Qué parte de la tarta recibe Ángela? ¿Qué parte de la tarta le queda a Mario?

8 Realiza los siguientes cálculos con números decimales.

a) 0,23 + 3,23 d) 21,09 – 2,34

b) 8,45 – 3,23 e) 321,09 + 45,004

c) 21,34 + 76,234 f) 9,45 – 7,089

9 Realiza los siguientes cálculos con números decimales.

a) 35,6 · 21,4 d) 0,36 · 0,21

b) 34,002 · 21,05 e) 28,56 · 23

c) 567,89 : 2,1 f) 34,67 : 8,5

10 Ordena de menor a mayor los siguientes números decimales.

3,45; 5,67; 9,75; 0,25; 5,76; 5,63; 3,54; 3,42; 0,12; 9,77; 0,45

11 Realiza los siguientes cálculos con números decimales.

a) 1,2 · (3,4 + 6,7) c) 4,56 · (7,4 – 6,9)

b) 4,8 : (1,1 + 1,3) d) 10,8 : (7, 7 – 2,3)

12 Aproxima las siguientes cantidades en relación al contexto, indica a qué decimal lo has aproximado y si lo has hecho por exceso o por defecto.

a) Marta se ha pesado en una balanza de precisión, y el resultado ha sido 54,234 kg.

b) La capacidad de la piscina de Leo es de 19,318 m^3.

c) La altura del edificio en el que vive Nuria es de 23,478 m.

d) La superficie de la finca de Ana es de 556,795 m^2.

13 Transforma los siguientes números decimales en fracciones.

a) 345,87 d) 1,753

b) $23,\widehat{45}$ e) $7,\widehat{65}$

c) $9,\widehat{765}$ f) $1,89\widehat{6}$

14 Realiza las siguientes operaciones, transformando los números decimales en fracciones.

a) $3,2+\frac{3}{5}$ c) $\frac{2}{3}\cdot(2,3+4,1)$

b) $3,\widehat{2}+\frac{7}{3}$ d) $1,\widehat{5}+\frac{7}{9}$

15 Aproxima por truncamiento los siguientes números decimales a los órdenes de la unidad que se indica.

a) 234,567 a las centésimas.

b) 78,321 a las décimas.

c) 3,235 a las centésimas.

d) 23,6783 a las milésimas.

e) 23,072 a las décimas.

16 Aproxima los siguientes números por defecto o por exceso al orden de la unidad que se pida.

a) 98,564 a las décimas por exceso.
b) 7 654,8765 a las centésimas por defecto.
c) 0,5432 a las milésimas por defecto.
d) 90,543 a las décimas por defecto.

17 Calcula los errores absolutos y relativos que se cometen en las siguientes aproximaciones.

a) $764,563 \approx 764,57$
b) $0,342 \approx 0,3$
c) $1,666 \approx 1,67$
d) $21,088 \approx 21,09$
e) $3,02 \approx 3$
f) $1,7865 \approx 1,7$

18 Aproxima los siguientes números al orden de la unidad pedida y calcula los errores absolutos y los relativos cometidos.

a) 7,5422 a las décimas.
b) 0,234 a las centésimas.
c) 2,356 a las décimas.
d) 2,3 a las unidades.

19 En un zoológico han pesado a un elefante y a una cebra, con este resultado: 5 653,432 kg el elefante y 242,532 kg la cebra.

a) Aproxima por truncamiento a las décimas los pesos de los dos animales.
b) Calcula los errores absolutos y relativos de las dos aproximaciones realizadas.
c) Compara los errores de los dos animales. ¿Qué observas? ¿Qué interpretación ofreces?

Cebra y elefante.

20 Pasa los siguientes datos expresados en notación científica a sus expresiones completas.

a) La distancia de la Tierra al Sol es $4 \cdot 10^5$ km.
b) La velocidad del sonido bajo el agua es $1,6 \cdot 10^3$ m/s.
c) La distancia media entre el Sol y Plutón es $5,51 \cdot 10^6$ km.
d) El diámetro de un glóbulo rojo es $6 \cdot 10^{-9}$ m.

21 Pasa los siguientes números expresados en notación científica a sus expresiones completas.

a) $3,478 \cdot 10^{-7}$
b) $4,98 \cdot 10^5$
c) $5,12 \cdot 10^{-3}$
d) $1,34 \cdot 10^6$
e) $9,65 \cdot 10^{-5}$
f) $2,34 \cdot 10^7$

22 Pasa los siguientes números a notación científica.

a) 0,000 000 17
b) 6 567 432,765
c) 598 000 000 000 000
d) 89 000 000 000

23 La masa de la Luna es de $7,34 \cdot 10^{23}$ kg y la de la Tierra es de $5,98 \cdot 10^{24}$ kg. ¿Cuántas veces tiene la Tierra más masa que la Luna?

La Luna sobre la Tierra.

24 Realiza los siguientes cálculos con números expresados en notación científica.

a) $2,34 \cdot 10^7 + 1,2 \cdot 10^5$
b) $9,67 \cdot 10^{11} - 7,34 \cdot 10^9$
c) $1,534 \cdot 10^9 + 4,387 \cdot 10^7$
d) $5,379 \cdot 10^4 - 9,427 \cdot 10^6$

25 Si una persona tiene 5 litros de sangre y aproximadamente 4 500 000 glóbulos rojos en cada mm^3 de esta, calcula en notación científica su número aproximado de glóbulos rojos.

26 Una molécula de hidrógeno pesa $3,3 \cdot 10^{-24}$ g. ¿Cuántas moléculas hay en un gramo de hidrógeno?

Rincón TIC

● NOTACIÓN CIENTÍFICA CON LA CALCULADORA CIENTÍFICA Y CON LA HOJA DE CÁLCULO

Calculadora científica. Para introducir las potencias de 10 que forman parte de la notación científica se utiliza la tecla [EXP].

Por ejemplo, si queremos introducir el número $2{,}45 \cdot 10^8$ pulsaremos los siguientes botones: 2 [.] 45 [EXP] 8.

Si queremos utilizar la notación científica para expresar números muy pequeños, con potencias de 10 de exponente negativo, debemos pulsar la tecla [–] después de la tecla [.] .

Por ejemplo, para el número $1{,}34 \cdot 10^{-12}$, tecleamos 1 [.] 34 [EXP] [–] 12.

Calculadora científica.

Mediante esta función de la calculadora podemos realizar cálculos con números expresados en notación científica y obtener los resultados también en notación científica.

Hoja de cálculo. Abrimos la hoja de cálculo y en la pestaña de *Inicio* pulsamos en la opción de *Número* la esquina inferior derecha para desplegar el panel.

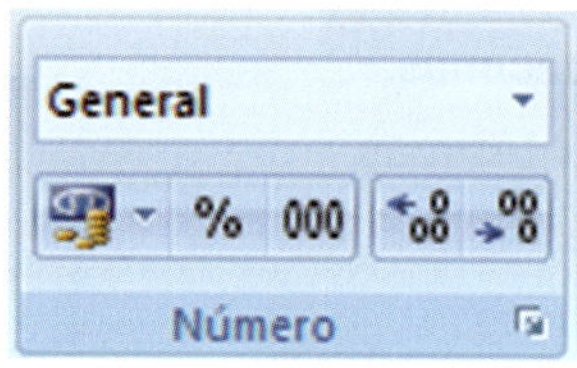

En dicho panel podemos elegir el formato de las celdas. Debemos elegir, en la pestaña *Número* el formato *Científica* para poder expresar números en notación científica.

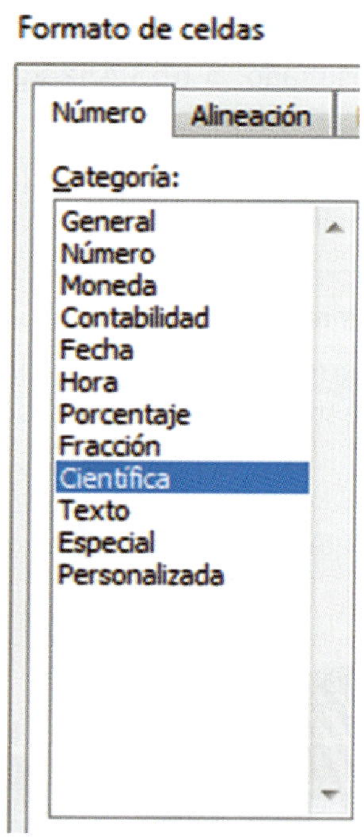

Por ejemplo, para expresar $6{,}5 \cdot 10^{34}$ debemos escribir en una celda de la hoja de cálculo lo siguiente: 6,5E34. La letra «E» indica el exponente de la potencia de 10.

Luego, pulsamos *intro* y aparecerá el número expresado en la celda:

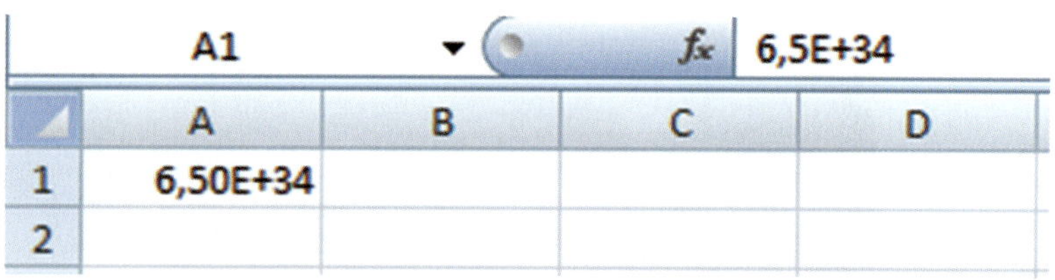

Al igual que con la calculadora científica, con la hoja de cálculo podemos realizar operaciones con números en notación científica, obteniendo los resultados también en notación científica.

ACTIVIDADES

1 Realiza las siguientes operaciones con números expresados en notación científica, tanto en la calculadora científica como en la hoja de cálculo.

a) $3{,}5 \cdot 10^{23} + 4{,}5 \cdot 10^{12}$
b) $9{,}7 \cdot 10^{11} - 3{,}21 \cdot 10^{17}$
c) $5{,}67 \cdot 10^{-13} : 4{,}67 \cdot 10^{5}$
d) $6{,}78 \cdot 10^{10} : 5{,}7 \cdot 10^{-7}$

2 Elige el formato de notación numérica científica en la hoja de cálculo, escribe los siguientes números, tal y como aparecen, y observa lo que ocurre:

a) 0,000 000 045
b) 45 000 000 000 000

2 Álgebra

En esta unidad estudiaremos

1. Expresiones algebraicas
2. Operaciones con monomios y polinomios
3. Ecuaciones de primer y segundo grado
4. Sistemas de ecuaciones lineales
5. Resolución de problemas mediante ecuaciones y sistemas de ecuaciones lineales

Expresiones algebraicas

Monomios

Llamamos **monomio** en la indeterminada x a la expresión algebraica que consiste en un número multiplicado por una potencia de x. Al número le llamamos **coeficiente**, a la potencia de x, **parte literal,** y a su exponente, **grado.**

Ejemplos:

$2x^3 \rightarrow$ Coeficiente 2, parte literal x^3, grado 3.

$-7x^4 \rightarrow$ Coeficiente -7, parte literal x^4, grado 4.

Operaciones con monomios. En el siguiente cuadro repasamos las operaciones con monomios.

Suma	Resta	Producto	División
Solo se pueden sumar los monomios con la misma parte literal. Para ello, se suman los coeficientes y se deja la misma parte literal.	Solo se pueden restar los monomios con la misma parte literal. Para ello, se restan los coeficientes y se deja la misma parte literal.	Se multiplican, por un lado, los coeficientes y, por otro, las partes literales, utilizando la propiedad del producto de las potencias con las mismas bases.	Se dividen, por un lado, los coeficientes y por otro, las partes literales, utilizando la propiedad del cociente de las potencias con las mismas bases.
$3x^2 + 4x^2 = (3 + 4)x^2 = 7x^2$	$7x^3 - 5x^3 = (7 - 5)x^3 = 2x^3$	$4x^5 \cdot 2x^3 = (4 \cdot 2) \cdot (x^5 \cdot x^3) = 8x^8$	$8x^6 : 4x^3 = (8 : 4) \cdot (x^6 : x^3) = 2x^2$

RECUERDA

- El monomio de la forma x^3 es igual a $1x^3$, es decir, aunque no se escriba su coeficiente, este es 1.
- El monomio x es igual a x^1, es decir, su grado es 1.
- Como $x^0 = 1$, se tiene que $7 = 7x^0$, es decir, cualquier número es igual a un monomio de grado 0.

Polinomios

Un **polinomio** en la indeterminada x es una suma indicada de monomios en la indeterminada x con grados diferentes.

- El **término independiente** de un polinomio, en caso de que lo tenga, es el número sin parte literal incluido en la suma de monomios que lo forman.
- Los **coeficientes** de un polinomio son el conjunto formado por los coeficientes de cada uno de los monomios que constituye el polinomio junto al término independiente.
- El **grado** de un polinomio es el mayor grado de los monomios que constituyen el polinomio.

Ejemplos:

$3x^3 - 5x^2 + 4x - 7 \rightarrow$ Término independiente: -7. Coeficientes: 3, -5, 4 y -7. Grado 3.

$5x^4 - 2x^3 + x^2 - 3x + 5 \rightarrow$ Término independiente: 5. Coeficientes: 5, -2, 1, -3 y 5. Grado 5.

RECUERDA

En ocasiones nos encontramos polinomios de la forma $3x^3 - 5x^3 + 4x^2 + 6x - 2x + 3x^2 + 5$.

Estos polinomios decimos que no están reducidos, porque hay monomios del mismo grado que no están sumados. Cuando los sumamos, decimos que hemos reducido el polinomio:

$3x^3 - 5x^3 + 4x^2 + 6x - 2x + 3x^2 + 5 =$
$= (3x^3 - 5x^3) + (4x^2 + 3x^2) + (6x - 2x) + 5 =$
$= -2x^3 + 7x^2 + 4x + 5$

Valor numérico de un monomio y de un polinomio

Dado un monomio o un polinomio y un valor de x, se denomina valor numérico del monomio o del polinomio al resultado de sustituir el valor de x en los mismos.

Ejemplos:

El valor numérico del monomio $4x^3$ para $x = 2$ es: $4 \cdot 2^3 = 4 \cdot 8 = 32$.

El valor numérico del polinomio $3x^2 - 4x + 5$ para $x = -1$ es:

$3 \cdot (-1)^2 - 4 \cdot (-1) + 5 = 3 - 4 + 5 = 4$

Suma y resta de polinomios

Para sumar o restar polinomios se deben colocar uno encima del otro, de modo que **coincidan** los **monomios** con el **mismo grado** arriba y abajo, y se realiza luego la **operación verticalmente.** Si faltan algunos de los grados de algún monomio, se dejan los huecos oportunos.

Ejemplos:

- Para **sumar** los polinomios $3x^3 + 4x + 7$ y $5x^3 - x^2 + 6x + 2$:

$$\begin{array}{rrrrr} & 3x^3 & & +\ 4x & +\ 7 \\ + & 5x^3 & -\ x^2 & +\ 6x & +\ 2 \\ \hline & 8x^3 & -\ x^2 & +\ 10x & +\ 9 \end{array}$$

- Para **restar** los polinomios $4x^3 + 2x^2 - 7x - 6$ y $-5x^3 - x^2 + 9x + 3$:

$$\begin{array}{rrrrr} & 4x^3 & +\ 2x^2 & -\ 7x & -\ 6 \\ - & -5x^3 & -\ x^2 & +\ 9x & +\ 3 \\ \hline & 9x^3 & +\ 3x^2 & -\ 16x & -\ 9 \end{array}$$

Producto de polinomios

Para **multiplicar** dos polinomios se deben seguir los siguientes pasos. Primero los colocamos verticalmente. A continuación, multiplicamos cada uno de los monomios del polinomio de abajo por el de arriba y colocamos sus resultados de modo que coincidan verticalmente los monomios semejantes. Finalmente, sumamos los monomios con el mismo grado.

Ejemplo: para multiplicar los polinomios $3x^3 + 2x^2 - x + 5$ y $2x^2 + 4x + 3$:

$$\begin{array}{rrrrrrr} & & & 3x^3 & +\ 2x^2 & -\ x & +\ 5 \\ & & \times & & 2x^2 & +\ 4x & +\ 3 \\ \hline & & & 9x^3 & +\ 6x^2 & -\ 3x & +\ 15 \\ & & 12x^4 & +\ 8x^3 & -\ 4x^2 & +\ 20x & \\ & 6x^5 & +\ 4x^4 & -\ 2x^3 & +\ 10x^2 & & \\ \hline & 6x^5 & +\ 16x^4 & +\ 15x^3 & +\ 12x^2 & +\ 17x & +\ 15 \end{array}$$

RECUERDA

El producto de un monomio por un polinomio se realiza de la siguiente forma:

$4x^2 \cdot (2x^3 + 6x^2 - 5x + 7) =$
$= 4x^2 \cdot 2x^3 + 4x^2 \cdot 6x^2 + 4x^2 \cdot (-5x) + 4x^2 \cdot 7 =$
$= 8x^5 + 24x^4 - 20x^3 + 28x^2$

ACTIVIDADES

1 Efectúa las siguientes operaciones.

a) $3x^5 + 7x^5$	**e)** $4x^7 : 2x^3$
b) $4x^2 + 9x^2$	**f)** $-3x^3 \cdot 5x^2$
c) $-5x^2 - \frac{1}{2}x^3$	**g)** $7x^2 \cdot 4x^4$
d) $45x^4 - 20x^4$	**h)** $-21x^6 : (-7x^2)$

2 Efectúa las siguientes operaciones.

a) $(3x^4 - 3x^2 + 7x - 4) + (4x^4 + 7x^2 - 6)$

b) $(8x^4 - 5x^3 + 2x^2 + 8x - 12) - (2x^4 + 6x^3 - 7x - 10)$

c) $(3x^4 + 5x^3 - 2x^2 + 4) \cdot (3x^2 - x - 3)$

d) $(-5x^2 + 7x - 1) \cdot (3x^2 - 2x + 4)$

RECUERDA

Las identidades notables:

- Cuadrado de la suma
  $(a + b)^2 = (a + b) \cdot (a + b) = a^2 + 2ab + b^2$
  Ejemplo: $(2x + 3)^2 = (2x)^2 + 2 \cdot (2x) \cdot 3 + 3^2 =$
  $= 4x^2 + 12x + 9$
- Cuadrado de una diferencia
  $(a - b)^2 = (a - b) \cdot (a - b) = a^2 - 2ab + b^2$
  Ejemplo: $(2x - 3)^2 = (2x)^2 - 2 \cdot (2x) \cdot 3 + 3^2 =$
  $= 4x^2 - 12x + 9$
- Suma por diferencia
  $(a + b) \cdot (a - b) = a^2 - b^2$
  Ejemplo: $(2x + 3) \cdot (2x - 3) = (2x)^2 - 3^2 =$
  $= 4x^2 - 9$

División de polinomios

Sean dos polinomios tales que el de mayor grado se vaya a dividir por el de menor grado.

Por **ejemplo:** $16x^4 + 8x^2 + 7x - 5$ y $2x^2 - x + 5$.

$$(16x^4 + 8x^2 + 7x - 5) : (2x^2 - x + 5)$$

Se siguen los siguientes pasos para realizar la división:

1. Se ordenan el dividiendo y el divisor en orden decreciente. Si falta algún término en el dividendo, se deja un hueco.

   Se divide el primer monomio del dividendo entre el primer monomio del divisor y se coloca el resultado en el cociente.

$$\begin{array}{lllll|l} 16x^4 & & +\,8x^2 & +\,7x & -\,5 & 2x^2 - x + 5 \\ \hline & & & & & 8x^2 \longleftarrow 16x^4 : 2x^2 \end{array}$$

2. Se multiplica el primer monomio del cociente por el divisor y se pone el polinomio resultante debajo del dividendo, cambiado de signo, de modo que coincidan los grados de los monomios o, en su defecto, los huecos dejados.

$$\begin{array}{lllll|l} 16x^4 & & +\,8x^2 & +\,7x & -\,5 & 2x^2 - x + 5 \\ -16x^4 & +\,8x^3 & -\,40x^2 & & & 8x^2 \end{array}$$

   $8x^2 \cdot (2x^2 - x + 5) = 16x^4 - 8x^3 + 40x^2$, que, cambiado de signo, queda $-16x^4 + 8x^3 - 40x^2$

3. Se suman el dividendo y el polinomio que se ha puesto debajo de él.

$$\begin{array}{lllll|l} 16x^4 & & +\,8x^2 & +\,7x & -\,5 & 2x^2 - x + 5 \\ -16x^4 & +\,8x^3 & -\,40x^2 & & & 8x^2 \\ \hline 0 & 8x^3 & -\,32x^2 & +\,7x & -\,5 & \end{array}$$

4. El resultado de la resta es el nuevo dividendo. Se repiten los pasos anteriores hasta que el grado del nuevo dividendo sea menor que el del divisor. Este nuevo divisor es el resto de la división.

$$\begin{array}{lllll|l} 16x^4 & & +\,8x^2 & +\,7x & -\,5 & 2x^2 - x + 5 \\ -16x^4 & +\,8x^3 & -\,40x^2 & & & 8x^2 + 4x - 7 \quad \text{Cociente} \\ \hline 0 & 8x^3 & -\,32x^2 & +\,7x & -\,5 & \\ & -8x^3 & +\,4x^2 & -\,20x & & \\ \hline & 0 & -\,28x^2 & -\,13x & -\,5 & \\ & & 28x^2 & +\,7x & +\,70 & \\ \hline & & 0 & -\,27x & +\,65 & \text{Resto} \end{array}$$

Al igual que en las divisiones con números enteros, podemos hacer la prueba. Recuerda que el dividendo es igual al divisor por el cociente más el resto: D = d · C + R. En este caso:

$$16x^4 + 8x^2 + 7x - 5 = (2x^2 - x + 5) \cdot (8x^2 + 4x - 14) + 27x + 6$$

AYUDA

De forma equivalente a la definición de divisibilidad de números enteros, se puede definir la divisibilidad entre polinomios.

Por ejemplo, si realizamos la división $(x^3 + 2x^2 - x - 2) : (x^2 + 3x + 2)$, tenemos:

$$\begin{array}{llll|l} x^3 & +\,2x^2 & -\;\;x & -\,2 & x^2 + 3x + 2 \\ -x^3 & -\,3x^2 & -\,2x & & x - 1 \\ \hline 0 & -\;x^2 & -\,3x & -\,2 & \\ & x^2 & +\,3x & +\,2 & \\ \hline & 0 & 0 & 0 & \end{array}$$

Es decir, obtenemos que el resto es **cero.** Por tanto, decimos que $x^3 + 2x^2 - x - 2$ es divisible por $x^2 + 3x + 2$.

Regla de Ruffini

Cuando el **divisor** es un **polinomio de grado 1,** es decir, de la forma $\boldsymbol{x - a}$ o $\boldsymbol{x + a}$, existe un procedimiento rápido para realizar la división.

Veámoslo con un **ejemplo:**

$(5x^3 + 3x^2 - 2) : (x + 2)$

1. Se colocan los coeficientes del dividendo en orden, poniendo ceros en el lugar de los términos que falten y el término independiente del divisor, cambiado de signo, en una caja como la siguiente:

	5	3	0	−2
−2				

Término independiente del divisor cambiado de signo.

Coeficientes en orden del dividendo.

2. Se baja el primer coeficiente del dividendo y se multiplica por el número colocado en la esquina de la caja. El producto se coloca debajo del siguiente coeficiente y se suman, poniendo el resultado debajo de la caja, justo debajo del coeficiente.

	5	3	0	−2
−2		−10		
	5	−7		

$-2 \cdot 5$

$3 + (-10)$

3. Se sigue de la misma forma que en el paso anterior hasta el último coeficiente del dividendo. El último número debajo de la caja es el resto de la división, mientras que los números a su izquierda son los coeficientes de cociente, que tienen un grado menos que el dividendo:

	5	3	0	−2
−2		−10	14	−28
	5	−7	14	−30

Resto

Cociente: $5x^2 - 7x + 14$

El grado del cociente es 2, un grado inferior al del dividendo, que tiene grado 3.

AYUDA

Teorema del resto. El resto de dividir un polinomio entre un polinomio de la forma $x + a$ coincide con el valor numérico del polinomio para $x = -a$.

En el ejemplo de esta página hemos dividido $(5x^3 + 3x^2 - 2) : (x + 2)$ por el método de Ruffini, y hemos obtenido el resto −30.

	5	3	0	−2
−2		−10	14	−28
	5	−7	14	−30

Si calculamos el valor numérico de $5x^3 + 3x^2 - 2$ para $x = -2$, tenemos:

$5 \cdot (-2)^3 + 3(-2)^2 - 2 = -40 + 12 - 2 = -30$.

Obtenemos el mismo valor que el resto.

ACTIVIDADES

3 Realiza las siguientes divisiones de polinomios e indica el cociente y el resto.

a) $(x^3 + 6x^2 + 6x + 5) : (x^2 + x + 1)$

b) $(x^4 - 5x^3 + 11x^2 - 12x + 6) : (x^2 - x + 2)$

c) $(x^5 - 2x^4 + 3x^2 - 5x + 6) : (x^2 + 3x - 2)$

4 Realiza las siguientes divisiones por el método de Ruffini e indica el cociente y el resto.

a) $(3x^3 - 4x^2 + 5x - 7) : (x - 1)$

b) $(x^5 + 3x^2 + 6) : (x + 2)$

c) $(2x^4 + 3x^2 - 4x + 6) : (x + 3)$

d) $(4x^3 - 3x^2 + x - 5) : (x - 2)$

Ecuaciones de primer grado

Las ecuaciones son igualdades entre dos expresiones algebraicas. Es decir, son dos expresiones algebraicas separadas por un **signo igual.** En referencia a este signo igual, hablamos de **miembro izquierdo** y **miembro derecho.** A las letras que aparecen en las ecuaciones las llamamos **incógnitas.**

Resolver la ecuación significa encontrar el valor numérico que hace cierta la igualdad al sustituir la incógnita por él.

Ejemplo:

Miembro izquierdo — Miembro derecho

$$3x + 15 = 4x + 6$$

Incógnitas

Cuando los dos miembros de una ecuación son **polinomios** de **primer grado** o reducibles a ellos, la **ecuación** es de **primer grado.**

Para resolver una ecuación de primer grado seguimos los siguientes **pasos:**

1. Se eliminan los paréntesis mediante las propiedades distributivas del producto.

$$3x + 6(3 - 4x) = 9x - 2 \rightarrow 3x + 18 - 24x = 9x - 2$$

2. Se pasan todos los términos que tengan x al término izquierdo, y los números sin ellas al derecho. Para ello, hay que tener en cuenta que los términos positivos pasan restando y los negativos sumando.

$$3x - 24x - 9x = -2 - 18$$

3. Se reduce cada uno de los miembros sumando sus términos.

$$-30x = -20$$

4. Despejamos la incógnita dividiendo el miembro derecho por el número que lo multiplica.

$$x = \frac{-20}{-30} = \frac{2}{3} \rightarrow x = \frac{2}{3}$$

5. Se comprueba la solución.

$$3 \cdot \frac{2}{3} + 6 \cdot (3 - 4 \cdot \frac{2}{3}) = 9 \cdot \frac{2}{3} - 2 \rightarrow 2 + 6 \cdot \frac{9-8}{3} = \frac{18}{3} - 2 \rightarrow$$

$$2 + \frac{6}{3} = \frac{18}{3} - 2 \rightarrow 2 + 2 = 6 - 2$$

Ecuaciones de primer grado con denominadores

Si la ecuación de primer grado tiene **denominadores,** primero se reducen a común denominador los términos. Luego, se eliminan los denominadores y se aplican los pasos vistos en el punto anterior.

Por **ejemplo,** para la ecuación $\frac{3}{2} - \frac{7x}{4} = \frac{5 \cdot (2 - x)}{2} - 1$ se reduce al común denominador, que será el m.c.m. (2; 4) = 4; $\frac{6}{4} - \frac{7x}{4} = \frac{10 \cdot (2 - x)}{4}$

Se eliminan los denominadores: $6 - 7x = 10 \cdot (2x - 2)$. A partir de este momento, se aplican los pasos del punto anterior.

RECUERDA

- Las tres expresiones siguientes se pueden escribir de manera distinta, pero son iguales:

$$4 \cdot \frac{x}{3} = \frac{4 \cdot x}{3} = \frac{4\,x}{3}$$

- Las propiedades distributivas del producto respecto a la suma y respecto a la resta se resumen de la siguiente manera:

$$a \cdot (b + c) = a \cdot b + a \cdot c$$
$$a \cdot (b - c) = a \cdot b - a \cdot c$$
$$\frac{x}{3} = \frac{4 \cdot x}{3} = \frac{4\,x}{3}$$

- Un signo menos delante de un paréntesis afecta a todo el contenido, no solo al primer término, por lo que cambia el signo de todos los elementos:

$-(4 - 2x) = -4 - 2x$	Es incorrecto, solo ha cambiado el signo del primer término.
$-(4 - 2x) = -4 + 2x$	Es correcto, han cambiado los signos de los dos términos.

Ecuaciones de segundo grado

Se llaman **ecuaciones** de **segundo grado** las que se pueden reducir a un **polinomio** de **segundo grado** igualado a **cero.** La ecuación completa o general de segundo grado es de la forma

$$ax^2 + bx + c = 0, \text{ con } a \neq 0$$

Cuando b o c son iguales a cero, se habla de ecuaciones de segundo grado incompletas.

Soluciones de ecuaciones de segundo grado completas. Llamamos **discriminante** de una ecuación de segundo grado completa al resultado de calcular $\Delta = b^2 - 4ab$. Mediante el discriminante clasificamos cuántas soluciones y de qué tipo tiene la solución.

Ecuación completa de segundo grado: $ax^2 + bx + c = 0$.

Discriminante	Discriminante positivo $\Delta = b^2 - 4ab > 0$	Discriminante cero $\Delta = b^2 - 4ab = 0$	Discriminante negativo $\Delta = b^2 - 4ab < 0$
Soluciones	Dos soluciones distintas: $x_{1,2} = \frac{-b \pm \sqrt{1b^2 - 4ac}}{2a}$	Dos soluciones iguales: $x_{1,2} = \frac{-b}{2a}$	No existen soluciones por tener una raíz negativa en el cálculo de las soluciones.
Ejemplo	Ejemplo: $x^2 - 4x + 3 = 0$ $x_{1,2} = \frac{-(-4) \pm \sqrt{(-4)^2 - 4 \cdot 1 \cdot 3}}{2 \cdot 1} =$ $= \frac{4 \pm 2}{2} = \begin{cases} x_1 = 3 \\ x_2 = 1 \end{cases}$	Ejemplo: $x^2 - 6x + 9 = 0$ $x_{1,2} = \frac{-(-6) \pm \sqrt{(-6)^2 - 4 \cdot 1 \cdot 9}}{2 \cdot 1} =$ $= \frac{6 \pm 0}{2} = \begin{cases} x_1 = 3 \\ x_2 = 3 \end{cases}$	Ejemplo: $2x^2 + 3x + 5 = 0$ $x_{1,2} = \frac{-3 \pm \sqrt{3^2 - 4 \cdot 2 \cdot 5}}{2 \cdot 2} =$ $= \frac{-3 \pm \sqrt{-31}}{4}$

¿SABÍAS QUE...?

Dado un polinomio de segundo grado $ax^2 + bx + c$, si lo igualamos a cero, obtenemos una ecuación de segundo grado:

$$ax^2 + bx + c = 0$$

Supongamos que tiene soluciones x_1 y x_2. Entonces, se dará la siguiente igualdad:

$$ax^2 + bx + c = (x - x_1) \cdot (x - x_2)$$

A la expresión de la derecha se la llama factorización del polinomio. A x_1 y x_2 se las llama raíces del polinomio.

Soluciones de ecuaciones de segundo grado incompletas

Ecuación del tipo $ax^2 + bx = 0$	**Ecuación del tipo $ax^2 + c = 0$**	
Siempre tiene dos soluciones distintas: $x_1 = 0$ y $x_2 = \frac{-b}{a}$	Si $\frac{-c}{a} > 0$, hay dos soluciones distintas: $x_{1,2} = \pm\sqrt{\frac{-c}{a}}$	Si $\frac{-c}{a} < 0$, no existen soluciones por tener una raíz negativa en el cálculo de las soluciones.
Ejemplo: $2x^2 + 10x = 0$ $x_1 = 0$ y $x_2 = \frac{-10}{2} = -5$	$2x^2 - 8 = 0$ $x_{1,2} = \pm\sqrt{\frac{-(-8)}{2}} = \pm\sqrt{4} = \begin{cases} +2 \\ -2 \end{cases}$	$x^2 + 9 = 0$ $\frac{-9}{1} < 0$, luego no tiene solución.

ACTIVIDADES

5 Resuelve las siguientes ecuaciones.

a) $8 - 5x = 8 + 2x$

b) $5x = 4x + 8$

c) $5 \cdot (x - 3) + 8x = 6x - 5 + x$

d) $3x^2 - 12 = 0$

e) $\frac{x + 5}{3} - \frac{5(x + 1)}{6} - \frac{1}{6} = 2 \cdot (2x + 5)$

f) $\frac{x + 2}{4} + 2x + 5 = 3x - 6$

g) $x^2 + 6x + 7 = 0$

h) $3x^2 - 5x = 0$

Sistemas lineales de ecuaciones

Un **sistema lineal** de dos ecuaciones con dos incógnitas es del modo:

$$\begin{cases} ax + by = c \\ ex + fy = g \end{cases}$$

Donde *a, b, c, e, f* y *g* son números cualesquiera, y *x* e *y* son las dos incógnitas.

Una **solución** del sistema será un par de valores numéricos; uno correspondiente a *x* y otro a *y,* tales que al sustituirlos en cada una de las dos ecuaciones, las convierte en igualdades numéricas simultáneamente.

Resolver un sistema de dos ecuaciones y dos incógnitas es calcular sus soluciones. Para ello, existen diferentes **métodos.**

Método de igualación

1. Se despeja en cada ecuación la misma incógnita:

$$\begin{cases} x + y = 25 & x = 25 - y \\ 4x + 2y = 70 & x = \frac{70 - 2y}{4} \end{cases}$$

2. Se igualan las dos expresiones despejadas y se resuelve la ecuación obtenida:

$$25 - y = \frac{70 - 2y}{4} \rightarrow 100 - 4y = 70 - 2y \rightarrow$$

$$-2y = -30 \rightarrow y = \frac{-30}{-2} = 15$$

3. Se sustituye el valor calculado de la incógnita del paso anterior en una de las expresiones despejadas en el paso 1.

$$x = 25 - y = 25 - 15 = 10$$

La solución es $x = 15$ e $y = 10$.

4. Se verifica la solución.

$$10 + 15 = 25$$

$$4 \cdot 10 + 2 \cdot 15 = 70$$

Método de sustitución

1. Se despeja una incógnita de una de las ecuaciones.

$$\begin{cases} x + 5y = -10 \\ 3x - 2y = 4 \end{cases} \quad x = -10 - 5y$$

2. Se sustituye el despeje realizado de la anterior incógnita en la otra ecuación, y se resuelve la ecuación obtenida.

$$3 \cdot (-10 -5y) -2y = 4 \rightarrow -30 - 15y - 2y = 4 \rightarrow$$

$$-17y = 34 \rightarrow y = \frac{34}{-17} = -2 \rightarrow y = -2$$

¿SABÍAS QUE...?

Los sistemas lineales de dos ecuaciones con dos incógnitas pueden ser:

- Las dos ecuaciones son proporcionales. En este caso tiene infinitas soluciones.

  $$\begin{cases} 2x - 3y = 5 \\ 4x - 6y = 10 \end{cases}$$

  La segunda ecuación es igual a la primera multiplicada por 2.

- Los coeficientes que acompañan a la *x* y a la *y* de una de las ecuaciones son proporcionales a los de la otra, pero los términos independientes no. En este caso no tiene soluciones.

  $$\begin{cases} 2x - 3y = 7 \\ 4x - 6y = 13 \end{cases}$$

  $4x = 2 \cdot 2x$, $-6x = 2 \cdot (-3x)$, pero $13 \neq 2 \cdot 7$

  En el resto de los casos tendrá una única solución.

AYUDA

En el método de sustitución, cuando despejes una incógnita de una de las ecuaciones, intenta siempre que sea la más sencilla de despejar.

3. Se sustituye la incógnita hallada en una de las dos ecuaciones y se calcula la otra incógnita de la ecuación obtenida.

$$x + 5 \cdot (-2) = -10 \rightarrow x - 10 = -10 \rightarrow x = 0$$

La solución es $x = 0$ e $y = -2$.

4. Se comprueba la solución hallada.

$$\begin{cases} 0 + 5 \cdot (-2) = -10 \\ 3 \cdot 0 - 2 \cdot (-2) = 4 \end{cases}$$

Método de reducción

1. Se multiplica una de las dos ecuaciones, de forma que la misma variable esté multiplicada por el mismo número, pero con signo contrario.

$$\begin{cases} 3x + y = 10 \\ x - 2y = 1 \end{cases}$$

Multiplicamos la segunda ecuación por −3

$$\begin{cases} 3x + y = 10 \\ -3x - 6y = -3 \end{cases}$$

2. Se suman las dos ecuaciones. Se obtiene una ecuación con una sola incógnita, y se resuelve.

$$\begin{array}{rl} & 3x + \quad y = 10 \\ + & -3x - 6y = -3 \\ \hline & 0 \quad 7y = \quad 7 \rightarrow 7y = 7 \rightarrow y = 1 \end{array}$$

3. Se sustituye la incógnita hallada en cualquiera de las dos ecuaciones del sistema, y se calcula la otra incógnita.

$$3x + 1 = 10 \rightarrow 3x = 9 \rightarrow x = 3$$

La solución es: $x = 3$ e $y = 1$

4. Se comprueba la solución.

$$\begin{cases} 3 \cdot 3 + 1 = 10 \\ 3 - 2 = 1 \end{cases}$$

AYUDA

Aplicar el método de reducción es sencillo cuando los coeficientes de alguna de las dos variables son proporcionales.

$$\begin{cases} 4x - 3y = 2 \\ 2x + 7y = 5 \end{cases}$$

Multiplicamos por −2 la segunda ecuación:

$$\begin{cases} 4x - 3y = 2 \\ -4x - 14y = -10 \end{cases}$$

Ahora, si sumamos las ecuaciones, anulamos la *x*.

Cuando no exista proporcionalidad, multiplicamos la primera ecuación por el coeficiente de la incógnita que queramos anular de la segunda ecuación y multiplicamos la segunda ecuación por el coeficiente de la primera.

$$\begin{cases} 5x - 3y = -2 \\ 7x + 11y = 9 \end{cases}$$

Multiplicamos la primera ecuación por 11 y la segunda por 3:

$$\begin{cases} 55x - 33y = -22 \\ 21x + 33y = 27 \end{cases}$$

Ahora, si sumamos las ecuaciones, anulamos la *y*.

ACTIVIDADES

6 Resuelve los siguientes sistemas por igualación.

a) $\begin{cases} 3x + y = 8 \\ 2x - y = 2 \end{cases}$ **b)** $\begin{cases} x - 3y = -15 \\ x + 5y = 17 \end{cases}$

7 Resuelve los siguientes sistemas por sustitución.

a) $\begin{cases} 3x + y = -6 \\ 2x - 5y = 13 \end{cases}$ **b)** $\begin{cases} 2x - 3y = 9 \\ x + y = -3 \end{cases}$

8 Resuelve los siguientes sistemas por reducción.

a) $\begin{cases} 3x + 2y = 9 \\ 2x - 2y = 26 \end{cases}$ **b)** $\begin{cases} x - 3y = 3 \\ x + 2y = -12 \end{cases}$

Resolución de problemas

Ahora que hemos estudiado una serie de procedimientos de resolución de ecuaciones y de sistemas de ecuaciones lineales, estamos en condiciones de aplicar lo aprendido en la resolución de problemas.

Es aquí, en la **resolución de problemas,** donde el álgebra adquiere su aspecto más importante como una **herramienta potente** que nos presta una ayuda incalculable en las ciencias y en la vida cotidiana.

Traducción al lenguaje algebraico

Las **ecuaciones** que hemos estudiado se plantean en términos de **una incógnita,** generalmente x. Los **sistemas lineales** de dos ecuaciones, por su parte, lo hacen en términos de **dos incógnitas,** habitualmente x e y.

Por tanto, para poder plantear ecuaciones inspiradas en contextos reales es necesario traducir o nombrar la magnitud o magnitudes buscadas mediante incógnitas.

Por **ejemplo,** si Luis es tres años menor que Alicia, podemos realizar la siguiente traducción algebraica:

- Edad de Alicia $\rightarrow x$
- Edad de Luis $\rightarrow x - 3$

En algunos casos, la traducción es un poco más compleja. Por **ejemplo,** si Ana tiene el doble de monedas más una que Arturo, la traducción algebraica podría ser:

- Número de monedas que tiene Arturo $\rightarrow x$
- Número de monedas que tiene Ana $\rightarrow 2x + 1$

En otras ocasiones debemos usar dos incógnitas, como cuando tenemos que buscar dos cantidades desconocidas de naturalezas distintas.

Por **ejemplo,** si Ernesto tiene libros de aventuras y libros de historia podemos traducir:

- Número de libros de aventuras de Ernesto $\rightarrow x$
- Número de libros de historia de Ernesto $\rightarrow y$

Pasos para la resolución de problemas mediante ecuaciones y sistemas lineales de dos ecuaciones

1. **Planteamiento de la ecuación o del sistema**

   En este paso es necesario **asignar incógnitas** a la magnitud o magnitudes buscadas en el problema. Seguidamente, se debe **deducir la ecuación** o el **sistema de ecuaciones,** traduciendo las relaciones entre las magnitudes que aparecen en el enunciado del problema en relaciones aritméticas entre las variables que las representan.

2. **Resolución de la ecuación o del sistema**

   Mediante los métodos algebraicos de resolución de ecuaciones o de sistemas de ecuaciones que hemos estudiado en esta Unidad, **se resuelve la ecuación** o el **sistema** planteado en el punto anterior. Se calcula la solución de la ecuación o del sistema.

AYUDA

El planteamiento de la ecuación o del sistema de ecuaciones suele ser el paso más difícil.

Ten en cuenta para ello los siguientes puntos:

- En muchos problemas las relaciones entre las magnitudes son en sí mismas aritméticas. Presta atención a las expresiones del tipo *el doble de, el triple de, uno más, tres más,* etc. En estos casos la traducción de las relaciones es casi directa.
- En todos los problemas debe aparecer la expresión *es igual a* u otra equivalente. Esta te dará la clave para separar los dos miembros de la ecuación.
- En muchos problemas de naturaleza geométrica deberás tener en cuenta fórmulas de perímetros, áreas o volúmenes para poder plantear las ecuaciones.
- La mayoría de los problemas permiten tomar incógnitas distintas y ecuaciones diferentes. Incluso es posible que un problema pueda ser resuelto por una ecuación o por un sistema de ecuaciones.

3. Comprobación de la solución

Se sustituye la solución obtenida en la ecuación o en el sistema planteado en el paso 1. Este paso tiene la función de **verificar** si la solución de las ecuaciones es también la solución del problema.

Apliquemos estos pasos a un **ejemplo:**

La base de un rectángulo es 3 cm más larga que su altura. Si aumentamos la base en 5 cm y en 6 cm la altura, el área del rectángulo aumentará 70 cm^2. Calcularemos las dimensiones del rectángulo a partir de estos datos.

1. **Planteamos la ecuación.** Nos piden las dimensiones del rectángulo, es decir, su base y su altura. Asignamos la variable x a la altura del rectángulo. Como en el enunciado se nos dice que la base es 3 cm más larga que la altura, tendremos que la longitud de la base será $x + 3$.

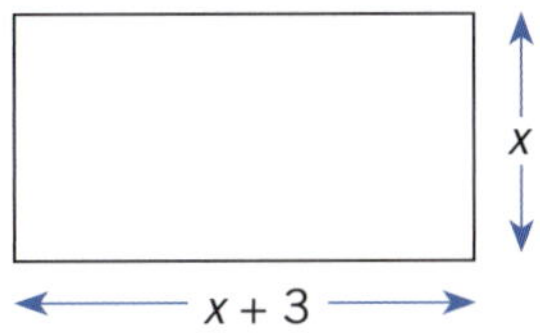

El enunciado nos da además una condición, cuya primera parte es el aumento de la base en 5 cm y de la altura en 6 cm. Por lo que el rectángulo aumentado tendrá unas dimensiones de $x + 8$ y $x + 6$.

La segunda parte de la condición es equivalente a la siguiente: el nuevo rectángulo tiene un área igual a la del original más 70 cm^2.

Por lo que tenemos:

Área del rectángulo original: $x \cdot (x + 3)$

Área del rectángulo aumentado: $(x + 8) \cdot (x + 6)$

$$\left.\begin{array}{l}\text{Área del rectángulo original: } x \cdot (x+3) \\ \text{Área del rectángulo aumentado: } (x+8)\cdot(x+6)\end{array}\right\} \begin{array}{l}(x+8)\cdot(x+6) = \\ = x\cdot(x+3) + 70\end{array}$$

2. **Resolvemos la ecuación.** $(x + 8) \cdot (x + 6) = x \cdot (x + 3) + 70$. Primero simplificamos la ecuación operando. Obtenemos $11x = 22$.

La solución de la ecuación es $x = 2$.

3. **Comprobamos la solución.** Sustituimos $x = 2$ en la ecuación original:

$(2 + 8) \cdot (2 + 6) = 2 \cdot (2 + 3) + 70 \rightarrow 80 = 80$

Se verifica la ecuación, por lo que podemos asegurar que la altura del rectángulo original mide 2 cm y la base mide 5 cm.

ACTIVIDADES

9 Roberto es 18 años mayor que Luisa, y hace tres años su edad era el doble que la de Luisa. ¿Cuál es la edad de ambos?

10 Halla dos números enteros que sumen 150 y cuya diferencia sea el cuádruple del menor.

11 Seis bolsas de deporte y cinco carpetas cuestan 227 €. Cinco bolsas de deporte y cuatro carpetas (a los mismos precios) cuestan 188 €. Halla el precio de cada bolsa de deporte y de cada carpeta.

12 Sumando a la edad de Joaquín a la de su hermana resultan 26 años. Dentro de diez años, la hermana tendrá el doble de la edad actual de Joaquín. ¿Cuáles son ahora las edades de Joaquín y de su hermana?

¿Cómo calcularías las edades de estas dos personas a partir de las pistas de la actividad 9?

Problemas resueltos

El perímetro de un rectángulo, *ABCD*, es de 20 centímetros y el lado menor es igual a los dos tercios del lado mayor.

¿Cuántos centímetros miden los lados de dicho rectángulo?

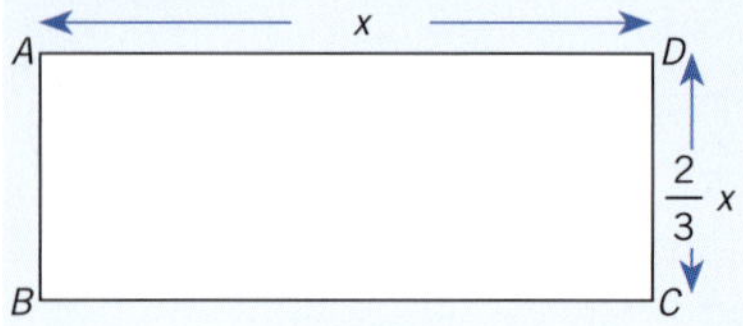

● Solución

1. **Planteamos la ecuación.** Si se representa por x los centímetros que mide el lado mayor del rectángulo, el lado menor medirá, según el enunciado: $\frac{2}{3}x$.

   Calculamos el perímetro del rectángulo:

   $$x + x + \frac{2}{3}x + \frac{2}{3}x = 20 \rightarrow 2x + 2 \cdot \frac{2}{3}x = 20 \rightarrow 2 \cdot \left(x + \frac{2}{3}x\right) = 20$$

2. **Resolvemos la ecuación.** Se obtendrá el valor de la incógnita x, que, como se ha indicado, representa la longitud expresada en centímetros del lado mayor.

   Antes de resolver la ecuación, dividimos ambos miembros entre 2, para simplificar los cálculos:

   $$x + \frac{2}{3}x = 10 \rightarrow \frac{3x}{3} + \frac{2}{3}x = \frac{30}{3} \rightarrow 3x + 2 = 30$$

   $$5x = 30 \rightarrow x = \frac{30}{6} \rightarrow x = 6$$

3. **Comprobamos la solución.**

   $$2 \cdot \left(x + \frac{2}{3}x\right) = 20 \rightarrow 2 \cdot \left(6 + \frac{2}{3} \cdot 6\right) = 2 \cdot \left(6 + \frac{12}{3}\right) = 2 \cdot (6 + 4) = 2 \cdot 10 = 20$$

   Como se verifica la igualdad, la solución de esta ecuación es $x = 6$, lo que significa que el lado mayor del rectángulo mide 6 cm. El lado menor del rectángulo mide: $\frac{2}{3}x = \frac{2}{3} \cdot 6$ cm $= 4$ cm.

Halla dos números consecutivos cuyo producto sea 1 332.

● Solución

1. **Planteamos la ecuación.**

   Primero representamos por x el primero de los números consecutivos. Representamos por $(x + 1)$ el segundo de los dos números consecutivos.

   Primer número: x

   Segundo número: $x + 1$

   Teniendo en cuenta la relación que existe entre los dos números que nos piden: $x \cdot (x + 1) = 1\,332$, desarrollamos la ecuación: $x^2 + x = 1\,332 \rightarrow$ $x^2 + x - 1\,332 = 0$

2. **Resolvemos la ecuación** de segundo grado.

   $x^2 + x - 1\,332 = 0$

   Las soluciones de la ecuación son:

   $$x_{1,2} = \frac{-1 \pm \sqrt{1^2 - 4 \cdot 1\,(-1332)}}{2 \cdot 1} \rightarrow \begin{cases} x_1 = 36 \\ x_2 = -37 \end{cases}$$

3. Comprobamos si las soluciones obtenidas cumplen las condiciones del problema.
   - Si $x_1 = 36$, los números pedidos en el problema son el 36 y el 37; comprobamos que $36 \cdot 37 = 1\,332$; luego esta solución sí cumple la condición del problema.
   - Si $x = x_2 = -37$, los números pedidos en el problema serán -37 y -36; comprobamos que $(-37) \cdot (-36) = 1\,332$; luego esta solución también cumple la condición del problema.

Entre Ana y Juan tienen un total de 65 videojuegos para la misma consola.

Sabemos que Juan tiene siete juegos más que Ana. ¿Cuántos videojuegos tienen cada uno?

● Solución

Podemos resolver el problema de dos formas:

1. Mediante una sola ecuación de primer grado con una incógnita:

   Número de videojuegos que tiene Ana: x.

   Número de videojuegos que tiene Juan: $x + 7$.

   Entre Ana y Juan tienen en total 65 videojuegos:

   $x + (x + 7) = 65 \rightarrow 2x + 7 = 65$

   Resolvemos la ecuación: $2x = 58 \rightarrow x = \frac{58}{2} = 29 \rightarrow x = 29$

   Comprobamos que es la solución del problema: $2 \cdot 29 + 7 = 65$.

   Ana tiene 29 videojuegos y Juan tiene 36 videojuegos.

2. Con un sistema de dos ecuaciones de primer grado con dos incógnitas:

   Videojuegos que tiene Ana: x.

   Videojuegos que tiene Juan: y.

   Planteamos el sistema:

   $$\begin{cases} x + y = 65 \\ -x + y = 7 \end{cases}$$

   Resolvemos el sistema por reducción:

   $$\begin{cases} x + y = 65 \\ -x + y = 7 \end{cases} \longrightarrow \begin{array}{r} \begin{cases} x + y = 65 \\ -x + y = 7 \end{cases} \\ \hline 0 + 2y = 72 \end{array}$$

   $y = \frac{72}{2} = 36$; $y = 36 \rightarrow x + 36 = 65 \rightarrow x = 65 - 36 = 29$; $x = 29$

   Comprobamos las soluciones:

   $$\begin{cases} 29 + 36 = 65 \\ -29 + 36 = 7 \end{cases}$$

   Verifican el sistema, por lo que $x = 29$; $y = 36$ son sus soluciones.

A partir de los datos disponibles, podemos conocer cuántos videojuegos tiene cada uno mediante una ecuación de primer grado con una incógnita o mediante un sistema de dos ecuaciones de primer grado con dos incógnitas.

Aplica lo aprendido

1 Calcula.

a) La suma de $3x^2$ y $7x^2$.

b) La diferencia entre $3x^2$ y $7x^2$.

c) El producto de $2x^3$ por $3x^2$.

d) El cociente de $11x^3$ entre $-11x^3$.

2 Calcula.

a) $3x^5 + 4x^5$

b) $-3x^2 - 5x^2$

c) $9x^4 + 13x^4$

d) $10x^5 - 6x^5$

3 En una resta de dos monomios, el sustraendo es $7x^2$ y la diferencia es $-3x^2$. ¿Cuál es el minuendo?

4 El minuendo es $\frac{5}{3}x^4$. La diferencia es x^4. ¿Cuál es el monomio sustraendo?

5 Calcula los siguientes productos.

a) $3x^5 \cdot (-5x)$

b) $-2x^4 \cdot 6x^3$

c) $3x^4 \cdot 5x^5$

d) $-4x \cdot (-2x^2)$

6 Calcula.

a) $4x^5 : 2x^3$

b) $7x^7 : 3x^5$

c) $17x^7 : x^2$

d) $9x^{11} : 4x^3$

7 Reduce los siguientes polinomios.

a) $3x^4 - 6x^2 + x + 2x^4 + 2x^2 + 8x - 7$

b) $7x^2 + 5x^4 - 3x^3 - 5x^2 + 6x - 2x + 5x^2 - 4x^2 + 3$

c) $-4x - 5x^2 + 3x^3 - 2x + 4 + 7x + 5x^3$

8 Dados los polinomios:

$A(x) = x^5 - 2x^4 + x$

$B(x) = 2x^5 + 3x^4 - x^3 - 5$

calcula:

a) $M(x) = A(x) - B(x)$

b) $N(x) = B(x) - A(x)$

9 Realiza las siguientes sumas y restas de polinomios.

a) $(2x^2 - 4x + 19) + (5x^2 - 5x - 7)$

b) $(5x^3 + 4x^2 - 5x + 1) + (-3x^3 + 2x^2 - x + 2)$

c) $(2x^2 -3x + 9) - (3x^2 - 5x + 2)$

d) $(-4x^4 + 7x^3 - x - 1) - (5x^4 - 3x^2 + 2x - 7)$

10 Realiza las siguientes multiplicaciones.

a) $(3x^2 + 2x - 1) \cdot (x + 1)$

b) $(5x^2 - 4x + 3) \cdot (2x - 1)$

c) $(3x^2 + 2x - 3) \cdot (5x^2 - 2x + 3)$

d) $(5x^3 - 2x^2 + 2x -3) \cdot (3x^2 - 3x + 2)$

11 Calcula mediante las identidades notables.

a) $(x + 5)^2$

b) $(2x + 3)^2$

c) $(5 - x)^2$

d) $(6 - 2x)^2$

e) $(3x - 2) \cdot (3x + 2)$

f) $(2 - 3x) \cdot (2 + 3x)$

12 Opera y simplifica.

a) $(x - 3)^2 + (x + 3)^2$

b) $(x + 3)^2 - (x - 3)^2$

c) $(1 - 3x) \cdot (1 + 3x) - x \cdot (2 + x)^2$

d) $(2 + x) \cdot (2 - x) + (2 + x)^2 - (2 - x)^2$

13 Realiza las siguientes divisiones de polinomios e identifica el cociente y el resto.

a) $(3x^5 - 5x^4 - 4x^2 + 3x -1) : (x^2 - 2x)$

b) $(10x^3 + 2x^2 - 5x) : (2x^2 - 3)$

c) $(3x^3 + 4x^2 + 2x) : (3x^2 + x)$

d) $(2x^5 + 4x^4 + 7x^3 + 2x^2) : (2x^3 + x)$

14 Realiza las siguientes divisiones mediante el método de Ruffini e indica el cociente y el resto.

a) $(x^5 - 5x^4 + 3x - 1) : (x - 2)$

b) $(10x^3 + 2x^2 - 5x) : (x - 3)$

c) $(-2x^3 + 4x^2 + 2x - 3) : (x + 3)$

d) $(2x^5 + 3x^4 + 2x^2 - 5) : (x + 1)$

15 Resuelve las siguientes ecuaciones de primer grado.

a) $4x + 2 = -5x$

b) $19 + 8x = 12x + 14$

c) $4x + 7 = 1 + 12x$

d) $7x - 2 = 21x - 9$

16 Resuelve las siguientes ecuaciones de primer grado.

a) $3x - 4 \cdot (25 - 2x) = 9x - 300$

b) $38 + 7 \cdot (x - 3) = 9 \cdot (x + 1)$

c) $14x + 3 \cdot (8x - 3) = 295$

d) $\frac{x}{2} - \frac{x + 6}{2} = -2$

e) $x - \frac{x + 2}{12} = \frac{6x}{2}$

17 Resuelve las siguientes ecuaciones de segundo grado.

a) $x^2 - 5x + 4 = 0$

b) $3x^2 + 7x = 0$

c) $x^2 + 7x = 0$

d) $2x^2 - 5x + 3 = 0$

18 Determina, sin resolverlas, cuántas soluciones y de qué tipo tienen las siguientes ecuaciones.

a) $-2x^2 + x + 7 = 0$

b) $x^2 + 5x + 6 = 0$

19 Resuelve los siguientes sistemas de ecuaciones por el método de sustitución.

a) $\begin{cases} x + 3y = 6 \\ 5x - 2y = 13 \end{cases}$

b) $\begin{cases} 5x + 7y = -1 \\ -3x + 4y = -24 \end{cases}$

c) $\begin{cases} 2x + 5y = -24 \\ 8x - 3y = 19 \end{cases}$

d) $\begin{cases} 3x - 2y = 6 \\ 5x + 2y = 10 \end{cases}$

20 Resuelve los siguientes sistemas de ecuaciones por el método de igualación.

a) $\begin{cases} x + 6y = 27 \\ 7x - 3y = 9 \end{cases}$

b) $\begin{cases} 2x + 4y = -4 \\ y - 11 = -3x \end{cases}$

c) $\begin{cases} 9x + 16y = 7 \\ 3x - 8y = -1 \end{cases}$

d) $\begin{cases} x + 2y = 11 \\ 2x - y = 2 \end{cases}$

21 Resuelve los siguientes sistemas de ecuaciones por el método de reducción.

a) $\begin{cases} x - y = 100 \\ 2x + y = 500 \end{cases}$

b) $\begin{cases} 2x + y = 3 \\ 3x - 2y = 8 \end{cases}$

c) $\begin{cases} 2x - 3y = 0 \\ x - 5y = 65 \end{cases}$

d) $\begin{cases} 3x - 2y = 6 \\ 5x + 2y = 10 \end{cases}$

22 La suma de cuatro números consecutivos es −1 290. ¿Cuáles son dichos números?

23 Una madre tiene 60 años y su hija mayor, la mitad. ¿Cuántos años han transcurrido desde que la edad de la madre era el triple de la de su hija?

¿Hace cuántos años que esta madre tenía el triple de años que su hija?

24 El perímetro de un rectángulo es 16 cm y la base es 3 cm mayor que la altura. ¿Cuál es el área del rectángulo?

25 El perímetro de un triángulo es 37 dm. El lado mayor mide 0,8 cm más que el mediano, y este, 40 cm más que el menor. ¿Cuánto miden los tres lados del triángulo?

26 Halla un número cuya mitad aumentada en 6 sea igual al doble de su cuarta parte aumentada en 4.

27 Halla tres números consecutivos tales que restando el doble del mayor del triple de la suma de los otros dos se obtenga el número 527.

28 Escribe las ecuaciones que corresponden a los siguientes acertijos numéricos, y resuélvelos:

a) El doble del cuadrado de un número es 8.

b) El cuadrado del doble de un número menos el doble de dicho número es cero.

29 En un corral hay gallinas y conejos; en total hay 14 cabezas y 38 patas. ¿Cuántas gallinas y cuántos conejos hay en el corral?

Averigua la cantidad de gallinas y conejos de un corral contando patas y cabezas.

30 Se dispone de 56 m de cerca para construir un corral. Si se quiere que el corral sea rectangular y mida 6 m más de longitud que de anchura, ¿cuáles serían las dimensiones del corral?

31 La base de un rectángulo mide 7 cm más que la altura. Sabiendo que el área del rectángulo es 60 cm^2, halla las dimensiones del rectángulo.

32 La edad de Íñigo es el doble que la edad de su sobrina Carolina. Hace diez años, la suma de las edades de ambos era igual a la edad actual de Íñigo. ¿Cuál es la edad actual de cada uno?

33 Un club deportivo tiene 26 socios menos que otro. Si entre los dos clubes hay 88 socios, ¿cuántos socios tiene cada uno?

34 He comprado una chaqueta por 105 €. Dicho importe lo he pagado con doce billetes de dos tipos: de 5 € y de 10 €. ¿Cuántos billetes de cada valor he entregado?

Rincón TIC

● RESOLUCIÓN DE SISTEMAS LINEALES CON WIRIS

WIRIS es un potente programa matemático con múltiples aplicaciones educativas. Existe una versión instalable en tu ordenador, bajo licencia. También hay disponible un simulador *online*.

Para las necesidades que te planteamos a continuación es suficiente este último. Puedes acceder a él en este enlace: http://www.wiris.net/demo/wiris/es/.

Vamos a resolver el siguiente sistema de ecuaciones:

$$\begin{cases} 2x + 3y = 2 \\ 5x - 6y = 32 \end{cases}$$

Accediendo al anterior enlace, se tiene esta pantalla:

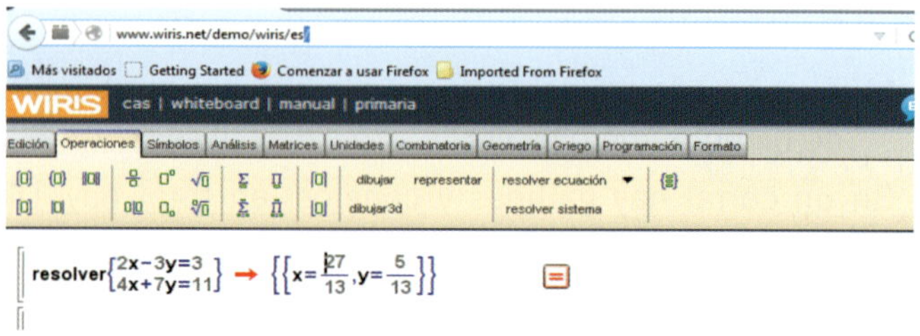

Tal y como se puede ver, para acceder a las opciones de resolver sistema de ecuaciones lineales debes ir a la pestaña de *Operaciones*.

Una vez que pulses en *resolver sistema*, te aparecerá el siguiente cuadro de diálogo:

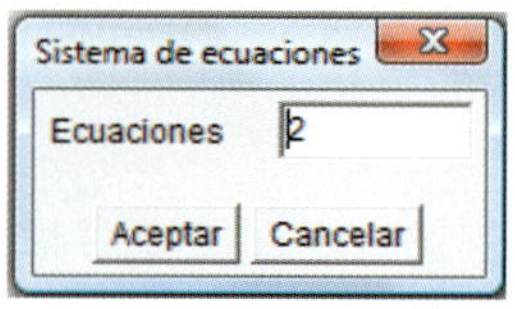

En él se elige el número de ecuaciones del sistema que quieres resolver. En esta Unidad solo hemos visto sistemas de dos ecuaciones, como la del ejemplo. Por tanto, debes indicar 2 y pulsar en *Aceptar*.

Seguidamente aparecerá en la pantalla de escritura la siguiente expresión:

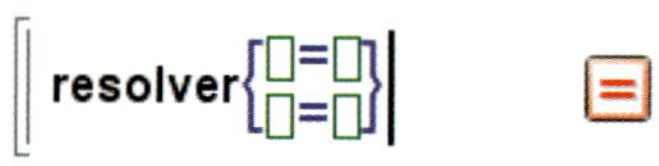

Rellenamos la expresión con los términos correspondientes del sistema que queremos resolver.

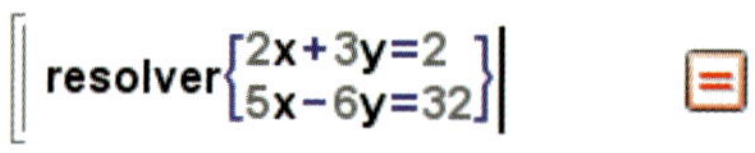

Una vez indicado el sistema que queremos resolver, pulsamos el símbolo igual, que aparece a la derecha del sistema.

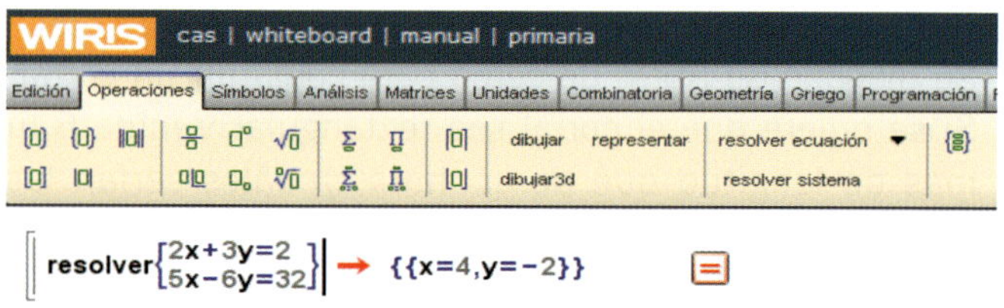

Como puedes observar, la solución del sistema queda indicada a la derecha entre llaves azules: $x = 4$, $y = -2$.

ACTIVIDADES

1 Resuelve mediante el simulador de WIRIS los siguientes sistemas:

a) $\begin{cases} 5x - 2y = 7 \\ 3x + 5y = -2 \end{cases}$

b) $\begin{cases} 4x + 3y = 2 \\ -x - y = 1 \end{cases}$

c) $\begin{cases} 5x - 2y = 7 \\ 3x + 5y = -2 \end{cases}$

d) $\begin{cases} \dfrac{1}{2}x + \dfrac{1}{3}y = \dfrac{5}{2} \\ \dfrac{1}{3}x - \dfrac{1}{3}y = 0 \end{cases}$

3 Geometría

En esta unidad estudiaremos

1. Elementos del plano
2. Teorema de Pitágoras y teorema de Tales
3. Movimientos en el plano
4. Simetrías
5. Áreas de figuras planas
6. Coordenadas geográficas

Elementos del plano

Rectas, semirrectas y segmentos

Una **recta** es el conjunto formado por todos los puntos que se extienden en una misma dirección en el plano. Normalmente, las rectas se denotan con una letra consonante minúscula.

AYUDA

Según la definición, una recta es infinita, y solo la podemos representar virtualmente y no realmente, ya que todos los soportes (papeles, pizarras, monitores de ordenador, etc.) son finitos.

Para comprender esta definición es importante considerar las infinitas direcciones que se pueden definir en un plano.

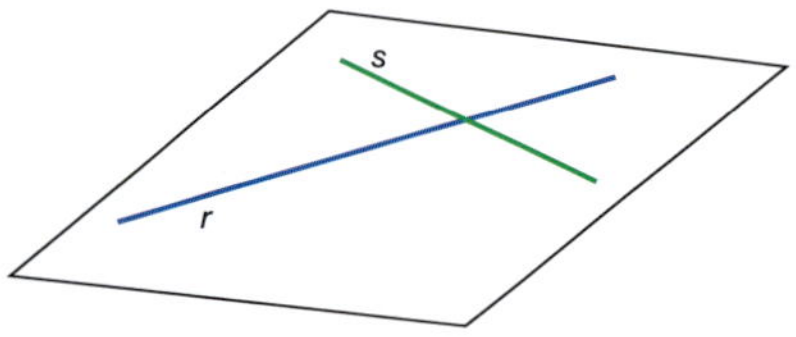

Las rectas *r* y *s* definen direcciones distintas en el plano.

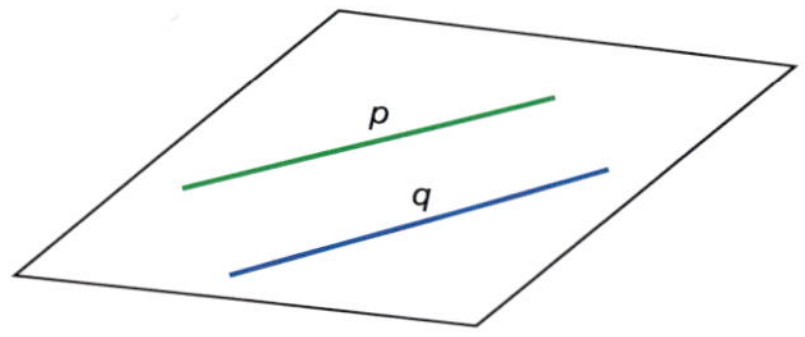

Las rectas *p* y *q* definen la misma dirección en el plano.

Una **semirrecta** es una de las dos porciones de una recta delimitada por un punto. Al punto se lo denomina **origen.** Las semirrectas se suelen nombrar con letras minúsculas o con el punto que las determina.

Un **segmento** es una porción de recta delimitada por dos puntos, llamados **extremos.** Los segmentos se denotan mediante las letras que dan nombre a sus extremos.

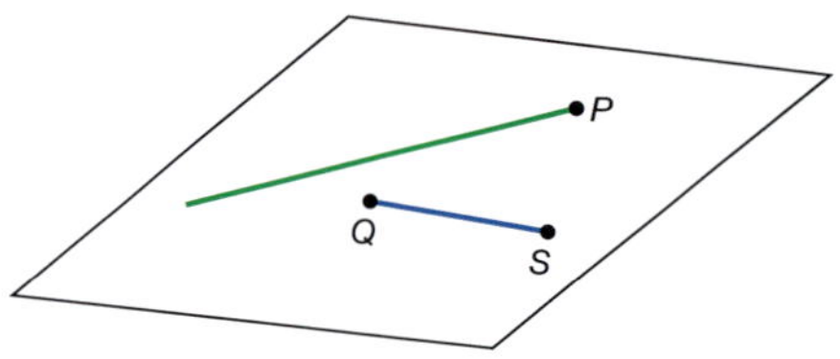

En este dibujo tenemos: la semirrecta de origen *P* y el segmento $\overline{QS}$.

Posiciones relativas de rectas

Dos rectas en el plano pueden tener cuatro **posiciones relativas** y determinar en cada caso ángulos distintos.

AYUDA

Realmente se forman cuatro ángulos al cortarse dos rectas secantes. Son iguales los ángulos opuestos. En este dibujo son iguales *A* y *C*, por un lado, y *B* y *D*, por otro. Salvo que sean dos rectas perpendiculares, consideramos el ángulo entre dos rectas cualesquiera de los dos ángulos agudos que se forman.

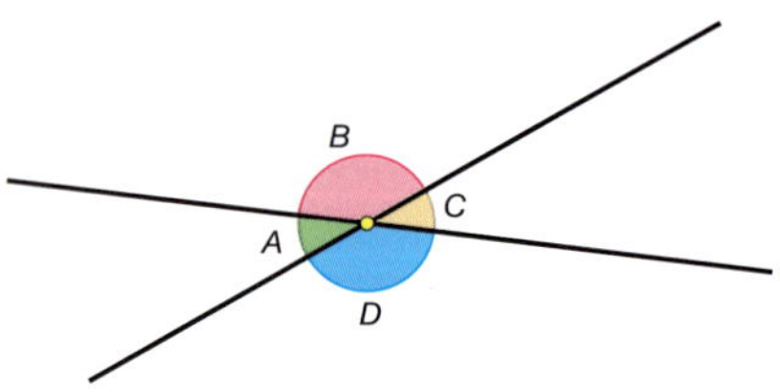

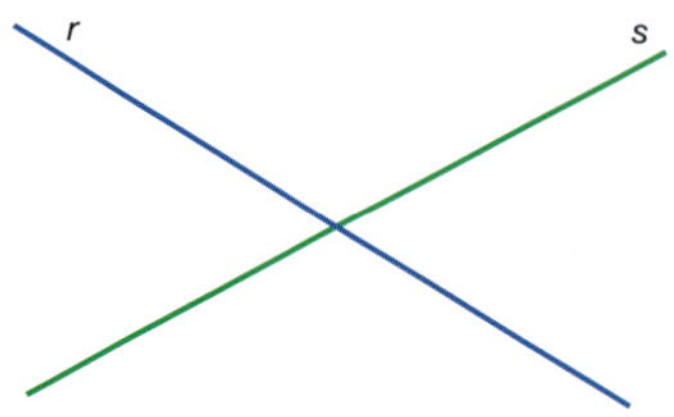

Secantes. Se cortan en un punto. Las dos rectas forman un ángulo mayor que 0° y menor o igual que 90°.

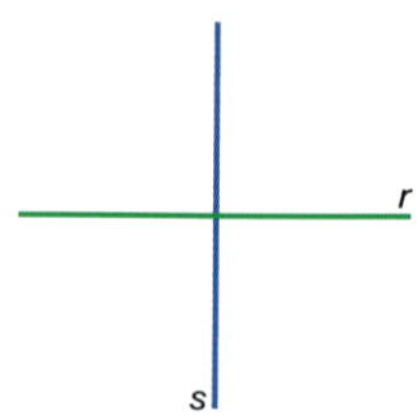

Perpendiculares. Es el caso particular de dos rectas secantes que forman un ángulo igual a 90°.

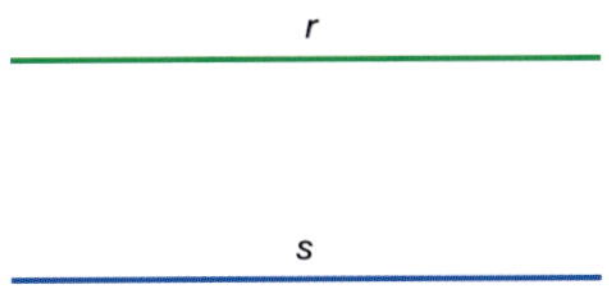

Paralelas. Todos los puntos de las dos rectas están siempre a la misma distancia distinta de cero. Es decir, dos rectas paralelas nunca se cortan. En este caso el ángulo que forman es de 0°.

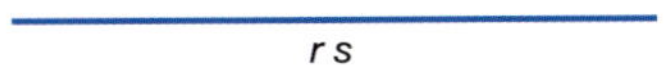

Coincidentes. Todos los puntos de las dos rectas son comunes. En este caso el ángulo que forman es también de 0°.

Mediatriz de un segmento

La mediatriz de un segmento es el lugar de los puntos del plano que equidistan de los extremos del segmento.

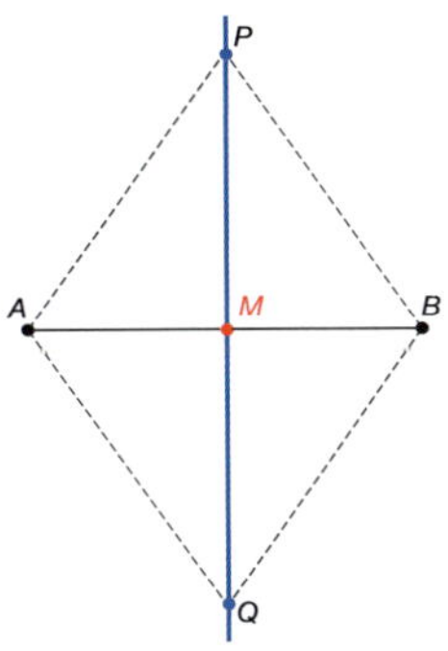

Los puntos *P* y *Q* pertenecen a la mediatriz del segmento $\overline{AB}$.

La mediatriz de un segmento es la recta perpendicular que pasa por el punto medio de este.

Bisectriz de un ángulo

La bisectriz de un ángulo es la recta que pasa por su vértice y lo divide en dos ángulos iguales.

Los puntos de la bisectriz de un ángulo equidistan de los lados del ángulo.

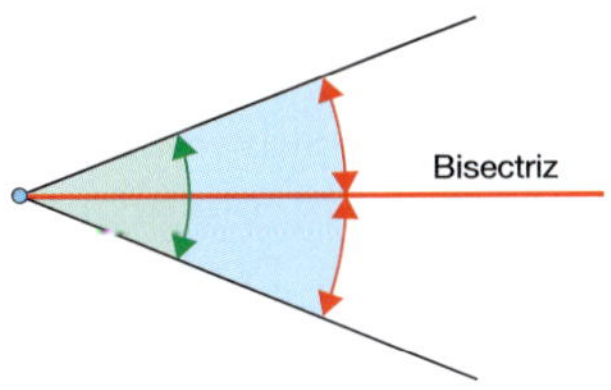

RECUERDA

Para trazar la mediatriz del segmento *AB* pinchamos en cada uno de sus extremos y con la misma apertura (mayor que la mitad de la longitud del segmento) trazamos arcos como los del dibujo.

Por último, unimos los dos puntos en los que se cortan los arcos *C* y *D*.

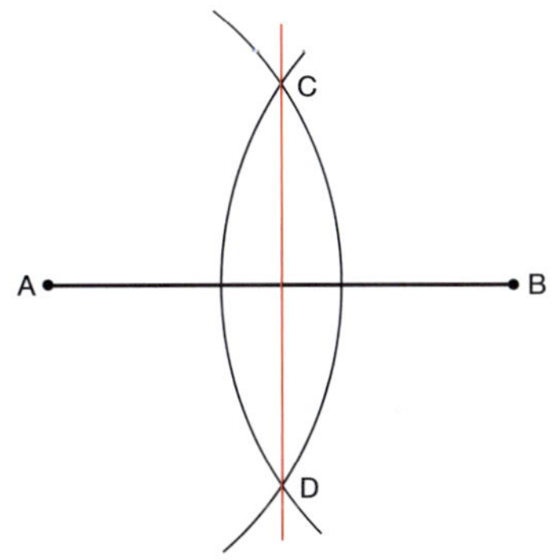

Para trazar la bisectriz del ángulo de arco *QP* pinchamos el compás en *O*, vértice del ángulo, y trazamos dos arcos con la misma apertura que se crucen en el interior.

Finalmente, trazamos la semirrecta con origen en *O* y que pase por *A*, el punto en el que se cruzan los dos arcos trazados.

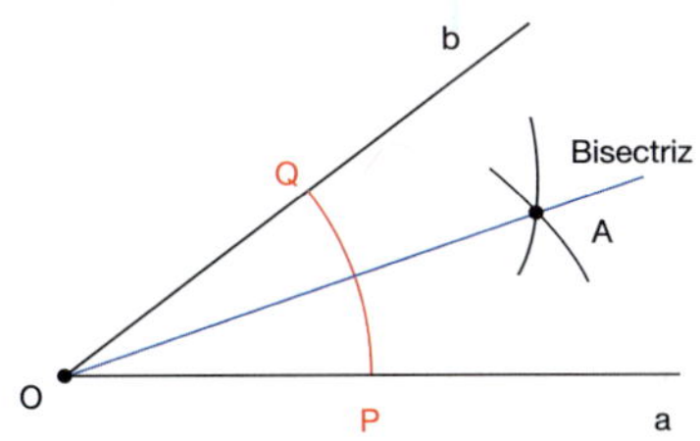

ACTIVIDADES

1 Copia en tu cuaderno la siguiente representación de un plano y dibuja los siguientes elementos:

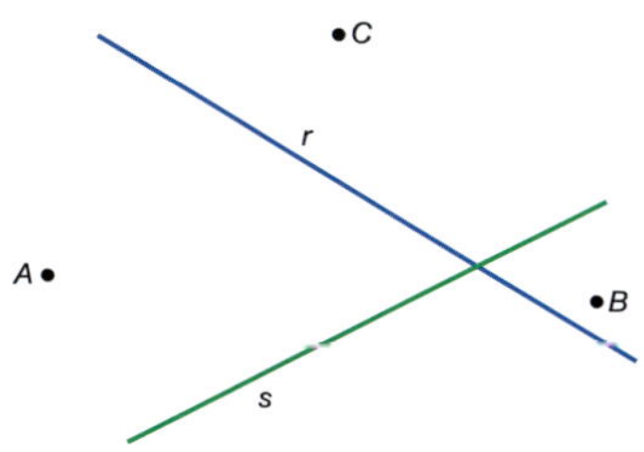

a) Una recta que pase por *A* y sea perpendicular a *r*.

b) Una recta que pase por *B* y sea paralela a *s*.

c) El segmento de extremos *A* y *C*.

d) La recta que pasa por *C* y *B*. ¿Cuál es su posición respecto a *r* y a *s*?

2 Dibuja en tu cuaderno un segmento de extremos *A* y *B* de 5 cm de longitud. Dibuja con regla y compás su mediatriz.

3 Dibuja en tu cuaderno, con la ayuda de un transportador de ángulos, un ángulo de vértice *O* de 50°. Dibuja con regla y compás su bisectriz.

Teoremas destacados

Teorema de Pitágoras

Un **triángulo rectángulo** es el que tiene un ángulo recto, es decir, de 90°. En un triángulo rectángulo el lado más largo se denomina **hipotenusa,** y los dos más cortos, **catetos.**

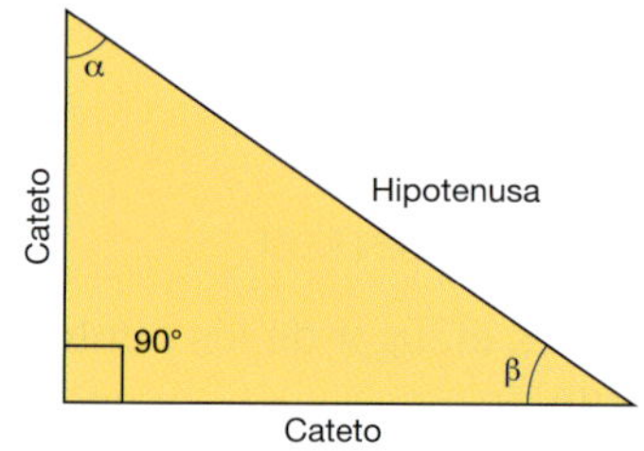

Según el teorema de Pitágoras, en un triángulo rectángulo, la hipotenusa al cuadrado es igual a la suma de los cuadrados de los catetos.

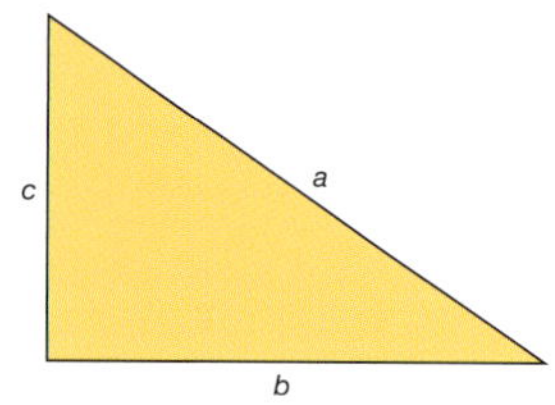

$$a^2 = b^2 + c^2$$

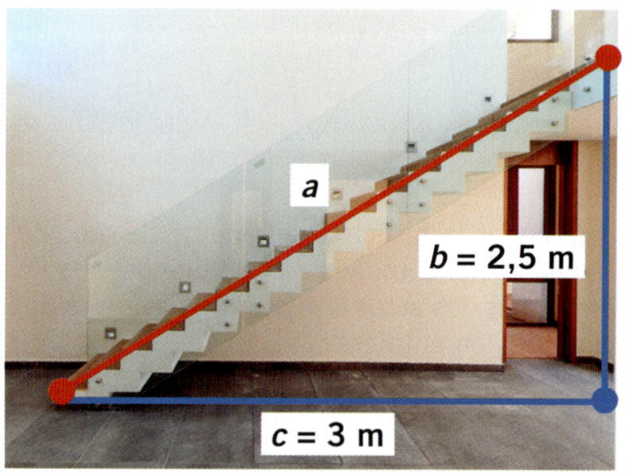

Ejemplos:

Para calcular la longitud de la escalera de la fotografía de la izquierda aplicamos el teorema de Pitágoras.

Para ello, consideramos el triángulo rectángulo formado por los segmentos dibujados. La hipotenusa es la propia longitud de la escalera, y los catetos, los otros dos lados. Por tanto:

$a^2 = b^2 + c^2 \rightarrow a^2 = 2{,}5^2 + 3^2 = 15{,}25$

$a = \sqrt{15{,}25} = 3{,}9$ m

La longitud de la escalera es de 3,9 m.

En este ejemplo tenemos un triángulo rectángulo formado por una escalera apoyada en una pared, la propia pared y el suelo.

Calcular la altura a la que está apoyada la escalera de la derecha supone determinar un cateto aplicando el teorema de Pitágoras. Por tanto:

$a^2 = b^2 + c^2 \rightarrow b^2 = a^2 - c^2$

$b^2 = 10^2 - 6^2 = 64$

$b = \sqrt{64} = 8$ m

La escalera está apoyada a 8 m del suelo.

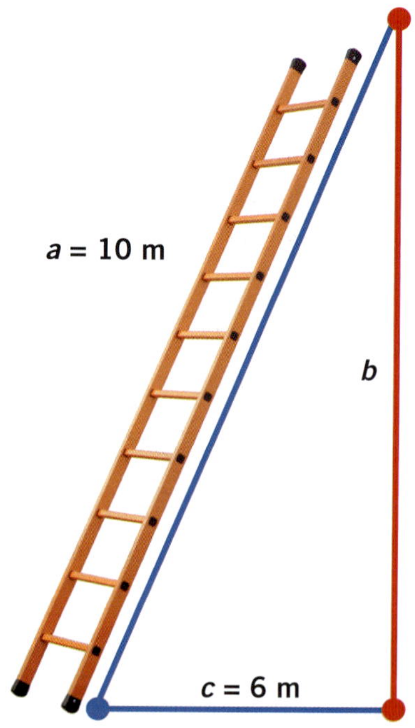

AYUDA

Teorema del cateto
El cuadrado de un cateto en un triángulo rectángulo es igual al producto de la hipotenusa por la proyección de dicho cateto sobre la hipotenusa.

Teorema de la altura
El cuadrado de la altura sobre la hipotenusa de un triángulo rectángulo es igual al producto de los segmentos en que dicha altura divide a la hipotenusa.

Teorema de Tales

Dadas dos rectas *r* y *r'* cortadas por rectas paralelas, como se muestra en el dibujo, obtenemos los puntos de corte *A, A', B, B', C* y *C'*.

Se cumple la siguiente relación entre las longitudes de los segmentos formados por estos puntos de corte:

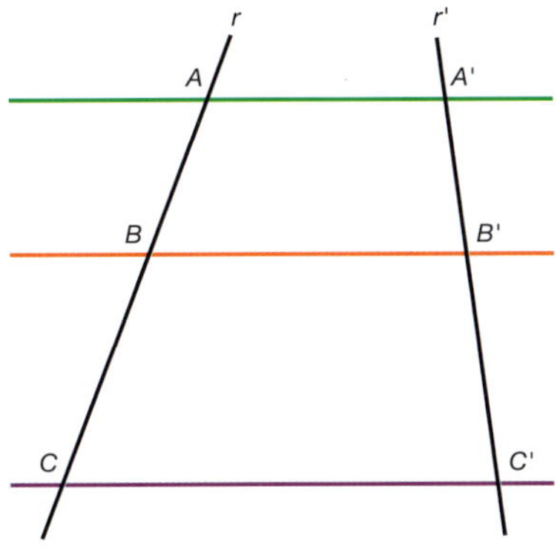

$$\frac{\overline{AB}}{\overline{A'B'}} = \frac{\overline{BC}}{\overline{B'C'}} = \frac{\overline{AC}}{\overline{A'C'}}$$

Ejemplo:

Tenemos dos rectas cortadas por tres rectas paralelas. Calcularemos la longitud *x* del segmento $\overline{AB}$. Para ello, usamos el teorema de Tales:

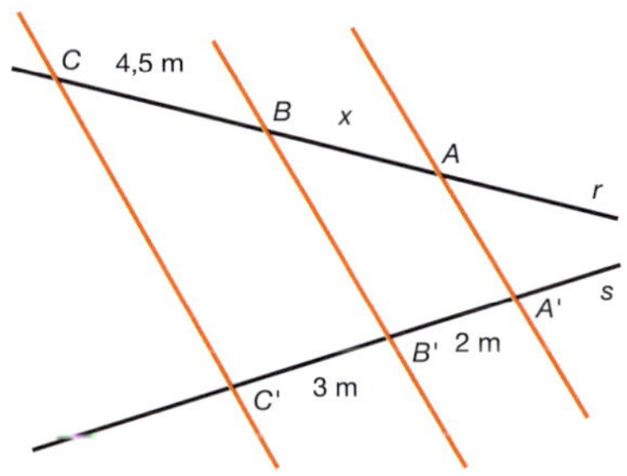

De la relación: $\frac{\overline{AB}}{\overline{A'B'}} = \frac{\overline{BC}}{\overline{B'C'}} = \frac{\overline{AC}}{\overline{A'C'}}$ solo nos interesa la identidad entre las dos primeras proporciones: $\frac{\overline{AB}}{\overline{A'B'}} = \frac{\overline{BC}}{\overline{B'C'}}$.

Primero sustituimos: $\frac{x}{2} = \frac{4,5}{3}$.

Luego, despejamos y hallamos el valor de *x*: $\frac{2 \cdot 4,5}{3} = \frac{9}{3} = 3$ m.

RECUERDA

Estrechamente relacionados con el teorema de Tales, están los triángulos en posición de Tales.

Los triángulos *ABC* y *A'B'C'* se dice que están en posición de Tales por tener dos lados coincidentes en la misma recta, un vértice común y los lados opuestos a este vértice paralelos.

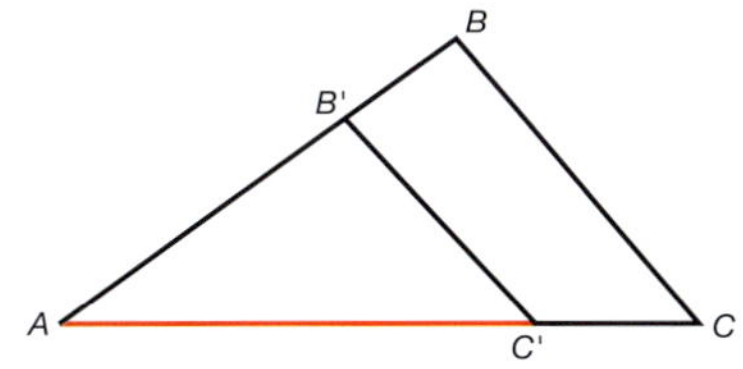

En este caso tenemos la siguiente igualdad:

$$\frac{\overline{AB}}{\overline{A'B'}} = \frac{\overline{BC}}{\overline{A'C'}} = \frac{\overline{AC}}{\overline{B'C'}}$$

ACTIVIDADES

4. Una ciudad se encuentra 17 km al oeste y 8 km al norte de otra. ¿Cuál es la distancia real lineal entre las dos ciudades?

5. Un campo de fútbol mide 125 metros de largo. Si la longitud de sus diagonales es de 150 metros, ¿cuál es el ancho del campo de juego?

6. Los lados *MN, PQ* y *BC* son paralelos. ¿Cuánto miden los segmentos *a* y *b?*

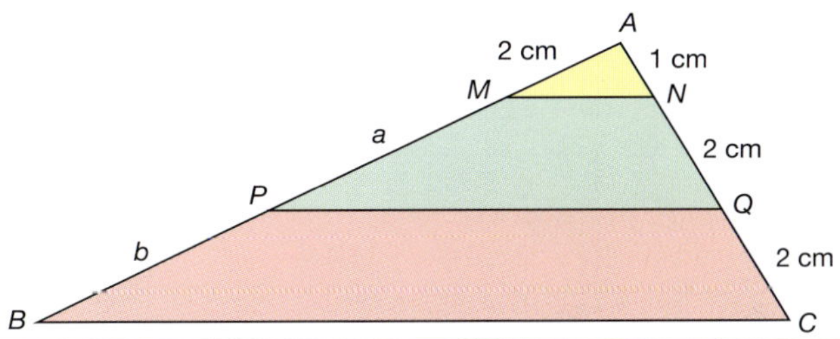

Movimientos en el plano

Vectores

Un vector $\overrightarrow{AB}$ de origen A y extremo B es un elemento geométrico del plano con tres características:

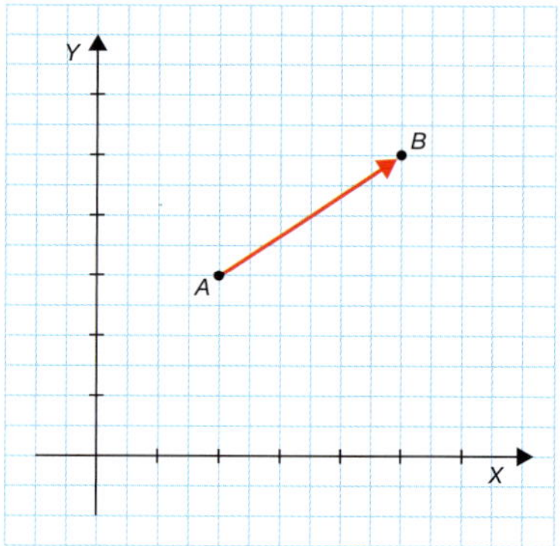

- **Módulo,** que es la longitud de segmento $\overline{AB}$.
- **Dirección,** que es la de la recta sobre la que se asienta el segmento $\overline{AB}$.
- **Orientación,** que indica que el vector va desde A hasta B.

Un **vector** es un segmento orientado.

Si se conocen las coordenadas de los puntos A y B se pueden calcular las coordenadas del vector. Si conocemos las coordenadas de los puntos A y B, podemos calcular las coordenadas del vector. Si $A = (a_1, a_2)$ y $B = (b_1, b_2)$, el vector $\overrightarrow{AB}$ tiene coordenadas $\overrightarrow{AB} = (b_1 - a_1, b_2 - a_2)$.

En el ejemplo anterior tenemos que $A(2, 3)$ y $B(5, 5)$, por lo que el vector $\overrightarrow{AB} = (5 - 2, 5 - 3) = (3, 2)$. Una vez calculadas las coordenadas de este modo, lo representamos partiendo del origen de coordenadas.

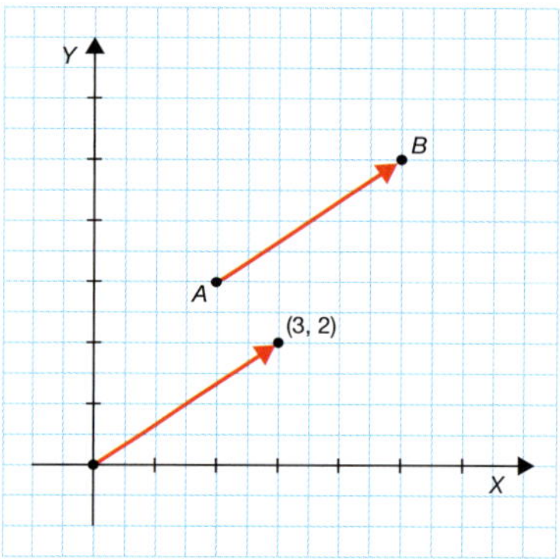

Las tres características que hemos visto de un vector (módulo, dirección y sentido) determinan de forma única un vector. Por ello, se dice que el vector $\overrightarrow{AB}$ es igual al vector que parte del origen con coordenadas (3, 2).

Todos los vectores se representan a través de sus coordenadas con vectores que parten del origen con el mismo módulo, la misma dirección y el mismo sentido.

Traslaciones

Dado un vector $\vec{v}\,(v_1, v_2)$, la traslación de vector $\vec{v}$ es un movimiento del plano que transforma cada punto $P = (p_1, p_2)$ en del plano el punto $P' = P + \vec{v} = (v_1 + p_1, v_2 + p_2)$.

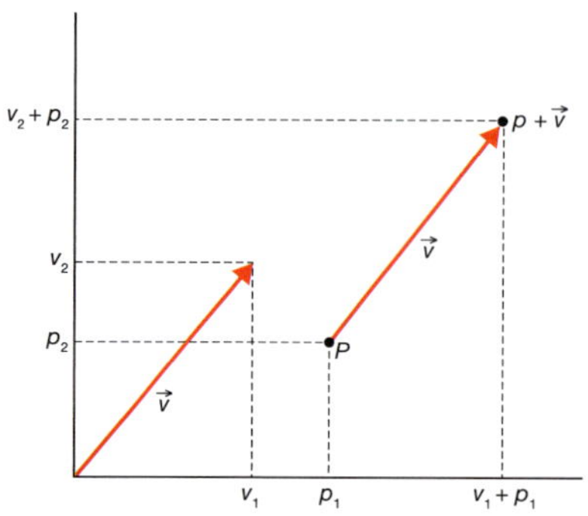

Observa que el punto P del dibujo se mueve en la dirección y sentido del vector $\vec{v}$. Además se desplaza una longitud igual a la longitud de $\vec{v}$.

EJEMPLO

Dado el vector $\vec{v}$ (2, 4) y el punto $P = (4, 3)$, estudiamos cómo transforma la traslación de vector $\vec{v}$ al punto P'.

P' es igual a $P + \vec{v}$, luego $P' = (4, 3) + (2, 4) = (4 + 2, 3 + 4) = (6, 7)$.

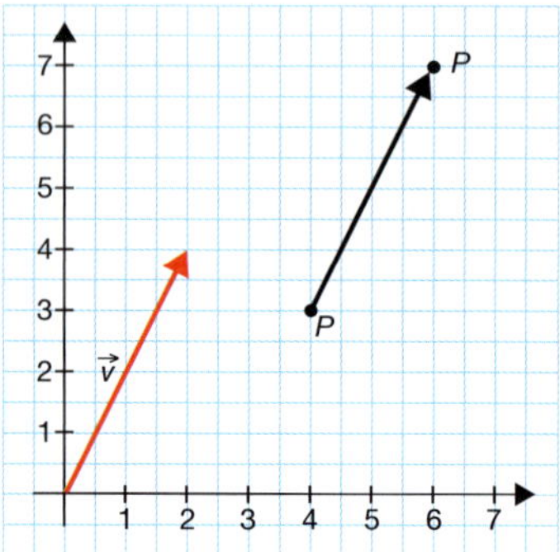

Traslaciones de figuras planas

Observa la siguiente figura.

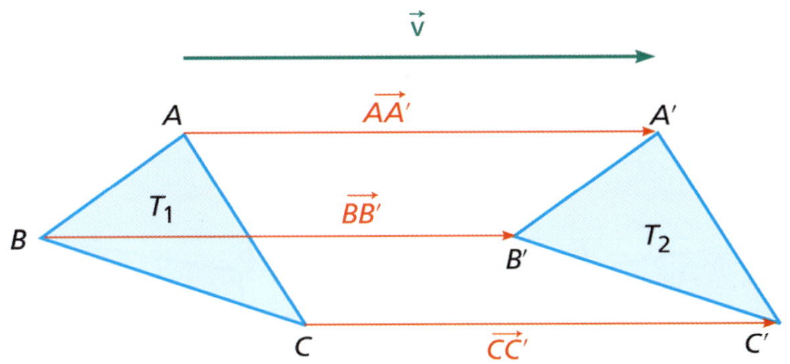

El triángulo T_1 se ha transformado en el triángulo T_2. Los vértices A, B y C se han transformado en los vértices A', B' y C', de manera que los vectores $\overrightarrow{AA'}$, $\overrightarrow{BB'}$ y $\overrightarrow{CC'}$ son paralelos, tienen el mismo módulo y el mismo sentido. Además, el triángulo T_1 tiene la misma forma y el mismo tamaño que el triángulo T_2.

Las **traslaciones** transforman figuras planas en otras figuras planas con la misma forma y el mismo tamaño.

AYUDA

Un mosaico es un recubrimiento del plano que se realiza con traslaciones sucesivas de una figura plana.

Observa este ejemplo: cubrimos el plano trasladando un polígono de forma recurrente a través de dos traslaciones distintas.

No todas las figuras planas permiten realizar mosaicos.

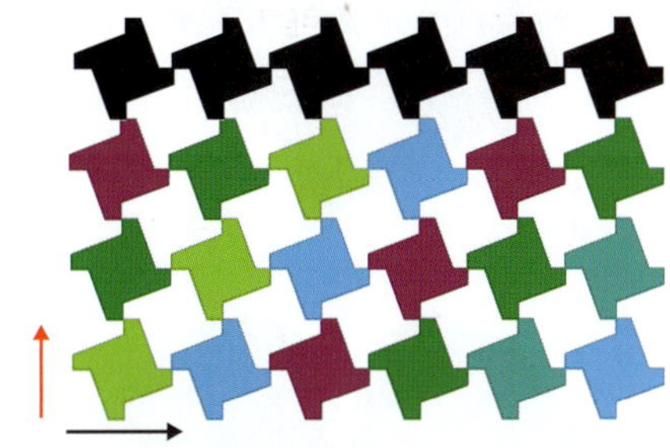

Mosaico.

ACTIVIDADES

7 Observa los vectores representados.

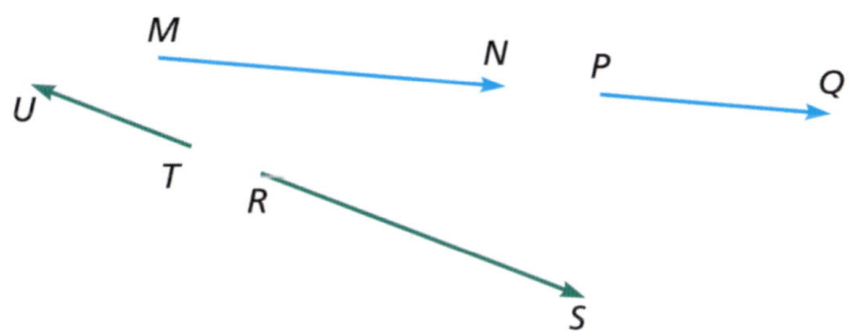

a) ¿Por qué los vectores $\overrightarrow{MN}$ y $\overrightarrow{RS}$ tienen distintas direcciones?

b) ¿Cuáles de los vectores representados tienen el mismo módulo si como unidad de longitud se elige el centímetro?

c) ¿Qué tienen en común los vectores $\overrightarrow{RS}$ y $\overrightarrow{TU}$?

8 Dado el vector $\vec{v}$ (3, 4) y los puntos $P = (-1, 2)$ y $Q = (6, 2)$, determina las coordenadas de los puntos en los que la traslación del vector $\vec{v}$ transforma a P y a Q.

9 Dibuja en tu cuaderno las figuras transformadas según las traslaciones indicadas por los vectores.

a)

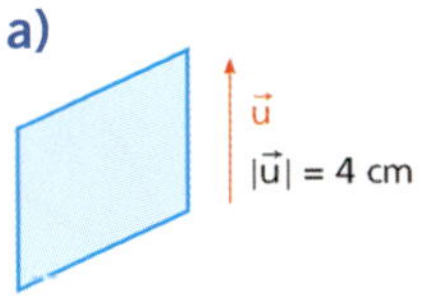

b)

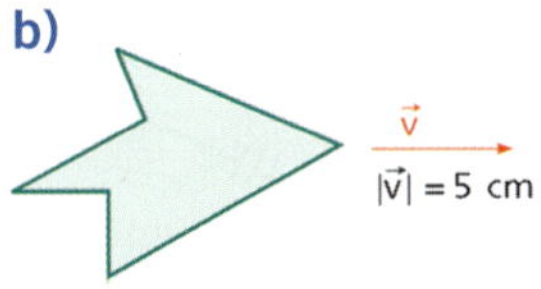

Simetrías

En la naturaleza los ejemplos de simetría axial son inagotables.

Simetría axial

Los puntos *A, B, C, D* (vértices del polígono) de la figura han sido transformados en *A*', *B*', *C*', *D*', de manera que la recta *r* es la mediatriz del segmento $\overrightarrow{AA'}$ y, también, del $\overrightarrow{BB'}$, $\overrightarrow{CC'}$ y $\overrightarrow{DD'}$.

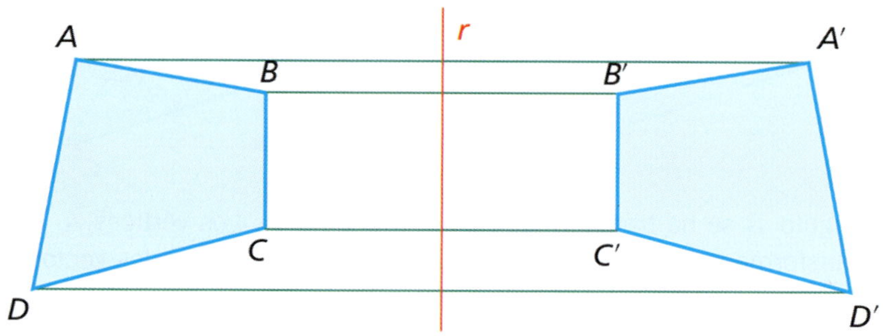

Una **simetría axial** respecto de una recta *r* es el movimiento que transforma cualquier punto *P* del plano en un punto *P*', de modo que la recta *r* sea la mediatriz del segmento $\overrightarrow{PP'}$.

A la recta *r* se le llama **eje de simetría.** La simetría axial recibe también el nombre de simetría respecto de un eje.

Observa en el ejemplo que los dos cuadriláteros tienen la misma forma y el mismo tamaño.

Si recorremos el cuadrilátero original en el sentido *ABCD* y, a la vez, recorremos el cuadrilátero transformado siguiendo el sentido de los vértices transformados, observamos que los sentidos de giro son inversos.

Las **simetrías axiales** transforman **figuras planas** en otras figuras planas con la misma forma y el mismo tamaño, pero con el **sentido de recorrido inverso.**

Simetría central

Observa en la figura que los puntos *A, B, C, D* han sido transformados en *A*', *B*', *C*', *D*', de manera que la recta que los une pasa por el centro, *O*, que es el punto medio de los segmentos $\overrightarrow{AA'}$, $\overrightarrow{BB'}$, $\overrightarrow{CC'}$ y $\overrightarrow{DD'}$.

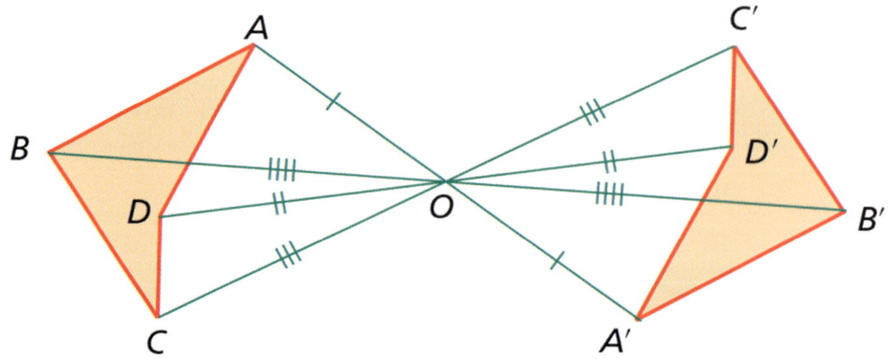

Una **simetría central** de centro *O* es el movimiento que transforma cualquier punto *P* del plano en un punto *P*', de manera que el centro, *O*, sea el punto medio del segmento $\overline{PP'}$. Al punto *O* se lo llama **centro de simetría.**

Giros

Observa la figura. En ella, los puntos *A, B, C, D, E, F* han sido transformados en *A*', *B*', *C*', *D*', *E*', *F*', de manera que, tomando un compás y haciendo centro en *O*, todos han girado el mismo número de grados (el mismo ángulo α).

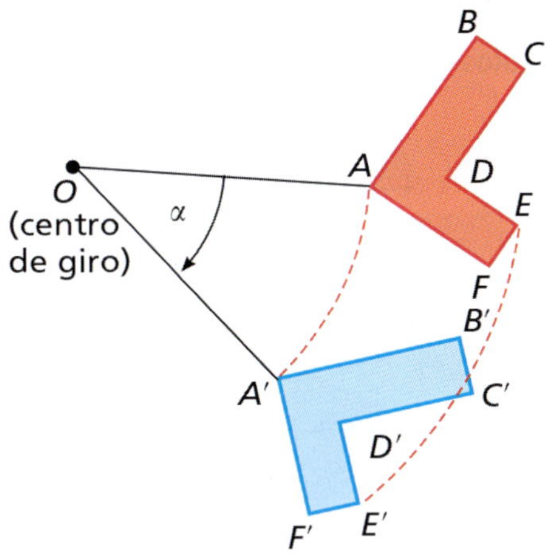

Un giro de centro *O* y ángulo orientado α (de sentido negativo o positivo) es el movimiento que transforma cualquier punto *P* del plano en otro punto *P*', de manera que la distancia *OP* sea igual a la distancia *OP*' y el ángulo *POP*' sea α.

Los giros transforman **figuras planas** en otras figuras planas con la misma forma y el mismo tamaño.

ACTIVIDADES

10 Dibuja en tu cuaderno la transformación de la siguiente figura respecto a la simetría axial a la recta *r*.

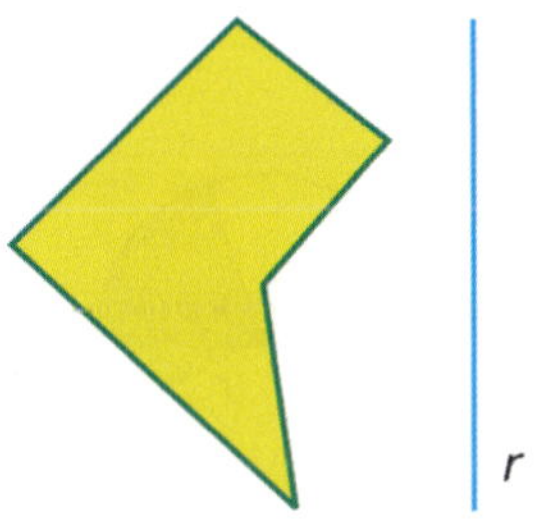

11 Dibuja en tu cuaderno la transformación de la siguiente figura respecto a la simetría central de centro *O*.

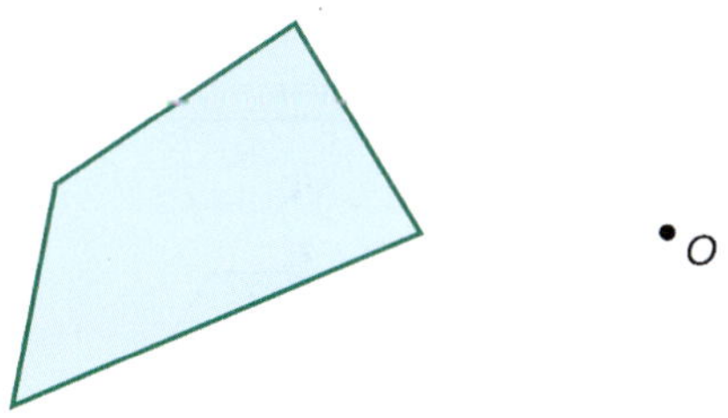

12 Copia en tu cuaderno la figura *T* y aplícale, con centro en *O*, un giro de 90° en sentido positivo. Llama *T'* a la figura transformada y aplícale un giro de –90° (sentido negativo). ¿Qué observas?

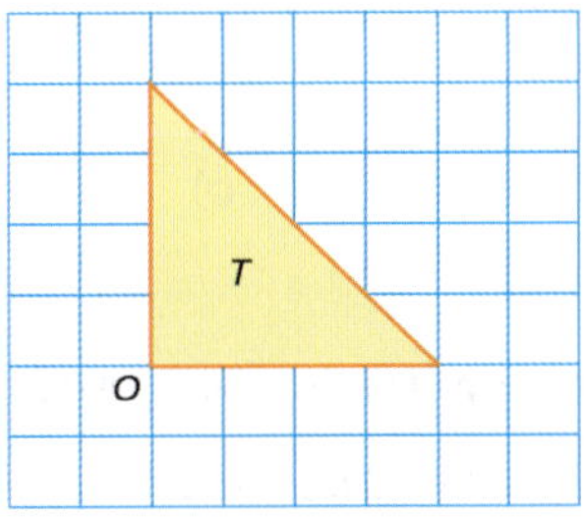

AYUDA

El sentido de giro positivo, también llamado antihorario, es el inverso al de las agujas del reloj.

El sentido de giro negativo es el que coincide con el de las agujas del reloj.

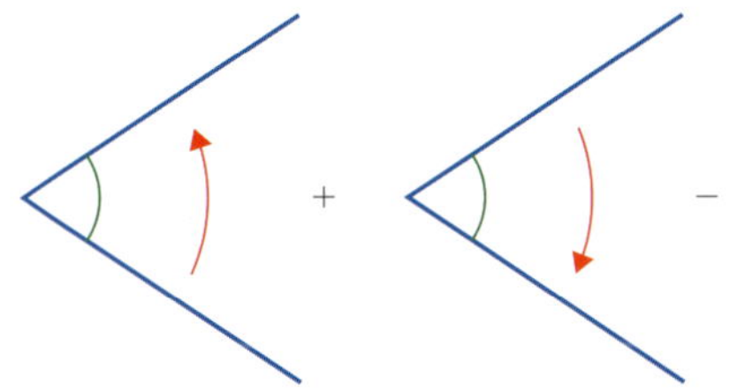

Áreas de figuras planas

Las fórmulas de cálculo de las áreas de las figuras planas permiten calcular áreas a partir de otras magnitudes, como, por ejemplo, longitudes.

AYUDA

Para calcular el área de una figura plana cualquiera debes descomponerla en figuras planas poligonales o circulares que sepas calcular.

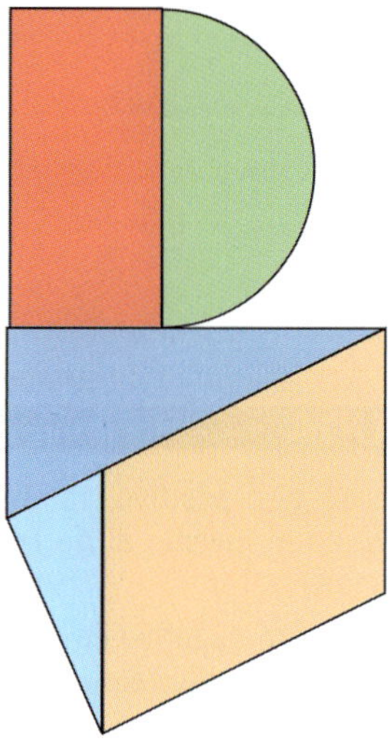

Esta figura plana se puede descomponer en figuras elementales, cuyas áreas es sencillo averiguar.

Áreas de figuras planas poligonales

Triángulos

$A = \dfrac{b \cdot h}{2}$

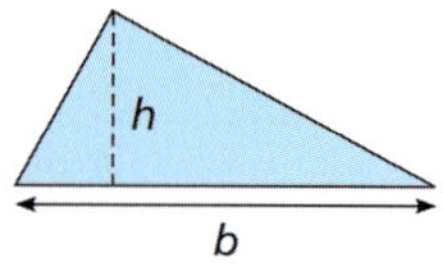

Paralelogramos

$A = b \cdot h$

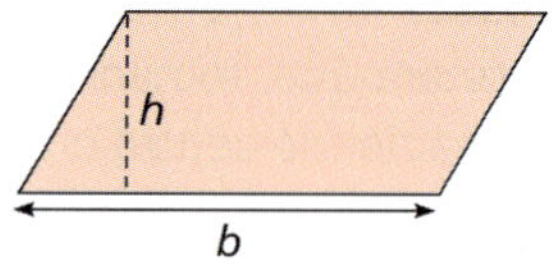

Rombos

$A = \dfrac{D \cdot d}{2}$

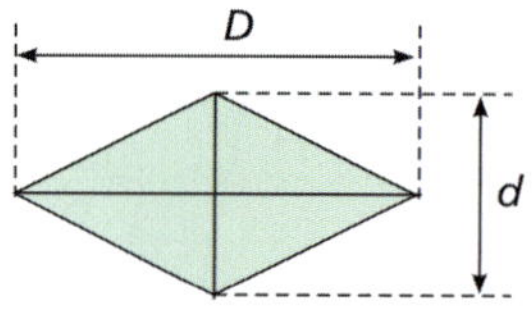

Trapecios

$A = \dfrac{B + b}{2} \cdot h$

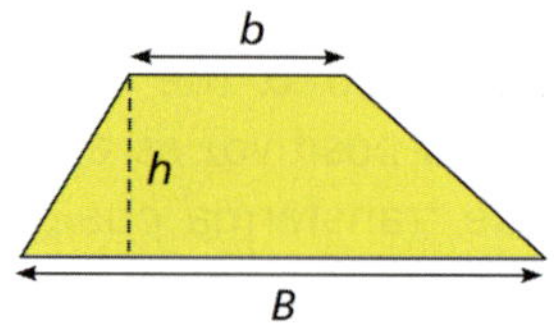

Polígonos regulares

$A = \dfrac{\text{perímetro} \cdot \text{apotema}}{2}$

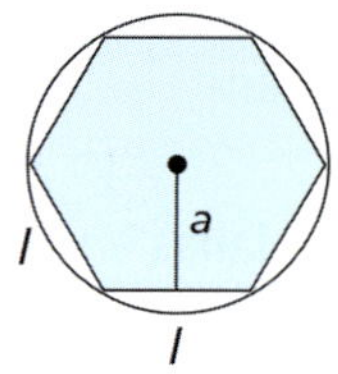

Áreas de figuras planas circulares

Sector circular

$A = \dfrac{\pi r^2}{360} \cdot n$

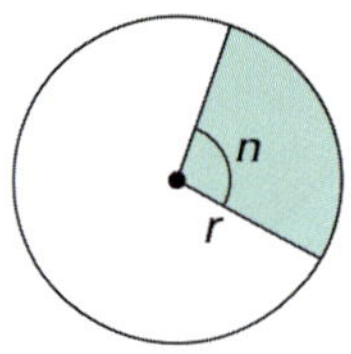

Corona circular

$A = \pi \cdot (R^2 - r^2)$

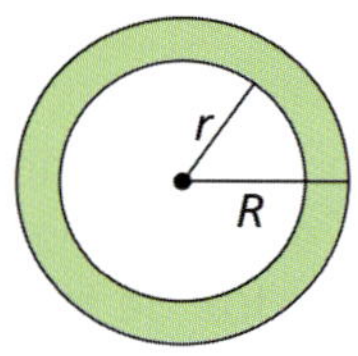

ACTIVIDADES

13 Calcula el área de los siguientes polígonos:

a)

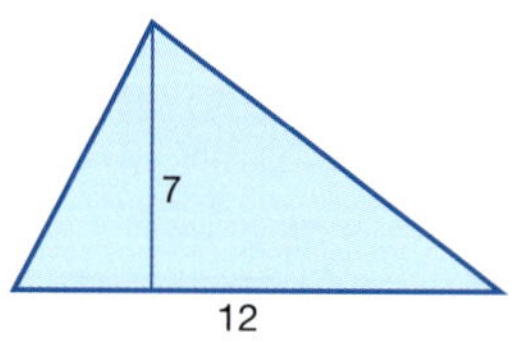

b)

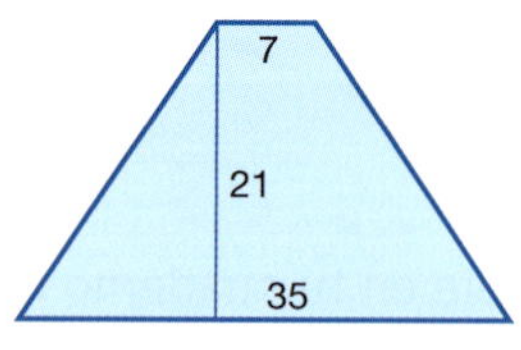

c)

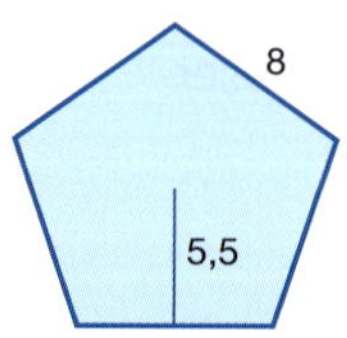

d)

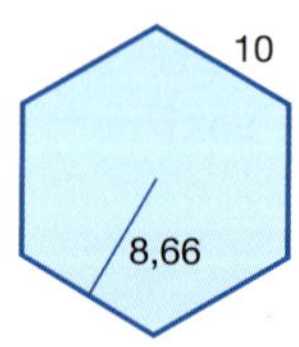

Coordenadas geográficas

Las **coordenadas geográficas** son un conjunto de líneas imaginarias sobre el globo terrestre que permiten ubicar con exactitud un lugar en la superficie de la Tierra.

Este conjunto de líneas corresponden a los meridianos y paralelos:

- Los **meridianos** corresponden a círculos máximos que pasan por los polos. A partir del meridiano de **Greenwich** existen 180 meridianos hacia el este y 180 hacia el oeste.
- Los **paralelos** corresponden a círculos perpendiculares al eje de rotación de la Tierra. A partir del **ecuador** existen 90 paralelos en el hemisferio norte y 90 en el hemisferio sur.

Los paralelos y los meridianos siguen el sistema de numeración sexagesimal y su unidad es el grado sexagesimal. Es decir, se subdividen en 60 minutos y los minutos se subdividen a su vez en 60 segundos.

Las **coordenadas geográficas** de cualquier punto sobre la Tierra constan de dos magnitudes: latitud y longitud.

- La **latitud** es la medida del paralelo que pasa por el punto. Debe indicarse con N si corresponde al hemisferio norte y con S si corresponden al sur.
- La **longitud** es la medida del meridiano que pasa por el punto. Debe indicarse con E si corresponde al este y con W si corresponde al oeste.

Si colocamos en el plano las divisiones de la esfera terrestre, el eje X correspondería al ecuador y el eje Y al meridiano de Greenwich.

Por **ejemplo,** la ciudad de Nueva York sería el punto verde, cuyas coordenadas son 74° W, 40° N.

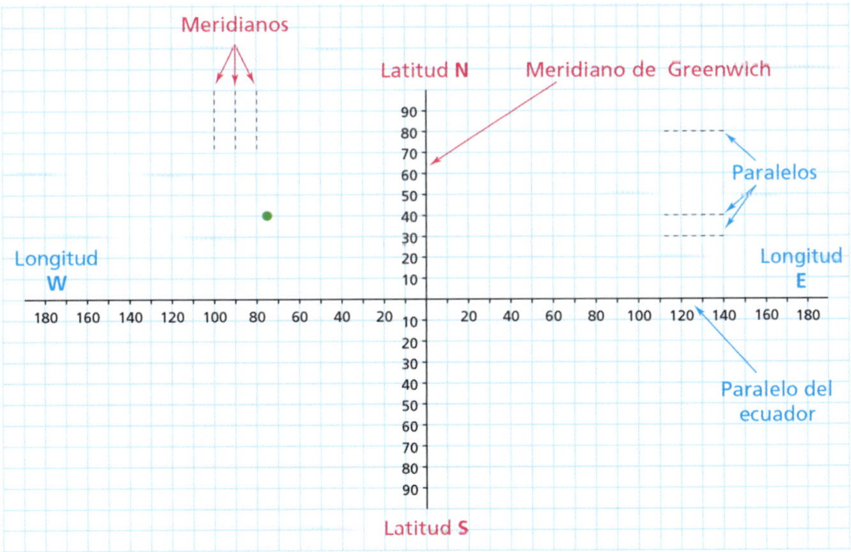

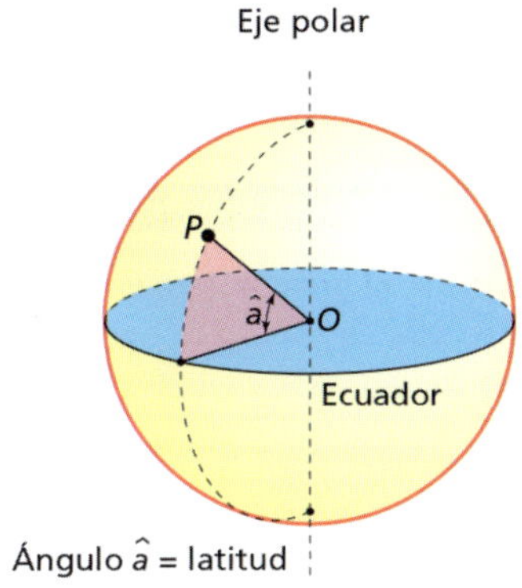

Latitud de un punto P.

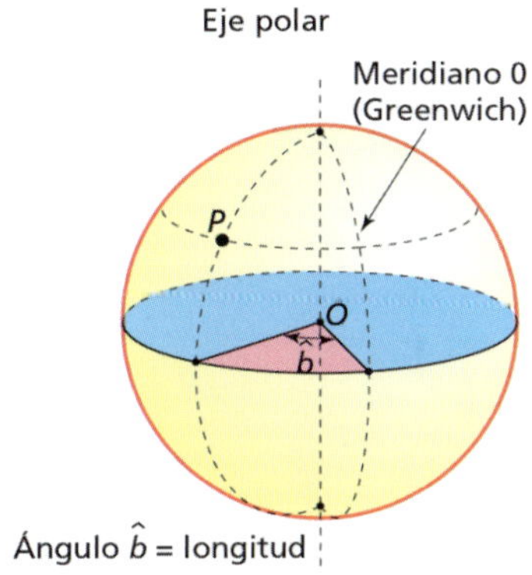

Longitud de un punto P.

Ejemplos gráficos de coordenadas geográficas.

AYUDA

Los husos horarios son franjas longitudinales perpendiculares al ecuador que comienzan en el meridiano de Greenwich y que tienen una longitud de 15°. En cada una de ellas el horario es el mismo. Por cada huso horario que avancemos en dirección Este debemos añadir una hora. Igualmente, por cada huso horario que avancemos en dirección oeste restamos una hora.

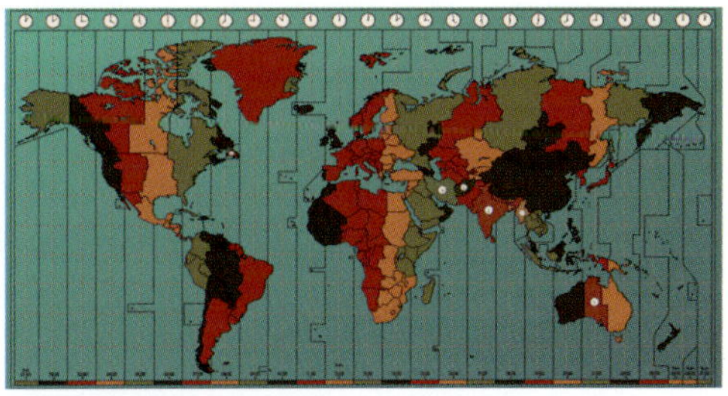

Husos horarios mundiales.

ACTIVIDADES

14. Averigua las coordenadas geográficas de las ciudades de París, Ciudad del Cabo y Buenos Aires.
15. Indica las coordenadas geográficas de la localidad en la que vives.

Problemas resueltos

Averigua el área total de la figura.

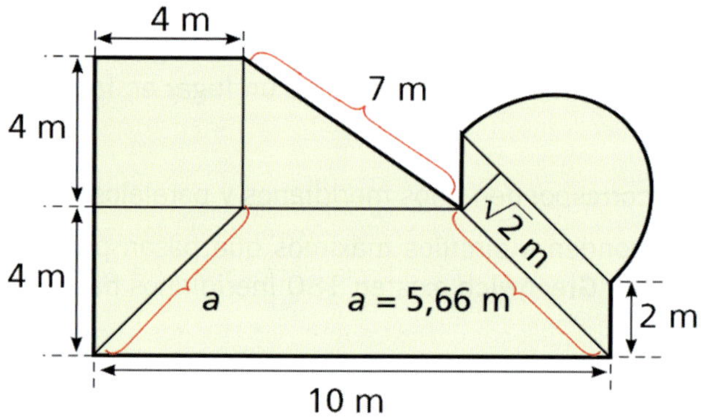

● Solución

Para resolver este problema vamos a calcular por separado las áreas de cada una de las figuras geométricas en las que se divide la figura, y finalmente las sumaremos.

El primer paso será identificar y numerar las figuras geométricas simples que componen esta figura.

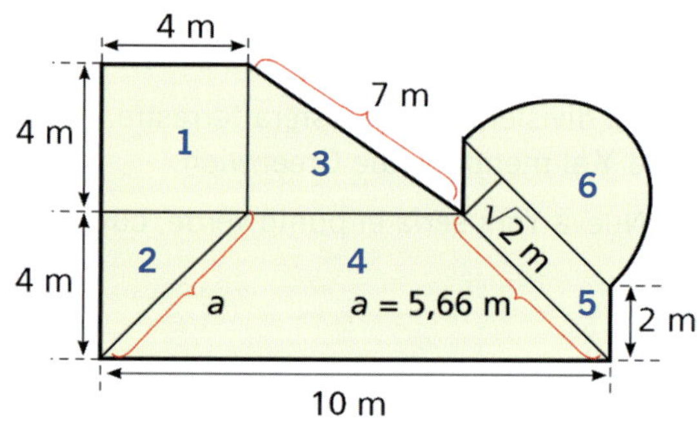

1. Cuadrado:

Usamos la fórmula: $A_1 = l^2$, siendo l el lado del cuadrado.

Sustituyendo, obtenemos: $A_1 = 4^2 = 16\ \text{m}^2$ es el área del cuadrado.

2. Triángulo:

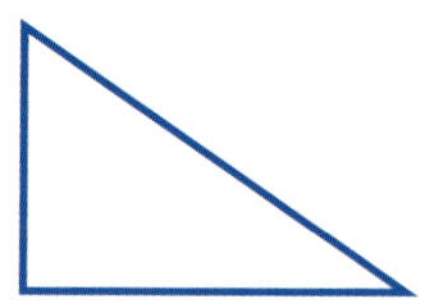

Rotando convenientemente el triángulo, lo obtenemos en la posición de la izquierda.

Usamos la fórmula $A_2 = \dfrac{b \cdot h}{2}$, donde b es la base y h la altura.

Sustituimos, y tenemos que el área del triángulo es $A_2 = \dfrac{4 \cdot 4}{2} = 8\ \text{m}^2$

3. Triángulo:

En este triángulo rectángulo tenemos la hipotenusa, $a = 7$ m, y un cateto, $b =$ $= 4$ m. Para poder aplicar la fórmula anterior debemos calcular previamente la base del triángulo, que coincide con el cateto c.

Para ello, despejamos c de la fórmula del teorema de Pitágoras:

$a^2 = b^2 + c^2 \rightarrow c^2 = a^2 - b^2 \rightarrow c = \sqrt{a^2 - b^2}$

Sustituimos: $c = \sqrt{7^2 - 4^2} = \sqrt{49 - 16} = \sqrt{33} = 5{,}74$ m

Ahora podemos calcular el área del triángulo aplicando la fórmula $A_3 = \frac{b \cdot h}{2}$

$A_3 = \frac{5{,}74 \cdot 4}{2} = 11{,}48 \text{ m}^2$

4. Trapecio:

Para calcular el área del trapecio aplicamos la fórmula $A_4 = \frac{B \cdot b}{2} \cdot h$, donde *B* es la base mayor, *b* la base menor y *h* la altura.

Observamos por la distribución de las figuras que la base menor, *b,* coincide con la base del triángulo 3, que, como vimos en el paso anterior, es 5,74 m. Por tanto, podemos sustituir todos los valores en la fórmula y obtenemos el área del trapecio:

$A_4 = \frac{10 + 5{,}74}{2} \cdot 4 = 31{,}48 \text{ m}^2$

5. Paralelogramo:

Utilizamos la fórmula $A_5 = b \cdot h$, donde *b* es la base y *h* la altura.

Sustituimos y hallamos su área: $A_5 = 5{,}66 \cdot \sqrt{2} = 8 \text{ m}^2$

6. Semicírculo:

Como el área del círculo es $A = \pi \cdot r^2$, la del semicírculo es $A_6 = \frac{\pi \cdot r^2}{2}$. Calculamos el área sustituyendo $r = \frac{d}{2} = \frac{5{,}66}{2} = 2{,}83$ en la fórmula anterior, y obtenemos:

$A_6 = \frac{3{,}14 \cdot 2{,}83^2}{2} = 12{,}57 \text{ m}^2$.

Área total:

El área total será la suma de las cinco anteriores:

$A_{total} = A_1 + A_2 + A_3 + A_4 + A_5 + A_6 = 16 \text{ m}^2 + 8 \text{ m}^2 + 11{,}48 \text{ m}^2 + 31{,}48 \text{ m}^2 + 8 \text{ m}^2 + 12{,}57 \text{ m}^2 = 87{,}53 \text{ m}^2$

En el mismo momento, un edificio y un árbol cuyas partes más altas están alineadas en dirección al Sol, proyectan respectivamente sombras con longitudes de 270 m y 6 m. Calcula la altura del edificio si sabemos que la altura del árbol es 5 m.

Solución

Del enunciado del problema se deduce el siguiente esquema.

Observamos que el esquema está constituido por dos triángulos en posición de Tales. Por tanto, tenemos la siguiente igualdad entre proporciones:

$\frac{\overline{AB}}{\overline{CD}} = \frac{\overline{BO}}{\overline{DO}}$

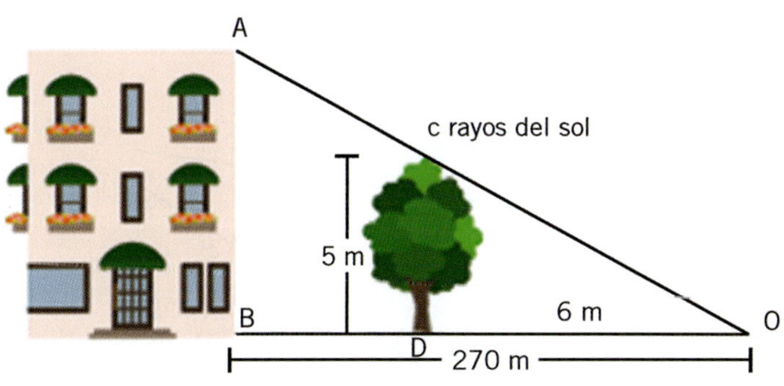

Sustituimos por los valores $\frac{\overline{AB}}{5} = \frac{270}{6}$, despejamos $\overline{AB} = \frac{5 \cdot 270}{6} = 225$ m.

Aplica lo aprendido

1 Copia en tu cuaderno la siguiente representación del plano y realiza en tu cuaderno las actividades que se plantean a continuación:

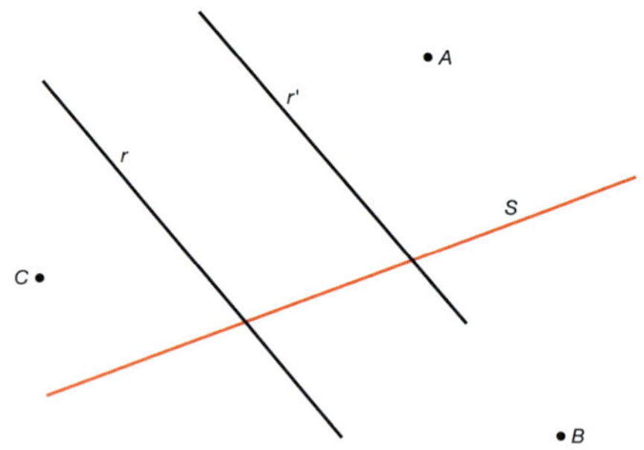

a) Dibuja la recta que pasa por *A* y *C*.

b) Dibuja una recta que pase por *B* y sea perpendicular a *s*.

c) Dibuja una recta que pase por *C* y sea paralela a *s*.

d) Dibuja el segmento de extremos *B* y *C*.

e) Señala cuál es la posición de las rectas *r* y *r'*.

f) Indica cuál es la posición de esta nueva recta respecto a *r* y *r'*.

2 Dibuja en tu cuaderno un segmento de extremos *A* y *B* de 7 cm de longitud y, con ayuda de una regla y de un compás, dibuja su mediatriz.

3 Dibuja en tu cuaderno, con ayuda de un transportador de ángulos, un ángulo de vértice *O* de 75°. Con ayuda de una regla y de un compás, dibuja su bisectriz.

4 Se quiere sujetar una antena de 40 m con un cable que esté anclado a 5 m de la base de la antena. ¿Cuántos metros de cable serán necesarios?

5 Una escalera de 6 m está apoyada a 70 cm de la base de una pared. ¿Es posible que, utilizando la escalera, una persona de 1,65 m de estatura llegue a un punto de la pared situado a 6,5 m?

6 Calcula el valor de *x* en el siguiente dibujo.

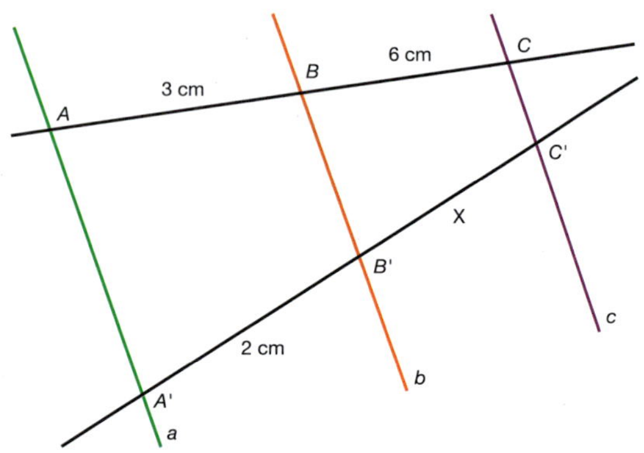

7 Calcula el perímetro y el área de un trapecio isósceles cuyas bases miden 3 cm y 12,6 cm y cuya altura mide 6,4 cm.

8 Calcula el perímetro y el área de un trapecio rectángulo cuyas bases miden 3 cm y 12 cm y cuyo lado oblicuo mide 15 cm.

9 Calcula el perímetro y el área de un rombo cuyo lado mide 4,5 cm y cuya diagonal menor mide 5,4 cm.

10 Calcula la longitud de la apotema y el área de un hexágono regular de 8 cm de lado.

11 ¿Verdadero o falso?

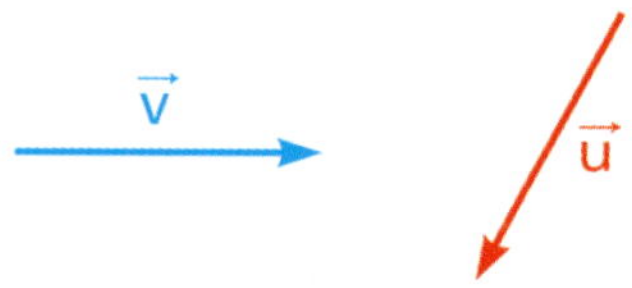

a) Los dos vectores tienen el mismo módulo.

b) Los dos vectores tienen el mismo sentido.

c) Los dos vectores tienen la misma dirección.

12 Calcula el área de las siguientes figuras circulares.

a)

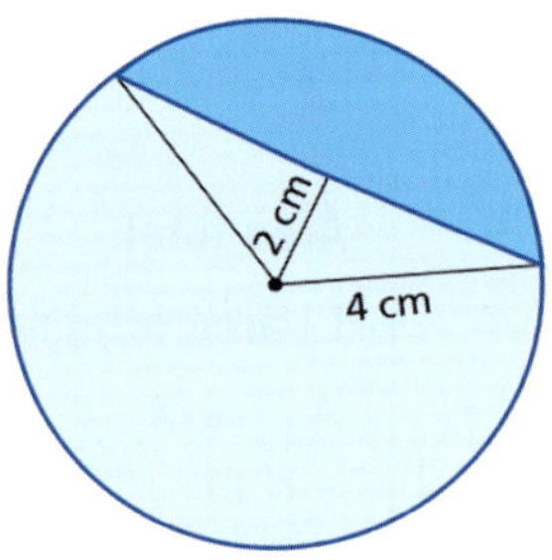

b)

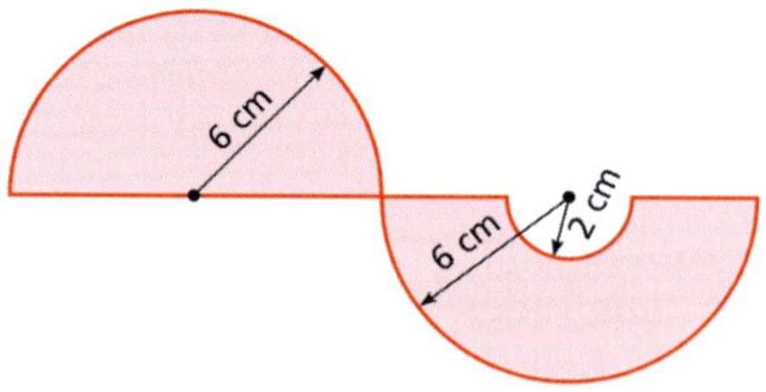

13 En un patio circular de 22 m de radio se quiere construir un jardín con forma de sector circular con un ángulo de 45°. ¿Qué superficie de patio quedará libre?

14 Una persona desea construir una casa en un solar rectangular que mide 11 × 18 m. En el momento de iniciar la obra cambia de idea y prefiere que la planta sea cuadrada, pero con la misma superficie que la que hubiese tenido la rectangular. ¿Cuánto medirá el lado de esta nueva planta?

15 Con centro en el punto *O*, aplica un giro de 180° (sentido positivo) al cuadrilátero *ABCD*. ¿Qué observas?

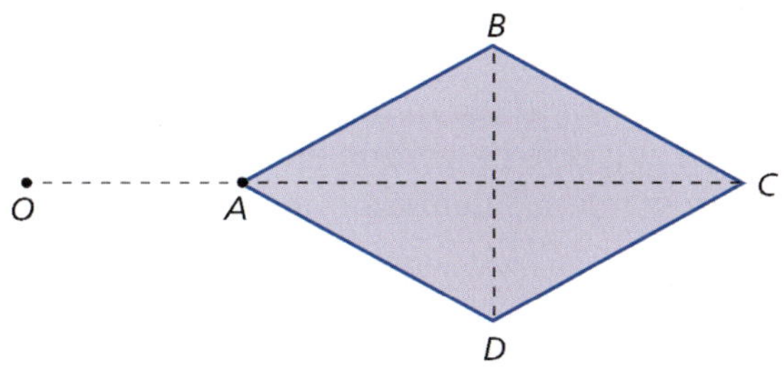

16 Transforma en tu cuaderno mediante giros de centro *O* y las amplitudes (los ángulos) que se indican en los apartados, la figura que aparece a continuación.

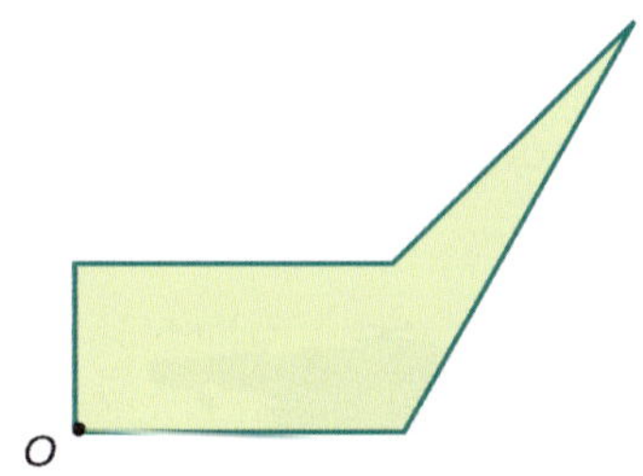

a) Amplitud: $a = -90°$

b) Amplitud: $a = 180°$

c) Amplitud: $a = -45°$

d) Amplitud: $a = 45°$

17 Dibuja en tu cuaderno unos ejes coordenados.

a) Dispón en ellos el triángulo determinado por los puntos $A = (1, 3)$, $B = (2, 5)$ y $C = (4, 0)$.

b) Aplícale la traslación del vector $\vec{u}$ (1,2) y dibuja el triángulo resultante.

18 Dibuja en tu cuaderno en unos ejes coordenados el cuadrado de vértices $A = (1, -1)$, $B = (1, 1)$, $C = (1, -1)$ y $D = (-1, -1)$. Aplícale la traslación del vector $\vec{u}$ (2,2).

19 Copia esta figura en tu cuaderno. Halla su simetría con respecto a la recta *r*. A continuación, aplica a la figura obtenida la traslación del vector $\vec{u}$.

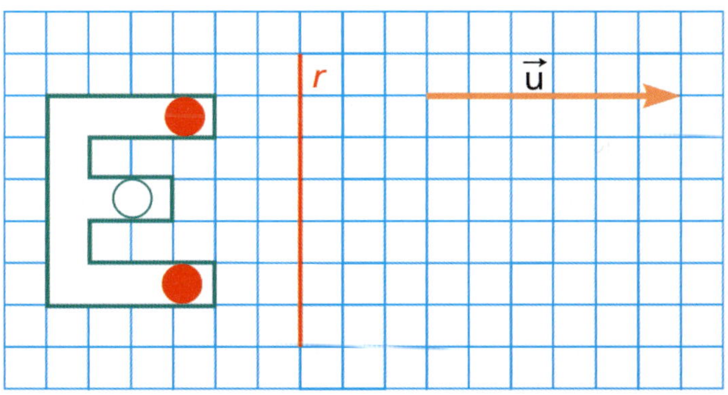

20 Dibuja en tu cuaderno un triángulo rectángulo isósceles.

a) Dibuja la figura simétrica de dicho triángulo respecto de la recta que contiene a la hipotenusa.

b) ¿Qué puntos son invariantes con respecto a dicha transformación?

21 Partiendo de la figura 1 que se da a continuación y con centro de giro en uno de sus vértices, averigua qué cinco giros debes hacer para obtener la figura 2.

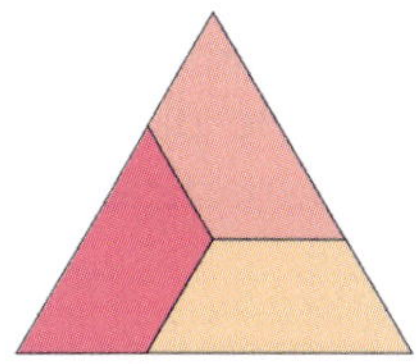

Figura 1

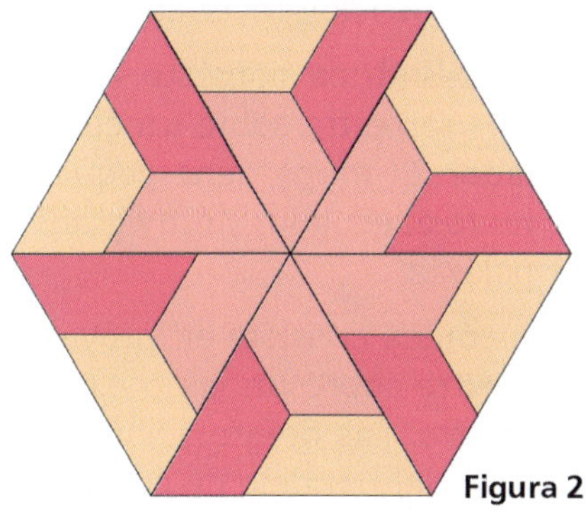

Figura 2

22 Aplica en tu cuaderno las simetrías axial y central a la siguiente figura.

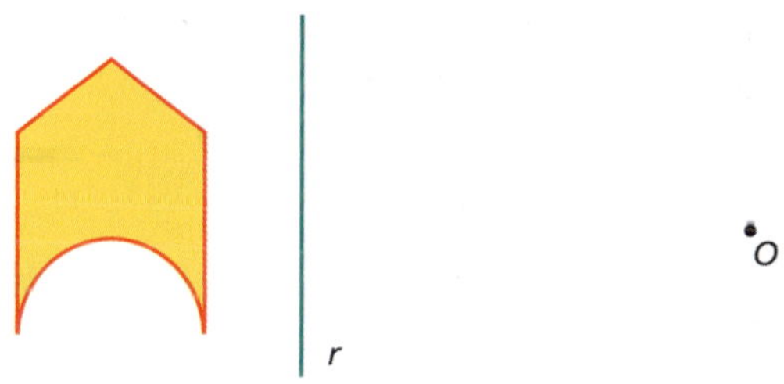

23 Determina en tu cuaderno el área de la figura que aparece coloreada.

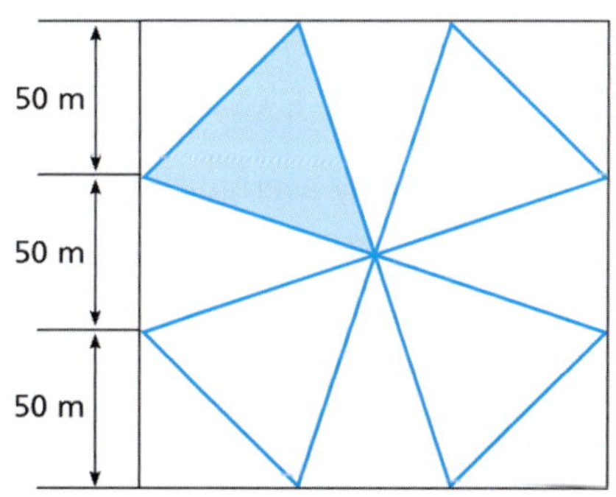

Rincón TIC

● LA PROYECCIÓN DE LA TIERRA

En la Grecia clásica hubo filósofos que pensaban que la Tierra era plana y otros que consideraban que era cilíndrica. Por ejemplo, Tales de Mileto era de la opinión de que era plana, mientras que Anaximandro creía que la Tierra tenía una forma similar a un cilindro.

En el siglo III a. C. Eratóstenes afirmó que la Tierra es esférica, con 39 688 km de círculo máximo. Llegó a tales conclusiones partiendo del hecho de que en el mediodía del solsticio de verano en la ciudad de Siena (actual Asuán, en Egipto), los objetos no proyectaban sombra, mientras que en el mismo momento en Alejandría sí lo hacían.

Además, Eratóstenes fue el primero en crear un planisferio con un sistema de coordenadas con paralelos y meridianos.

Un planisferio es una representación de la superficie de la Tierra en un plano. A medida que se exploraba todo el planeta fueron aumentando los conocimientos geográficos, y adquirió mayor importancia la obtención de planisferios fiables. El problema reside en que al ser esférica la Tierra, al representar su superficie en un plano se producen inevitablemente alteraciones de las formas y de las distancias.

El método de trasladar la superficie terrestre a un plano se llama proyección. Históricamente han sobresalido tres métodos de proyección. Son los siguientes:

1. La proyección cilíndrica consiste en proyectar la superficie terrestre sobre un cilindro tangente al ecuador. El mapa tiene pequeñas deformaciones junto al ecuador y muy grandes en las regiones polares.

2. La proyección cónica consiste en proyectar la superficie terrestre sobre un cono exterior y tangente a la Tierra. Las deformaciones son pequeñas a lo largo del paralelo de contacto y mayores a medida que nos alejemos de él.

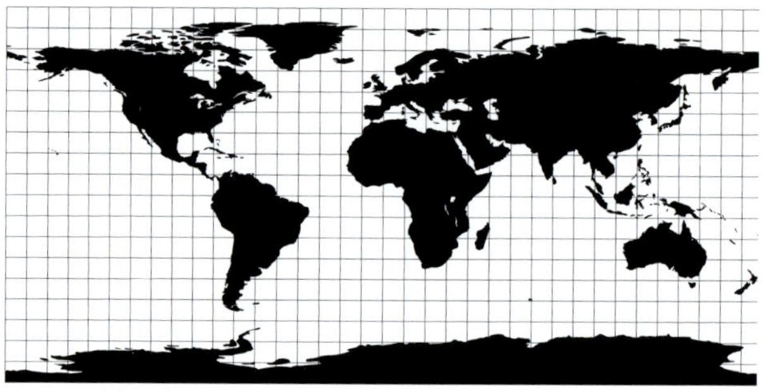

Proyección cilíndrica de la Tierra.

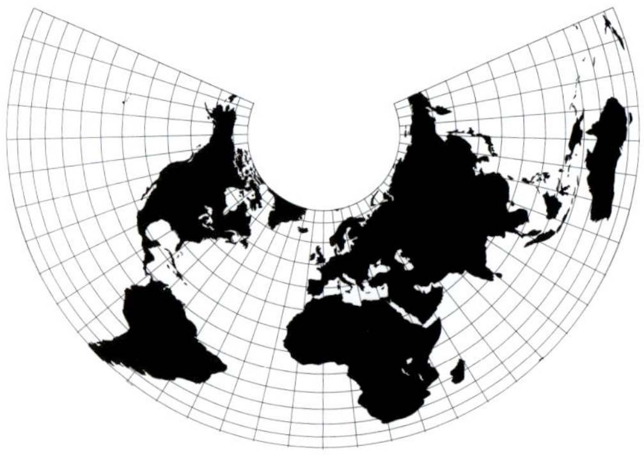

Proyección cónica de la Tierra.

3. La proyección elíptica consiste en proyectar la red de paralelos y meridianos sobre una elipse. Este sistema es el que presenta las menores deformaciones de la superficie de la Tierra.

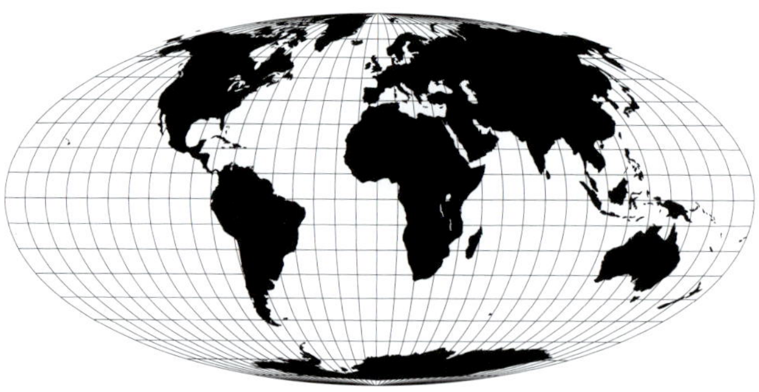

Proyección elíctica de la Tierra.

ACTIVIDADES

1. Consulta en Internet y averigua cuál es la forma real de la Tierra.
2. Busca mapamundis históricos en Internet o en enciclopedias y analiza los errores que tengan debido a la proyección.
3. Averigua acerca de las críticas a los planisferios tradicionales por su aspecto eurocentrista y que le da una orientación privilegiada al hemisferio norte.

4 Funciones

En esta unidad estudiaremos

- **1.** Funciones: conceptos básicos
- **2.** Diferentes formas de expresar una función
- **3.** Continuidad, crecimiento y decrecimiento, máximos y mínimos, y puntos de corte
- **4.** Funciones afines, lineales, constantes e identidad
- **5.** Funciones cuadráticas

Conceptos básicos

AYUDA

Para esta unidad va a serte de gran utilidad que aprendas a nombrar los **intervalos,** que son unos subconjuntos especiales del conjunto de los números reales.

Intervalo abierto. Números comprendidos entre *a* y *b*, excluyendo a los extremos. Se escribe (*a*, *b*).

Ejemplo: (–2, 4).

Intervalo cerrado. Números comprendidos entre *a* y *b*, incluyendo a los extremos. Se escribe [*a*, *b*].

Ejemplo: (–2, 4).

Intervalo semiabierto por la derecha. Números comprendidos entre *a* y *b*, incluyendo solo el extremo izquierdo. Se escribe [*a*, *b*).

Ejemplo: (–2, 4).

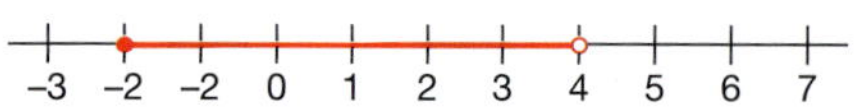

Intervalo semiabierto por la izquierda. Números comprendidos entre *a* y *b*, incluyendo solo el extremo derecho. Se escribe (*a*, *b*].

Ejemplo: (–2, 4).

Observa que cuando cogemos un número dentro del intervalo, gráficamente lo representamos con un punto relleno, y cuando no lo cogemos, con un punto en blanco.

Una **función** es una relación entre **dos variables,** que generalmente se representan con las letras *x* e *y*, de tal manera que **a cada valor de *x*** se le asocia **un único valor de *y*.**

En las funciones, la letra ***x*** representa a la **variable independiente,** y la letra ***y*** representa a la variable dependiente.

En la siguiente tabla se han recogido las temperaturas entre las 6:00 y las 22:00 horas durante un día de invierno.

Tiempo (h)	6	8	10	12	14	17	19	20	22
Temperatura (°C)	–2	–3	0	3	5	6	3	1	–1

A cada una de las horas le corresponde un único valor de temperatura. Es decir, en la tabla se relacionan dos variables: el tiempo (la hora del día) y la temperatura que marca el termómetro a esa hora.

Se trata de una **función:**

Tiempo → Temperatura

Los datos de la tabla se pueden representar gráficamente en unos ejes cartesianos así:

- En el **eje horizontal** (eje de abscisas) representamos los valores de la variable tiempo.
- En el **eje vertical** (eje de ordenadas), la temperatura.

Además, en cada uno de los ejes existe una **escala:**

- En el eje de abscisas, cada cuadrito representa una hora.
- En el eje de ordenadas, cada cuadrito representa medio grado centígrado.

A cada momento *x* del tramo de 6:00 a 22:00 horas le corresponde un único resultado *y*: la temperatura en ese instante.

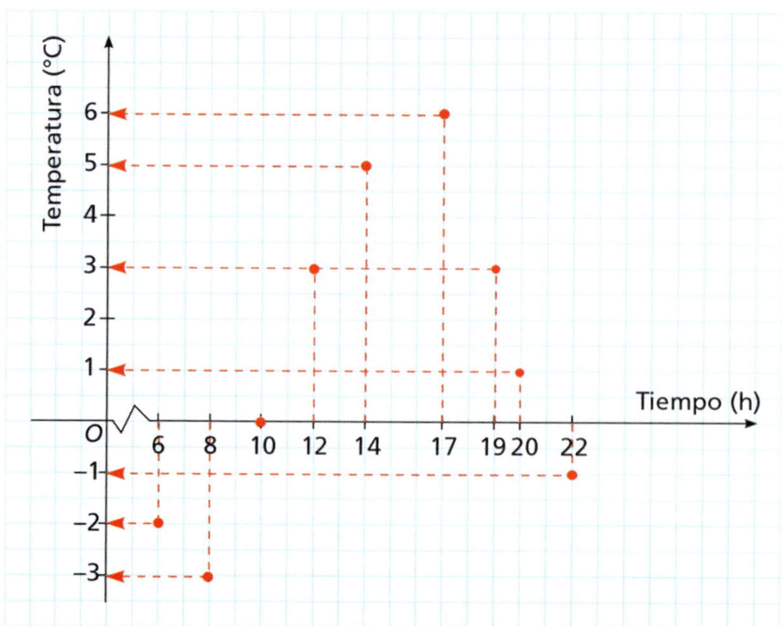

Dominio y recorrido de una función

En la función tiempo → temperatura, la variable independiente (el tiempo) toma solamente los valores:

6, 8, 10, 12, 14, 17, 19, 20 y 22

El conjunto formado por todos estos números es el **dominio** de dicha función.

El **dominio** de una función es el conjunto formado por los valores que toma la variable independiente.

La variable dependiente (la temperatura), por su parte, toma los valores:

−3, −2, −1, 0, 1, 3, 5 y 6

Este conjunto de valores se denomina **recorrido** de la función.

El **recorrido** de una función es el conjunto de valores que toma la variable dependiente.

La **gráfica de una función** es el conjunto de puntos $P(x, y)$: la abscisa, x, pertenece al dominio de la función; la ordenada, y, es la imagen de x mediante la función.

Lectura de una gráfica. Imaginemos un automovilista que inicia un viaje de 400 km con el depósito de su vehículo completamente lleno (60 L).

La cantidad de gasolina del depósito irá disminuyendo de forma continua desde el inicio del viaje hasta su finalización.

En la siguiente gráfica aparecen relacionadas dos magnitudes: distancia (expresada en kilómetros) y cantidad de combustible que queda en el depósito (expresada en litros).

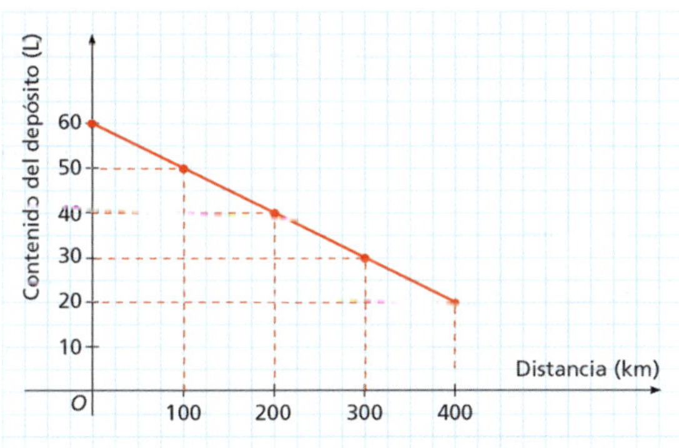

La relación distancia → contenido del depósito es una función, porque a cada valor de la variable independiente le corresponde un solo valor de la variable dependiente.

El dominio de la función es [0, 400]. El recorrido de la función es [20, 60].

AYUDA

Dada una función $f(x)$, llamamos imagen de x al valor que obtenemos al sustituir x en la función.

Por ejemplo, si $f(x) = 3x - 1$, el valor $x = 2$ tiene como imagen: $f(2) = 3 \cdot 2 - 1 = 5$.

AYUDA

La siguiente gráfica no corresponde a una función. Observa que hay varios valores de x a los que les corresponde más de un valor de y.

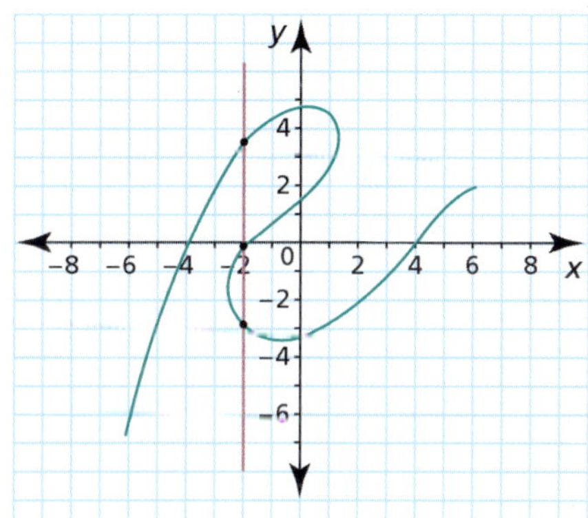

ACTIVIDADES

1. En la gráfica de la función distancia → contenido del depósito, halla el valor de la variable independiente x que le corresponde al valor $y = 40$ (litros). Interpreta estos dos valores.

2. ¿Qué cantidad de combustible consume el vehículo del ejemplo anterior cada 100 km de recorrido?

3. Un litro de aceite cuesta 3 €. Si llamamos P a lo que tenemos que pagar y L al número de litros que compramos, ¿cómo escribirías esta relación en notación funcional?

Diferentes formas de expresar una función

Las funciones se pueden expresar de diferentes maneras.

1. Enunciado verbal. Cuando tenemos la relación entre las dos variables de una función definida mediante una expresión verbal, decimos que tenemos el **enunciado verbal** de la función.

Por **ejemplo:** «A cada número perteneciente al intervalo [–2, 3] le asignamos su triple más 1». A este enunciado le corresponde una función, porque a cada número del intervalo [–2, 3] se le asocia un solo número.

2. Expresión algebraica. El enunciado verbal podemos representarlo también de otra forma: mediante una **expresión algebraica.** Para ello, asignamos a la variable independiente la letra x y a la variable dependiente la letra y.

Luego, las ligamos con las relaciones aritméticas que las unen.

variable dependiente — $y = 3x + 1$ — variable independiente

3. Tabla. A partir de la expresión algebraica anterior podemos construir la tabla siguiente:

x	–2	–1	0	1	2	3
$y = 3x + 1$	–5	–2	1	4	7	10

Para ello, hemos sustituido en la expresión algebraica unos cuantos valores de la variable independiente, como se muestra a continuación:

$x = -2 \rightarrow y = 3 \cdot (-2) + 1 = -5$ $\quad x = 1 \rightarrow y = 3 \cdot 1 + 1 = 4$

$x = -1 \rightarrow y = 3 \cdot (-1) + 1 = -2$ $\quad x = 2 \rightarrow y = 3 \cdot 2 + 1 = 7$

$x = 0 \rightarrow y = 3 \cdot 0 + 1 = 1$ $\quad x = 3 \rightarrow y = 3 \cdot 3 + 1 = 10$

4. Gráfica. Para elaborar la gráfica, lo primero que debemos hacer es representar unos cuantos puntos formados por los valores de las variables independientes y dependientes en unos ejes cartesianos.

Seguidamente unimos con una línea los puntos representados.

De la tabla anterior, consideramos los puntos: (–2, –5), (–1, –2), (0, 1), (1, 4), (2, 7) y (3, 10).

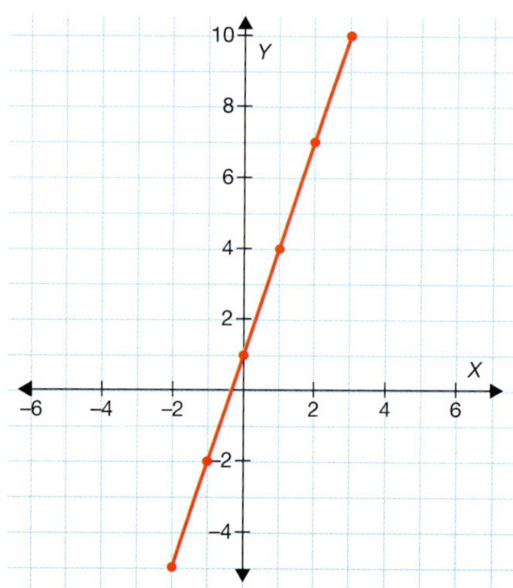

Observa que la función $y = 3x + 1$, tal y como la hemos definido en su enunciado verbal, tiene por dominio el intervalo [–2, 3]. Tanto en la tabla como en la representación de sus puntos en los ejes cartesianos solo podemos considerar unos cuantos valores y no los infinitos valores del intervalo [–2, 3].

Por tanto, lo último que tenemos que hacer es unir con una línea los puntos representados. De esta manera nos hacemos una idea general de la función en el intervalo [–2, 3].

AYUDA

Para dar la expresión algebraica de las funciones podemos usar indistintamente las dos formas siguientes:

$f(x) = 4x - 3$

$y = 4x - 3$

En ambos casos debemos entender que el valor hallado al sustituir la x por un valor numérico es su correspondiente y.

Representación de puntos dudosos en gráficas de funciones

En ocasiones, es necesario diferenciar si un punto pertenece o no a la gráfica.

Vamos a usar el mismo criterio que con los intervalos. Cuando el punto esté relleno, forma parte de la gráfica, y cuando esté en blanco, se excluye.

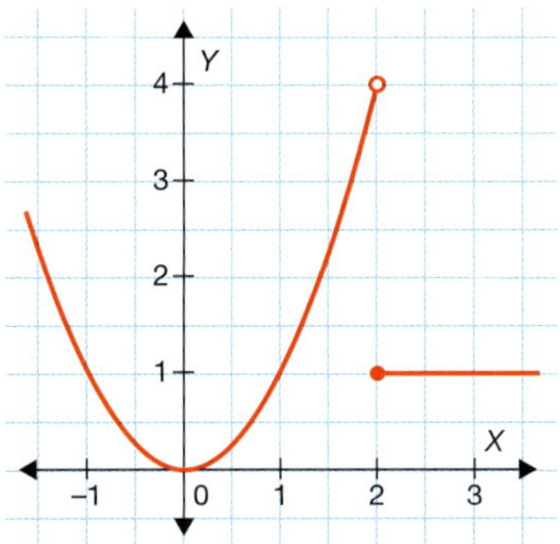

En principio no está claro para esta gráfica qué valor de la variable y le corresponde a $x = 2$.

Podría ser $y = 1$ o $y = 4$. Si aplicamos el criterio, se resuelve nuestra duda.

El punto por el que pasa la gráfica para $x = 2$ es el (2, 1), ya que está relleno. En cambio, el (2, 4) no puede ser, porque está en blanco.

Luego a $x = 2$ le corresponde $y = 1$.

Determinación del dominio y del recorrido de una función mediante su gráfica

A través de la gráfica de una función es sencillo determinar su dominio y su recorrido. Para ello, fijamos los intervalos que forman su dominio y su recorrido a través de sus extremos: para el dominio en la variable independiente y para el recorrido en la variable dependiente.

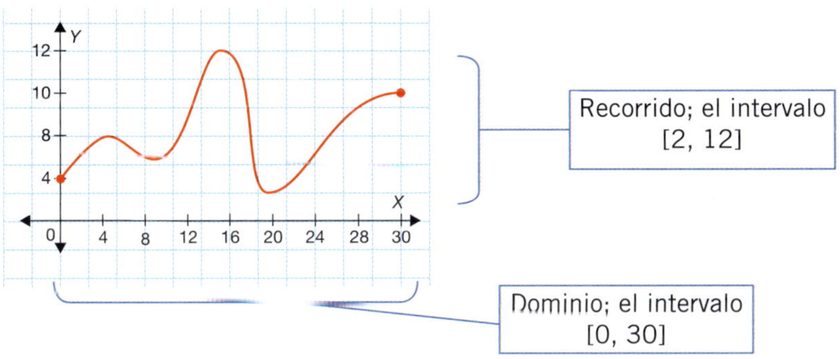

AYUDA

Además de los intervalos, existen otros subconjuntos del conjunto de los números reales útiles. Son las **semirrectas.**

Veamos los cuatro tipos de semirrectas que podemos encontrarnos:

Semirrectas abiertas

Conjunto de números menores que a. Se escribe **$(-\infty, a)$.**

Conjunto de números mayores que a. Se escribe **$(a, +\infty)$.**

Semirrectas cerradas

Conjunto de números menores o iguales que a. Se escribe **$(-\infty, a]$.**

Conjunto de números mayores o iguales que a. Se escribe **$[a, +\infty)$.**

De esta forma, por ejemplo, expresamos el dominio y el recorrido de la siguiente función:

Dominio: $[1, +\infty)$

Recorrido: $[0, +\infty)$

ACTIVIDADES

4 Da la expresión algebraica del siguiente enunciado verbal: «A los números comprendidos en el intervalo $[-3, 3]$ les multiplicamos por 4 y les sumamos 2».

En tu cuaderno, expresa la función mediante unatabla y esboza la gráfica de la función.

5 Indica en tu cuaderno el dominio y el recorrido de las siguientes funciones.

a)

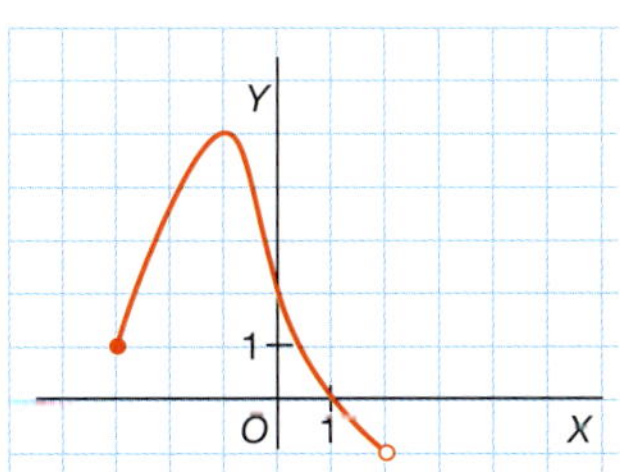

b)

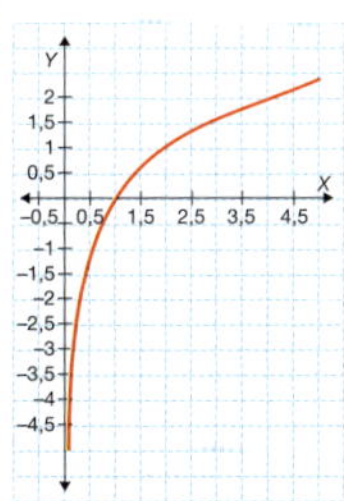

Características de las funciones

Continuidad y discontinuidad

Una **función** es **continua** si para dibujar su gráfica no se tiene que levantar el lápiz del papel en ningún punto.

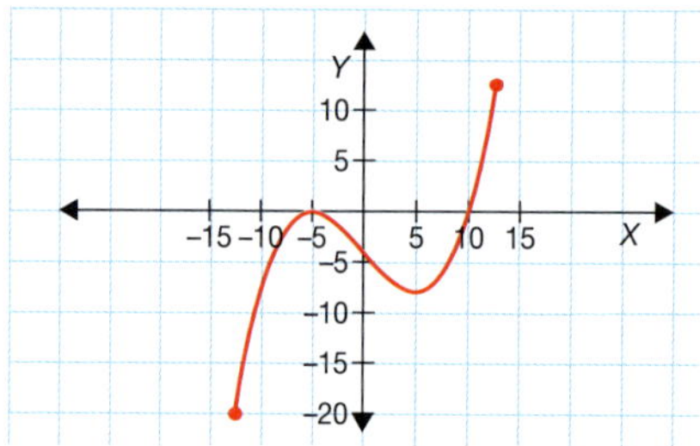

Esta función es **continua,** porque para dibujar su gráfica no tenemos que levantar el lápiz del papel en ningún punto.

Si para dibujar la gráfica de una función, para un valor de la variable independiente x tenemos que levantar el lápiz, decimos que en ese valor la función tiene una **discontinuidad.**

A una función que tiene, al menos, una discontinuidad se la llama **función discontinua.**

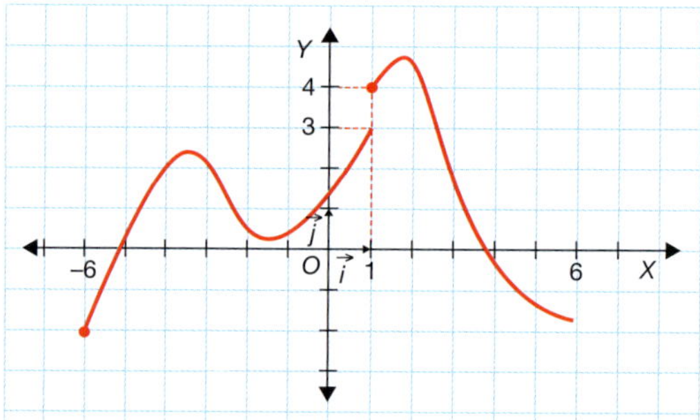

Esta función tiene una discontinuidad en $x = 1$, ya que si dibujamos la gráfica de izquierda a derecha debemos levantar el lápiz antes de llegar a $x = 1$.

Por tanto, esta función es **discontinua.**

¿SABÍAS QUE...?

Llamamos punto de discontinuidad al punto asociado a un valor de x en el que la función tiene una discontinuidad.

En el ejemplo del texto tenemos que la función es discontinua en $x = 1$. Debido a que la función para ese valor vale 4, decimos que el punto (1, 4) es un punto de discontinuidad.

Crecimiento y decrecimiento

Decimos que una función es **creciente** en un intervalo cuando al recorrer la x de izquierda a derecha, la y crece ininterrumpidamente.

Decimos que una función es **decreciente** en un intervalo cuando al recorrer la x de izquierda a derecha, la y decrece ininterrumpidamente.

Decimos que una función es **constante** en un intervalo cuando al recorrer la x de izquierda a derecha, la y se mantiene constante.

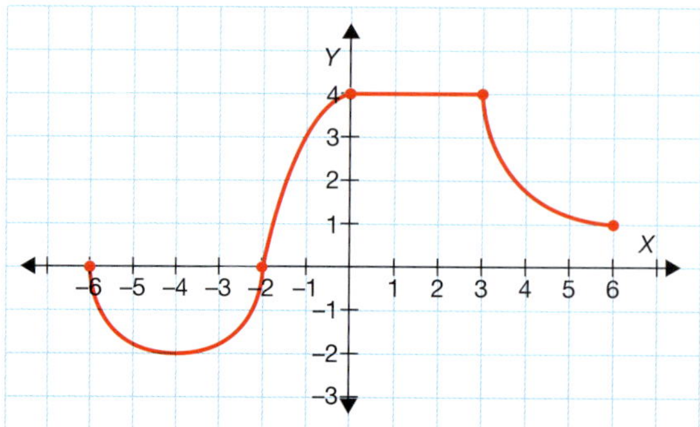

Esta función es:

- Creciente en el intervalo [–4, 4].
- Decreciente en los intervalos [–6, –4] y [3, 6].
- Constante en el intervalo [0, 3].

Máximos y mínimos

Una función tiene un **máximo** en un valor determinado de la variable independiente *x* cuando a su izquierda la función es creciente y a su derecha es decreciente, y tiene un **mínimo** si a su izquierda es decreciente y a su derecha es creciente.

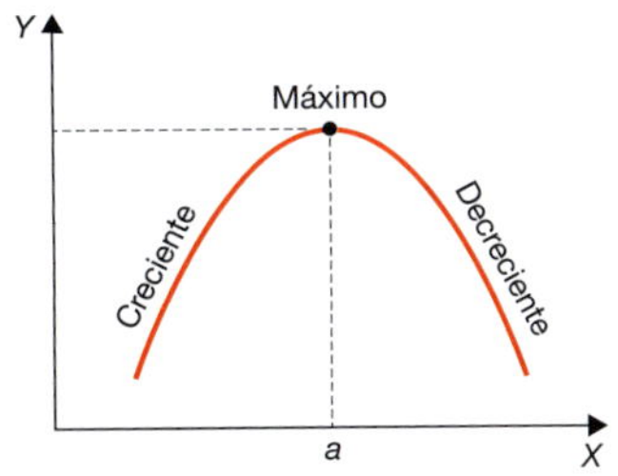

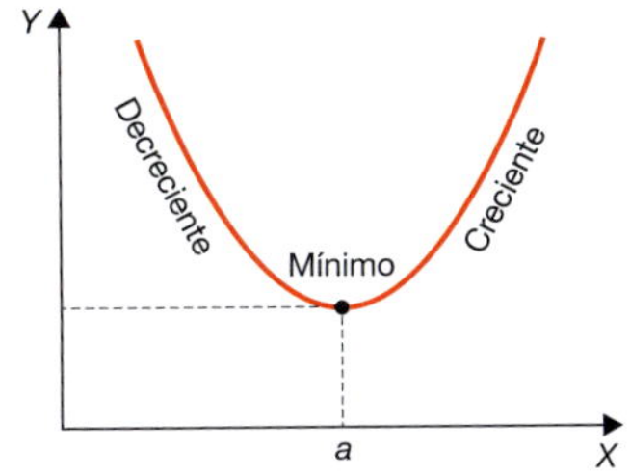

Puntos de corte con los ejes cartesianos

Llamamos **puntos de corte** con el eje *OX* y con el eje *OY* a los puntos de estos cortes en los que la gráfica de la función los cruza o los toca.

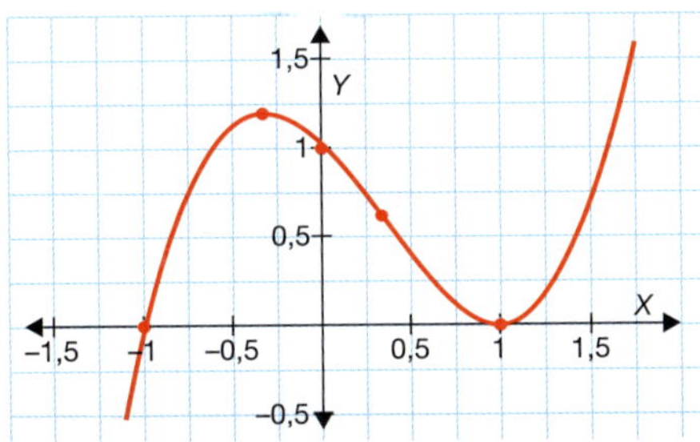

Los puntos de corte con el eje *OX* tienen la segunda coordenada *y* siempre igual a cero. El punto de corte con el eje *OY* tiene su primera coordenada *x* igual a cero.

Esta función tiene como puntos de corte con el eje *OX* a (1, 0) y (–1, 0), y como punto de corte con el eje *OY* a (0, 1).

Si tenemos que usar la expresión algebraica de la función para determinar los puntos de corte debemos:

- Resolver la ecuación $f(x) = 0$ para determinar los puntos de corte con el eje *OX*.
- Sustituir $x = 0$ en la expresión de la función para determinar el corte con el eje *OY*.

AYUDA

Una función puede tener más de un mínimo o de un máximo.

Esta función tiene mínimos en $x = 1$ y en $x = 6$. También podemos decir que los puntos (1; –1,5) y (6, 1) son mínimos de la función.

Análogamente, la función tiene un máximo para $x = 4$. El punto (4; 2,3) es un máximo.

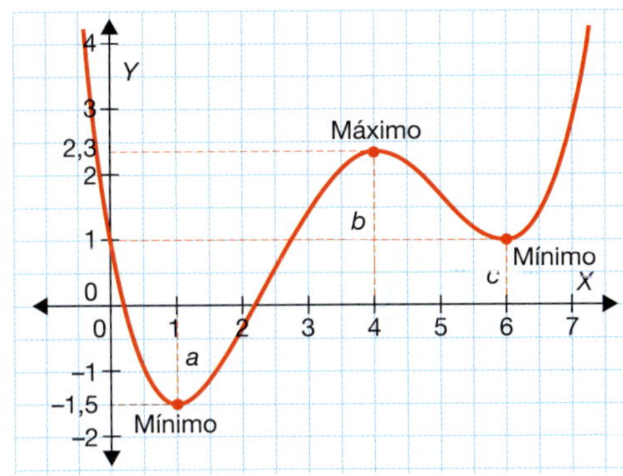

ACTIVIDADES

6 Indica si esta función es continua o discontinua. Señala en tu cuaderno los puntos de corte con los ejes y, si fuera el caso, los puntos de discontinuidad.

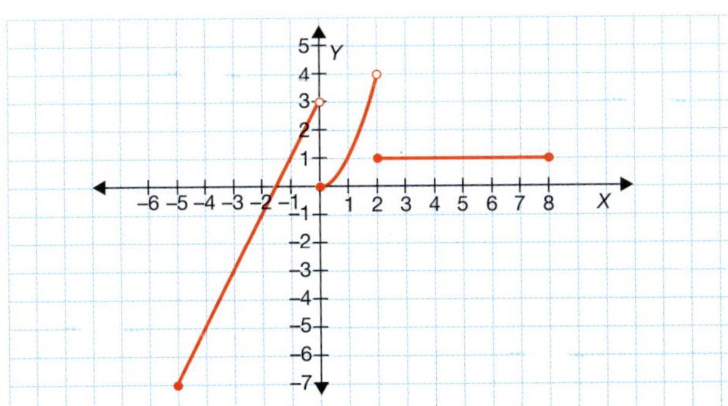

7 Indica en tu cuaderno los intervalos en los que la siguiente función es creciente y decreciente. Señala además sus máximos y mínimos.

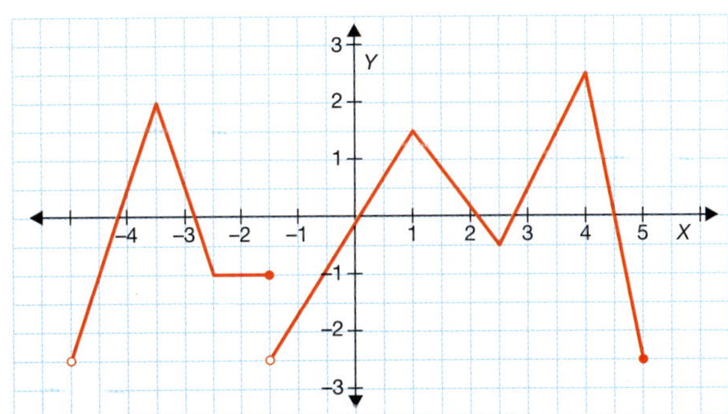

Funciones afines, lineales, constantes e identidad

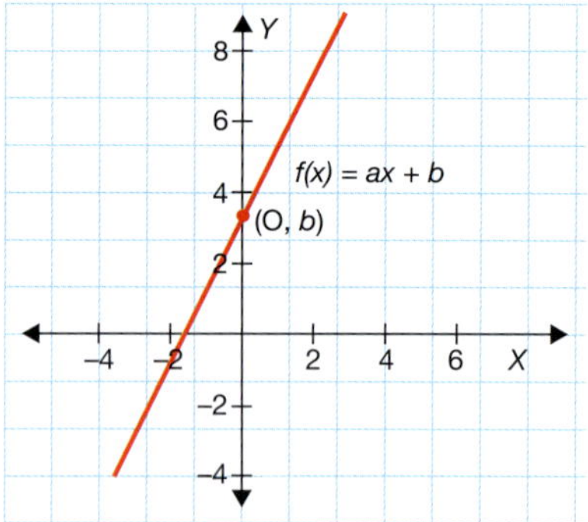

Función afín: corta al eje *OY* en el punto (0, *b*).

Son las funciones del tipo $f(x) = mx + b$ o bien $y = mx + b$.

- La **gráfica** de una función afín es una **recta.**
- Si m es **positivo,** es una función **creciente.** Si m es **negativo,** es una función **decreciente.**
- La **gráfica** de la función afín corta al **eje *OY*** en el **punto (0, *b*).** El número *b* se llama ordenada en el origen.
- La **gráfica** de la función afín corta al **eje *OX*** en el **punto solución** de la ecuación de primer grado $mx + b = 0$.
- Cuando $b = 0$ y $m \neq 0$, la función tiene la forma $f(x) = mx$ o bien $y = mx$. En este caso, se la denomina **función lineal**, y corta a los ejes coordenados en el origen: (0, 0).
- Cuando $m = 0$ y $b \neq 0$, la función tiene la forma $f(x) = b$ o bien $y = b$. Se la denomina **función constante** porque para cualquier valor de *x* la función vale siempre *b.* Su gráfica es una recta paralela al eje *OY.* Corta al eje *OY* en el punto (0, *b*).
- Cuando $m = 1$ y $b = 0$, la función tiene la forma $f(x) = x$ o bien $y = x$. Se la denomina **función identidad** porque la función le asigna el mismo valor a todo valor de *x*. Su gráfica es la bisectriz del primer cuadrante. Corta a los ejes coordenados en el origen: (0, 0).

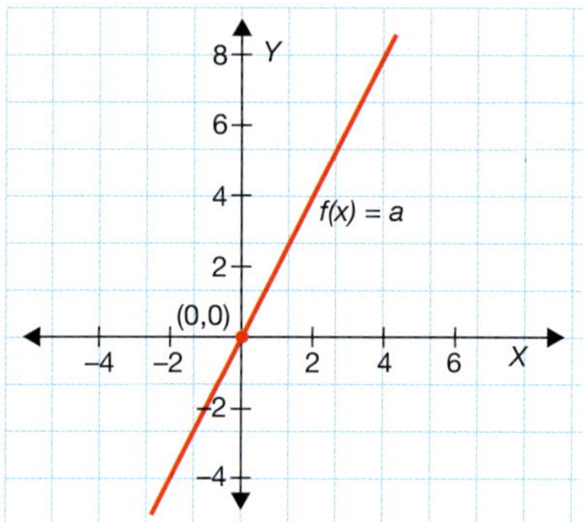

Función lineal: corta a los ejes coordenados en el origen (0, 0).

Coeficientes	Expresión algebraica	Nombre	Gráfica
$m \neq 0 \quad b \neq 0$	$f(x) = mx + b$	Función afín	Recta
$m \neq 0 \quad b = 0$	$f(x) = mx$	Función lineal	Recta
$m = 0 \quad b \neq 0$	$f(x) = b$	Función constante	Recta
$m = 1 \quad b = 0$	$f(x) = x$	Función identidad	Recta

La **función lineal** se denomina **función de proporcionalidad directa** porque al duplicar, triplicar, etc., la variable *x*, también se duplica, triplica, etc., la variable *y.* El número *a* se llama constante de proporcionalidad.

Existen numerosas situaciones de la vida cotidiana que son **funciones de proporcionalidad directa,** como por **ejemplo:**

- Longitud del lado de un triángulo equilátero y su perímetro.
- Consumo de gasolina de un vehículo y kilómetros recorridos.

También existen numerosas situaciones que se dan a diario y que se corresponden con **funciones afines,** como por **ejemplo:**

- Un fontanero cobra 30 € por hora de trabajo, pero solo por el desplazamiento a un domicilio cobra 20 €.
- En la factura del teléfono se contabiliza el precio de cada llamada y una cuota fija mensual por el alquiler del aparato.
- En la factura del agua, además de los m^3 consumidos, se incluye una cuota fija que debemos pagar mensualmente aunque no abramos el grifo.

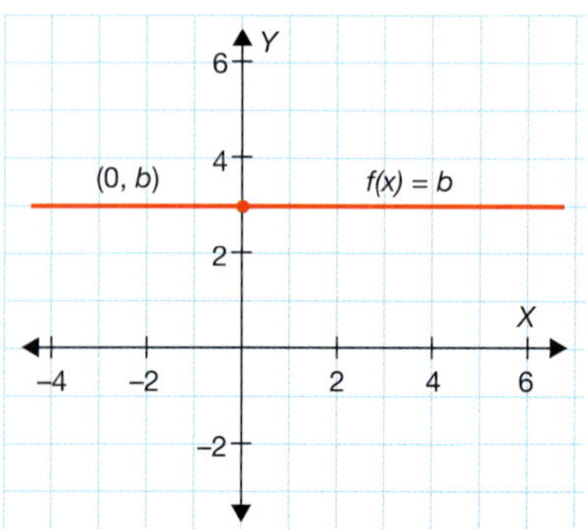

Función constante: su gráfica es una recta paralela al eje *OX*.

Pendiente de la función afín y de la función lineal

Dada una función afín $f(x) = mx + b$ o una función lineal $f(x) = mx$, se llama pendiente al valor m.

Cuando la pendiente es positiva, la gráfica de las dos funciones es una recta creciente, y cuando es negativa, la gráfica es una recta decreciente.

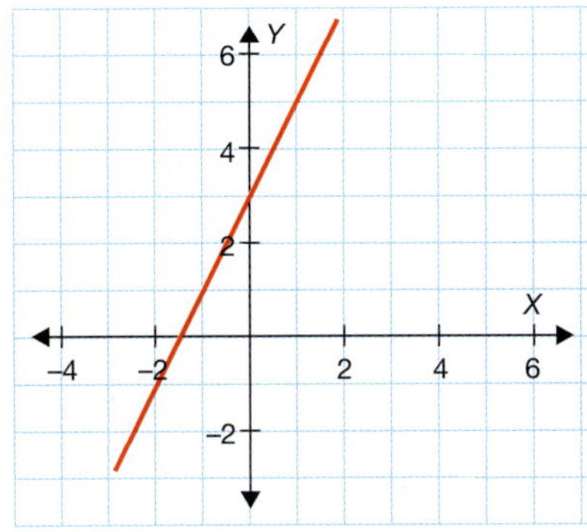

$f(x) = mx + b$ con pendiente positiva; $m > 0$.

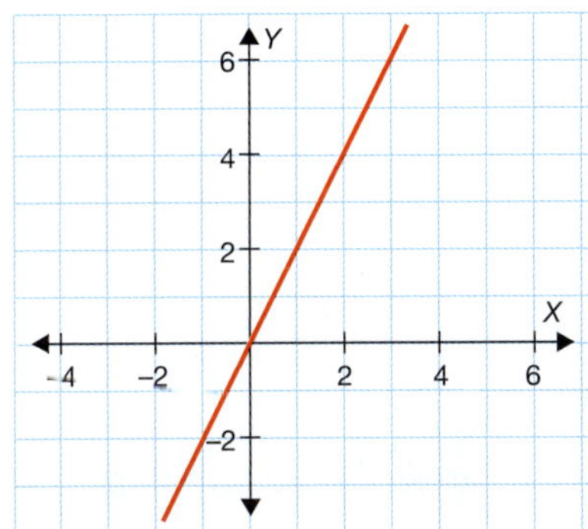

$f(x) = mx$ con pendiente negativa; $m > 0$.

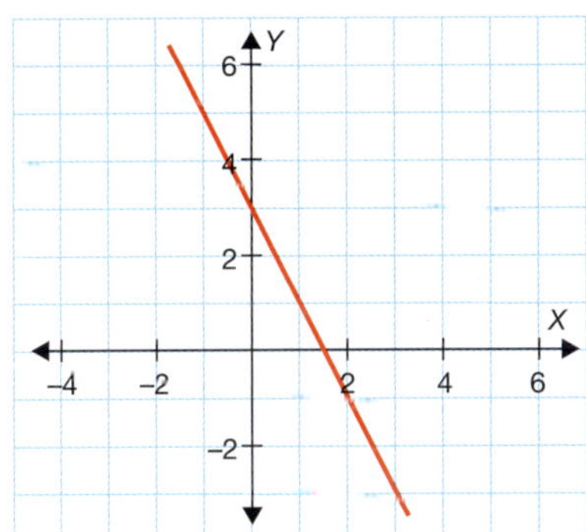

$f(x) = mx + b$ con pendiente negativa; $m > 0$.

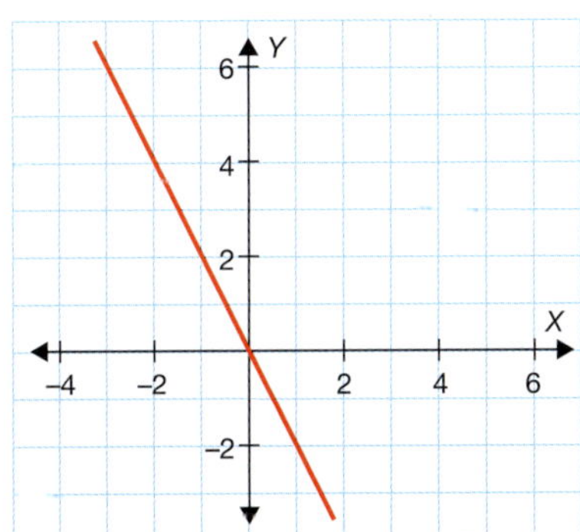

$f(x) = mx$ con pendiente negativa; $m > 0$.

Ecuaciones de la recta

Vamos a construir varios tipos de ecuaciones de la recta que pasa por dos puntos determinados.

Tomemos, por **ejemplo,** los puntos A(3, 2) y B(1, –2).

Ecuación explícita de la recta. Esta primera ecuación coincide con la expresión algebraica de la función afín que pasa por ambos puntos.

Sea $f(x) = mx + b$ la función cuya gráfica pasa por los puntos A y B.

Si sustituimos los valores de las coordenadas de ambos puntos en la expresión algebraica de la función, obtenemos un sistema de dos ecuaciones cuyas soluciones nos dan los coeficientes de la función.

$$f(3) = 2 \rightarrow 3m + b = 2 \qquad \qquad \longrightarrow \qquad \begin{cases} 3m + b = 2 \\ m + b = -2 \end{cases}$$
$$f(1) = -2 \rightarrow m + b = -2$$

Resolvemos el sistema y tenemos que $m = 2$ y $b = -4$.

Luego, la expresión de la función es $f(x) = 2x - 4$; pero si la expresamos con las variables x e y, tenemos la ecuación explícita de la recta: $y = 2x - 4$.

Ecuación implícita de la recta. Si el enunciado anterior lo expresamos con todos los términos en la izquierda e igualamos a cero, lo llamamos ecuación implícita de la recta.

Para la recta anterior tenemos:

$$y = 2x - 4 \rightarrow -2x + y + 4 = 0$$

Ecuación punto-pendiente. Dado un punto por el que pasa una recta (x_0, y_0) y su pendiente m, obtenemos la ecuación punto-pendiente como:

$$y - y_0 = m(x - x_0)$$

En nuestro caso, si tomamos el punto A(3, 2) y la pendiente hallada anteriormente $m = 2$, obtenemos la ecuación punto-pendiente:

$$y - 2 = 2(x - 3)$$

ACTIVIDADES

8 Representa en tu cuaderno las siguientes funciones e indica de qué tipo son:

a) $y = 3x$ **c)** $y = 4$ **e)** $y = x + 3$

b) $y = -2x + 1$ **d)** $y = -5x$ **f)** $y = -2$

9 Dados los puntos A(–1, 8) y B(2, –1), determina en tu cuaderno las expresiones de la recta explícita e implícita, y la punto-pendiente que pasa por ellos.

Funciones cuadráticas

Las parábolas son trayectorias que describen los objetos lanzados hacia arriba con un ángulo distinto de 90° respecto del suelo.
Por ejemplo, cuando en el baloncesto se lanza a canasta, la pelota traza una parábola en el aire.

Llamamos **función cuadrática** a toda función de la forma $f(x) = ax^2 + bx + c$ o de la forma $y = ax^2 + bx + c$, con $a \neq 0$.

La gráfica de una función cuadrática es una curva, llamada **parábola.**

Una parábola es una curva con **dos ramas** y un punto especial, llamado **vértice.**

- Cuando $a > 0$, las dos ramas tienden hacia arriba y el vértice es un mínimo de la función.
- Por el contrario, cuando $a < 0$, las dos ramas de la parábola tienden hacia abajo y el vértice es un máximo de la función.

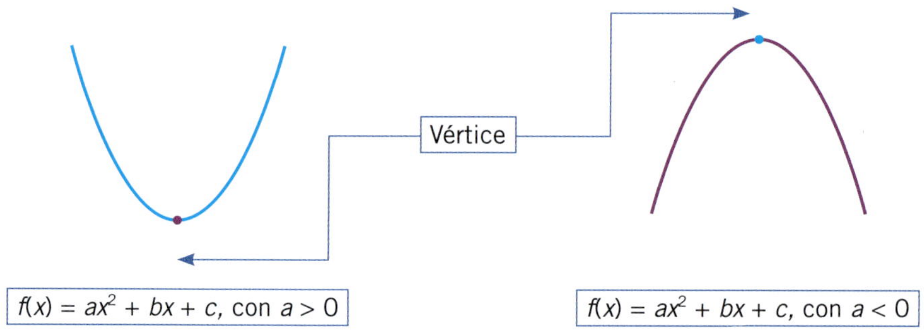

Coordenadas del vértice de una función cuadrática. Dada la función cuadrática $f(x) = ax^2 + bx + c$, la abscisa de su vértice sigue la siguiente fórmula: $x_0 = \frac{-b}{2a}$.

La ordenada del vértice se determina sustituyendo el valor hallado de la abscisa en la fórmula de la función.

Cortes con los ejes coordenados de una función cuadrática. Las funciones cuadráticas siempre cortan al eje OY. Para calcular ese punto de corte sustituimos el valor $x = 0$ en la función.

Las funciones cuadráticas pueden cortar al eje OX en dos puntos, en un punto o en ningún punto. Las abscisas de esos puntos son las soluciones de la ecuación $f(x) = 0$. Es decir, de la ecuación de segundo grado: $ax^2 + bx + c = 0$.

Como recordarás, una ecuación de segundo grado puede tener dos soluciones, una o ninguna.

Esbozo de las gráficas de las funciones cuadráticas

Para esbozar la gráfica de una función cuadrática $f(x) = x^2 - 4x + 3$ se siguen los siguientes pasos:

1. Cálculo de las coordenadas del vértice. En nuestro caso, $a = 1$ y $b = -4$. Luego, aplicando la fórmula para calcular la abscisa del vértice, tenemos:

$$x_0 = \frac{-b}{2a} = \frac{-(-4)}{2} = \frac{4}{2} = 2$$

Sustituimos ahora el valor $x_0 = 2$ en la expresión de la función:

$f(2) = 2^2 - 4 \cdot 2 + 3 = -1$.

Luego el vértice tiene por coordenadas V(2, −1).

Observamos que, al ser $a = 1 > 0$, el vértice de la parábola es un mínimo.

2. Cálculo de los puntos de corte con los ejes. En este caso calculamos:

- **Corte con el eje *OY*.** $f(0) = 0^2 - 4 \cdot 0 + 2 = 2$. Por tanto, el corte con el eje *OY* es el punto (0, 2).
- **Corte con el eje *OX*.** Resolvemos la ecuación $x^2 - 4x + 3 = 0$.

$$x = \frac{5 \pm \sqrt{16 - 12}}{2} = \frac{4 \pm 2}{2} = \begin{cases} 3 \\ 1 \end{cases} \rightarrow$$ Luego los puntos de corte con el eje *OX* son (3, 0) y (1, 0).

3. Calculamos dos puntos más de cada rama de la parábola. En nuestro caso, calculamos los valores de *y* correspondientes a $x = -1$, $x = -2$, $x = 4$ y $x = 5$.

Obtenemos la siguiente tabla:

x	−1	−2	4	5
y	8	15	3	8

4. Esbozamos la gráfica. Dibujamos en unos ejes coordenados el vértice, los puntos de corte y los puntos extra hallados en el paso 3. Después, trazamos una parábola que pase por todos los puntos anteriores.

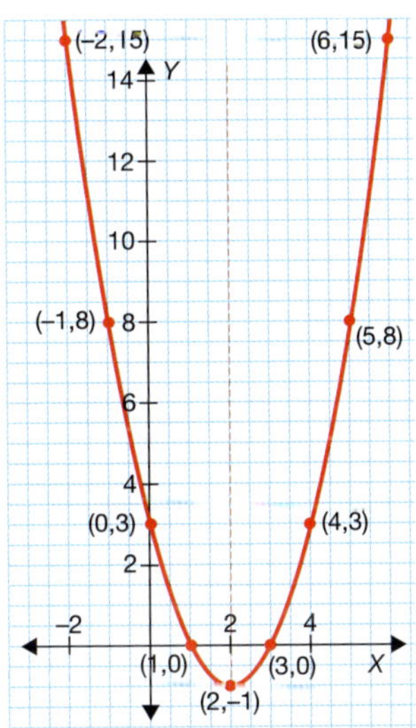

x	*y*	
−2	15	
−1	8	
0	3	Punto de corte
1	0	Punto de corte
2	−1	Vértice
3	0	Punto de corte
4	3	
5	8	
6	15	

AYUDA

Las parábolas son curvas simétricas. Fíjate en la parábola que hemos esbozado en el texto correspondiente a la gráfica de la función $f(x) = x^2 - 4x + 3$. La recta vertical verde que pasa por su vértice es un eje de simetría.

Debido a esta simetría, basta con calcular puntos de la gráfica en una de las ramas para conocer los puntos simétricos en la otra rama. Fíjate en el siguiente razonamiento:

Como los valores $x = 1$ y $x = 3$ distan una unidad de la abscisa del vértice ($x = 2$), se tiene que $f(1) = f(3)$. Para estos dos valores, $y = 0$.

Como los valores $x = 0$ y $x = 4$ distan dos unidades de la abscisa del vértice ($x = 2$), se tiene que $f(0) = f(4)$. Para estos dos valores, $y = 3$.

Como los valores $x = -1$ y $x = 5$ distan tres unidades de la abscisa del vértice ($x = 2$), se tiene que $f(-1) = f(5)$. Para estos dos valores, $y = 8$.

Como los valores $x = -2$ y $x = 6$ distan cuatro unidades de la abscisa del vértice ($x = 2$), se tiene que $f(-2) = f(6)$. Para estos dos valores, $y = 15$.

Es decir, a los valores de la *x* que se encuentren a distancias iguales a izquierda y a derecha respecto de la abscisa del vértice les corresponden puntos simétricos respecto de la función cuadrática, y tendrán el mismo valor de la *y*.

ACTIVIDADES

10 Representa en tu cuaderno las siguientes funciones cuadráticas.

a) $f(x) = x^2 - 6x$ b) $f(x) = x^2 - 6x + 11$ c) $f(x) = 3x^2 - 6x + 7$

11 Asocia en tu cuaderno cada una de las siguientes expresiones algebraicas a su gráfica correspondiente, razonando las respuestas.

a) $f(x) = x^2 - 4x + 5$ b) $f(x) = -x^2 + 4x - 3$ c) $f(x) = x^2 + 4x + 5$

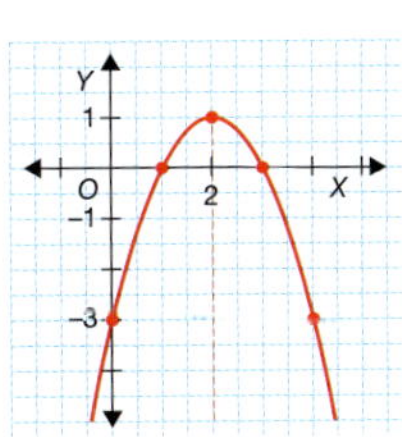

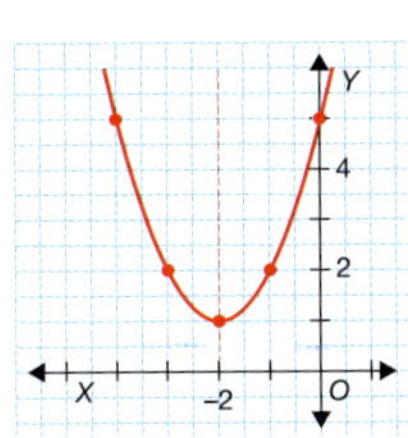

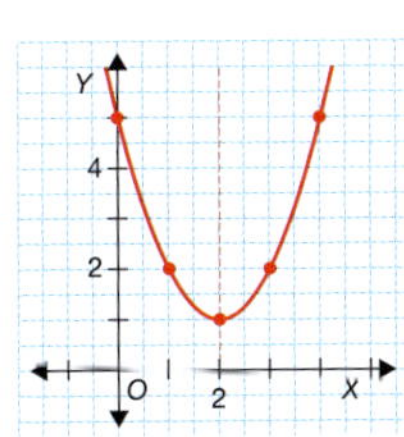

Problemas resueltos

Una compañía de telefonía móvil cobra a sus clientes una cantidad fija al mes de 10 €, más 0,1 € por cada minuto de llamada.

a) Expresa algebraicamente la función correspondiente.

b) ¿Cuál es la variable independiente y cuál la variable dependiente?

c) Construye una tabla que relacione el tiempo consumido y el coste de la factura durante un mes.

d) Realiza un esbozo de la gráfica de la función.

e) Calcula la factura de un cliente que ha hablado un total de 35 minutos en un mes.

● Solución

a) Llamamos x al tiempo que duran las llamadas en total durante un mes en minutos e y al importe total de la factura en euros.

La expresión que une ambas variables es la función: $f(x) = 10 + 0{,}1x$.

b) La variable independiente es x y la variable dependiente es y.

c) Construimos una tabla de valores de la función:

x tiempo (min)	0	20	40	60	80
y facturación (€)	10	12	14	16	18

d) Esbozamos la gráfica de la función con los datos de la tabla anterior.

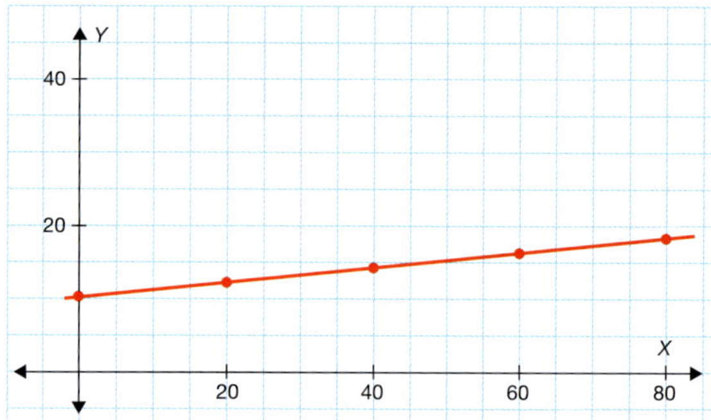

e) Un cliente que haya hablado un total de 35 minutos recibirá una factura de $f(35) = 10 + 0{,}1 \cdot 35 = 13{,}5$ €.

Dada la siguiente gráfica de una función, halla su dominio y su recorrido.

¿Es continua? En caso negativo indica sus puntos de discontinuidad.

¿Cuál es la imagen de $x = 2$?

● Solución

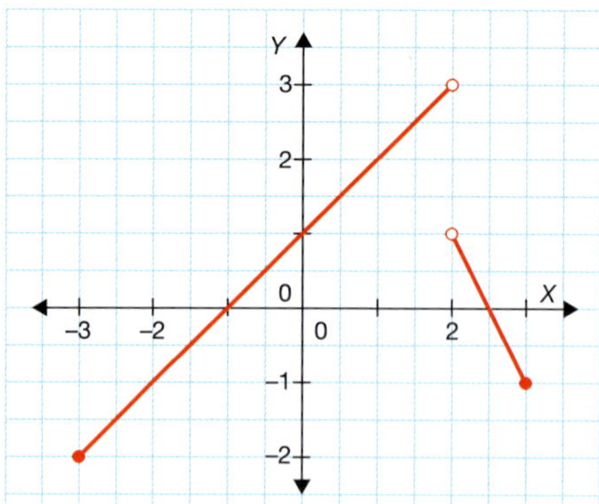

El dominio es el intervalo $[-3, 3]$ y el recorrido es el intervalo $[-2, 3)$.

La función es discontinua. Tiene una discontinuidad en $x = 2$. Como $f(2) = 1$, el punto de discontinuidad es $(2, 1)$.

La imagen de $x = 2$ es $y = 1$. $y = 5x - 2$

Completa en tu cuaderno la siguiente tabla con los tres tipos de ecuaciones de la recta para todos los casos.

Explícita	Implícita	Punto pendiente
$y = 5x - 2$		
	$4x - 2y + 3 = 0$	
		$y + 1 = -3 \cdot (x - 4)$

Solución

1. Para el primer caso, tenemos una ecuación explícita de una recta: $y = 5x - 2$.

Para determinar la ecuación implícita, pasamos todos los términos a un lado de la ecuación.

En este caso, lo más simple es pasar la y al lado derecho, restando. De este modo, tenemos: $5x - y - 2 = 0$.

Para determinar la ecuación punto pendiente debemos sustituir en la fórmula:

$$y - y_0 = m(x - x_0)$$

donde (x_0, y_0) son las coordenadas de un punto perteneciente a la recta y es m la pendiente de la recta.

Conocemos $m = 5$. Para determinar un punto de la recta, sustituimos un valor cualquiera de x, por ejemplo. $x = 2$. Obtenemos: $y = 5 \cdot 2 - 2 = 8$.

Luego, el punto (2, 8) pertenece a la recta. Sustituimos en la fórmula anterior y obtenemos la ecuación punto pendiente: $y - 8 = 5 \cdot (x - 2)$.

2. En este caso, tenemos la ecuación implícita: $4x - 2y + 3 = 0$. Para hallar la ecuación explícita, despejamos la variable dependiente y:

$$4x - 2y + 3 = 0 \rightarrow -2y = -4x - 3 \rightarrow y = \frac{-4x - 3}{-2} = \rightarrow y = 2x + \frac{3}{2}$$

Para determinar la ecuación punto pendiente, calculamos un punto perteneciente a la recta. Para $x = 1$ tenemos:

$$y = 2 + \frac{3}{2} = \frac{7}{2}$$

Luego, un punto de la recta es $(1, \frac{7}{2})$. Dado que, además, la pendiente es $m = 2$, sustituimos en $y - y_0 = m(x - x_0)$ y obtenemos la ecuación:

$$y - \frac{7}{2} = 2 \cdot (x - 1)$$

3. Para la ecuación punto pendiente $y + 1 = -3 \cdot (x - 4)$ debemos despejar la variable dependiente y para hallar la ecuación explícita:

$$y + 1 = -3 \cdot (x - 4) \rightarrow y = -3 \cdot (x - 4) - 1 \rightarrow y = -3x + 11$$

Para hallar la ecuación general, pasamos todos los términos al mismo miembro:

$$3x + y - 11 = 0$$

El cuadro queda de la siguiente forma:

Explícita	Implícita	Punto pendiente
$y = 5x - 2$	$5x - y - 2 = 0$	$y - 8 = 5 \cdot (x - 2)$
$y = 2x + \frac{3}{2}$	$4x - 2y + 3 = 0$	$y - \frac{7}{2} = 2 \cdot (x - 1)$
$y = -3x + 11$	$3x + y - 11 = 0$	$y + 1 = -3 \cdot (x - 4)$

Aplica lo aprendido

1 Inventa una expresión verbal y una tabla de valores para la función $y = 2x - 1$.

2 Describe mediante una tabla, una ecuación y una gráfica las funciones dadas por las siguientes expresiones verbales:

a) Una función asocia a cada número entero su quinta parte.

b) Una función asocia a cada número el cuadrado menos tres.

3 Razona si las siguientes gráficas corresponden a funciones:

a)

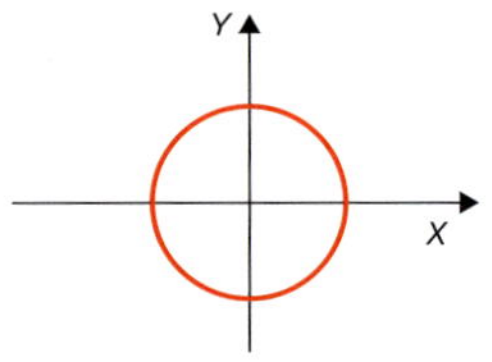

c)

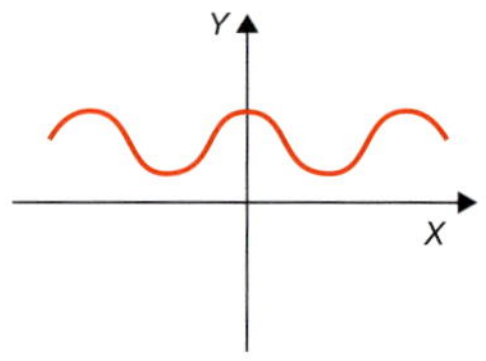

b)

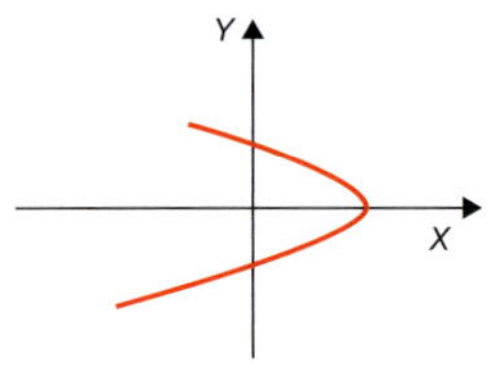

d)

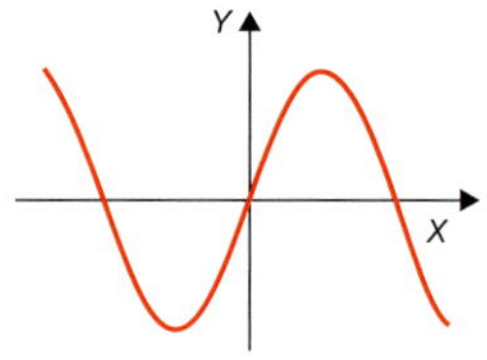

4 Elvira ha medido la temperatura de una terraza durante 6 horas y ha elaborado una tabla con los resultados. Realiza en tu cuaderno la gráfica asociada a dicha tabla.

Tiempo (h)	1	2	3	4	5	6
Temperatura (ºC)	15	18	24	22	21	16

5 Dada la función $f(x) = 2x + 1$, haz en tu cuaderno una tabla con seis valores y dibuja su gráfica.

6 Representa en tu cuaderno la función que relaciona el área de un triángulo rectángulo isósceles y la longitud del cateto. Identifica las variables independiente y dependiente.

7 Representa en tu cuaderno mediante una tabla de valores la función cuya gráfica es la siguiente.

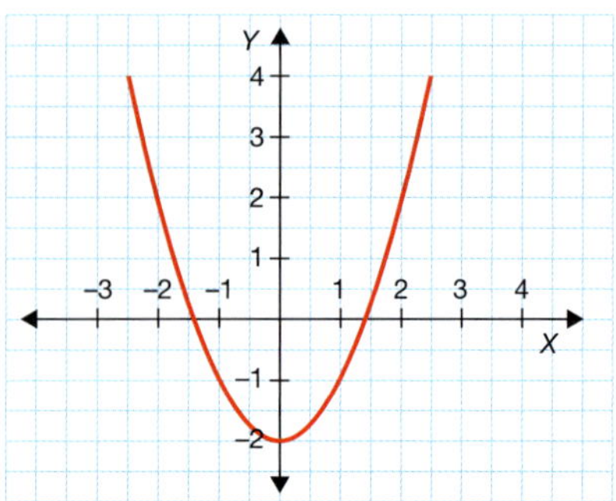

8 A partir de la gráfica de esta función, determina en tu cuaderno su dominio y su recorrido. ¿Es una función continua? ¿Cuáles son sus puntos de corte con los ejes?

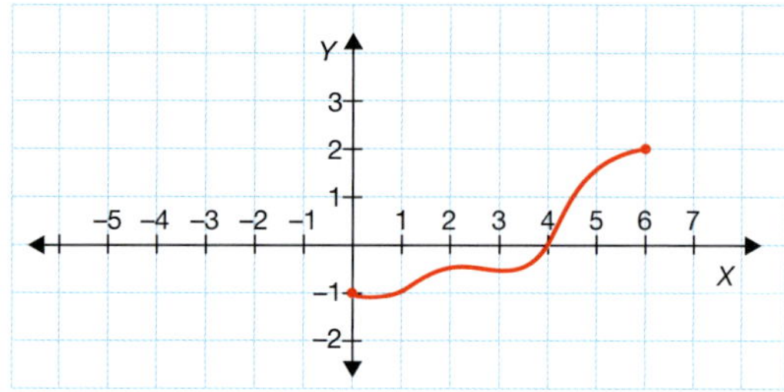

9 Dada la siguiente gráfica de una función:

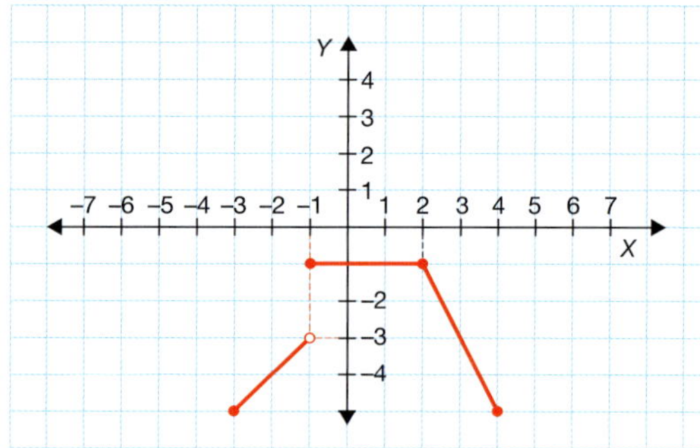

a) Determina en tu cuaderno el dominio y el recorrido.

b) ¿Cuáles son las imágenes de $x = -3$, $x = -1$, $x = 2$ y $x = 4$?

c) ¿Tiene puntos de discontinuidad? Indícalos en caso afirmativo.

d) ¿Cuáles son sus puntos de corte con los ejes?

10 Dada la siguiente gráfica de una función:

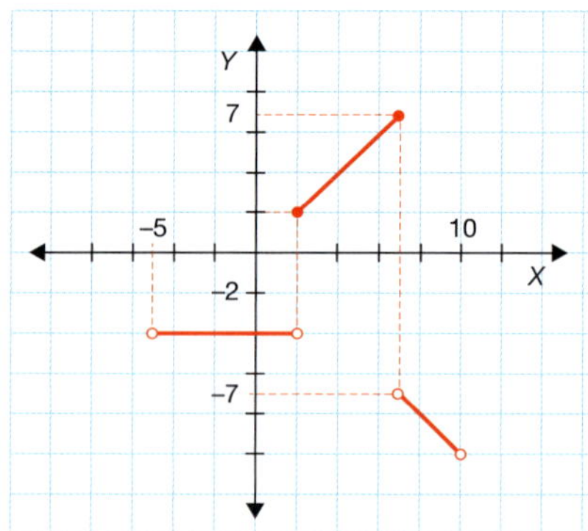

a) Determina en tu cuaderno el dominio y el recorrido.

b) ¿Cuáles son las imágenes de $x = -5$, $x = 2$, $x = 5$, y $x = 10$?

c) ¿Tiene puntos de discontinuidad? Indícalos en caso afirmativo.

d) ¿Cuáles son sus puntos de corte con los ejes?

11 Determina en tu cuaderno los intervalos de crecimiento y decrecimiento de la siguiente función, sus máximos y mínimos, y los cortes con los ejes.

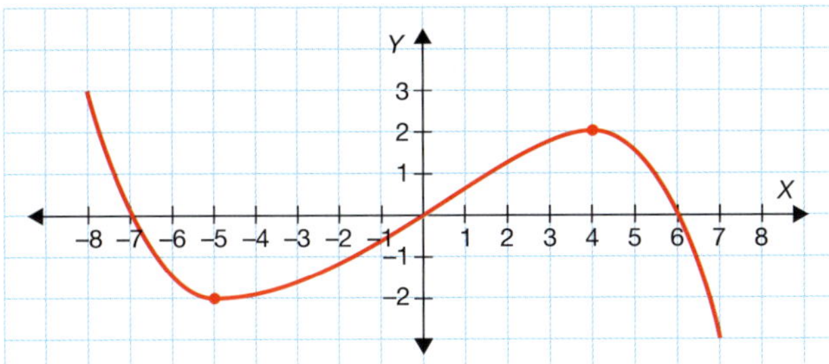

12 Determina en tu cuaderno los intervalos de crecimiento y decrecimiento de la siguiente función, sus máximos y mínimos, y los cortes con los ejes.

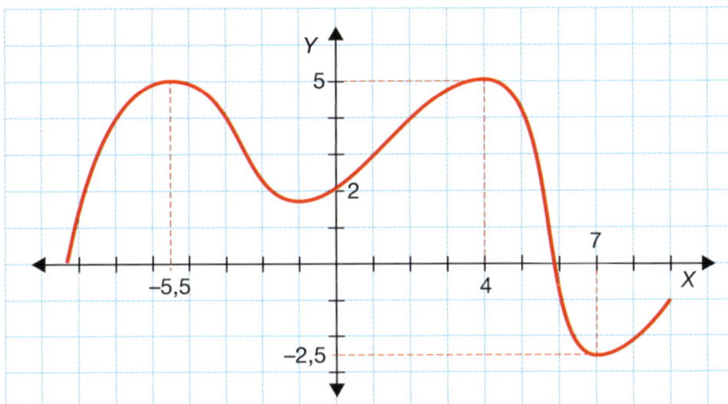

13 Dadas las siguientes funciones:

a) $f(x) = 2x + 3$

b) $f(x) = x - 3$

c) $f(x) = \frac{3}{4}x + 3$

d) $f(x) = -x - \frac{2}{5}$

e) $f(x) = 7x$

f) $f(x) = 2$

Halla $f(0)$, $f(-3)$, $f(5)$ y $f(2)$.

14 ¿Cuál es la fórmula de la función que da lugar a esta gráfica?

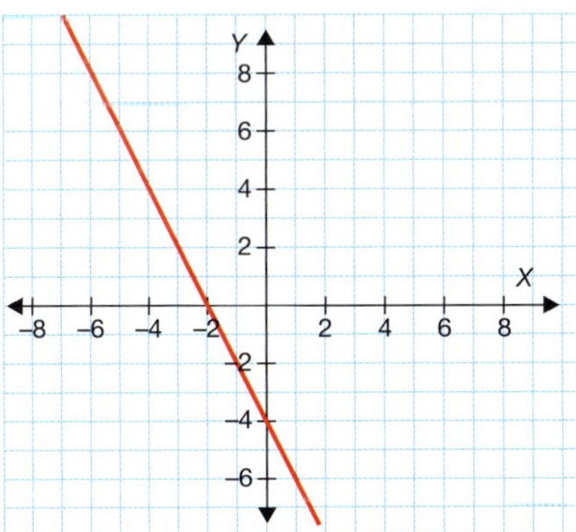

15 Determina la expresión algebraica de la función afín que pasa por los puntos A(−2, 3) y B(3, 13).

16 Determina en tu cuaderno la expresión algebraica de las funciones asociadas a las siguientes gráficas e indica de qué tipo de funciones se trata.

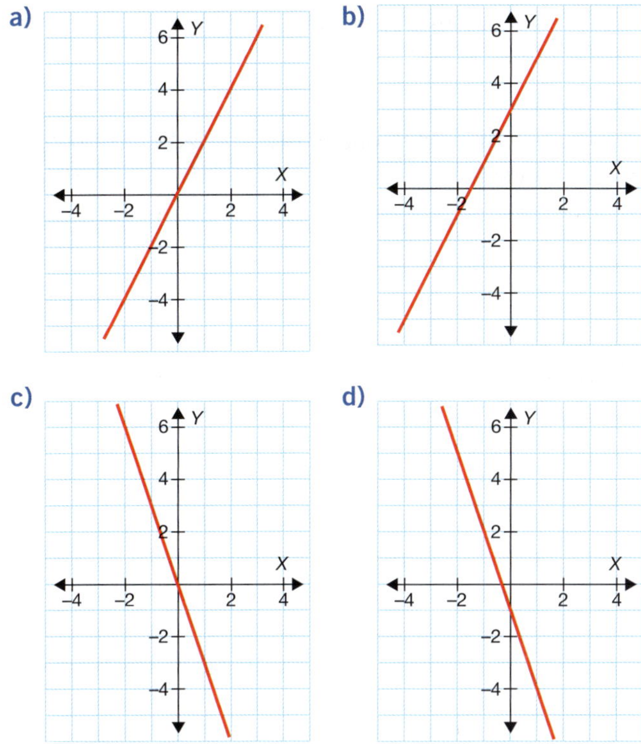

17 Dada la función afín $f(x) = 4x - 5$, realiza en tu cuaderno las siguientes actividades.

a) Represéntala gráficamente.

b) Halla la ecuación implícita de recta que determina.

c) Halla la ecuación punto-pendiente de la recta que determina.

18 Completa en tu cuaderno un cuadro como el siguiente para las distintas ecuaciones de las tres rectas.

Explícita	Implícita	Punto pendiente
$y = 4x - 3$		
	$3x - 2y + 3 = 0$	
		$y - 2 = -4 \cdot (x - 1)$

19 Dadas las siguientes funciones cuadráticas, represéntalas en tu cuaderno calculando los puntos de corte con los ejes, el vértice y dos puntos adicionales en cada rama:

a) $f(x) = x^2 + x + 1$

b) $f(x) = x^2 + 2x + 1$

20 Indica en tu cuaderno, sin dibujarlas, en cuántos puntos cortan al eje *OX* las siguientes funciones cuadráticas.

a) $f(x) = x^2 - 5x + 3$

b) $f(x) = 2x^2 - 5x + 4$

Rincón TIC

● REPRESENTACIÓN GRÁFICA DE FUNCIONES AFINES Y CUADRÁTICAS

Vamos a aprender a representar funciones afines y cuadráticas con el programa WIRIS.

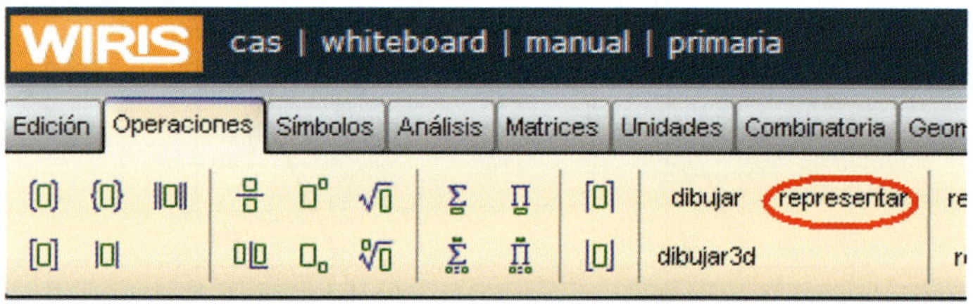

En la pestaña de operaciones aparece el comando *representar,* que es el que tenemos que seleccionar para indicar al programa que queremos representar una función.

representar([]) [=]

Seguidamente, en la zona de trabajo, dentro de la sentencia de **representar([])** [=] introducimos la expresión de la función que queremos calcular.

Empezamos con la función afín $f(x) = 5x + 7$. WIRIS entiende tanto la notación con $f(x)$ como la notación con y, de la forma $y = 5x + 7$. Optamos por la segunda e introducimos:

representar(y=5x+7) [=]

Por último, pulsamos en el icono con el símbolo igual que hay a la derecha de la sentencia. Nos aparecerá la gráfica de la función en un tablero emergente.

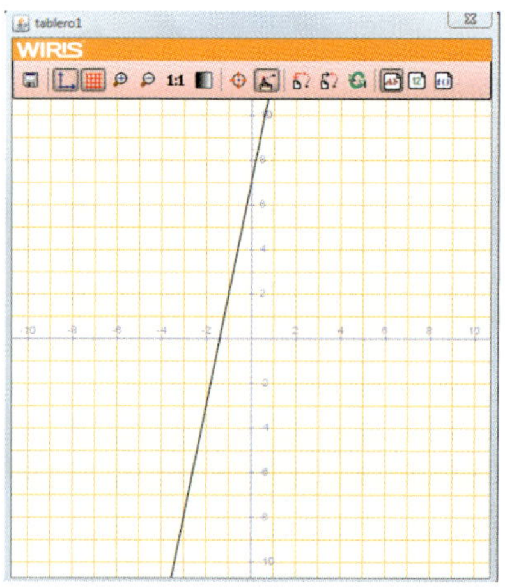

Algunos de los iconos que aparecen en este tablero te pueden resultar de gran utilidad:

 Permite ocultar o mostrar los ejes coordenados.

 Permite mostrar u ocultar la malla formada por las rectas paralelas a los dos ejes coordenados.

 *Zoom* que permite alejar o acercar el gráfico.

 Permite moverse por el plano y ver cualquier parte del gráfico.

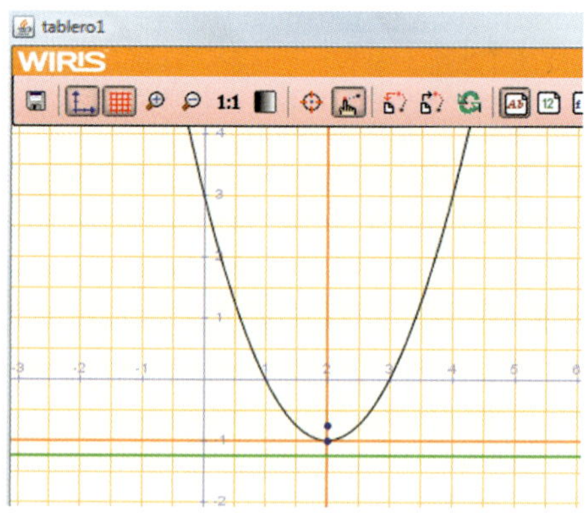

Representemos ahora una función cuadrática, por ejemplo, $f(x) = x^2 - 4x + 3$. Obtendremos la gráfica de la derecha.

Observa cómo WIRIS muestra el vértice de la parábola con el punto marcado en color azul (2, –1). Asimismo, muestra el eje de simetría de la parábola con una recta vertical de color marrón que pasa por el vértice.

ACTIVIDADES

1. Representa con WIRIS la función afín: $f(x) = -3x + 7$.
2. Representa con WIRIS la función cuadrática: $f(x) = 2x^2 - 4x + 2$.

5 Estadística y probabilidad

En esta unidad estudiaremos

- 1. Variables estadísticas
- 2. Parámetros de posición
- 3. Frecuencias
- 4. Parámetros de dispersión
- 5. Probabilidad

RECUERDA

En estadística, la población es el conjunto formado por todos los elementos que cumplen una determinada característica y al que se refiere el estudio.

La muestra es cualquier subconjunto de la población.

El tamaño de la muestra es el número de elementos de que consta el estudio estadístico.

Una vez que hemos elegido la muestra, efectuamos el estudio, y posteriormente trasladaremos los resultados al resto de la población.

Estadística

La **estadística** es la parte de las Matemáticas que tiene por objeto el estudio de la recopilación y ordenación de datos de fenómenos o situaciones concretas como la obtención de conclusiones de los mismos.

Ejemplo. Queremos hacer un estudio estadístico sobre el número de veces que acuden al cine, en el plazo de un mes, los habitantes de una ciudad.

En este ejemplo, la **población** estaría formada por los 15000 habitantes de la ciudad. Pero para realizar este estudio se necesita mucho tiempo y mucho dinero. Esta dificultad será menor si el estudio lo realizamos sobre una **muestra** de la población.

Elegimos una muestra formada por 200 personas para realizar el estudio.

Para que el estudio que realizamos sobre la muestra sea fiable, debemos hacer una elección correcta de la muestra.

La muestra debe ser lo más representativa posible de la población y sus elementos deben haber sido elegidos al azar.

Además, debe contener un número suficiente de elementos que sean representativos de la población, y estos deben ser elegidos de tal forma que cada elemento de la población tenga la misma oportunidad de ser elegido para formar parte de la muestra.

El proceso mediante el que se extrae una muestra de la población se denomina **muestreo.** El muestreo debe ser **aleatorio** y debe contener un número suficiente de **elementos representativos** de toda la población.

Se puede calcular el tamaño que debe tener una muestra dependiendo de los objetivos que persigamos.

Los resultados del estudio hechos sobre la muestra los trasladaremos luego al resto de la población.

Si el proceso de elección de la muestra no es correcto y dicha muestra no es representativa, los resultados que se obtengan del estudio no serán fiables para ser trasladados a toda la población.

Variables estadísticas

Un **estudio estadístico** persigue conocer una característica concreta de la población. A dicha característica se le denomina **variable estadística.**

Las variables estadísticas se clasifican de la siguiente forma:

- **Variables cualitativas:** son aquellas que no se pueden expresar mediante números.
- **Variables cuantitativas:** son aquellas que se pueden expresar mediante números. Pueden ser de dos tipos:
  - **Discretas.** Aquellas en las que se puede tomar solamente un número finito de valores numéricos aislados.
  - **Continuas.** Aquellas en las que se pueden tomar, al menos teóricamente, cualquier valor en un intervalo de la recta numérica.

Veamos con algunos **ejemplos** estos tipos de variables:

Variables cualitativas	Variables cuantitativas	
	Discretas	**Continuas**
• Profesiones de 50 personas. • Color de los cuadernos de tus compañeros de clase.	• Número de hijos de 100 familias. • Goles marcados por dos equipos en cinco partidos de fútbol.	• Estatura de los alumnos de tu curso. • Temperaturas registradas cada hora en un observatorio.

Tabla de frecuencias para variables cualitativas y cuantitativas discretas. Una vez obtenidos los datos de la muestra, se consignan los datos en una tabla, llamada **tabla de frecuencias,** con la siguiente clasificación:

- **Frecuencia absoluta** de un determinado valor de la variable, x_i, es el número de veces que se presenta el citado valor. Lo representamos por f_i.
- **Frecuencia relativa** de un determinado valor de la variable, x_i, es el cociente entre la frecuencia absoluta f_i y el número total de datos, N. La frecuencia relativa del valor x_i la representamos por f_{ri}.

Ejemplo:

Se les ha preguntado a 50 personas por su deporte favorito entre cinco opciones. Las respuestas han sido las siguientes:

Fútbol: 17 Baloncesto: 8 Natación: 10 Atletismo: 6 Balonmano: 9

La tabla de frecuencias será:

Deporte, x_i	Frecuencia absoluta, f_i	Frecuencia relativa, f_{ri}
Fútbol	17	0,34
Baloncesto	8	0,16
Natación	10	0,2
Atletismo	6	0,12
Balonmano	9	0,18
Suma (Σ)	N = 50	1

Para el cálculo de las frecuencias relativas, realizamos:

$$f_{r1} = \frac{17}{50} = 0{,}34 \qquad f_{r2} = \frac{8}{50} = 0{,}16$$

$$f_{r3} = \frac{10}{50} = 0{,}2 \qquad f_{r4} = \frac{6}{60} = 0{,}12$$

$$f_{r5} = \frac{9}{50} = 0{,}18$$

¿SABÍAS QUE...?

A las tablas de frecuencias correspondientes a las observaciones de una muestra se les llama también distribución de frecuencias.

AYUDA

Al número total de observaciones de una muestra se le llama N. Obviamente, N tiene que ser igual a la suma de las frecuencias absolutas, es decir, $N = \sum f_i$.

¿Puedes demostrar que la suma de las frecuencias relativas es igual a 1?

AYUDA

El símbolo Σ se llama sumatorio y es la letra *sigma* mayúscula del alfabeto griego, que corresponde a nuestra S de *suma*.

ACTIVIDADES

1 Señala el tipo de variable al que pertenecen las siguientes:

a) La medida (diámetro) de las ruedas de los coches.

b) El color de pelo de cada uno de tus compañeros de clase.

c) La edad de los socios de un club deportivo.

2 Las notas obtenidas por los 24 alumnos de una clase en un examen de educación física han sido las siguientes:

8 10 6 4 6 3 5 8 9 10 2 5

7 5 6 4 3 8 5 5 4 7 5 3

Realiza en tu cuaderno la tabla de frecuencias.

Agrupación de datos en intervalos de clase para variables cuantitativas continuas. Cuando la variable es cuantitativa continua, debemos agrupar los datos en intervalos de clase.

> Los **intervalos de clase** son intervalos de la recta numérica tales que cada una de las observaciones debe pertenecer a uno solo de ellos.

Los **intervalos de clase consecutivos** comparten un extremo pero este es cerrado en la izquierda y abierto en la derecha. La marca de clase x_i es el punto medio del intervalo de clase.

El **número de datos** incluido en un intervalo de clase es la frecuencia absoluta f_i asociada a la marca de clase del intervalo. Los cocientes de las frecuencias absolutas y el número total de datos son las frecuencias relativas f_{ri}.

Ejemplo:

Las alturas de los alumnos y alumnas de una escuela de baloncesto en metros son las siguientes:

1,67	1,78	1,79	1,85	1,90	1,86	1,68	1,69	1,75	1,76
1,65	1,94	1,90	1,92	1,88	1,84	1,79	1,78	1,85	1,94
1,67	1,85	1,64	1,73	1,79	1,80	1,75	1,90	1,84	1,90

Los agrupamos en intervalos de clase de 0,06 m de longitud:

Clases	x_i	f_i	f_{ri}
[1,64; 1,70)	1,67	6	0,2
[1,70; 1,76)	1,73	3	0,1
[1,76; 1,82)	1,79	6	0,2
[1,82; 1,88)	1,85	7	0,23
[1,88; 1,94]	1,91	8	0,26
Σ		**30**	**1**

En la marca de clase [1,64; 1,70) agrupamos los valores:

1,67 1,65 1,67 1,64 1,68 1,69

Por tanto, $f_1 = 6$.

En la marca de clase [1,70; 1,76) agrupamos los valores:

1,73 1,75 1,75

Por tanto, $f_2 = 3$. Observa que el valor 1,70 se agrupa en el siguiente intervalo de clase.

AYUDA

Los valores que coincidan con el extremo derecho del último intervalo de clase se agrupan en él.

Observa que en el ejemplo del texto hay dos valores coincidentes con 1,90. Por ello, el último intervalo siempre está cerrado en sus dos extremos.

AYUDA

Las marcas de clase las hemos calculado como el punto medio de los extremos de intervalo de clase. Por ejemplo, para la primera marca de clase tenemos:

$$x_1 = \frac{1,70 + 1,64}{2} = 1,67$$

Representación gráfica

Diagrama de barras. Se utilizan para representar distribuciones de frecuencias cualitativas o cuantitativas discretas. Se representan sobre el eje de abscisas los valores de la variable y sobre el eje de ordenadas, las frecuencias absolutas.

Ejemplo:

En un campamento de verano internacional se les pregunta a los 166 participantes por su nacionalidad.

Nacionalidad	Frecuencia
Española	43
Francesa	53
Portuguesa	21
Alemana	15
Italiana	34

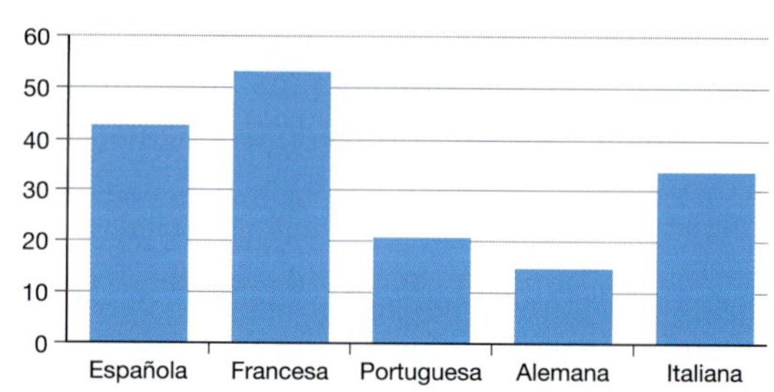

AYUDA

Si unimos mediante segmentos los puntos medios superiores de las barras de un diagrama de barras se obtiene el polígono de frecuencias.

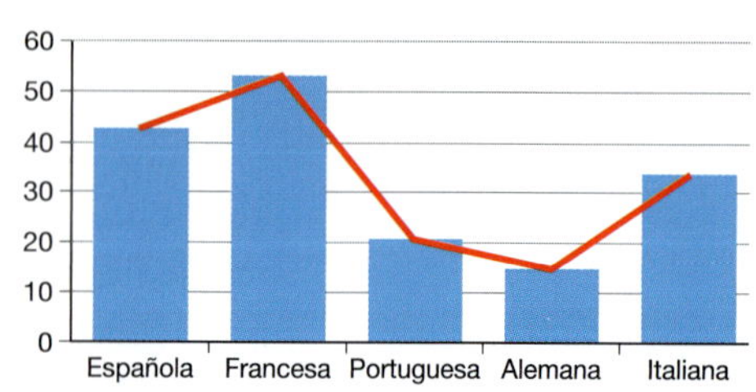

Histogramas. Se utilizan para representar distribuciones de frecuencias cuantitativas continuas.

Se representan sobre el eje de abscisas los límites de las clases. Sobre dicho eje se construyen unos rectángulos que tienen por base la amplitud del intervalo de clase y por altura, la frecuencia absoluta del intervalo de clase.

Ejemplo:

Clases	x_i	f_i
[1,64; 1,70)	1,67	8
[1,70; 1,76)	1,73	12
[1,76; 1,82)	1,79	11
[1,82; 1,88)	1,85	10
[1,88; 1,94]	1,91	9

Se mide la estatura, en metros, de los 50 integrantes de un equipo de atletismo. Los datos se agrupan en intervalos de clase tal y como aparece en la siguiente distribución.

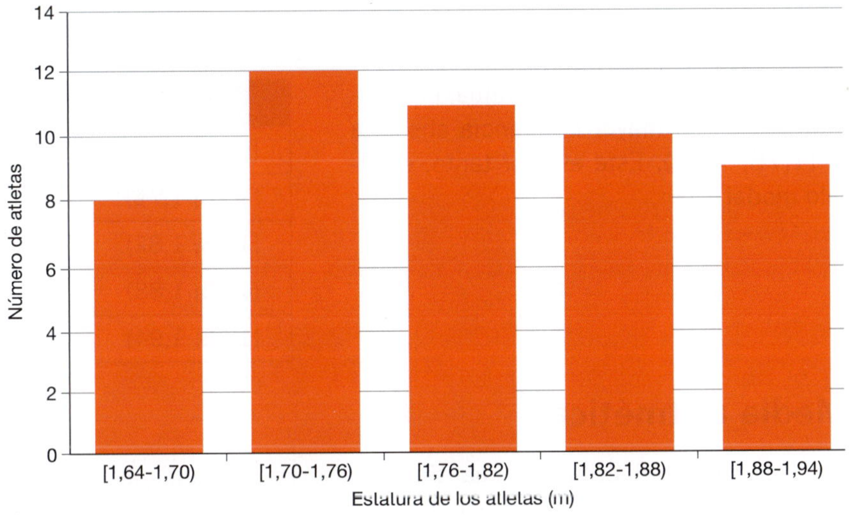

ACTIVIDADES

3 Representa en tu cuaderno mediante un diagrama de barras y un polígono de frecuencias los siguientes datos relativos al tiempo, en horas, que emplean habitualmente en dormir los 30 alumnos y alumnas de una clase:

Nº de horas	7	7,5	8	8,5	9	9,5	10
Nº de alumnos	2	4	8	10	3	2	1

4 Representa en tu cuaderno la siguiente distribución de una variable cuantitativa discreta mediante un histograma:

Clases	x_i	f_i
[2,5; 3)	2,75	10
[3; 3,5)	2,25	13
[3,5; 4)	3,75	17
[4,5; 5)	4,25	8
[5,5; 6]	5,75	17

Con datos como las horas de sueño de los alumnos y alumnas de una clase podemos hacer un diagrama de barras.

Parámetros de posición

Moda

La **moda** es el valor de una variable estadística con mayor frecuencia absoluta. Se representa con el símbolo $\boldsymbol{M_o}$.

En el caso de una variable continua agrupada en intervalos de clase, hablamos de intervalo modal.

Ejemplos:

x_i	f_i
0	23
1	14
2	32
3	12

En este ejemplo de una variable cuantitativa discreta tenemos que el valor con mayor frecuencia es 2. Por tanto, decimos que la moda es 2.

Usamos la notación $M_o = 2$.

En este ejemplo de variable continua, el intervalo de clase con mayor frecuencia absoluta es el [1,76; 1,82). Este es, por tanto, el intervalo modal.

Clases	f_i
[1,64; 1,70)	8
[1,70; 1,76)	12
[1,76; 1,82)	11
[1,82; 1,88)	10
[1,88; 1,94]	9

AYUDA

Puede haber más de una moda o de un intervalo modal. En la siguiente distribución estadística hay dos intervalos modales. Es una distribución bimodal.

Los intervalos modales son [3,5; 4) y [5,5; 6].

Clases	x_i	f_i
[2,5; 3)	2,75	10
[3; 3,5)	2,25	13
[3,5; 4)	3,75	17
[4,5; 5)	4,25	8
[5,5; 6]	5,75	17
Σ		**N = 65**

Media aritmética

En el caso de una **distribución cuantitativa discreta,** la **media aritmética** es el cociente de la suma de los productos de los valores de la variable por las frecuencias absolutas, entre el número total de datos (N).

En el caso de una **distribución cuantitativa continua,** la **media aritmética** es el cociente de la suma de los productos de las marcas de clase por las frecuencias absolutas, entre el número total de datos (N).

En ambos casos, la media aritmética se representa con el símbolo $\bar{x}$.

Ejemplos:

Este es un ejemplo de una variable estadística cuantitativa discreta.

x_i	f_i	$x_i \cdot f_i$
3	4	12
4	2	8
5	3	15
6	1	6
Σ	**N = 10**	**41**

A la derecha de la columna de las frecuencias absolutas añadimos una columna con los productos de los valores y sus frecuencias absolutas.

En la última fila sumamos los valores de las columnas respectivas.

Usamos el sumatorio para indicar las siguientes sumas:
$x_1 \cdot f_1 + x_2 \cdot f_2 + x_3 \cdot f_3 + x_4 \cdot f_4 = \Sigma x_i \cdot f_i$

Calculamos la media: $\bar{x} = \dfrac{\sum x_i \cdot f_i}{\text{N}} = \dfrac{41}{10} = 4{,}1$

RECUERDA

Como el número total de datos es $\sum = f_i = \text{N}$, podemos expresar la fórmula de la media de cualquiera de las dos formas siguientes:

$$\bar{x} = \frac{\sum x_i \cdot f_i}{\sum f_i} = \frac{\sum x_i \cdot f_i}{\text{N}}$$

Clases	x_i	f_i	$x_i \cdot f_i$
[1,64; 1,70)	1,67	8	13,36
[1,70; 1,76)	1,73	12	20,76
[1,76; 1,82)	1,79	11	19,69
[1,82; 1,88)	1,85	10	18,50
[1,88; 1,94]	1,91	9	17,19
$\sum$		**N = 50**	**89,50**

Este es un ejemplo de una distribución cuantitativa continua. Realizamos los procedimientos análogos al ejemplo anterior. En este caso, en lugar de realizar los cálculos con valores de la variable, los realizamos con las marcas de clase.

Realizamos el cálculo de la media:

$$\bar{x} = \frac{\sum x_i \cdot f_i}{\mathrm{N}} = \frac{\sum x_i \cdot f_i}{\sum f_i} = \frac{89{,}50}{50} = 1{,}79$$

ACTIVIDADES

5 Calcula en tu cuaderno la moda y la media aritmética de la siguiente distribución cuantitativa discreta.

x_i	f_i
0	9
1	23
2	29
3	8
4	6

6 Calcula en tu cuaderno la moda y la media aritmética de la siguiente distribución cuantitativa continua.

Clase	f_i
[2,4; 3,2)	12
[3,2; 4)	34
[4; 4,8)	11
[5,6; 6,4)	9
[6,4; 7,2]	4

7 Copia en tu cuaderno la siguiente tabla. Agrupa en ella estos datos y calcula la moda y la media.

3,9 4,1 4,2 3,2 1,6 2,5 1,1 8,1 5,1 2,7 1,9 7,3 2,4 4,9 1,6 5,0 2,5 6,5 1,9 5,2 6,3 1,2 3,3 1,8 4,4

Clase	x_i	f_i	$f_i \cdot x_i$
[1,09; 2,26)	1,68		
[2,26; 3,43)	2,85		
[3,43; 4,60)	4,02		
[4,60; 5,77)	5,19		
[5,77; 6,94)	6,36		
[6,94; 8,11]	7,53		

AYUDA

La media aritmética es muy sensible a los cambios de los datos extremos. Veámoslo con un ejemplo:

Tenemos dos conjuntos de datos observados que, por simplicidad, suponemos que tienen frecuencia absoluta 1:

Observaciones *A:* 1, 2, 3, 4, 5

Observaciones *B:* **6, 7,** 8, 9, 10

$\bar{x}$ de $A = 3$

$\bar{x}$ de $B = 8$

Ahora pasamos el 6 y el 7 de las observaciones *B* a las observaciones *A,* y calculamos de nuevo las medias:

Observaciones *A:* 1, 2, 3, 4, 5, **6, 7**

Observaciones *B:* 8, 9, 10

$\bar{x}$ de $A = \mathbf{4}$

$\bar{x}$ de $B = \mathbf{9}$

Observamos que han aumentado las medias de los dos conjuntos de observaciones.

En medicina, en situaciones como la detección temprana de enfermedades, como el cáncer, se produce precisamente este efecto. Se mejora la detección de la enfermedad y, por tanto, las personas enfermas dejan el grupo de personas sanas más rápido. Como consecuencia, aumenta la esperanza de vida de los sanos. Pero como la detección se hizo mucho más temprano, entonces también aumenta la vida promedio de las personas enfermas. Ambos grupos aumentan su media de vida.

Se puede pensar, erróneamente, que nuevos tratamientos están dando mejores resultados, cuando en realidad se están calculando medias de grupos distintos. El nombre técnico es migración de estado.

x_i	f_i	F_i	F_{ri}
0	12	12	0,104
1	34	46	0,4
2	25	71	0,617
3	29	100	0,869
4	15	115	1
Σ	**N = 115**		

Frecuencias

Se llama **frecuencia absoluta acumulada** de un valor x_i de una distribución de una variable cuantitativa discreta a la suma de la frecuencia absoluta de x_i más la de los valores anteriores. La frecuencia absoluta se expresa mediante $\boldsymbol{F_i}$.

Se denomina **frecuencia relativa acumulada** a los cocientes de las frecuencias absolutas acumuladas entre el número total de datos, y se expresa mediante F_{ri}. Es decir, $F_{ri} = \frac{F_i}{\text{N}}$.

Veámoslo con un **ejemplo:**

Observa en la tabla de la izquierda cómo se han calculado los valores de la frecuencia absoluta acumulada:

$$F_1 = f_1 = 12 \qquad F_{r1} = \frac{12}{15} = 0{,}104$$

$$F_2 = 12 + f_2 = 12 + 34 = 46 \qquad F_{r2} = \frac{46}{115} = 0{,}4$$

$$F_3 = 46 + f_3 = 46 + 25 = 71 \qquad F_{r3} = \frac{71}{115} = 0{,}617$$

$$F_4 = 71 + f_4 = 71 + 29 = 100 \qquad F_{r4} = \frac{100}{115} = 0{,}869$$

$$F_5 = 100 + f_5 = 100 + 15 = 115 \qquad F_{r5} = \frac{115}{115} = 1$$

Observa que el número total de observaciones, N, coincide con la última frecuencia absoluta acumulada, y que la última frecuencia relativa acumulada es igual a 1: N = F_5 = 115 y F_{r5} = 1.

Porcentajes acumulados

Llamamos **porcentaje acumulado,** H_i, al producto de las frecuencias relativas acumuladas por 100.

Representa el porcentaje, respecto al número total de los datos, que suponen las frecuencias de un valor más los de los anteriores. Su fórmula es:

$$H_i = F_{ri} \cdot 100\%$$

Para la anterior distribución tenemos:

x_i	f_i	F_i	F_{ri}	H_i
0	12	12	0,104	10,4%
1	34	46	0,4	40%
2	25	71	0,617	61,7%
3	29	100	0,869	86,9%
4	15	115	1	100%
Σ	**N = 115**			

H_1= 10,4% significa que el valor $x_1 = 0$ aparece un 10,4% respecto al total de los datos.

H_2 = 40% significa que los valores $x_1 = 0$ y $x_2 = 1$ aparecen un 40% respecto al total de los datos.

H_3 = 61,7% significa que los valores $x_1 = 0$, $x_2 = 1$ y $x_3 = 2$ aparecen un 61,7% respecto al total de los datos.

H_4 = 86,9% significa que los valores $x_1 = 0$, $x_2 = 1$, $x_3 = 2$ y $x_4 = 3$ aparecen un 86,9% respecto al total de los datos.

AYUDA

Todo lo visto en el texto es aplicable también en distribuciones cualitativas continuas. Por ejemplo:

Clases	x_i	f_i	F_i	F_{ri}	H_i
[1,64; 1,70)	1,67	8	8	0,16	16%
[1,70; 1,76)	1,73	12	20	0,4	40%
[1,76; 1,82)	1,79	11	31	0,62	62%
[1,82; 1,88)	1,85	10	41	0,82	82%
[1,88; 1,94]	1,91	9	50	1	100%
Σ		**N = 50**			

Percentiles, cuartiles y mediana

Sea *a* un número entre 1 y 99, llamamos percentil *a-ésimo* al valor de una variable cuantitativa discreta que deja por debajo de él al *a*% de los datos. Se representa como p_a.

- El percentil p_{25} se llama también **primer cuartil** y se suele representar como Q_1.
- El percentil p_{75} se llama también **tercer cuartil** y se suele representar como Q_3.
- El percentil p_{50} se llama también **mediana** y se suele representar como M_e.

Si buscamos el percentil p_a, identificamos los porcentajes acumulados entre los que se sitúa el valor *a*% y tomamos el mayor. Si casualmente *a*% coincide exactamente con un porcentaje acumulado, tomamos el valor intermedio entre su valor de la variable y el siguiente. Veámoslo con el ejemplo anterior.

x_i	f_i	F_i	F_{ri}	H_i
0	12	12	0,104	10,4%
1	34	46	0,4	40%
2	25	71	0,617	61,7%
3	29	100	0,869	86,9%
4	15	115	1	100%
Σ	**N = 115**			

Por ejemplo, tenemos:

$p_{10} = 0$, ya que $x_1 = 0$ deja al 10,4% de los datos a su izquierda.

$p_{25} = Q_1 = 1$, ya que $H_1 = 10,4\% < 25\% < H_2 = 40\%$, por tanto $x_2 = 1$ deja al 25% de los datos a su izquierda.

$p_{40} = 1,5$. Es el valor intermedio entre $x_2 = 1$ y $x_3 = 2$, ya que $p_{40} = 40\%$.

$p_{50} = Me = 2$.

$p_{75} = Q_3 = 3$.

ACTIVIDADES

8 Los datos siguientes corresponden a las alturas de 33 niños de educación infantil, medidos en centímetros:

55, 51, 60, 56, 64, 56, 63, 63, 61, 57, 62, 50, 49, 70, 72, 54, 48, 53, 58, 66, 68, 45, 74, 65, 58, 61, 62, 59, 64, 57, 63, 52, 67

a) Ordénalos en tu cuaderno en una tabla de frecuencias.

b) Calcula las frecuencias absolutas y relativas, las frecuencias absolutas y relativas acumuladas y los porcentajes acumulados.

c) Calcula p_{10}, Q_1, M_e, Q_3 y p_{90}.

9 La distribución de las puntuaciones en un concurso nacional de cocina, donde participaron 160 cocineros, se ha agrupado en intervalos, tal y como aparece en la siguiente tabla:

Clase	f_i
[0, 10)	8
[10, 20)	22
[20, 30)	32
[30, 40)	44
[40, 50)	28
[50, 60)	20
[60, 70]	6

a) Calcula las frecuencias absolutas y relativas, las frecuencias absolutas y relativas acumuladas y los porcentajes acumulados.

b) Calcula p_{15}, Q_1, M_e, Q_3 y p_{85}.

AYUDA

Cuando la variable es cuantitativa discreta, los percentiles se tomarán entre las marcas de clase. Observa el ejemplo.

Clases	x_i	f_i	F_i	F_{ri}	P_i
[1,64; 1,70)	1,67	8	8	0,16	16%
[1,70; 1,76)	1,73	12	20	0,4	40%
[1,76; 1,82)	1,79	11	31	0,62	62%
[1,82; 1,88)	1,85	10	41	0,82	82%
[1,88; 1,94]	1,91	9	50	1	100%
Σ		**N = 50**			

$Q_{25} = p_{25} = 1,73$

$M_e = p_{50} = 1,79$

$Q_{75} = 1,85$

Diagrama de bigotes de gato

Los **diagramas de bigotes de gato** son un tipo de representación gráfica que permite comprender de forma visual cómo se disponen los datos de una distribución estadística.

Por **ejemplo,** estudiamos una distribución de una variable estadística cuantitativa cuyo valor menor es $x = 20$ y el mayor $x = 100$. Hemos calculado su primer y tercer cuartil y su mediana, obteniendo: $Q_1 = 50{,}2$, $M_e = 67{,}7$ y $Q_3 = 88$.

1. Por encima de la escala horizontal se marcan con puntos los valores extremos de la distribución, $x = 20$ y $x = 100$.

2. Se dibujan dos rectángulos contiguos cuyos extremos sean Q_1, Me y Q_3.

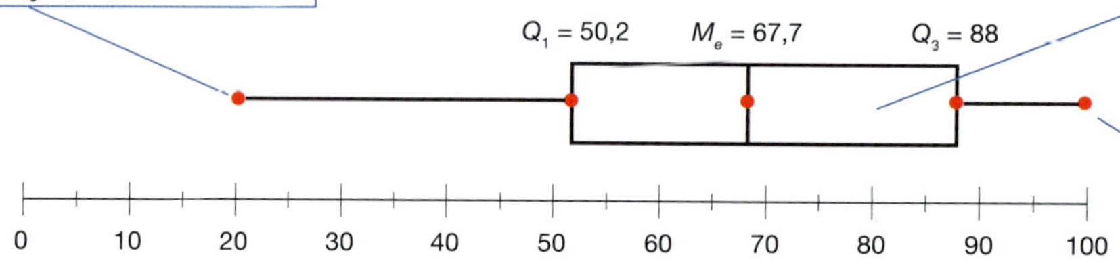

3. Se unen los puntos extremos de la distribución con los rectángulos con sendos segmentos horizontales.

De un simple vistazo se advierte que entre los valores de la variable 50,2 y 67,7 se sitúa un 25% de los datos, y que entre los valores 67,7 y 88 se sitúa otro 25%.

Parámetros de dispersión

Varianza y desviación típica

Dada una distribución de una variable estadística cuantitativa discreta con N datos y de media $\bar{x}$, llamamos **varianza** a: $\sigma^2 = \frac{\sum x_i^2 \cdot f}{N} - \bar{x}^2$.

Llamamos **desviación típica** a la raíz cuadrada de la desviación típica:

$$\sigma = \sqrt{\frac{\sum x_i^2 \cdot f}{N} - \bar{x}^2}$$

Ejemplo: observa esta distribución y cómo procedemos al cálculo de la varianza y de la desviación típica.

x_i	f_i	$x_i \cdot f_i$	$x_i^2 \cdot f_i$
3	4	12	36
4	2	8	32
5	3	15	75
6	1	6	36
7	5	35	245
8	4	32	256
Σ	N = 19	108	680

Añadimos dos columnas con los productos $x_i \cdot f_i$ y $x_i^2 \cdot f_i$.

En la fila inferior calculamos las sumas:

$N = \Sigma f_i = 19$, $\Sigma x_i \cdot f_i = 19$ y $\Sigma x_i^2 \cdot f_i = 680$

Calculamos la media:

$$\bar{x} = \frac{\sum x_i \cdot f_i}{N} = \frac{108}{19} = 5{,}68$$

Calculamos la varianza:

$$\sigma^2 = \frac{\sum x_i^2 \cdot f}{N} - \bar{x}^2 = \frac{680}{19} - 5{,}68^2 = 3{,}52$$

Calculamos la desviación típica:

$$\sigma = \sqrt{3{,}52} = 1{,}87$$

AYUDA

Para calcular la varianza y la desviación típica cuando la variable es cuantitativa continua, utilizamos las marcas de clase, como en el siguiente ejemplo:

Clases	x_i	f_i	$x_i \cdot f_i$	$x_i^2 \cdot f_i$
[1,64; 1,70)	1,67	8	13,36	22,31
[1,70; 1,76)	1,73	12	20,76	35,91
[1,76; 1,82)	1,79	11	19,69	35,24
[1,82; 1,88)	1,85	10	18,5	34,22
[1,88; 1,94]	1,91	9	17,19	32,83
Σ		N = 50	108	160,51

Calculamos la media:

$$\bar{x} = \frac{\sum x_i \cdot f_i}{N} = \frac{89{,}5}{50} = 1{,}79$$

Calculamos la varianza:

$$\sigma^2 = \frac{\sum x_i^2 \cdot f}{N} - \bar{x}^2 = \frac{160{,}51}{50} - 1{,}79^2 = 0{,}0061$$

Calculamos la desviación típica:

$$\sigma = \sqrt{0{,}0061} = 0{,}078$$

Interpretación de la desviación típica

La desviación típica es una magnitud positiva. Cuanto menor sea su valor, los datos estarán más concentrados respecto a la media.

Vemos dos **ejemplos:**

Ejemplo 1:

x_i	f_i	$x_i \cdot f_i$	$x_i^2 \cdot f_i$
1	1	1	1
2	3	6	12
3	5	15	45
4	4	16	64
5	1	5	25
Σ	**14**	**43**	**147**

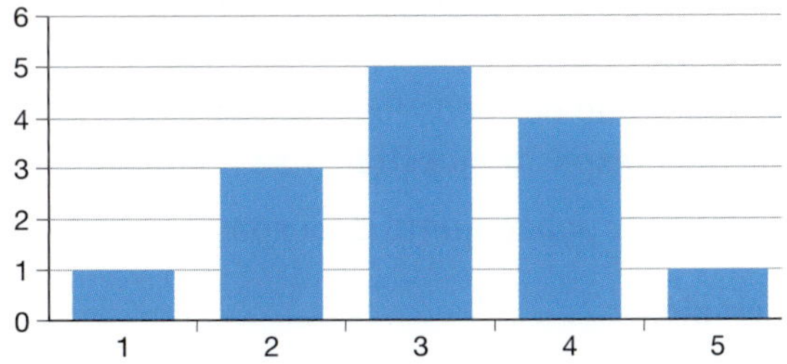

$$\bar{x} = \frac{\sum x_i \cdot f_i}{N} = \frac{43}{14} = 3{,}07 \quad \sigma = \sqrt{\frac{\sum x_i^2 \cdot f}{N} - \bar{x}^2} = \sqrt{\frac{147}{14} - 3{,}07^2} = 1{,}03$$

Ejemplo 2:

x_i	f_i	$x_i \cdot f_i$	$x_i^2 \cdot f_i$
1	4	4	4
2	1	2	4
3	1	3	9
4	3	12	48
5	5	25	125
Σ	**14**	**46**	**190**

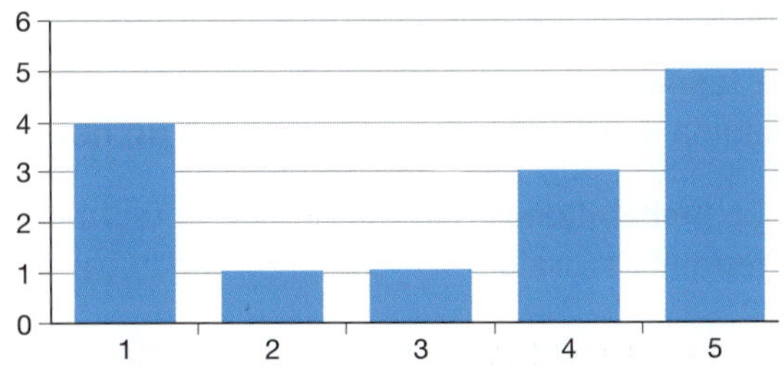

$$\bar{x} = \frac{\sum x_i \cdot f_i}{N} = \frac{46}{14} = 3{,}28 \quad \sigma = \sqrt{\frac{\sum x_i^2 \cdot f}{N} - \bar{x}^2} = \sqrt{\frac{190}{14} - 3{,}28^2} = 1{,}67$$

Tal y como se puede observar, en la primera distribución los valores de variable están más concentrados respecto a la media que los de la segunda, por eso su desviación típica es menor en el primer ejemplo que en el segundo.

AYUDA

Dados dos diagramas de barras o dos histogramas, podemos determinar cuál de ellos tiene una variación típica mayor.

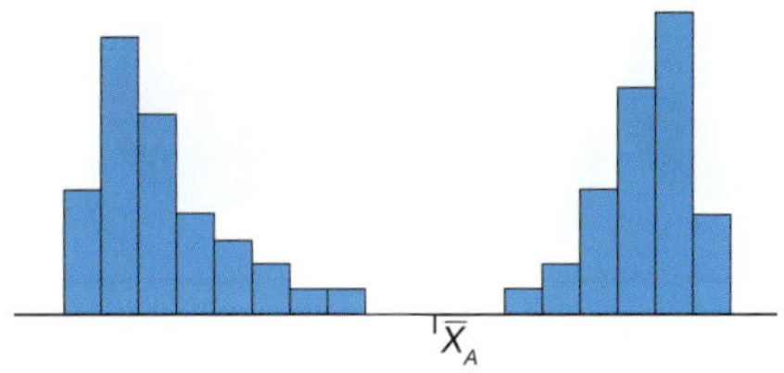

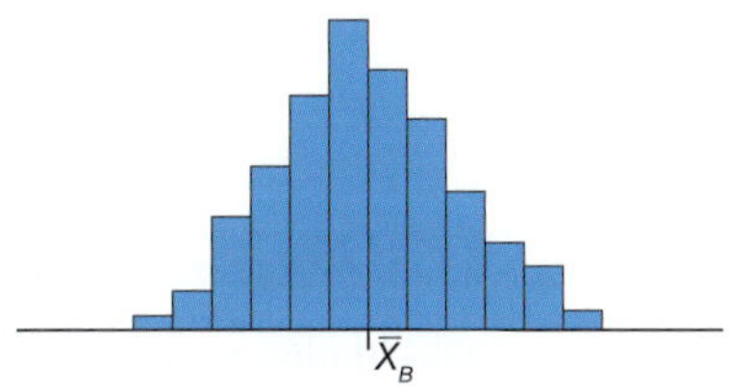

Observa que los datos están mucho menos concentrados respecto a la media en el primer diagrama que en el segundo. Por tanto, la desviación típica es mayor en el primero.

ACTIVIDADES

10 Realiza en tu cuaderno los diagramas de bigotes de gato para los ejercicios de la página anterior.

11 Calcula la varianza y la desviación típica de los ejercicios de la página anterior.

12 Un pediatra obtuvo la siguiente tabla sobre los meses de edad de 50 niños de su consulta en el momento de andar por primera vez:

Meses	9	10	11	12	13	14	15
Niños	1	4	9	16	11	8	1

Calcula la desviación típica.

Probabilidad

Experimentos aleatorios y espacio muestral

Un **experimento aleatorio** es aquella experiencia cuyo resultado depende del azar. Cada uno de los resultados posibles de un experimento aleatorio se denomina **suceso individual.**

El conjunto de todos los casos posibles de un experimento aleatorio se denomina **espacio muestral,** y se representa con la letra ***E.***

Cualquier subconjunto del espacio muestral se denomina **suceso.**

Botones de colores para un experimento aleatorio.

Ejemplo:

Un cuenco contiene diez botones. Cuatro de ellos son rojos, tres son amarillos y los otros tres son morados. Consideramos la experiencia de sacar un botón del cuenco al azar y comprobar su color.

Se trata de un experimento aleatorio porque no podemos saber de antemano de qué color va a ser el botón que salga. Tenemos tres sucesos individuales, cada uno de ellos correspondiente a un color distinto. Si identificamos cada color con su primera letra, el espacio muestral es el siguiente: $E = \{R, A, M\}$.

La **teoría de las probabilidades** se ocupa de expresar numéricamente en qué medida se puede esperar que ocurra un determinado suceso.

La **probabilidad** es la medida de lo factible de un suceso. Se indica con la letra P y su valor está comprendido entre 0 y 1.

- Un **suceso** con **probabilidad igual a 0** se denomina **suceso imposible.**
- Un **suceso** con **probabilidad igual a 1** se denomina **suceso seguro.**

De igual modo, cuanto más cercana a 0 sea la probabilidad de un suceso, menos factible será, y cuanto más cercana a 1 sea la probabilidad de un suceso, más factible será que tenga lugar.

Ejemplo:

Veamos cómo calcular la probabilidad de obtener cada uno de los colores en el ejemplo anterior. Tenemos diez botones en total frente a cuatro rojos, y todos ellos tienen las mismas posibilidades de ser extraídos. Luego la probabilidad de sacar un botón de color rojo será $\frac{4}{10} = 0{,}4$.

Lo expresamos de la forma $P(R) = 0{,}4$. Del mismo modo, decimos que $P(A) = 0{,}3$ y $P(M) = 0{,}3$.

Ley de Laplace. Generalizando el ejemplo anterior, llegamos a la famosa ley de Laplace, que nos permitirá calcular la probabilidad de sucesos en muchos experimentos aleatorios.

Cuando todos los sucesos individuales asociados a un experimento aleatorio son equiprobables (es decir, tienen la misma probabilidad). Podemos entonces calcular la probabilidad de un suceso S cualquiera aplicando la siguiente fórmula:

$$P(S) = \frac{\text{Número de casos favorables a } S}{\text{Número de casos totales}}$$

¿SABÍAS QUE...?

La teoría de las probabilidades se inspira en el estudio de los juegos de azar. Tanto los juegos de los casinos como todos los tipos de loterías se rigen por las leyes de las probabilidades.

Del mismo modo, se realizan cálculos probabilísticos en los mercados financieros y bursátiles. A un inversor, al igual que a alguien que apueste su dinero en un juego de azar, le interesa conocer las probabilidades de que sus inversiones o las acciones que compre sean rentables.

El estudio de riesgos estudia, entre otras cosas, el peligro que tienen las inversiones de no ser rentables.

La teoría de las probabilidades se usa ampliamente en las inversiones bursátiles.

Ejemplo. Juan lanza un dado. Si sale un número menor o igual a 4, hace los deberes de Lengua, y si sale uno mayor que 4, hace los de Matemáticas.

- Los casos totales son {1, 2, 3, 4, 5, 6}.
- Los casos favorables a hacer los deberes de Lengua son {1, 2, 3, 4}.
- Los casos favorables a hacer los deberes de Matemáticas son {5, 6}.

Por tanto, podemos aplicar la ley de Laplace, y concluimos:

$P(\text{hacer los deberes de Lengua}) = \frac{4}{6} = 0{,}67.$

$P(\text{hacer los deberes de Matemáticas}) = \frac{4}{6} = 0{,}33.$

Diagramas de árbol

Los diagramas de árbol se utilizan para estudiar experimentos aleatorios compuestos, es decir, constituidos por experimentos más sencillos.

Ejemplo. En una urna tenemos veinte bolas, doce de ellas rojas y ocho negras. Realizamos la experiencia, que consiste en sacar una primera bola y anotar su color. Seguidamente introducimos la bola en la urna y sacamos una segunda bola, anotando también su color.

Calculemos la probabilidad de que los sucesos:

A = «obtener las dos bolas rojas» y B = «obtener las bolas de color distinto».

Realizamos el diagrama de árbol.

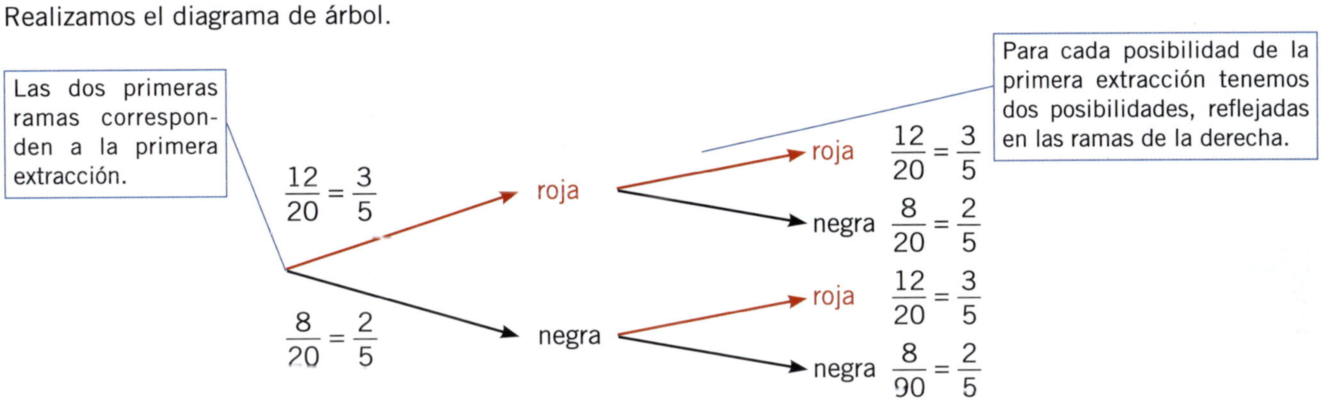

Para calcular la probabilidad de cada suceso debemos recorrer las ramas de sus sucesos elementales y multiplicar la probabilidad de sus dos tramos:

$P(\text{Las dos rojas}) = P(R, R) = \frac{3}{5} \cdot \frac{3}{5} = \frac{9}{25} = 0{,}36$

$P(\text{Las dos de distinto color}) = P(R, N) + P(N, R) = \frac{3}{5} \cdot \frac{3}{5} + \frac{3}{5} \cdot \frac{3}{5} = \frac{12}{25} = 0{,}48$

ACTIVIDADES

13 Sacamos una carta de una baraja española. Calcula las probabilidades de los siguientes sucesos:

a) Sacar un as.

b) Sacar oros.

c) Sacar oros o espadas.

d) Sacar una figura.

¿Cómo calcularías la probabilidad de sacar un as en una baraja española?

Problemas resueltos

La siguiente distribución se refiere a la duración en horas de un lote de 500 bombillas de bajo consumo:

a) Representa el histograma de frecuencias relativas y el polígono de frecuencias.

b) Calcula la media, la moda y la desviación típica.

c) Calcula las frecuencias absolutas acumuladas, las frecuencias relativas acumuladas y las frecuencias porcentuales acumuladas.

d) Calcula la mediana y el primer y tercer cuartil.

e) Realiza el diagrama de bigotes de gato.

Bombillas de bajo consumo.

Solución

a) Aunque en este caso la variable estadística es cuantitativa discreta, se han agrupado los datos en intervalos de clase.

Esto se hace frecuentemente cuando el número de datos es alto. Trabajamos de la misma manera que con las variables estadísticas cuantitativas continuas: realizamos la tabla de frecuencias absolutas.

Para ello, calculamos las marcas de clase como los puntos medios de los intervalos de clase.

Intervalos de clase	x_i	f_i
[300, 500)	400	50
[500, 700)	600	150
[700, 900)	800	275
[900, 1100]	1000	25
Σ		**500**

Dibujamos el histograma y el polígono de frecuencias:

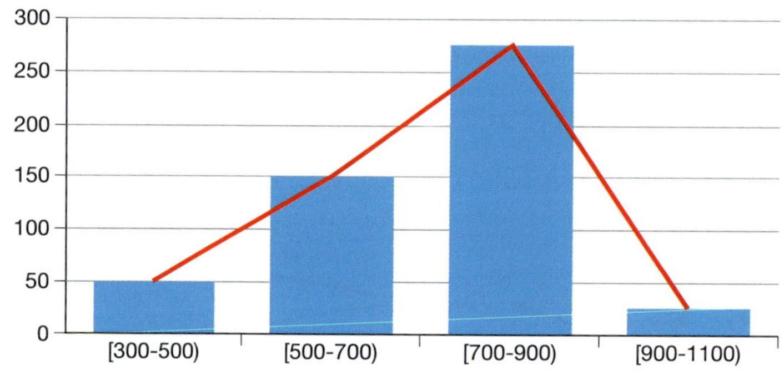

b) Calculamos la moda. En este caso, como se trata de una variable estadística agrupada en intervalos de clase, tenemos que hablar de intervalo modal. El intervalo modal es el [700, 900), ya que es el que tiene mayor frecuencia absoluta.

Para calcular la media y la desviación típica realizamos el siguiente cuadro:

Intervalos de clase	x_i	f_i	$x_i \cdot f_i$	$x_i^2 \cdot f_i$
[300, 500)	400	50	20000	8000000
[500, 700)	600	150	90000	54000000
[700, 900)	800	275	220000	176000000
[900, 1100]	1000	25	25000	25000000
Σ		**500**	**355000**	**263000000**

Calculamos la media: $\bar{x} = \dfrac{\sum x_i \cdot f_i}{N} = \dfrac{355000}{500} = 710.$

Calculamos la desviación típica: $\sigma = \sqrt{\dfrac{\sum x_i^2 \cdot f}{N} - \bar{x}^2} = \sqrt{\dfrac{263000000}{500} - 710^2} =$

$= 147{,}98.$

c) Realizamos el cuadro general de frecuencias:

Intervalos de clase	x_i	f_i	F_i	F_{ri}	H_i
[300, 500)	400	50	50	0,1	10%
[500, 700)	600	150	200	0,4	40%
[700, 900)	800	275	475	0,95	95%
[900, 1 100]	1 000	25	500	1	100%
$\sum$		**500**			

d) Calculamos $Q_1 = p_{25}$. Como $H_1 = 10\% < 25\% < H_2 = 40\%$, tenemos que $p_{25} = 600$.

Calculamos $M_e = p_{50}$. Como $H_2 = 40\% < 50\% < H_3 = 95\%$, tenemos que $p_{50} = 800$.

Calculamos $Q_2 = p_{75}$. Como $H_2 = 40\% < 75\% < H_3 = 95\%$, tenemos que $p_{75} = 800$.

En este caso, $M_e = Q_2$.

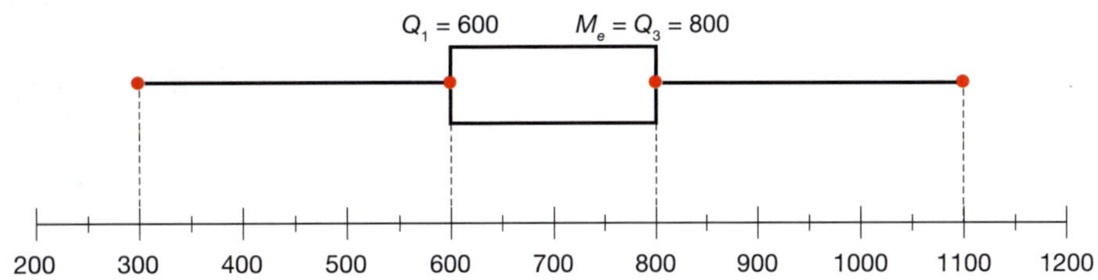

Queremos hacer un estudio sobre la estatura de los alumnos y alumnas de una clase de 3º de ESO. Las estaturas en centímetros que se han obtenido son las siguientes:

167, 159, 176, 170, 174, 165, 166, 164, 162, 163, 170, 179, 160, 171, 165, 174, 170, 175, 160, 163, 167, 164, 166, 165 y 166.

Calcula la media.

Solución

Efectuamos el recuento y agrupamos los datos en una tabla de la siguiente forma. El recorrido de los valores está entre 159 y 179. Los datos pueden agruparse en cinco intervalos de 4 cm de amplitud cada uno.

Estatura (en cm)	Marcas de clase (x_i)	Número de alumnos (f_i)	$x_i \cdot f_i$
[159, 163)	161	4	644
[163, 167)	165	10	1 650
[167, 171)	169	5	845
[171, 175)	173	3	519
[175, 179]	177	3	531
$\sum$		**N = 25**	**4 189**

Para calcular la media aritmética (estatura media) de los 25 alumnos, multiplicamos la marca de clase, que son los puntos medios de los intervalos, por la frecuencia de cada uno de los intervalos:

$$\bar{x} = \frac{\sum x_i \cdot f_i}{N} = \frac{4\,189}{25} = 167{,}56$$

La estatura media de los 25 alumnos es 167,56 cm.

Aplica lo aprendido

1 Indica en tu cuaderno de qué tipo son las siguientes variables estadísticas:

a) Edad.

b) Número de hermanos.

c) Número de goles marcados en diferentes partidos.

d) Distancia de las viviendas al centro escolar.

e) Color del cabello.

f) Música preferida de un grupo de amigos.

g) Estatura de los jugadores de un equipo de rugby.

2 Razona si, en un estudio estadístico, son verdaderas o falsas las siguientes afirmaciones:

a) Cuando la población es pequeña, la muestra puede coincidir con la población.

b) Lo importante al elegir la muestra es que sea mucho más pequeña que la población.

c) En una población grande, la muestra deberá ser también grande.

d) Para que los resultados obtenidos al trabajar con una muestra sean fiables, la muestra deberá ser representativa de la población.

3 Indica en tu cuaderno si las siguientes afirmaciones son verdaderas o falsas:

a) En la elección de una muestra, lo importante es que el número de elementos sea muy reducido para poder realizar mejor el estudio.

b) Una muestra debe ser como la población sobre la que se realiza el estudio «en pequeño».

c) Para formar una muestra selecciono los elementos que me sean más cómodos.

d) Un estudio que se ha realizado sobre una muestra siempre se puede trasladar a la población.

4 Se les ha preguntado a 40 personas por el tiempo que dedican cada día, en minutos, a ver televisión. Las respuestas han sido las siguientes:

20	30	60	90	140	80	120	180	60	90
15	40	60	90	45	40	30	150	10	20
70	80	50	60	90	20	30	60	90	200
90	120	120	250	180	15	30	45	45	30

a) Elabora en tu cuaderno una tabla estadística a partir de estos datos, que contenga: los datos agrupados en seis intervalos de clase, las marcas de clase, las frecuencias absolutas, las frecuencias relativas.

b) Representa los datos en un histograma.

c) Calcula la media y la moda.

5 En la siguiente tabla se indica el peso en kilogramos de 60 bebés recién nacidos:

Clases	Número
[2,4; 2,8)	4
[2,8; 3,2)	6
[3,2; 3,6)	16
[3,6; 4,0)	20
[4,0; 4,4)	8
[4,4; 4,8]	6

Realiza en tu cuaderno las siguientes actividades:

a) Representa el histograma.

b) Calcula la media y la moda.

Una madre con su bebé recién nacido.

6 Copia en tu cuaderno la siguiente tabla y completa los datos que faltan:

x_i	f_i	F_i	F_{ri}	H_i
1	4			0,08
2	4			
3		16		0,16
4	7			0,14
5	5	28		
6		38		
7	7	45		0,14
8				

a) Representa en tu cuaderno el diagrama de barras con los datos.

b) Calcula la media aritmética, la moda, la mediana y el primer y tercer cuartil de los datos de la distribución.

c) Dibuja el diagrama de bigotes de gato.

7 En un día determinado las horas de entrada en unas oficinas han sido las siguientes:

8,01	7,55	7,55	7,58	8,12	8,01	8,00	8,03
8,04	8,13	7,59	7,59	8,06	8,03	8,11	8,11
8,10	8,12	8,13	8,22	8,23	8,03	8,01	8,00
7,53	7,56	7,59	7,58	8,02	8,00	7,55	7,53
7,54	8,02	8,02	8,04	8,09	7,57	8,15	8,14
7,58	7,59	7,59	8,04	8,01	8,00	8,01	8,01

Realiza en tu cuaderno las siguientes actividades:

a) Agrupa los datos en intervalos de longitud 0,1.

b) Elabora una tabla que contenga las frecuencias absolutas, relativas y acumuladas.

c) Dibuja el histograma y el diagrama de bigores de gato.

d) Calcula la media, la moda, la mediana, la varianza y la desviación típica.

Reloj para controlar la hora de entrada y salida de los empleados.

8 Se ha observado la vida, en horas, de 280 bombillas y se ha obtenido la siguiente distribución:

Vida en horas	Nº de bombillas
[0, 500)	4
[500, 1 000)	21
[1 000, 1 500)	109
[1 500, 2 000)	78
[2 000, 2 500)	44
[2 500, 3 000]	24

a) Halla la media, la mediana y la moda.

b) Calcula la varianza y la desviación típica.

c) Representa en tu cuaderno un histograma con los datos de la distribución.

9 Se lanza un dado. Calcula la probabilidad de los siguientes sucesos:

a) Sacar un número mayor o igual a 5.

b) Sacar un número menor que 5.

c) Sacar un número par.

d) Sacar un número primo.

10 Una bolsa contiene siete bolas, tres de ellas azules y cuatro verdes. Se saca una bola y se introduce de nuevo en la bolsa. Seguidamente se saca otra. Calcula las probabilidades de los sucesos:

a) Sacar las dos bolas azules.

b) Sacar las dos bolas verdes.

c) Sacar las dos bolas de distinto color.

11 Sacamos una carta de una baraja española. Calcula las probabilidades de los siguientes sucesos:

a) Sacar una carta que no sea un triunfo.

b) Sacar un tres.

c) Sacar el tres de bastos.

d) Sacar un tres o un cinco.

12 En un cuenco hay ocho arándanos y quince frambuesas, y se saca una de estas frutas al azar. Calcula las probabilidades de que ocurran los siguientes sucesos:

a) Sacar un arándano.

b) Sacar una frambuesa.

Frambuesas y arándanos.

Rincón TIC

● LA HOJA DE CÁLCULO Y LA ESTADÍSTICA

A través de una hoja de cálculo de Excel podemos calcular los parámetros estadísticos de una distribución, como las que hemos estudiado en esta Unidad.

Tomemos los siguientes datos:

4, 4, 8, 1, 3, 2, 1, 3, 4, 2, 2, 7, 0, 3, 8, 0, 1, 5, 6, 4

En primer lugar, debemos trasladar estos datos a una tabla de Excel, anotando cada uno de ellos en una celda. Podemos hacerlo en una columna o en una fila.

	A	B	C	D	E	F	G	H	I	J	K	L	M	N	O	P	Q	R	S	T
1	4	4	8	1	3	2	1	3	4	2	2	7	0	3	8	0	1	5	6	4
2																				

Seguidamente, en la pestaña *Fórmulas* pulsamos en *Insertar función*: 

. Seleccionamos *funciones estadísticas*.

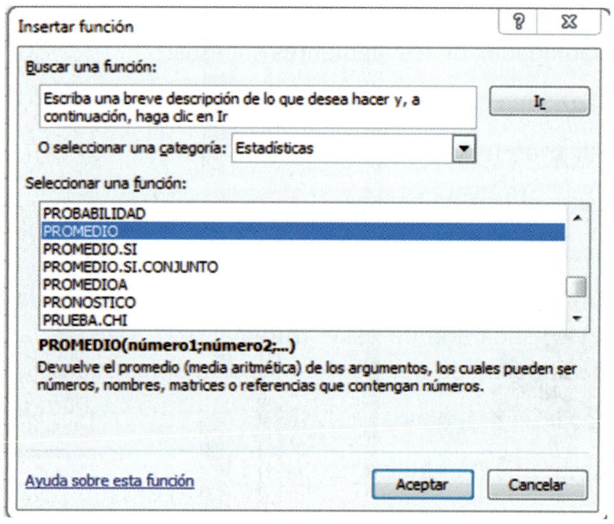

Vamos a calcular la media y la desviación típica.

Para la media tenemos que elegir la función *Promedio* y para la desviación típica, la función *Devest*.

Para las dos funciones anteriores debemos señalar el rango de datos que vamos a considerar. En nuestro caso, son los datos que van desde la celda A1 hasta la T1, lo que indicamos como A1:T1.

Comprueba que en nuestro ejemplo obtenemos: $\bar{x} = 3{,}4$ y $\sigma = 2{,}43$.

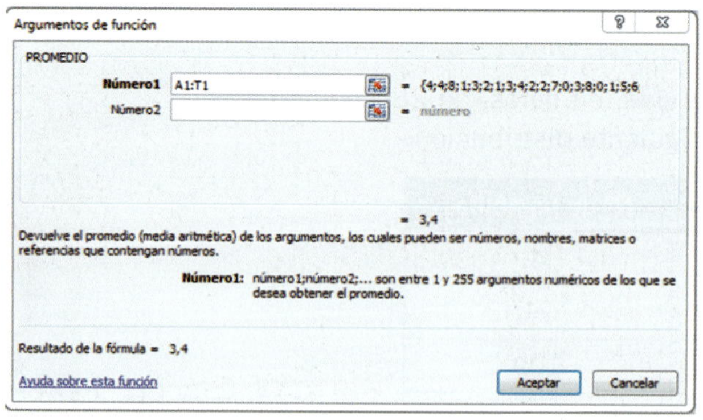

ACTIVIDADES

1 Calcula con Excel la media y la desviación típica de los siguientes datos:

a) 4, 5, 6, 7, 4, 3, 4, 5, 6, 7, 8, 8, 4, 3, 2, 9, 9, 5, 5, 4, 3.

b) 0, 1, 2, 2, 2, 0, 0, 3, 3, 0, 0, 1, 1, 1, 2, 2, 2, 0, 0, 4, 4, 2, 2, 0, 5, 3.

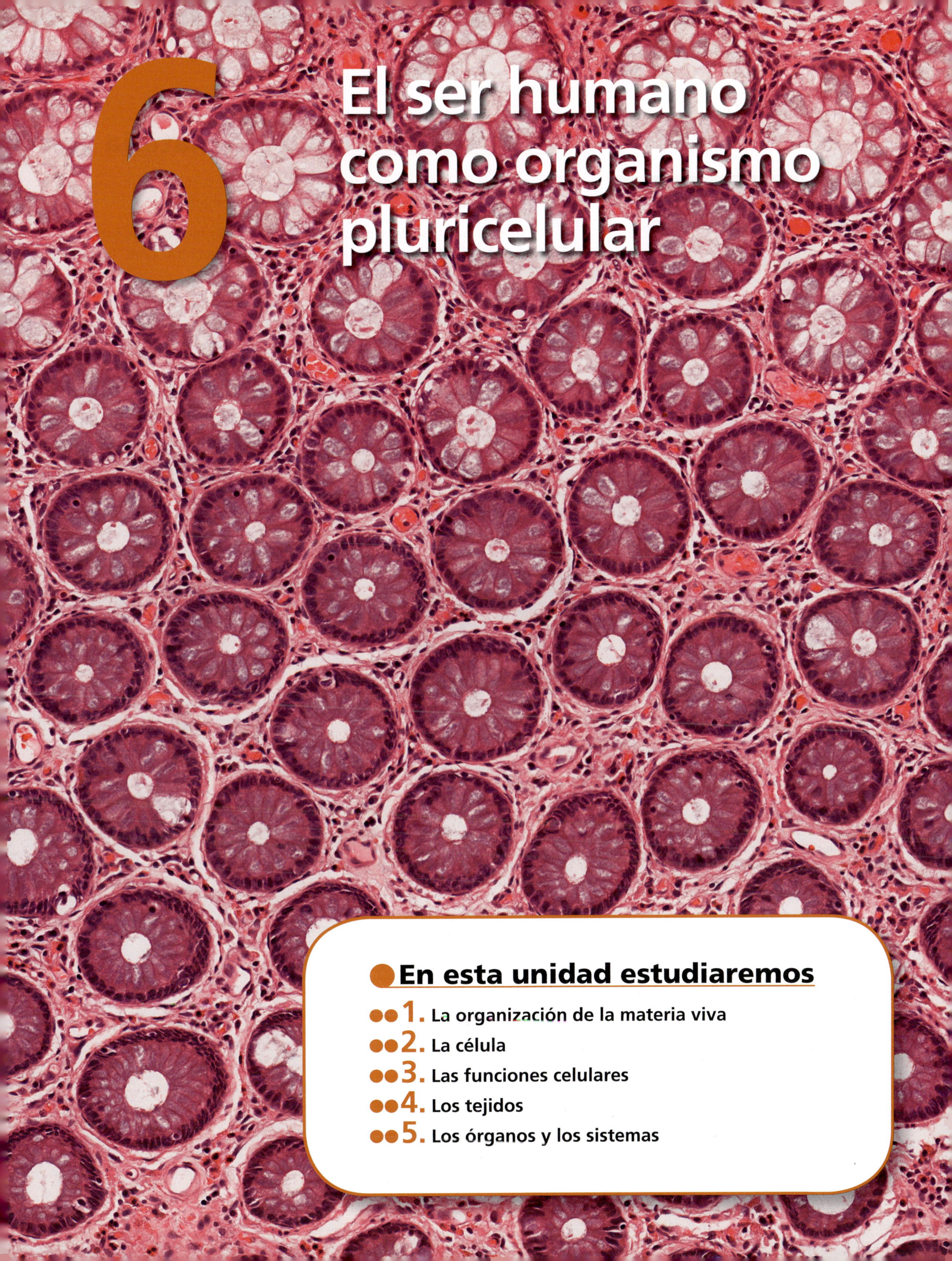

6 El ser humano como organismo pluricelular

En esta unidad estudiaremos

1. La organización de la materia viva
2. La célula
3. Las funciones celulares
4. Los tejidos
5. Los órganos y los sistemas

La organización de la materia viva

¿SABÍAS QUE...?

En los seres vivos las moléculas que forman parte de su estructura se denominan biomoléculas.

Pueden ser de dos tipos: orgánicas e inorgánicas.

Por combinación de estas biomoléculas se forman los orgánulos celulares.

A lo largo del lento proceso de la evolución, la materia se ha organizado progresivamente de los niveles más simples a los más complejos.

Los **niveles de organización** de los seres vivos son los diversos estados de agrupación y complejidad en los que se puede encontrar tanto la materia viva como la materia inerte.

Las formas de agrupación siguen el criterio de menor a mayor complejidad. Cada uno de los niveles de organización agrupa a los anteriores.

La materia que constituye los seres vivos está organizada en dos grandes tipos de niveles de complejidad: abióticos y bióticos.

- Los **niveles de organización abióticos** son los que comparten la materia viva y la materia inanimada.
- Los **niveles de organización bióticos** son exclusivos de la materia viva.

Niveles abióticos

1. Nivel subatómico. Toda la materia está formada por **partículas materiales elementales,** que se unen entre sí para formar las partículas subatómicas fundamentales que componen los átomos.

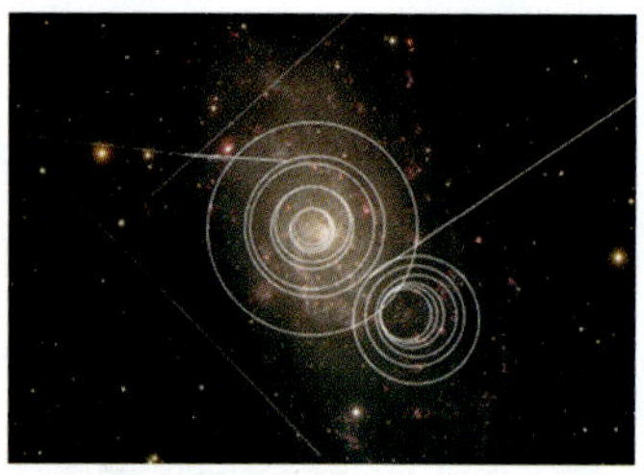

Partículas elementales

2. Nivel atómico. Los **átomos** son las unidades más sencillas que forman la materia. En la materia viva se llaman bioelementos.

Átomo

3. Nivel molecular. Las **moléculas** son agrupaciones de átomos que pueden ser sencillas, como las del agua, o muy complejas, como las del ADN, una sustancia que contiene las instrucciones para la formación y el funcionamiento de la célula.

A este nivel también pertenecen los orgánulos celulares, que son pequeñas estructuras que se encuentran en el interior de una célula y que realizan funciones especializadas, como las mitocondrias o los ribosomas.

Molécula de oxígeno

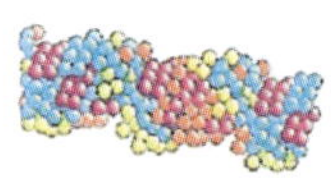

ADN

Mitocondria

Niveles bióticos

4. Nivel celular. Al llegar a la **célula** surge lo vivo. Antes de ella, todo es materia inanimada.

La célula es la unidad básica de la vida y es capaz de realizar las tres funciones vitales: nutrición, relación y reproducción.

Existen muchas clases de células.

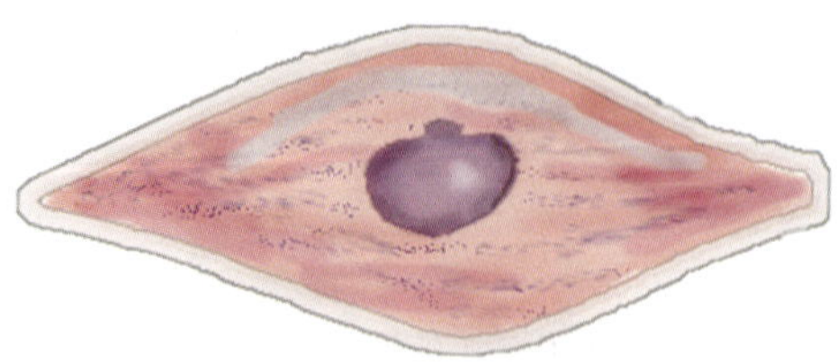

Célula muscular

5. Nivel pluricelular. Comprende varios subniveles: tejido, órgano, sistema y organismo.

Un **tejido** es una agrupación de células. Cuando un grupo de células semejantes se unen para realizar una tarea específica forman un tejido.

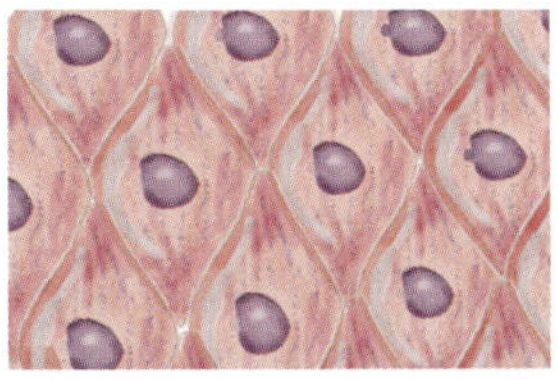

Tejido muscular

Un **órgano** es una agrupación de tejidos. Cuando se asocian diferentes clases de tejidos para realizar funciones específicas forman órganos.

Músculo

Un **sistema** es un conjunto de órganos que actúan de forma coordinada. Cuando dos o más órganos se unen para compartir una función forman un sistema.

Sistema muscular

Un **organismo** es un ser vivo individual que puede estar formado por una única célula, como una bacteria, o por muchas células, como un ser humano o un lobo.

Organismo

6. Nivel de población. Los miembros de una misma especie que comparten un mismo espacio para vivir forman una **población.**

Población

7. Nivel de ecosistema. El conjunto formado por los seres vivos de una comunidad, el entorno físico que habitan (los elementos no vivos como rocas, agua...), más las relaciones que se establecen entre ellos, forman un **ecosistema.**

Ecosistema

8. Biosfera. La **biosfera** es la zona de la Tierra donde se desarrolla la vida. Incluye a todos los seres vivos, así como los lugares donde viven.

Se extiende desde las fosas abisales oceánicas hasta las cumbres de las montañas y los primeros kilómetros de la atmósfera.

Biosfera

¿SABÍAS QUE...?

El ser humano pertenece al reino animal, por lo que podríamos resumir sus características principales de la siguiente forma:

- Son organismos pluricelulares. Sus células son eucariotas.
- Poseen nutrición heterótrofa, por lo que obtienen la materia orgánica alimentándose de otros seres vivos.
- Llevan a cabo las tres funciones vitales (nutrición, relación y reproducción).

ACTIVIDADES

1. Escribe en tu cuaderno un ejemplo de cada uno de los niveles de organización de la materia viva, distintos de los que aparecen aquí.
2. Ordena las siguientes estructuras con relación a su complejidad: ser humano, neurona, corazón, tejido epitelial, aparato circulatorio.

La célula

¿SABÍAS QUE...?

Gracias al desarrollo de la microscopía electrónica se han podido observar las estructuras del interior de las células.

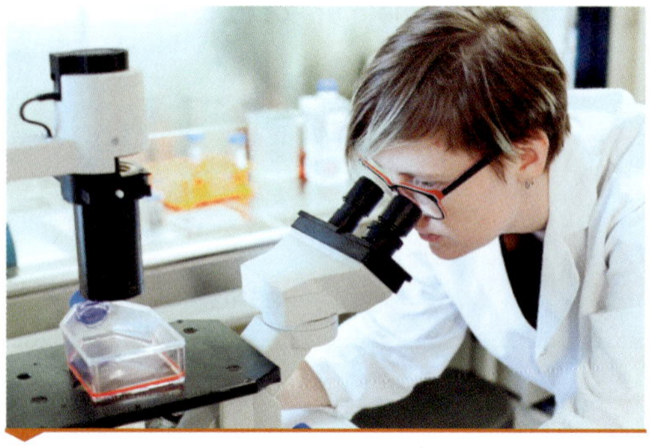

Microscopio electrónico.

La **célula** es la unidad estructural y funcional de los seres vivos.

Los seres vivos están formados por células, que llevan a cabo las tres funciones vitales: nutrición, relación y reproducción.

Todas las células provienen de células preexistentes, y contienen el **material hereditario,** que se encargan de transmitir durante los procesos de división celular.

Las **células humanas** son tan pequeñas que solo se pueden ver con la ayuda del microscopio. Pero, a pesar de su diminuto tamaño, poseen una organización interna extremadamente compleja, formada por diversos orgánulos celulares, y funcionan como fábricas en miniatura.

El cuerpo humano está constituido por unos 75 billones de células. La **estructura básica** de las células humanas es la siguiente:

Citoplasma. Es el medio interno de la célula.

Centrosoma. Estructuras cilíndricas dispuestas de forma perpendicular, y rodeadas de un material amorfo, que controlan el movimiento de los cromosomas durante la división celular.

Flagelo. Prolongación que permite el desplazamiento de células dotadas de movilidad, como, por ejemplo, los espermatozoides.

Aparato de Golgi. Compuesto por sáculos y cisternas aplanados, rodeados de pequeñas vesículas. Su función se relaciona con la del retículo, puesto que se encarga del almacenamiento y distribución a través de las vesículas de las moléculas que este sintetiza.

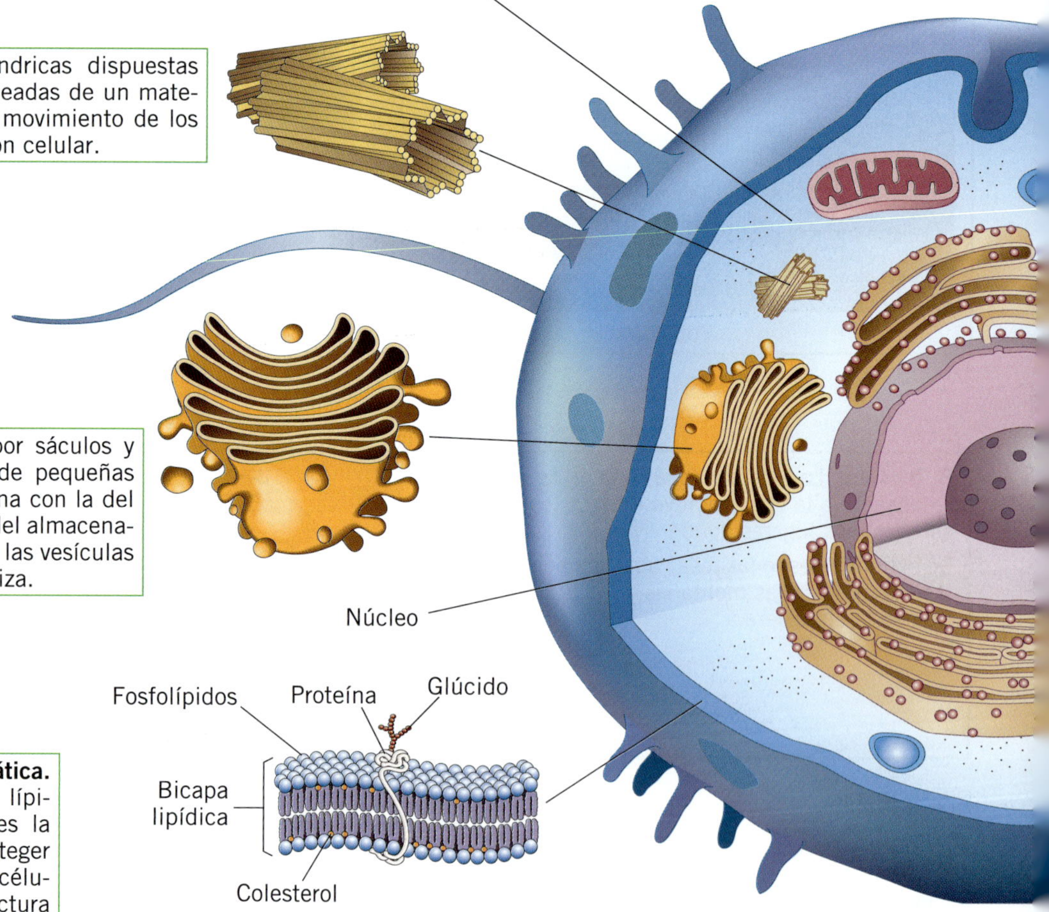

Membrana plasmática. Constituida por lípidos y proteínas, es la encargada de proteger y dar forma a la célula. Es una estructura semipermeable, por lo que participa también en el control del flujo de sustancias a través de ella.

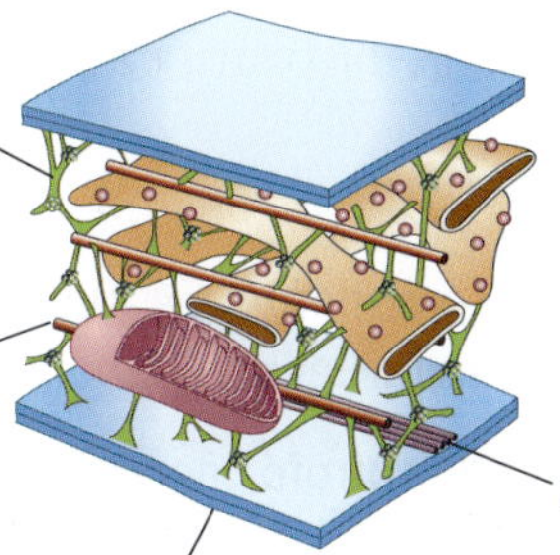

Citoesqueleto. Conjunto de filamentos proteicos de distinta naturaleza que se distribuyen por el citoplasma formando una red.

Participa en diversas funciones, como la división o el movimiento de la célula.

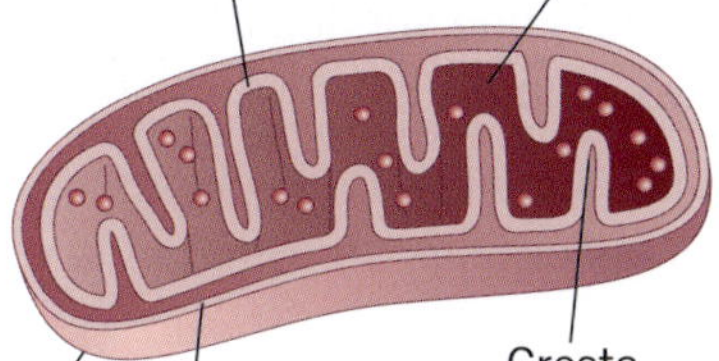

Mitocondrias. Orgánulos que llevan a cabo la respiración celular, proceso por el cual la célula produce energía a partir de la materia orgánica.

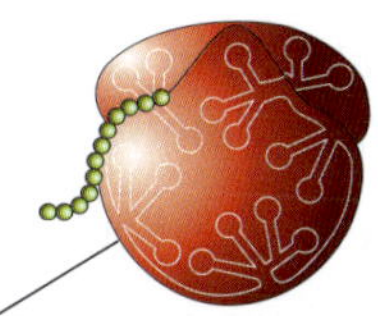

Ribosomas. Son las estructuras encargadas de la síntesis de proteínas.

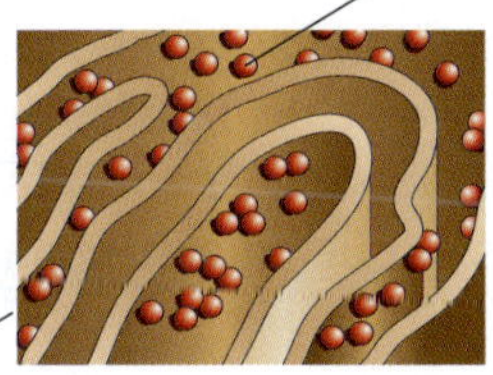

Retículo endoplasmático rugoso. Conjunto de sáculos aplanados e interconectados. Posee ribosomas adheridos, que participan en el proceso de síntesis de proteínas.

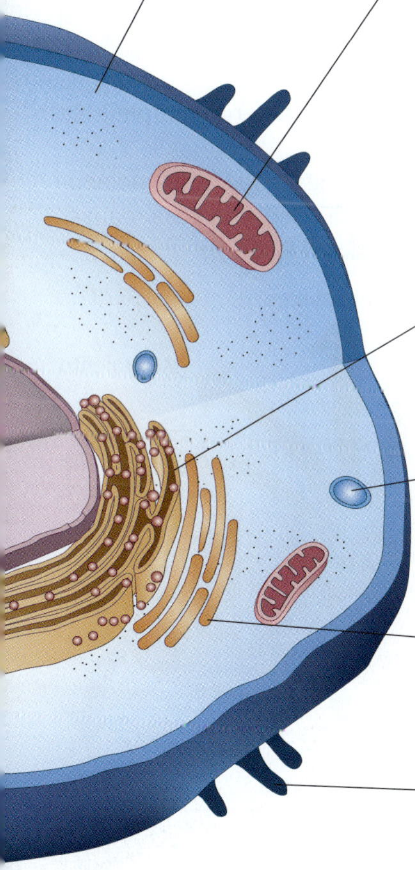

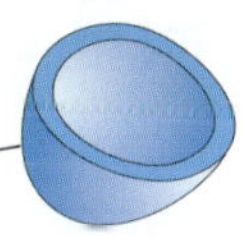

Lisosomas. Son orgánulos membranosos que contienen enzimas digestivas capaces de digerir las moléculas complejas que la célula incorpora en su proceso de digestión.

Retículo endoplasmático liso. Red de tubos lisos que desempeña una importante función en la síntesis de lípidos y en la eliminación de sustancias tóxicas de la célula.

Cilios. Son prolongaciones cortas y muy numerosas que utilizan algunas células para impulsar líquidos u otras células sobre ellas.

ACTIVIDADES

3 ¿Qué es una célula? Describe los diferentes elementos que la componen.

Las funciones celulares

Las células realizan tres tipos de **funciones:** la función de **nutrición,** la función de **reproducción** y la función de **relación.**

Las funciones de nutrición

La **nutrición** es el conjunto de procesos mediante los cuales la célula obtiene la materia y la energía necesarias para llevar a cabo sus funciones.

El ser humano, como es un organismo heterótrofo, necesita comer, es decir, incorporar materia orgánica procedente de otros seres vivos, que constituirá su alimento.

Gracias al proceso de la digestión, los alimentos sufren una transformación en moléculas más sencillas, que son los nutrientes. Estos pasan al torrente circulatorio y, de ahí, a las células.

Una vez en las células, los nutrientes experimentan diversas transformaciones, mediante las cuales las células aprovechan la energía que contienen.

El metabolismo celular

El **metabolismo celular** es el conjunto de **reacciones químicas** que experimentan la materia y la energía en el interior de la célula.

Estas reacciones son de dos tipos: catabólicas y anabólicas.

AYUDA

El ATP (adenosín trifosfato, del inglés *adenosine triphosphate,* ATP) es una sustancia que almacena la energía de la mayoría de las reacciones químicas de la célula.

Las reacciones catabólicas. Son aquellas en las que la materia compleja se transforma en materia simple, liberando energía.
Un ejemplo es el proceso de **respiración celular,** en el que se degradan moléculas, fundamentalmente glucosa, para obtener la energía necesaria para realizar las actividades vitales, y que se almacena en forma de ATP.

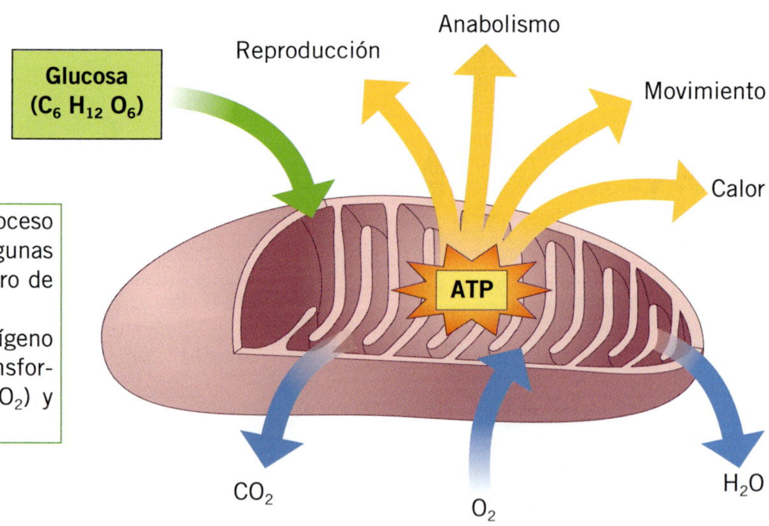

La **respiración celular** es un proceso que se realiza en varias etapas, algunas de las cuales se desarrollan dentro de las **mitocondrias.**
Se lleva a cabo con gasto de oxígeno (O_2), y en él la glucosa es transformada en dióxido de carbono (CO_2) y agua (H_2O).

La respiración celular.

Las **reacciones anabólicas,** por el contrario, construyen materia orgánica compleja a partir de materia simple. Es un proceso que consume energía en forma de ATP.
Un ejemplo es la **síntesis de sustancias** que permiten crecer y reponer estructuras en las células.

Las funciones de relación

Las células están en continua interacción con el medio que las rodea. Los cambios que se producen en el medio, bien de tipo lumínico, químico, mecánico, térmico..., se llaman estímulos, y son captados por las células.

Las **funciones de relación** implican tanto la **captación** de estímulos del medio por parte de las células, como la **reacción** que estas llevan a cabo, llamada respuesta.

Las **respuestas** de la célula pueden ser de dos tipos:

- Respuestas **estáticas,** cuando no tiene lugar ningún movimiento, como ocurre en algunas células que responden con cambios en su metabolismo o elaborando impulsos de naturaleza eléctrica.
- Respuestas **dinámicas,** cuando la célula realiza algún movimiento por medio de cilios, flagelos (movimiento vibrátil) o de tipo ameboideo, en el que participa el citoesqueleto.

Las funciones de reproducción

La **reproducción celular** es el proceso por el cual la célula inicial se divide en dos células hijas, que son iguales entre sí e idénticas a la célula **madre.**

El proceso de reproducción celular se denomina **mitosis.**

Este proceso permite el crecimiento y el desarrollo del individuo, así como la regeneración de los tejidos dañados o la renovación de las células que van muriendo.

Todas las células del cuerpo humano proceden de la división del cigoto, y son genéticamente idénticas a esta primera célula.

La mitosis implica que la célula madre duplique su material genético para luego repartirlo equitativamente entre sus dos células hijas.

El proceso concluye con la división del citoplasma o **citocinesis.**

Un tipo especial de división celular es la **meiosis**, que ocurre en la formación de los gametos o células sexuales, que al unirse darán lugar al cigoto.

Estas células poseen la mitad de la carga genética que el resto de las células del organismo, por lo que deben sufrir un proceso distinto, en el que a partir de una célula madre se forman cuatro células hijas que poseen la mitad de cromosomas que la célula madre.

De esta forma, la unión de los gametos da lugar a una célula con el contenido genético característico de la especie.

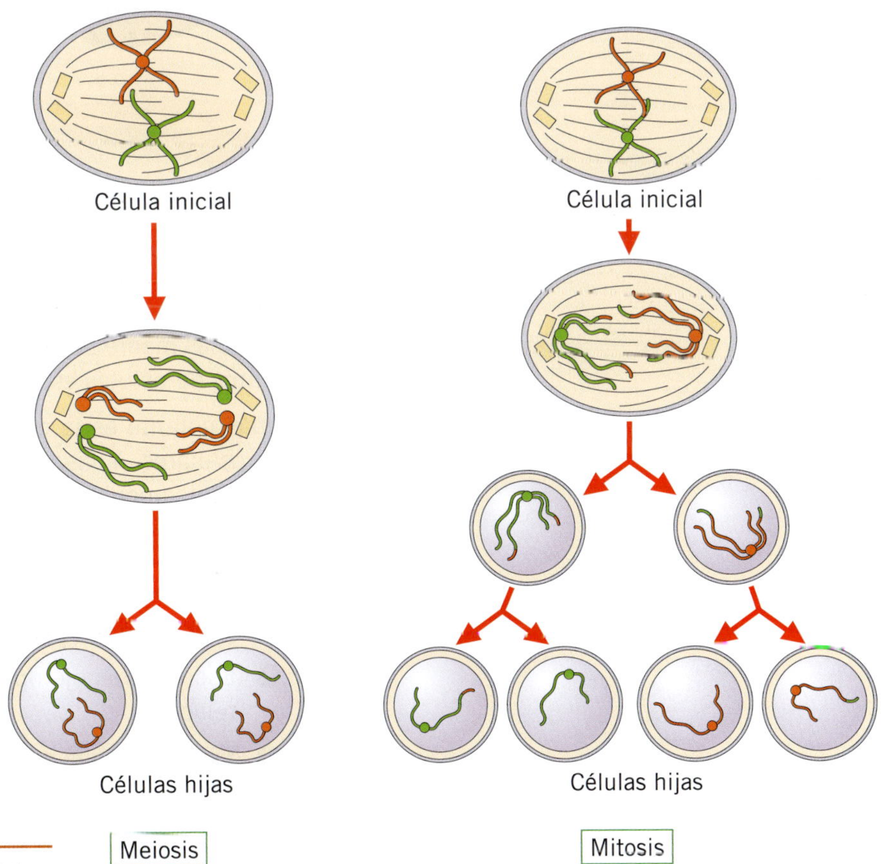

Procesos de metosis y meiosis de la célula.

EJEMPLO

Algunas células libres, como los glóbulos blancos (leucocitos) de la sangre, son capaces de realizar movimientos ameboideos. Emiten prolongaciones del citoplasma que les sirven para desplazarse y capturar, por ejemplo, bacterias.

1. Una extensión del citoplasma envuelve las bacterias.
2. Las bacterias son introducidas hacia el interior del leucocito.
3. Dentro del citoplasma, la bacteria es destruida.

La diferenciación celular

En los organismos unicelulares, su única célula debe ser capaz de llevar a cabo las tres funciones vitales que caracterizan a un ser vivo.

Sin embargo, en los organismos pluricelulares, como el ser humano, su gran cantidad de células se especializan para desempeñar determinadas funciones.

La **diferenciación celular** consiste en el proceso por el cual una célula desarrolla una forma característica que está íntimamente relacionada con la función que llevará a cabo.

Los cambios se realizan en la forma y en los orgánulos celulares.

La división y la diferenciación celular son los procesos que permiten el **crecimiento,** la **formación de tejidos y órganos** y la **reposición de las células** que mueren a lo largo de la vida de un ser humano.

Las células especializadas pierden la capacidad de multiplicarse y producir nuevas células.

Las células que aún no han perdido esa capacidad se llaman **células madre.** Las células que resultan de la división de las células madre pueden ser nuevas células madre o pueden transformarse en células especializadas.

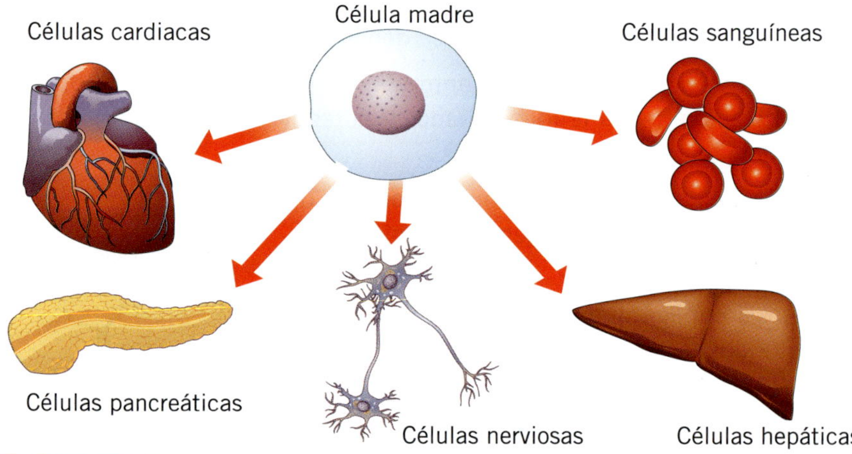

La diferenciación celular.

Las células madre se clasifican por su **potencia,** es decir, por el número de tipos distintos de células especializadas que son capaces de originar.

La más potente es la célula huevo o **cigoto,** que puede dar lugar a todos los tipos celulares. Y las menos potentes son las de los organismos adultos, que actúan únicamente en la regeneración o reparación de tejidos.

¿SABÍAS QUE...?

El uso de células madre para reparar órganos dañados o para tratar enfermedades degenerativas, como el mal de Alzheimer, puede abrir nuevos caminos a la medicina.

Sin embargo, este uso debe estar regulado por unas normas éticas y legales rigurosas que establezcan los límites de su utilización, principalmente si implica la manipulación de embriones humanos.

ACTIVIDADES

4. ¿Para qué necesitan las células llevar a cabo la nutrición?
5. Escribe tres ejemplos en los que la célula desempeñe la función de relación.
6. Explica en qué consisten la mitosis y la meiosis.
7. ¿Qué relación existe entre las células madre y las células especializadas?
8. ¿En qué consiste el proceso de diferenciación celular?

Los tejidos

Un **tejido** está formado por células que se han diferenciado y especializado para desempeñar una función.

Para describir los tejidos se suele prestar atención al tipo de células que poseen, la manera en que se disponen y la composición de la sustancia intercelular, que normalmente es producida por las células incluidas en ella.

Existen cuatro **tipos principales** de tejidos animales que, a su vez, pueden dividirse en subgrupos: **epitelial, conectivo, muscular** y **nervioso.**

El tejido epitelial

El **tejido epitelial** es aquel que se encuentra recubriendo la parte externa de nuestro cuerpo, así como el interior de órganos y cavidades.

Las células se disponen unas junto a otras, casi sin sustancia intercelular.

La **clasificación** de este tejido puede hacerse teniendo en cuenta varios criterios: la forma de las células (planas, cúbicas o prismáticas), el número de capas que lo compongan (simple, estratificado o pseudoestratificado) o la función.

En este último caso, distinguimos:

- **Epitelio de revestimiento:** tapizan las superficies externas e internas del cuerpo. Desempeñan diversas funciones, como las de protección, absorción de nutrientes o recepción de estímulos.

  Un criterio empleado para su clasificación es la forma de las células, que puede ser plana, cúbica o cilíndrica.

  Hay dos tipos principales de tejidos epiteliales de revestimiento:

  - Los **epitelios de revestimiento simples** están compuestos por una sola capa de células, como el que tapiza el interior de los vasos sanguíneos.
  - Los **epitelios de revestimiento estratificados** están compuestos por varias capas de células, como es el caso de la epidermis, que forma la capa superficial de la piel.

- **Epitelio glandular:** constituido por células especializadas en producir y segregar sustancias. Las células se agrupan formando glándulas. Estas pueden ser de tres tipos:

  - **Endocrinas.** Segregan hormonas, que son liberadas directamente a la sangre. Estas glándulas, como la hipófisis, no tienen conductos.
  - **Exocrinas.** Liberan sus productos al exterior del cuerpo a través de conductos como las glándulas sudoríparas de la piel, o a cavidades internas, como las glándulas de la pared intestinal.
  - **Mixtas.** Presentan los dos tipos de secreción: endocrina y exocrina. El páncreas, por ejemplo, elabora hormonas como la insulina y también el jugo pancreático, que es vertido al intestino delgado.

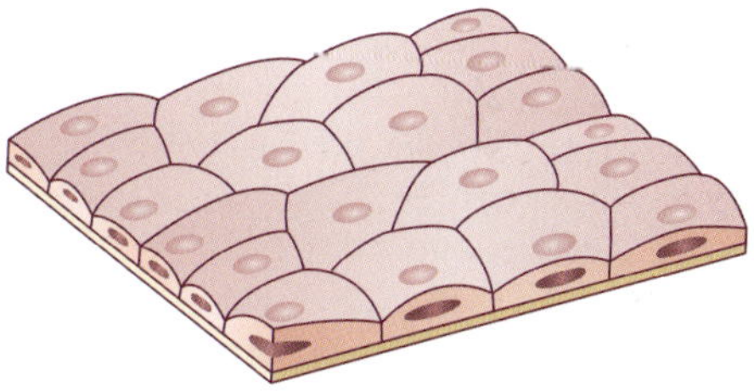

Epitelio simple de células planas. Presenta una sola capa de células asentadas sobre la membrana basal.

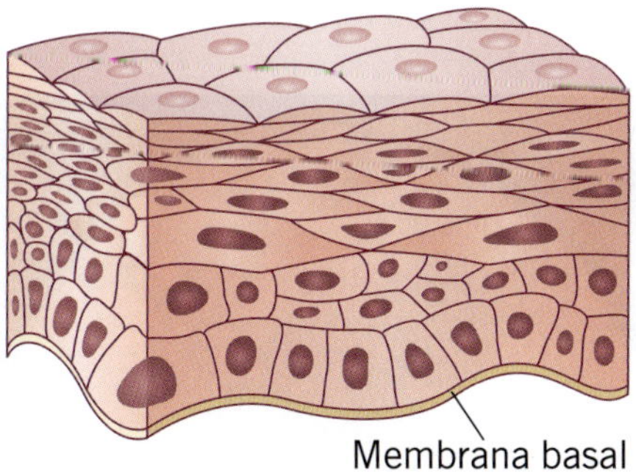

Epitelio estratificado de células planas. Sobre la membrana basal se disponen varias capas de células, de las que las más superficiales son planas.

ACTIVIDADES

9. ¿Qué es un tejido?
10. ¿Qué partes del cuerpo humano recubre el tejido epitelial?

El tejido conectivo

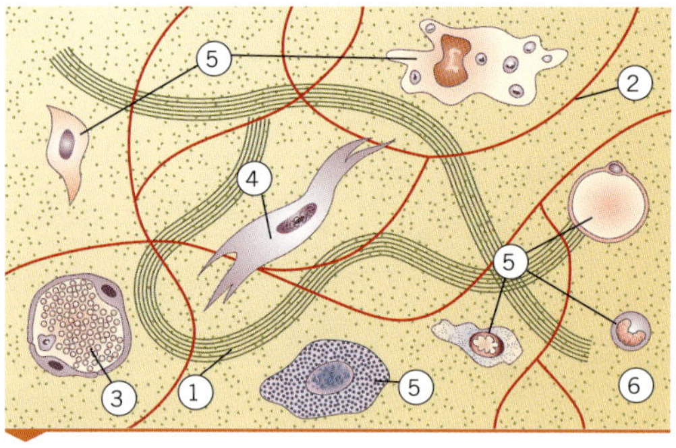

Tejido conjuntivo:
1. Fibras de colágeno.
2. Fibras elásticas.
3. Capilar sanguíneo.
4. Fibroblasto.
5. Otros tipos celulares.
6. Matriz.

Los **tejidos conectivos** se encuentran repartidos por todo el cuerpo, rellenando los espacios que quedan entre las células y proporcionando unión, soporte e intercomunicación a las estructuras.

Las células están recubiertas de abundante **sustancia intercelular,** que contiene gran cantidad de fibras proteicas.

Dentro de este grupo se distinguen los tejidos **no especializados,** como el conjuntivo, y los **especializados,** que son los tejidos conjuntivo, cartilaginoso y óseo. Se considera también dentro del grupo de tejidos conectivos a la sangre.

El tejido conjuntivo. Se encuentra bajo la piel, en las zonas más profundas, rellenando los espacios que hay entre los órganos, los nervios y los vasos sanguíneos.

La sustancia intercelular está muy hidratada y posee abundantes fibras proteicas (colágeno, elastina, etc.).

Las células del tejido conjuntivo son mayoritariamente inmóviles. Algunos de los tipos celulares son los fibroblastos —principales productores de fibras—, glóbulos blancos, células reticulares o macrófagos, entre otras.

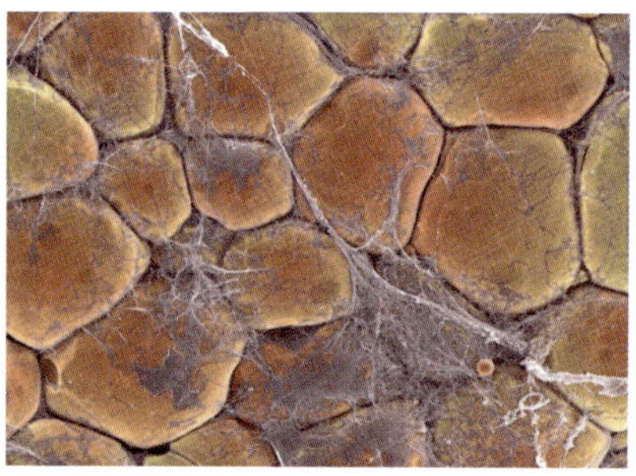
Tejido adiposo.

El tejido adiposo. Se caracteriza por que sus células almacenan grasa en su citoplasma. Poseen pocas fibras en la sustancia intercelular. Se encuentra bajo la piel, alrededor de los órganos, en la médula ósea amarilla y en las mamas. Su principal función es servir de reserva energética.

El tejido cartilaginoso. Es un tejido conectivo especializado, elástico, formado por unas células llamadas condrocitos, y cuya sustancia intercelular posee abundante colágeno y carece de vasos sanguíneos.

En los adultos, se encuentra en las articulaciones de los huesos, la tráquea, el pabellón auditivo y los discos intervertebrales. Es el principal componente del esqueleto de los embriones.

El tejido óseo. Este tipo de tejido conjuntivo se caracteriza por su rigidez y su gran resistencia. La sustancia intercelular está mineralizada (contiene sales de calcio) y presenta varios tipos celulares, osteocitos, osteoclastos y osteoblastos. Existen dos tipos de tejido óseo: esponjoso y compacto.

La sangre. Es un tipo especializado de tejido conectivo cuya matriz es líquida (plasma sanguíneo). Las células que componen la sangre son los eritrocitos o glóbulos rojos, los leucocitos o glóbulos blancos y los trombocitos o plaquetas.

El color rojo de la sangre se debe a la hemoglobina, pigmento contenido en los glóbulos rojos. Entre sus funciones destacan el transporte de sustancias, la defensa del organismo, la regulación de la temperatura corporal y la coagulación de la sangre.

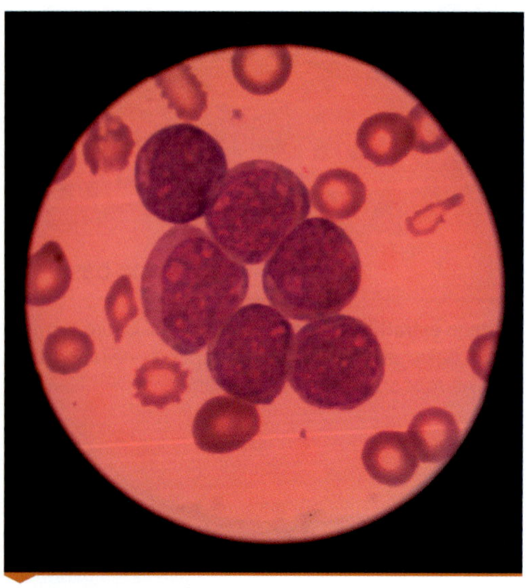
Células sanguíneas.

El tejido muscular

El **tejido muscular** es el responsable del movimiento del cuerpo.

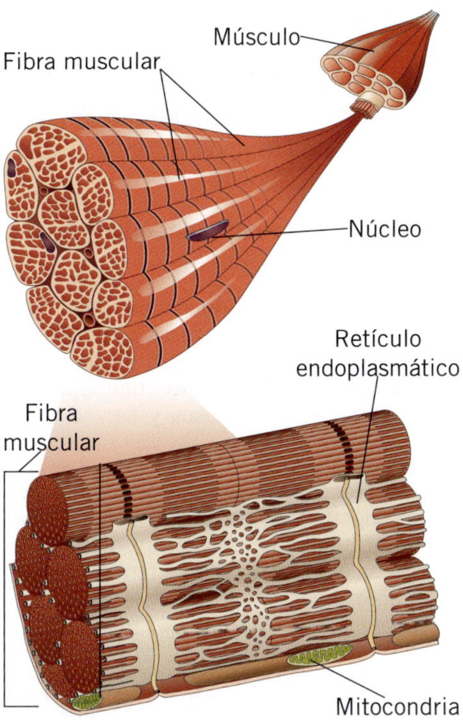

Músculo estriado esquelético. Cada una de las fibras musculares que forman parte de un músculo presenta gran cantidad de miofibrillas contráctiles.

Presenta células alargadas, especializadas en la función propia del tejido, la contracción muscular, y que reciben el nombre de fibras musculares. Las fibras pueden presentar un aspecto estriado o liso.

Existen tres **tipos** de tejido muscular:

- **Liso.** Es un tipo de tejido de contracción lenta e involuntaria. Forma la musculatura de los órganos internos (vasos sanguíneos, útero o estómago).
- **Estriado.** Es un tejido de contracción rápida y voluntaria. Forma parte de los músculos que se unen a los huesos y permiten su movimiento.
- **Cardiaco.** Presenta características intermedias entre los dos tipos de tejidos anteriores. Su aspecto es estriado, pero la contracción es involuntaria. Se encuentra únicamente en las paredes del corazón.

Tejido nervioso

La función del **tejido nervioso** es recoger información tanto del exterior como del interior del cuerpo, procesarla y elaborar una respuesta adecuada, coordinando el funcionamiento del organismo.

Las principales células nerviosas son las **neuronas** y las células de la glía, que desempeñan funciones de soporte, defensa y nutrición de las neuronas.

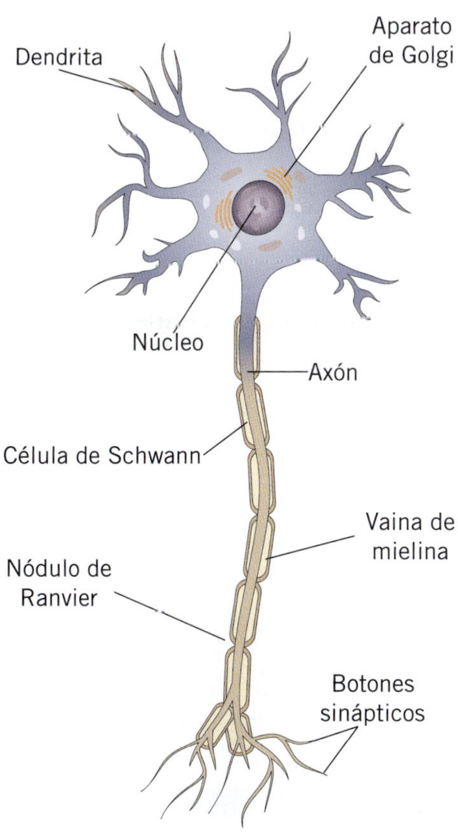

Estructura de una neurona.

ACTIVIDADES

11. Describe las principales características del tejido conjuntivo.
12. Investiga qué otras funciones tiene el tejido adiposo.
13. Menciona los tipos de tejidos óseos que existen y explica qué caracteriza a la sustancia intercelular del tejido óseo.
14. ¿Cuáles son los principales elementos que forman la sangre?
15. Explica las diferencias entre los tres tipos de tejido muscular y pon ejemplos de órganos en los que se pueda encontrar cada uno de ellos.
16. ¿Qué son y qué función cumplen las neuronas?

RECUERDA

El nivel básico de organización de la materia viva es la célula.
En los organismos pluricelulares, las células se especializan para formar los tejidos, cuya integración anatómica permite la construcción de órganos. Las agrupaciones de órganos dan lugar a los sistemas, cuyas funciones coordinadas permiten desarrollar las propiedades de los seres vivos (nutrición, relación, reproducción).

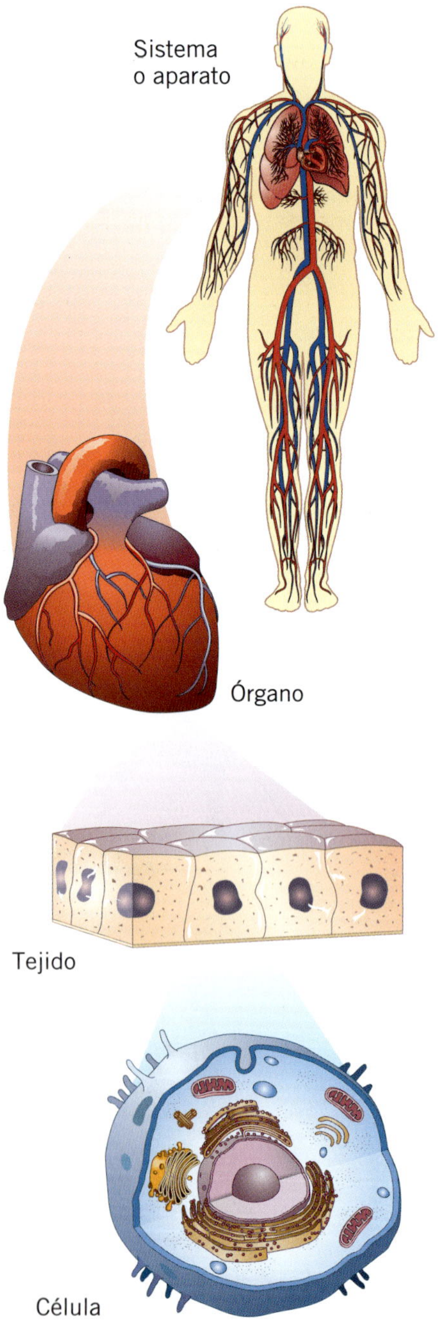

Niveles de organización del cuerpo humano.

Los órganos y los sistemas

Para comprender el funcionamiento del cuerpo humano hay que pasar del nivel de los tejidos al de los órganos y sistemas.

Al igual que en el resto de los seres pluricelulares, los **órganos** humanos están formados por distintos tejidos que forman un conjunto capaz de realizar una función concreta. De la misma manera, un **sistema** es un conjunto de órganos que actúan de forma coordinada para desempeñar una función compleja, mientras que un **aparato** es un conjunto de sistemas.

En el **cuerpo humano** se distinguen los siguientes **sistemas** y **aparatos:**

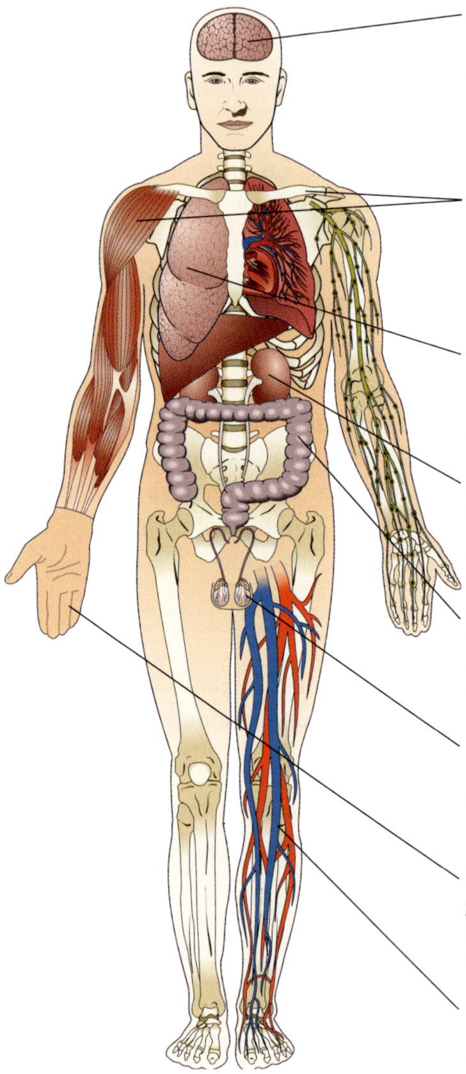

Sistema neuroendocrino. Coordina todos los sistemas y las estructuras corporales, la percepción de estímulos y el desarrollo de respuestas y de conductas complejas mediante impulsos nerviosos y secreción de hormonas.

Aparato locomotor. Los huesos y los músculos soportan el cuerpo y lo dotan de movimiento. Además, en los huesos se almacenan sales minerales y se forman células sanguíneas.

Aparato respiratorio. Es el conjunto de órganos que permite la entrada de aire en el cuerpo y el intercambio de gases (O_2 y CO_2) con la sangre.

Aparato excretor. Extrae de la sangre las sustancias de desecho producidas en las reacciones del metabolismo celular y las expulsa al exterior del cuerpo.

Aparato digestivo. Realiza la digestión extracelular de los alimentos, cuyos componentes son descompuestos en nutrientes sencillos para las células.

Aparato reproductor. Presenta diferencias notables en sus órganos y en su funcionamiento entre hombres y mujeres. Su función es la supervivencia de la especie.

Sistema tegumentario. La piel nos protege frente a los microorganismos, impide la pérdida de agua y capta los estímulos del medio.

Aparato circulatorio. Sus funciones son la defensa y el transporte de gases, nutrientes, hormonas y sustancias de desecho.

ACTIVIDADES

17 Relaciona las tres funciones vitales con los aparatos o sistemas siguientes: aparato respiratorio, aparato digestivo, aparato reproductor, sistema neuroendocrino, aparato locomotor y aparato circulatorio.

Aplica lo aprendido

1 ¿A qué nivel de organización pertenecen las siguientes estructuras?

a) Agua
b) Corazón
c) Sangre
d) Oxígeno
e) Hueso
f) Fibra muscular
g) ADN
h) Ojo

2 ¿Qué significa que la célula es la unidad estructural y funcional de los seres vivos?

3 Estos dibujos representan varios orgánulos y estructuras celulares.

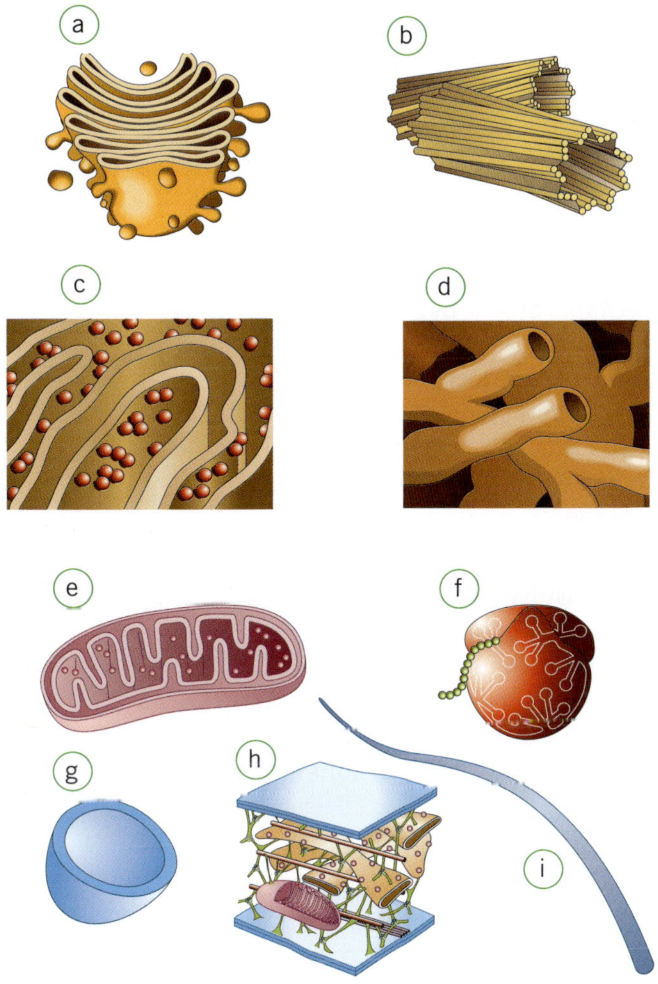

a) ¿Cuál es el nombre de cada uno de ellos?
b) Explica la función que desempeñan en la célula.

4 Tras nacer un niño, el médico comentó a los padres que el hospital acababa de inaugurar un nuevo banco de tejidos y les preguntó si querían conservar algunas células del cordón umbilical del niño.

a) ¿Qué tipo de células se encuentran en ese órgano?
b) ¿Para qué podrían utilizarse?

5 Indica a qué tipo de tejido corresponde cada una de estas descripciones:

a) Sus células están especializadas en la secreción.
b) Es responsable de los movimientos del esqueleto.
c) Sus células no presentan estriaciones y se contraen involuntariamente.
d) Sus células pueden llenarse de grasa.
e) Sus células más características se denominan neuronas.

6 Las capas más superficiales de la piel están constituidas por tejido epitelial, y las más profundas, por tejido conjuntivo. Indica a cuál de los dos tipos de tejido corresponde cada una de estas características:

a) Formado por varias capas de células dispuestas en láminas.
b) Sus células están rodeadas de mucha sustancia intercelular.
c) Sus células se disponen unas junto a otras sin apenas sustancia intercelular.
d) Se encuentra rellenando los espacios entre los órganos.
e) Tiene una función protectora.

7 Un órgano formado por tejido epitelial y tejido conjuntivo tiene como función producir una sustancia que es recogida directamente por los vasos sanguíneos del propio órgano.

a) ¿Qué tipo de órgano es?
b) ¿Qué tipo de sustancia produce?
c) ¿Cuál de los dos tejidos aporta los vasos sanguíneos al órgano?

8 ¿Qué sistema o aparato se encarga de las siguientes funciones?

a) Distribuir sangre.
b) Expulsar desechos.
c) Aportar oxígeno a la sangre.
d) Obtener nutrientes.
e) Reproducción.
f) Locomoción.

9 Responde a las siguientes cuestiones:

a) ¿Qué es un órgano?
b) ¿Qué es un sistema?
c) ¿Cuál es la función del sistema tegumentario?
d) ¿Qué función cumple el sistema neuroendocrino?

● «PARCHES» DE CÉLULAS MADRE PARA REPARAR INFARTOS

Investigadores del hospital Gregorio Marañón de Madrid llevan años trabajando en una nueva fuente de corazones para trasplante. El proyecto consiste en vaciar de células cardiacas corazones de donantes fallecidos y dejarlos en la estructura interna (el «esqueleto», hecho de colágeno). Una vez conseguido, se coloniza esta matriz con células madre del paciente, capaces de replicarse y de recubrir el esqueleto cardiaco con tejido nuevo, hasta dar forma a un nuevo corazón sano y compatible, listo para ser injertado en lugar del órgano enfermo.

Han logrado sembrar pequeños fragmentos de matriz con células madre y desarrollar en el laboratorio muestras de tejido cardiaco del tamaño de una moneda de dos euros con propiedades similares a las del propio corazón, capaces de latir de forma sincrónica. «Tienen actividad eléctrica ordenada y contracción adecuada», apunta Francisco Fernández-Avilés, responsable del servicio de cardiología del hospital madrileño y coordinador del proyecto.

Los investigadores trabajaron con distintos tipos de células madre (mesenquimales, precursoras de cardiomiocitos e iPS, células de pluripotencia inducida, tan versátiles como las embrionarias). Y observaron que todas las células cultivadas sobre la matriz no solo sobrevivieron, sino que colonizaban el molde biológico. El resultado más satisfactorio se consiguió al mezclar los tres distintos linajes celulares.

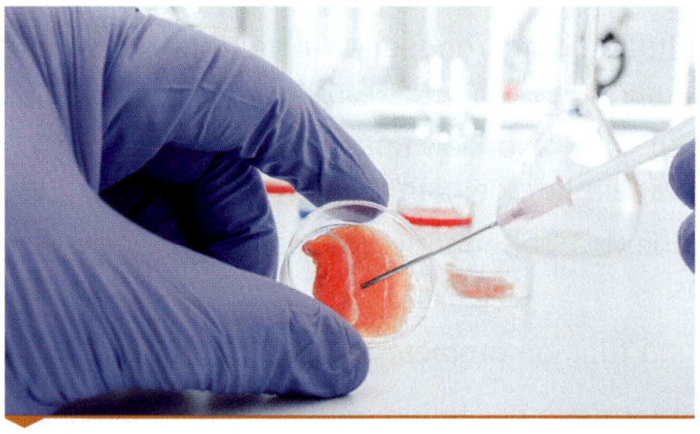

Investigador trabajando con células madre.

La intención de los investigadores es poder emplear estos pequeños parches para tratar a pacientes con lesiones cardiacas. Por ejemplo, zonas infartadas, sobre las que se implantaría el tejido desarrollado en el laboratorio para devolver la funcionalidad perdida. El paso siguiente consiste en evaluar la eficacia de esta técnica en animales de experimentación. El equipo del Gregorio Marañón ya ha anunciado que tratarán de ensayar la eficacia de los parches en cerdos, cuyo corazón es muy similar al humano.

Las conclusiones de este trabajo, en el que además del Gregorio Marañón participan la Organización Nacional de Trasplantes, el Instituto de Salud Carlos III o la Universidad de Minnesota y el Instituto del Corazón de Texas, se han publicado en la revista *Biomaterials* junto con una evaluación de todo el proyecto desde su inicio en 2010. En este tiempo, se han «descelularizado» 39 corazones, lo que sitúa al Gregorio Marañón como el centro con mayor experiencia en esta técnica. El artículo describe al detalle el proceso de eliminación de las células, que se disuelven mediante una especie de detergente enzimático, hasta dejar la estructura tridimensional del molde, formado por tejido conectivo.

La matriz, pese a quedar limpia de células, estimula y guía la proliferación, distribución y especialización de las nuevas células colonizadoras (entre otros aspectos, mantiene proteínas que transmiten señales a estas células). «Este factor es una importante ventaja respecto a otras estrategias, como los moldes tridimensionales diseñados mediante impresoras 3D», comenta Fernández-Avilés, incapaces de recrear andamiajes a partir de tejido vivo como el conseguido por esta técnica.

Publicado en *elpais.com*, 18 de mayo de 2015

ACTIVIDADES

1. ¿Qué han logrado los médicos del hospital Gregorio Marañón de Madrid?
2. ¿Qué avance crees que puede ofrecer frente a las técnicas de trasplante actuales?
3. ¿Por qué crees que trabajan con células madre?

7 Las funciones de nutrición

En esta unidad estudiaremos

1. La nutrición
2. El aparato digestivo
3. El aparato respiratorio
4. El aparato circulatorio
5. El sistema linfático
6. El aparato excretor
7. Hábitos saludables e higiene

¿Qué es la nutrición?

Nuestro cuerpo transforma los alimentos que consume para poder obtener la materia y la energía necesarias para llevar a cabo nuestra actividad diaria: levantarnos cada día, ir a clase, practicar deporte...

Pero el cuerpo humano también requiere de esta materia y energía para funciones tales como crecer, renovar las células o reparar los tejidos. Los nutrientes proporcionan la energía y los materiales para que las células del cuerpo se multipliquen, se desarrollen, se reparen y se mantengan con vida.

Todos estos procesos son posibles gracias a la **nutrición.**

La **nutrición** es el proceso por el cual los organismos extraen los nutrientes de los alimentos y fabrican con ellos materia y energía.

Los residuos resultantes de esta actividad son eliminados por el organismo.

Los **nutrientes** constituyen la materia prima que las células usan para fabricar sus componentes y para obtener energía.

Pueden ser de dos **tipos:** orgánicos o inorgánicos.

Los glúcidos o las proteínas presentes en los alimentos son ejemplos de nutrientes orgánicos.

Las sales minerales o el agua son ejemplos de nutrientes inorgánicos.

En el **proceso de la nutrición** intervienen cuatro aparatos: el digestivo, el respiratorio, el circulatorio y el excretor.

- El **aparato digestivo** es el encargado de introducir los alimentos en el organismo y de separar los nutrientes que las células utilizarán, así como de deshacerse de los residuos que se producen en este proceso, las heces.
- El **aparato respiratorio** obtiene el oxígeno del aire que respiramos. El aire es llevado a las mitocondrias de las células, donde tiene lugar el proceso de obtención de energía (respiración celular).
- El **aparato circulatorio** se encarga de transportar las sustancias por todo el organismo y de recoger las sustancias de desecho para llevarlas a los lugares de excreción. Todo ello lo hace a través de la sangre.
- El **aparato excretor** elimina las sustancias que podrían resultar dañinas para el organismo en caso de permanecer en él. Está constituido por distintos tipos de órganos (piel, pulmones, riñones, hígado...).

AYUDA

Los nutrientes pueden compararse con un juego de construcción. Si has hecho alguna vez un juguete con un juego de construcción, habrás necesitado piezas de distintos tamaños y formas.

Tu organismo también necesita distintos tipos de «piezas», que son los nutrientes, pues con ellos construye las biomoléculas de las estructuras celulares y obtiene la energía necesaria para mantener tu actividad biológica como ser vivo.

Comparación de los nutrientes con un juego de construcción.

ACTIVIDADES

1. ¿Cuál es la finalidad de la nutrición?
2. ¿Qué aparatos intervienen en la nutrición humana?

El aparato digestivo

Nuestro organismo está compuesto prácticamente por los mismos componentes que forman parte de los alimentos. Pero la manera en que estos se encuentran en los alimentos resulta muy compleja para ser utilizada directamente por nuestro cuerpo. Por ello, los alimentos que ingerimos deben ser previamente transformados en **sustancias** más **simples.**

Este proceso tiene lugar en el **aparato digestivo,** que está constituido por el tubo y las glándulas digestivas.

- **Tubo digestivo.** Es una **estructura** que comienza en la boca y termina en el ano.

  Esta estructura está constituida por varias capas de **músculos,** que hacen avanzar el alimento a través de los distintos órganos que componen el tubo digestivo, y una capa de células, llamada **mucosa,** que sirve para proteger a los órganos de los jugos que intervienen en la digestión.

- **Glándulas digestivas.** Son órganos que no forman parte del tubo digestivo pero que se encargan de producir los **jugos** que participan en la digestión. Estos líquidos llevan a cabo las transformaciones necesarias en los alimentos que ingerimos.

  Las glándulas digestivas más importantes son las **glándulas salivales,** el **hígado** y el **páncreas.** Además de estas glándulas, existen otras, como las glándulas gástricas y las intestinales, que están repartidas por las paredes del estómago y del intestino, respectivamente.

Los órganos que componen el **aparato digestivo** son los siguientes:

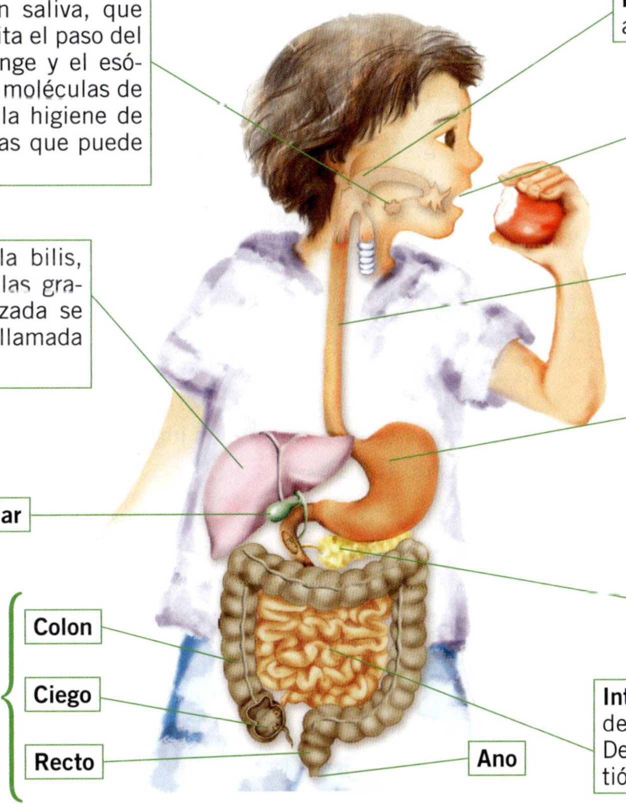

Órganos del aparato digestivo.

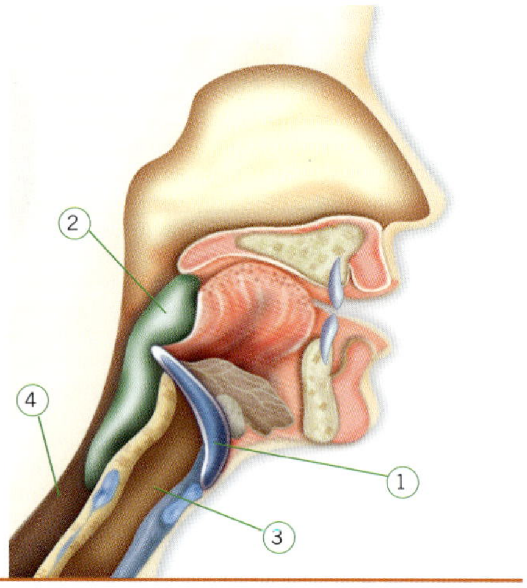

La faringe tiene un repliegue carnoso, la epiglotis (1), que se pliega durante la deglución y evita el paso del bolo alimenticio (2) a la entrada de la laringe (glotis) (3), forzando el tránsito del bolo alimenticio al esófago (4). Por esta razón, no se puede respirar y tragar a la vez.

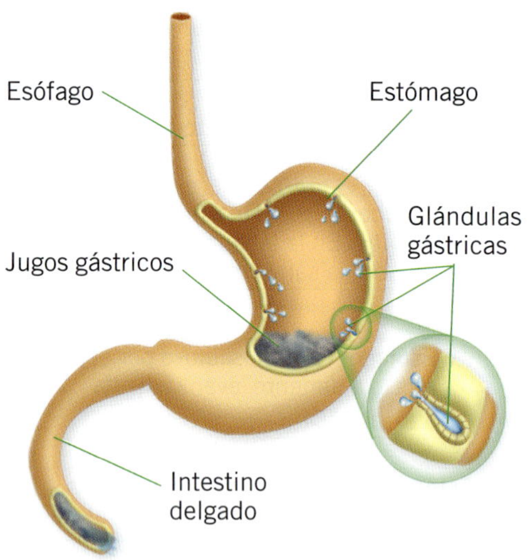

Paso del bolo alimenticio por el estómago.

La digestión y la absorción de los nutrientes

La **digestión** es el proceso por el cual los alimentos ingeridos son transformados en nutrientes.

Se distinguen dos **tipos** de digestión:

- **Digestión mecánica:** los alimentos son cortados, triturados, amasados... Durante este proceso el alimento disminuye de tamaño.
- **Digestión química:** los alimentos se mezclan con los jugos, transformándose en moléculas más sencillas, que las células pueden utilizar. En este proceso es fundamental el papel de las enzimas contenidas en las diferentes secreciones.

El **proceso de la digestión** sigue los siguientes **pasos:**

1. Comienza en la **boca,** donde el alimento es triturado por los **dientes** y se mezcla con la saliva, ayudado por los movimientos de la **lengua.**

Los **dientes** son estructuras óseas que se encargan de cortar, desagarrar o triturar los alimentos.

La **lengua** es una estructura musculosa que se encarga de ayudar a mover el alimento en la boca para que se mezcle con la **saliva.** En ella se encuentran también las **papilas gustativas,** responsables de la detección e identificación de los distintos sabores.

Como resultado de este proceso que se desarrolla en la boca, se obtiene el **bolo alimenticio.**

Empujado por la lengua, el bolo alimenticio pasa a la **faringe.** Como hemos visto, la faringe es un órgano común a los aparatos digestivo y respiratorio. Por ello, dispone de una estructura, la epiglotis, que impide que el bolo alimenticio pase a las vías respiratorias.

2. En la faringe se produce la **deglución,** que es el paso del bolo alimenticio hacia el **esófago.**

Gracias a los **movimientos peristálticos,** el esófago envía el bolo alimenticio al estómago, atravesando el cardias.

Las paredes del **estómago** realizan también movimientos que continúan con la **digestión mecánica,** y las glándulas que posee segregan jugo gástrico, que contiene ácido clorhídrico (HCl) y pepsina, como parte de la **digestión química.** La mezcla del bolo alimenticio y los jugos se llama ahora **quimo.**

3. El quimo formado en el estómago pasa al **intestino delgado** a través de una válvula llamada píloro. En el primer tramo del intestino delgado se produce **jugo intestinal** y se encuentran los **jugos** que vierten el páncreas **(jugos pancreáticos)** y el hígado **(bilis).**

Las enzimas digestivas de estos jugos digieren las grasas, las proteínas y los hidratos de carbono. De esta manera finaliza la digestión química. El quimo pasa a llamarse **quilo,** y está constituido por los nutrientes que deberán pasar a la sangre para ser transportados a las diferentes células del cuerpo.

La **absorción** de los **nutrientes** se realiza a través de las paredes del intestino delgado, para lo cual este presenta una serie de **pliegues,** llamados **vellosidades.** La finalidad de las vellosidades es aumentar la superficie de absorción del intestino delgado, que posee una extensión de entre siete y nueve metros pero que gracias a estos repliegues presenta una superficie de absorción de más de 400 m^2.

Los nutrientes atraviesan las paredes de las células intestinales y pasan a la sangre, que los distribuirá por el organismo según sus necesidades.

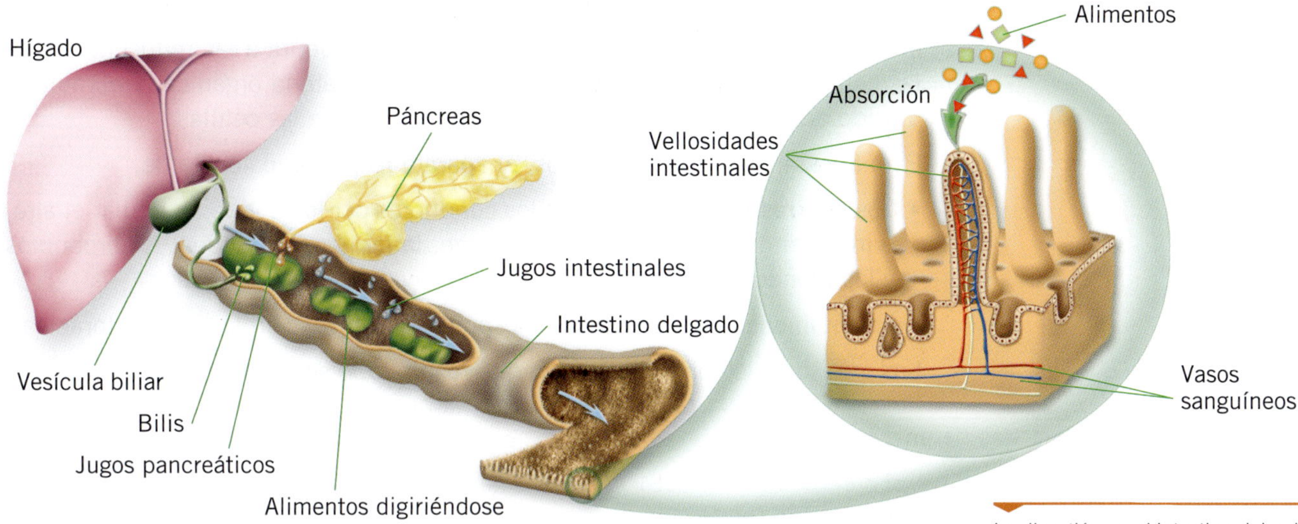

La digestión en el intestino delgado.

4. Las moléculas que no han sido absorbidas en el intestino delgado pasan al **intestino grueso**, donde tiene lugar la absorción de agua y sales minerales, lo que da lugar a la compactación y formación de las heces.

Por otra parte, las bacterias que habitan en el intestino grueso (flora intestinal) fabrican algunas vitaminas que se absorben en el **colon.**

Las heces se almacenan en la el último tramo del intestino grueso, el **recto,** para ser posteriormente expulsadas al exterior por el **ano.**

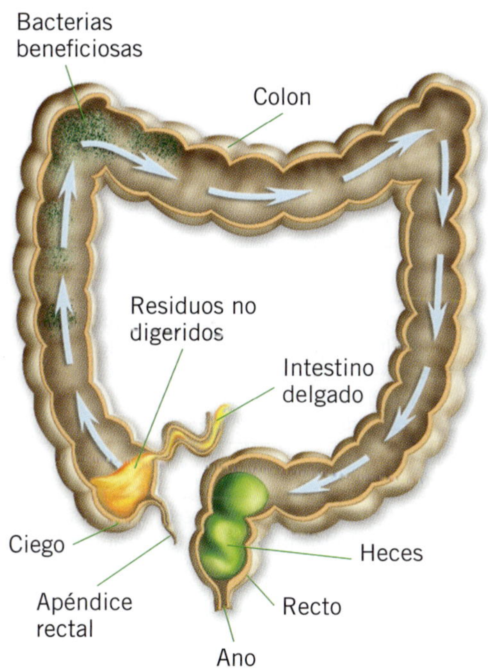

La digestión en el intestino grueso.

Las enfermedades del aparato digestivo

Algunas de las enfermedades que afectan al aparato digestivo son:

- **Caries.** Afecta a los dientes. Son provocadas por la proliferación de bacterias debido a la acumulación de placa dental.
- **Úlceras.** Afectan al estómago, cuando los jugos gástricos atacan sus paredes. Pueden producirse debido al estrés, al uso de medicamentos o a la ingesta de algunas sustancias como el café, el alcohol o el tabaco.
- **Cirrosis.** Afecta al hígado. Es una enfermedad que destruye células hepáticas. Puede producirse debido a virus o al consumo abusivo de alcohol o de determinados medicamentos.
- **Gastroenteritis.** Afecta a los intestinos. Es causada por bacterias.

ACTIVIDADES

3. ¿Por qué es necesaria la digestión mecánica de los alimentos?
4. Indica qué tipo o tipos de digestión tienen lugar en los siguientes órganos:

   boca   esófago   estómago   intestino delgado   intestino grueso

5. Investiga cuáles son las funciones de la flora intestinal. Cita especies que formen parte de ella.
6. ¿Por qué es necesario cepillarse los dientes después de cada comida?

El aparato respiratorio

El **aparato respiratorio** es el encargado de realizar el intercambio de gases entre el organismo y el ambiente: absorbe el oxígeno, que irá a las mitocondrias de las células para producir energía a partir de la materia orgánica, y elimina el dióxido de carbono que procede del metabolismo de las células.

Para llevar a cabo estos procesos, el aparato respiratorio consta de:

- Las **vías respiratorias,** que son los conductos por los que va a circular el aire, e incluyen las fosas nasales, la faringe, la laringe, la tráquea, los bronquios y los bronquiolos.
- Los **pulmones,** que son órganos esponjosos alojados en la cavidad torácica.

Los órganos que componen el aparato respiratorio son los siguientes:

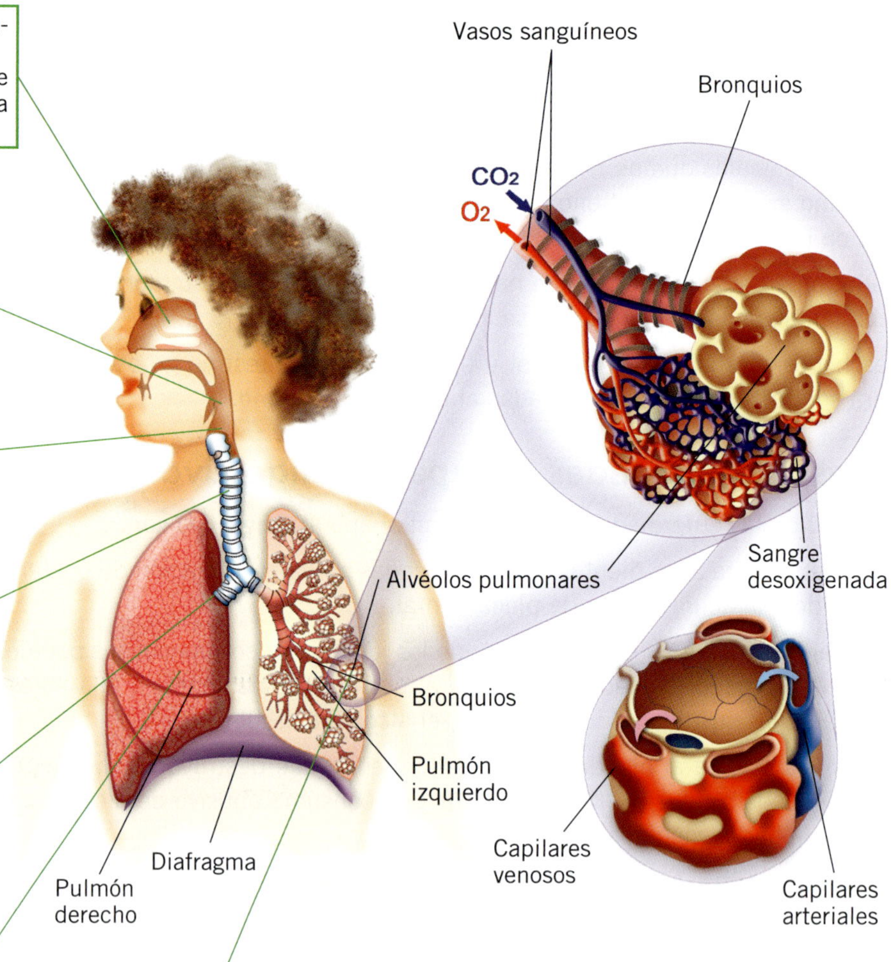

Fosas nasales. Son las vías de entrada del aire.
Poseen capilares que calientan el aire y una capa mucosa que sirve para humedecerlo y purificarlo.

Faringe. Es una cavidad común con el aparato digestivo.
En las paredes laterales de la faringe se encuentran las amígdalas, que producen glóbulos blancos.

Laringe. Está formada por cartílago.
La entrada de aire a la laringe está regulada por la epiglotis.

Tráquea. Es un conducto constituido por anillos de cartílago. Sus paredes están recubiertas de mucus, que atrapa partículas extrañas.
Se divide en dos ramas, los bronquios.

Bronquios. Son dos tubos formados al ramificarse la tráquea, que penetran en los pulmones, donde también se ramifican para formar los bronquiolos.

Pulmones. Son unos órganos esponjosos situados en la cavidad torácica.
Están rodeados por una lámina, la pleura, formada por dos membranas entre las que se halla el líquido pleural, que facilita el movimiento de los pulmones durante la respiración.

Alvéolos pulmonares. Son unos sacos situados al final de los bronquiolos.
Se encuentran rodeados por multitud de capilares, y presentan paredes muy finas, puesto que a través de ellos se lleva a cabo el intercambio gaseoso.

Durante el **intercambio gaseoso,** el **oxígeno** pasa desde los alvéolos hasta la sangre de los capilares, donde es transportado por los glóbulos rojos hasta las células.
El **dióxido de carbono** realiza el viaje contrario: pasa desde las células hasta la sangre y, desde allí, a los alvéolos para ser eliminado. Durante este proceso también se elimina cierta cantidad de agua en forma de vapor.

Órganos del aparato respiratorio.

¿Cómo se produce la respiración?

La **respiración** o, más correctamente, la **ventilación pulmonar,** se produce gracias a que los pulmones son órganos muy elásticos, y las pleuras están fuertemente unidas a la caja torácica.

El volumen de la caja torácica varía durante la respiración gracias a dos movimientos: la inspiración y la espiración.

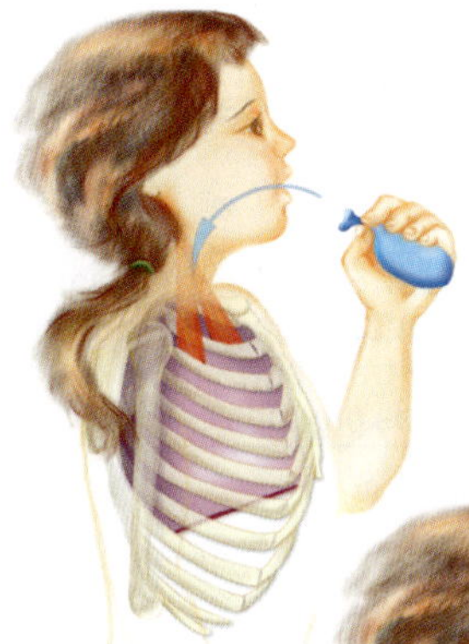

Durante la **inspiración,** o entrada de aire, el diafragma se aplana y baja, mientras que los músculos intercostales se contraen.
Esto eleva la caja torácica, que aumenta de volumen y tira de la pleura, unida a los pulmones, que les hace distenderse y permitir así la entrada de aire.

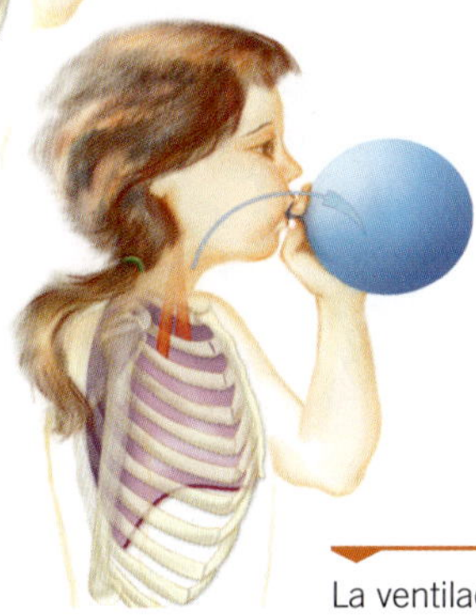

En la **espiración,** o salida de aire, los músculos intercostales se relajan, las costillas descienden y el diafragma se curva hacia arriba.
Esto hace que el volumen de la caja torácica disminuye y provoque la salida del aire de los pulmones.

La ventilación pulmonar.

> **¿SABÍAS QUE...?**
>
> El término respiración suele utilizarse para referirse al proceso que tiene lugar en la mitocondria, gracias al cual se produce energía a partir de la materia orgánica.
>
> Cuando se habla de la entrada y salida de aire, el proceso se llama ventilación pulmonar.

Enfermedades del aparato respiratorio

Entre las enfermedades que afectan al aparato respiratorio, podemos destacar: las causadas por **infecciones,** como la neumonía, la pulmonía, la bronquitis, el catarro común o la gripe.

Otras enfermedades del aparato respiratorio están causadas por **malos hábitos de salud,** como fumar, que puede provocar enfisema pulmonar, trastornos cardiovasculares, bajo peso en los bebés en gestantes fumadoras o diversos tipos de cáncer.

También existen enfermedades que proceden de **inflamaciones,** como la afonía, en el caso de las cuerdas vocales, o la sinusitis; o de **alergias,** que pueden provocar asma o bronquitis, entre otras.

ACTIVIDADES

7. ¿Por qué es necesario captar el oxígeno del aire? Cita los órganos implicados en el proceso.
8. ¿Qué papel desempeña el aparato respiratorio en la nutrición? ¿En qué fases interviene?
9. ¿Por qué no se produce intercambio de nitrógeno, gas que también se encuentra en el aire?
10. ¿Qué es y cómo se realiza la ventilación pulmonar? ¿Qué músculos intervienen en ella?

El aparato circulatorio

El **aparato circulatorio** es el encargado de transportar sustancias, como nutrientes o desechos, por todo el organismo.

La **sangre** nunca está inmóvil, siempre fluye. En su largo viaje, recorre todos los rincones de tu cuerpo por el interior de una extensa red de más de 150 000 km de tuberías cerradas, llamadas vasos sanguíneos.

Los **vasos sanguíneos** se encargan de transportar la sangre y son de tres tipos:

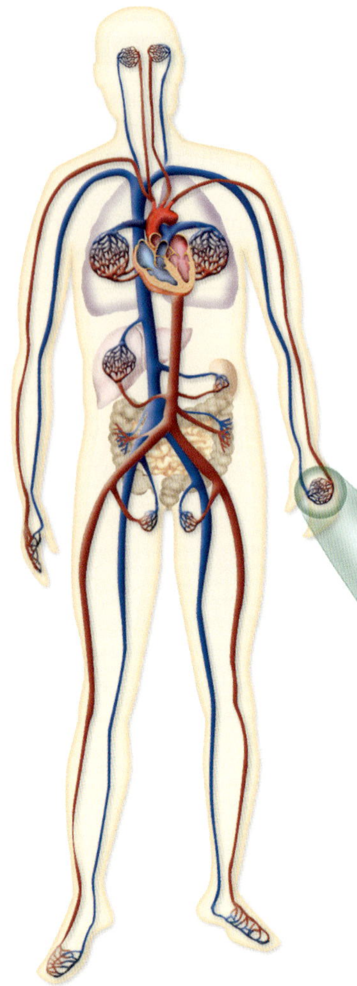

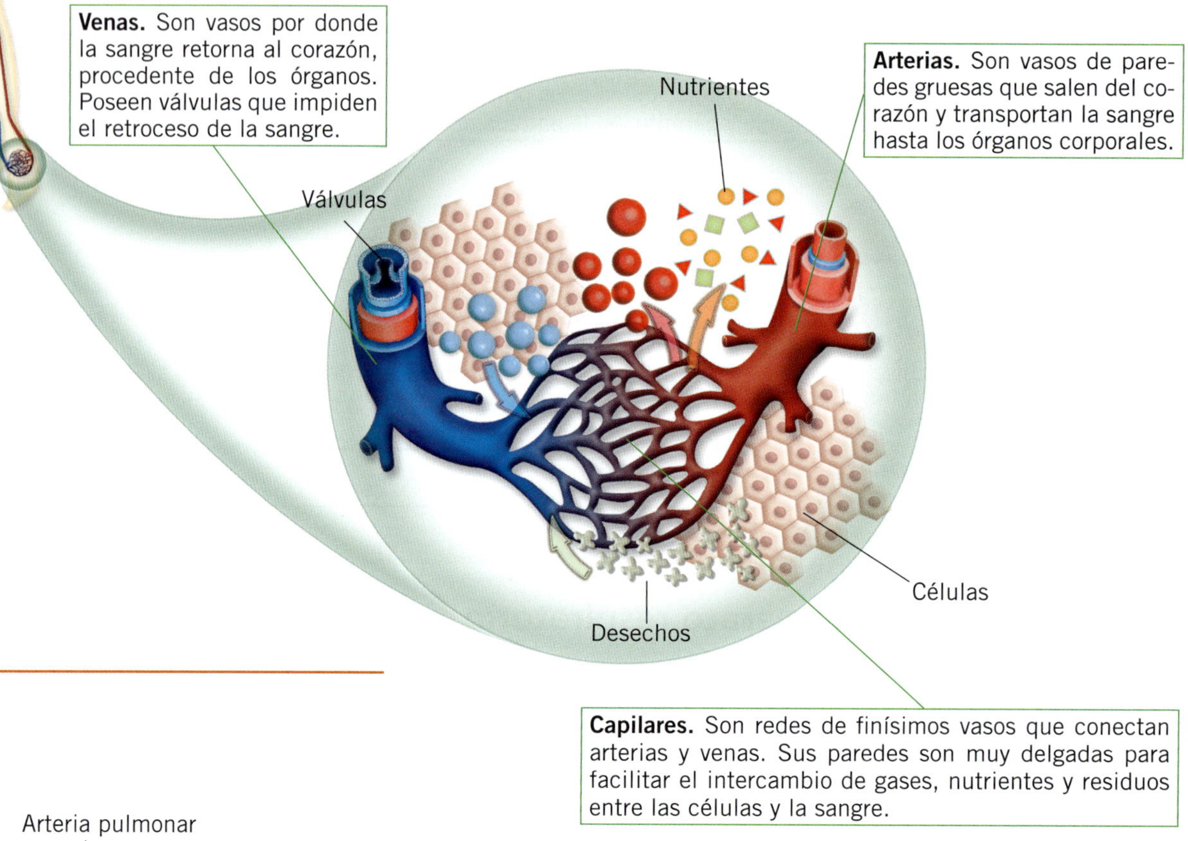

El aparato circulatorio.

El corazón

El **corazón** es el órgano encargado de impulsar la sangre para que llegue a todas las células del cuerpo.

Se trata de un órgano muscular hueco del tamaño de un puño. Está situado en el centro del pecho, desplazado ligeramente a la izquierda.

Está formado por un tejido muscular llamado **miocardio.**

Se divide en **cuatro cámaras: dos aurículas,** en la parte superior, que se encargan de **recibir** la sangre, y **dos ventrículos,** en la parte inferior, que se encargan de **impulsar** la sangre.

Cuenta además con **cuatro válvulas:** dos entre las aurículas y los ventrículos, y otras dos entre los ventrículos y las arterias pulmonar y aorta.

Estas válvulas cardiacas actúan como las compuertas de un canal: se abren para que la sangre pase y fluya en un sentido único y se cierran para evitar que la sangre retroceda.

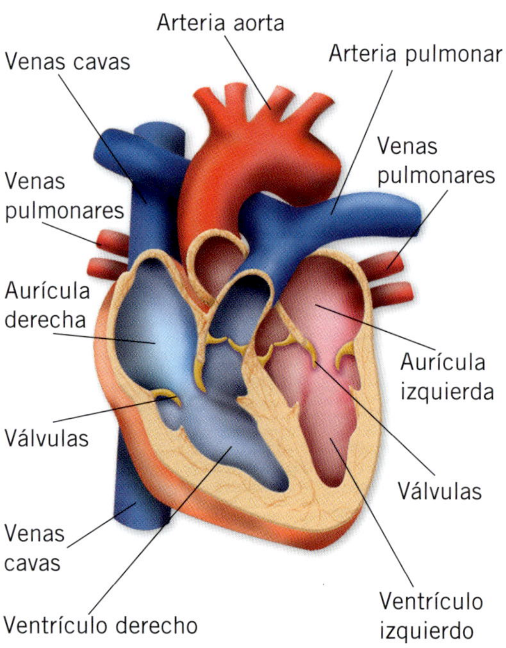

Partes del corazón.

El ciclo cardiaco. El corazón tiene un movimiento continuo de bombeo, llamado **latido cardiaco.** Durante este movimiento se produce la contracción y la relajación de las aurículas y los ventrículos.

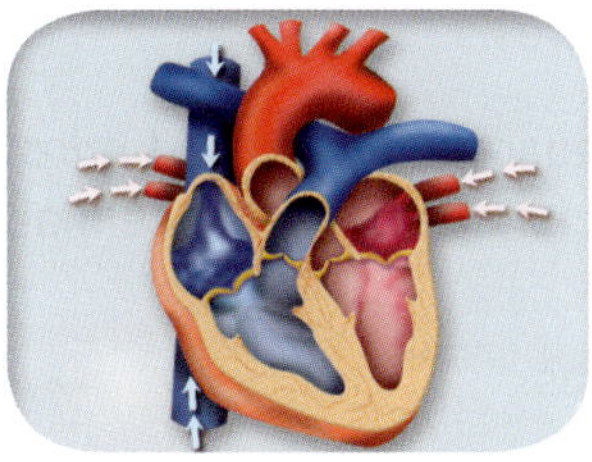

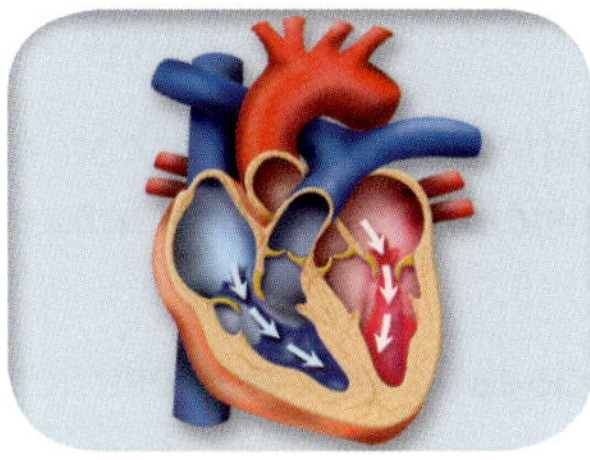

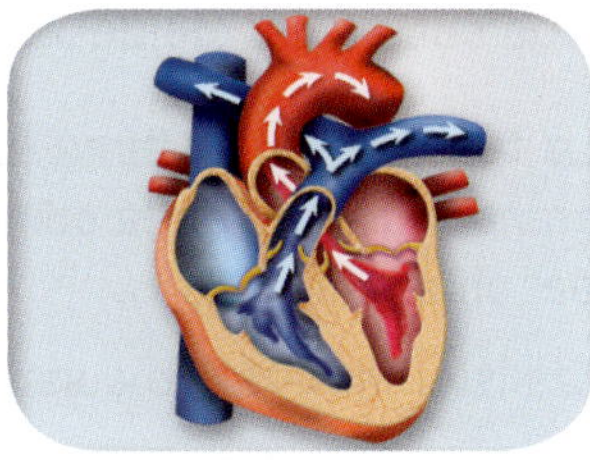

1. Cuando la sangre entra en el corazón a través de las aurículas, estas se contraen **(sístole auricular)** para enviar la sangre a los ventrículos.

2. Los ventrículos se contraen entonces **(sístole ventricular)** para enviar la sangre a las arterias.

3. El corazón se relaja **(diástole).** Al hacerlo, succiona la sangre procedente de las venas, que entra de nuevo en las aurículas, y comienza de nuevo el ciclo.

La circulación de la sangre

La **circulación** en el **ser humano** es **doble,** porque pasa dos veces por el corazón, y **completa,** pues el corazón posee un tabique interno que impide que la sangre oxigenada se mezcle con la sangre desoxigenada.

La sangre sigue **dos circuitos:**

- La **circulación mayor o general.** La sangre sale del ventrículo izquierdo a través de la arteria aorta y es transportada a todos los tejidos y órganos del cuerpo. A través de los capilares sanguíneos se realiza el intercambio de gases, nutrientes desechos entre la sangre y los tejidos. Esta sangre cargada de dióxido de carbono llega a la aurícula derecha a través de las venas cavas.
- La **circulación menor o pulmonar.** La sangre sale del ventrículo derecho a través de la arteria pulmonar y se dirige hacia los pulmones. Allí se realiza el intercambio gaseoso: la sangre libera el dióxido de carbono y capta el oxígeno que proviene de la ventilación pulmonar. La sangre, nuevamente cargada de oxígeno, se dirige por las venas pulmonares hasta la aurícula izquierda.

Enfermedades del aparato circulatorio

Los **vasos sanguíneos** se pueden ver afectados de diferentes formas: **arterioesclerosis,** que es un endurecimiento de las paredes de las arterias; **aneurisma**, que es la dilatación de los vasos, que pueden acabar rompiéndose y produciendo un derrame; las **varices,** que son una dilatación anormal de las venas, o la **trombosis**, en la que se forma un coágulo en el interior de una arteria, que impide la correcta circulación de la sangre.

Las enfermedades más comunes que afectan al **corazón** son: la **angina de pecho,** por falta de oxígeno en el miocardio; el **infarto,** en el que se produce una falta de riego sanguíneo por obstrucción de una arteria coronaria del corazón, o la **endocarditis,** causada por una infección bacteriana.

ACTIVIDADES

11 ¿Qué son las arterias y las venas? ¿Qué funciones desempeñan los capilares sanguíneos?

¿SABÍAS QUE...?

La sangre lleva a cabo numerosas funciones esenciales en el organismo:

- Debido a su elevado contenido en agua, funciona como un medio de transporte de las sustancias disueltas en ella, como nutrientes o desechos, y de los gases respiratorios, oxígeno y dióxido de carbono.
- Ayuda al mantenimiento de la temperatura corporal. Tras el ejercicio físico, por ejemplo, la sangre se calienta a su paso por los músculos, pero se van enfriando a medida que pasa por la piel, lo que contribuye a la normalización de la temperatura.
- Actúa en la defensa del organismo gracias a la presencia de los leucocitos.
- Controla hemorragias, por la acción de las plaquetas.

El sistema linfático

El **sistema linfático** es un sistema secundario de transporte y de eliminación de sustancias de desecho de los espacios intercelulares.

La **función** del sistema linfático es colaborar con el aparato circulatorio en el mantenimiento de la **composición** del **plasma intersticial** que rodea las células del organismo.

El sistema linfático consta de las siguientes estructuras:

- **Órganos linfáticos** (timo y bazo).
- **Vasos linfáticos,** por los que circula un líquido, la **linfa**, que se forma a partir de la filtración del plasma sanguíneo, que sale hacia los tejidos.
- **Ganglios linfáticos,** que son masas de tejido esponjoso que se forman en la confluencia de varios vasos linfáticos.

  Cumplen una misión defensiva, pues en ellos tienen lugar la multiplicación y maduración de un grupo de linfocitos encargados de producir anticuerpos.

  Los ganglios linfáticos actúan además como filtros que atrapan o extraen de la circulación sanguínea los microbios y las células muertas.

AYUDA

Todas las células de nuestro organismo se encuentran inmersas en un medio del que toman los nutrientes y al que vierten las sustancias de desecho. En los seres humanos, este medio recibe el nombre de medio interno, y está constituido por un filtrado procedente de los capilares sanguíneos, llamado plasma intersticial.

El aparato excretor

La expulsión de los residuos sólidos procedentes de la digestión se hace a través del ano en forma de heces.

En cambio, los **residuos tóxicos** que proceden de la **actividad celular** se expulsan a través de los sistemas excretores.

La intensa actividad metabólica de las células genera residuos tóxicos, como la **urea** y el **dióxido de carbono,** que si no tuvieran salida, se acumularían en la sangre y acabarían por envenenarnos.

La **excreción** es el proceso de limpieza de la sangre: consiste en retirar de ella misma los productos de desecho que origina la actividad celular.

Existen distintas **vías de excreción:**

- **Glándulas sudoríparas.** Producen sudor, a través del cual se eliminan toxinas. Además, la evaporación del sudor permite refrigerar la piel cuando la temperatura es alta.
- **Pulmones.** Son órganos excretores que se encargan de eliminar el dióxido de carbono del organismo al espirar.
- **Hígado.** Se encarga de eliminar los glóbulos rojos envejecidos, así como ciertas sustancias tóxicas que pueden llegar al organismo, como el alcohol, las drogas o algunos medicamentos.
- **Aparato urinario.** Es el sistema excretor más importante, responsable de la mayor parte de la eliminación de sustancias de desecho, por lo que suele llamarse aparato excretor. Los productos se eliminan por la orina.

  El aparato urinario se encarga además de mantener constante la composición de la sangre y el equilibrio hídrico del organismo, a la vez que actúa como depurador de la sangre.

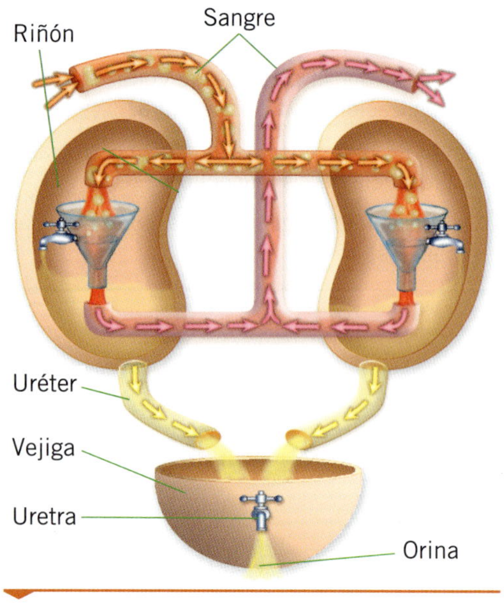

La formación de la orina.

El aparato urinario está formado por los **riñones,** las **vías urinarias** (**uréteres** y **uretra**) y la **vejiga urinaria.**

Cada riñón está formado por cientos de miles de pequeños tubos, llamados **nefronas,** que son unidades de filtración independientes. En cada uno de ellos se filtran las sustancias de desecho contenidas en la sangre, que se eliminan y pasan a formar parte de la orina.

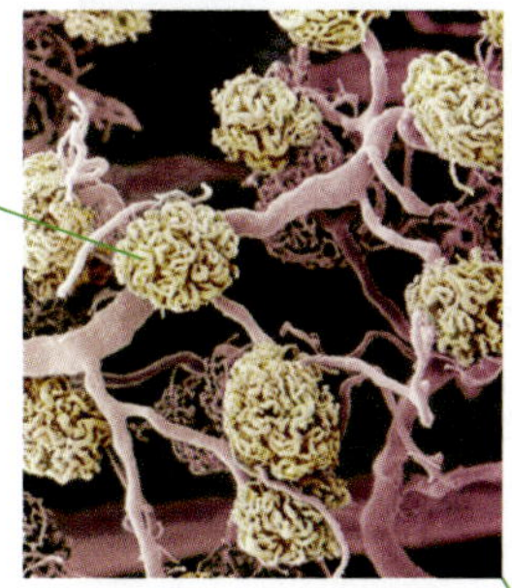

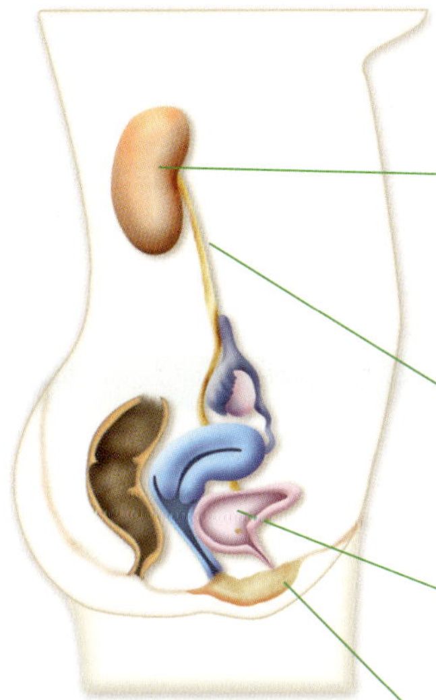

Aparato urinario en la mujer.

Riñones. Son dos órganos con forma de haba, situados a ambos lados de la columna vertebral, en la zona lumbar.
Filtran y eliminan de la sangre las sustancias tóxicas, y producen un líquido, la orina, en el que se hallan disueltos los residuos no deseados, como la urea.

Uréteres. Son dos tubos estrechos, uno en cada riñón, que parten de la pelvis renal y desembocan en la vejiga urinaria, en donde se vierte y almacena la orina.

Vejiga. Es una bolsa elástica donde se acumula la orina antes de ser expulsada al exterior. Cuando contienen gran cantidad de orina se produce un estímulo nervioso (reflejo de micción) que contrae la vejiga y envía la orina a la uretra.

Uretra. Conducto que lleva la orina desde la vejiga hasta el exterior.

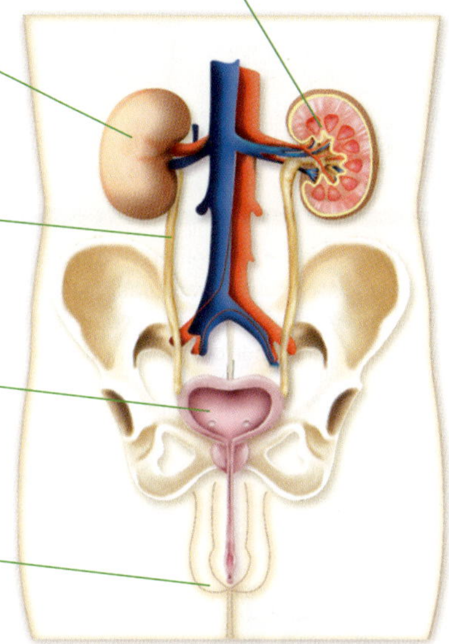

Aparato urinario en el hombre.

Enfermedades del aparato excretor

Las enfermedades más comunes del aparato excretor son: **cálculos** o piedras en el riñón, que son estructuras sólidas, como sales de calcio o ácido úrico, que se originan en la pelvis renal. Se forman cuando la concentración de estas sustancias es muy elevada. Cuando son de pequeño tamaño pueden eliminarse con la orina, pero cuando son más grandes pueden bloquear las vías urinarias y producir un **cólico nefrítico.**

Otras enfermedades del aparato excretor son la **cistitis,** o inflamación de la vejiga, producida generalmente por infecciones; la **nefritis,** cuando se inflama el riñón, y la **insuficiencia renal,** por la cual las nefronas, por diversas causas, pierden su funcionalidad.

ACTIVIDADES

12. ¿A qué aparatos pertenecen los siguientes órganos de excreción?

    pulmones hígado glándulas sudoríparas vejiga

13. Explica qué relación existe entre los aparatos circulatorio y excretor y la nutrición.

14. Investiga en qué consiste el proceso de diálisis y para el tratamiento de qué enfermedades se utiliza.

Una vida sana

La dieta diaria debería incluir elementos que contengan fibra celulósica (pan integral, verduras, frutas, legumbres, etc.), que evita el estreñimiento y otros problemas colaterales, como las hemorroides.

El entrenamiento deportivo permite adquirir un mayor control de los movimientos y el desarrollo de nuestra capacidad de concentración, pero debe estar adaptado a la persona que lo practica para evitar lesiones.

¿SABÍAS QUE...?

El humo del tabaco contiene ingredientes muy tóxicos. El 95% de las víctimas de cáncer de pulmón son fumadoras. En espacios pequeños y cerrados, los no fumadores respiran hasta el 50% de las sustancias venenosas que difunden los fumadores.

Para asegurar el correcto funcionamiento de todos los sistemas y aparatos del organismo es necesario seguir una serie de recomendaciones relacionadas con la alimentación, la higiene y los hábitos de vida saludables.

Alimentación

- Seguir una **alimentación sana y equilibrada,** de modo que haya aportes de todos los nutrientes necesarios y no se produzcan carencias.

  La dieta debe ser baja en colesterol y grasas saturadas, para evitar enfermedades cardiovasculares, y no se debe abusar de la sal, puesto que puede afectar al aparato excretor.
- **Disminuir** la cantidad de **azúcar** y **aumentar** la de **fibra,** favoreciendo así el tránsito intestinal y el correcto funcionamiento del aparato digestivo.
- **Evitar** el consumo de alimentos excesivamente **picantes** o **calientes,** que pueden dañar las mucosas.

Higiene

- **Lavarse las manos** antes y después de las comidas o si se van a manipular alimentos.
- **Cepillarse los dientes** después de las comidas para eliminar los restos de alimentos.
- **Mantener** una adecuada **higiene corporal.**

Hábitos saludables

- **Beber** suficiente cantidad de **agua** y otros líquidos, para que las sustancias disueltas en la orina no estén muy concentradas.
- Asegurarse de que los **alimentos** que van a ingerirse se encuentran en buen estado.
- **No fumar.** El tabaco es el agente causante de múltiples daños para el organismo, tanto en las vías respiratorias como en los pulmones. Contiene sustancias, como la nicotina o los alquitranes, que tienen consecuencias fatales tanto para los consumidores como para los llamados fumadores pasivos.
- **Evitar** el consumo de sustancias perjudiciales, tales como el **alcohol,** las **drogas** o el abuso de **medicamentos,** que provocan alteraciones en el organismo y acumulan determinadas sustancias que requieren un sobreesfuerzo por parte del organismo para eliminarlas.
- **Evitar** los **cambios bruscos de temperatura** y la **exposición al polvo** y a otros agentes atmosféricos contaminantes.
- Realizar **ejercicio físico** de forma habitual y moderada.
- Procurar **reducir el estrés** y las situaciones de tensión.

ACTIVIDADES

15. Elabora en tu cuaderno una lista con las medidas que adoptas para llevar una vida sana. ¿Crees que podrías mejorar en algo en este sentido? ¿Conoces más medidas para cuidar tu cuerpo?
16. Averigua qué problemas de salud puede acarrear el estrés.

Aplica lo aprendido

❶ Explica por qué las células no aprovechan directamente los alimentos y por qué necesitan la digestión.

❷ Observa el siguiente dibujo y responde a las siguientes preguntas:

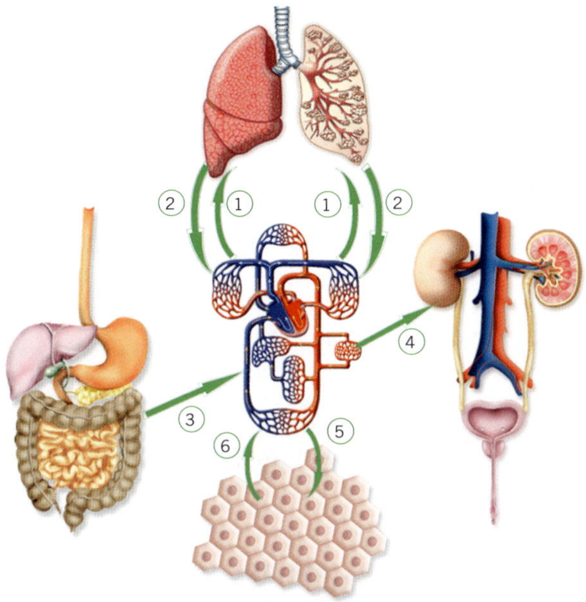

a) ¿Qué eliminan los pulmones de la sangre? (1)

b) ¿Qué aportan los pulmones a la sangre? (2)

c) ¿Qué aporta el aparato digestivo a la sangre? (3)

d) ¿Qué elimina el aparato excretor de la sangre? (4)

e) ¿Qué proporciona la sangre a las células? (5)

f) ¿Qué genera la actividad celular? (6)

❸ Señala en tu cuaderno si las siguientes afirmaciones son verdaderas o falsas. En este último caso, corrígelas.

a) El aparato digestivo es el encargado de transformar los alimentos en nutrientes.

b) El píloro es la válvula que separa el intestino delgado del grueso.

c) La saliva cumple múltiples funciones relacionadas con la digestión y el habla.

d) El hígado interviene en la digestión de las grasas fabricando la bilis.

e) La eliminación de los restos de los alimentos ingeridos se produce en el hígado, ya que los transforma en sustancias que pueden ser excretadas.

❹ Explica la función digestiva de la boca.

❺ Describe los dos tipos de digestión que se producen. Menciona además los órganos en los que estas tienen lugar.

❻ ¿Qué función lleva a cabo el aparato respiratorio en la nutrición?

❼ Dibuja en tu cuaderno un esquema del aparato respiratorio y señala sus órganos y los conductos por los que circula el aire.

❽ ¿Qué músculos intervienen en la respiración? ¿Qué movimientos realizan en la inspiración y en la espiración?

❾ El siguiente dibujo representa el intercambio gaseoso que tiene lugar entre los alvéolos pulmonares y los capilares:

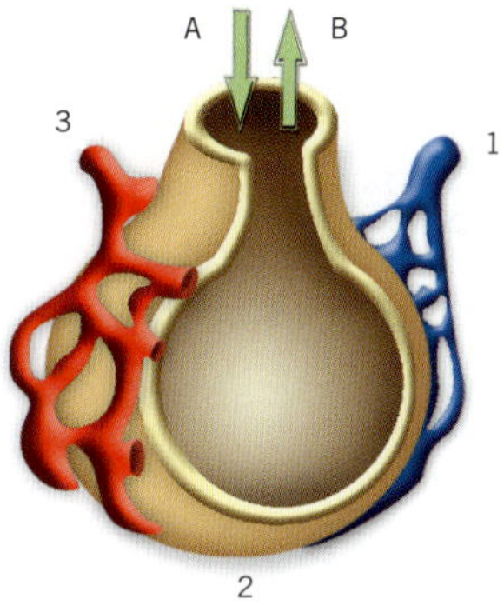

Responde a las siguientes cuestiones:

a) Relaciona las letras A y B con los procesos de inspiración y espiración.

b) ¿Qué gases representan las letras A y B?

c) ¿En qué sentido circula la sangre por los capilares: 1-2-3 o 3-2-1?

❿ Describe el proceso que muestran las siguientes ilustraciones:

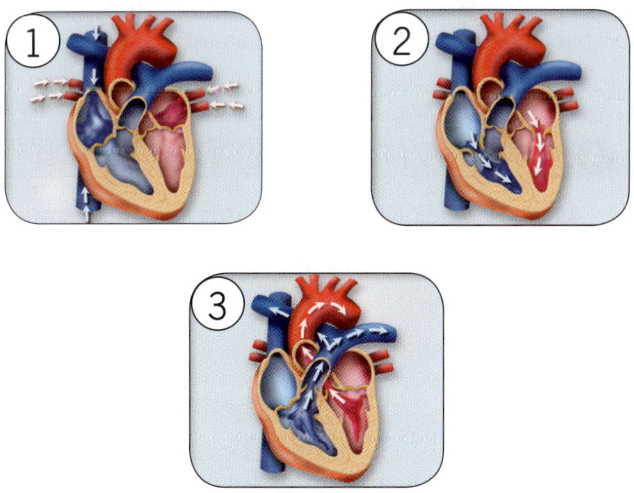

⓫ ¿Qué consecuencias puede tener en nuestro aparato excretor beber poca agua? Explica de qué forma la ingesta de agua ayuda a mantener sano el aparato excretor.

Práctica de laboratorio

DISECCIÓN DE UN CORAZÓN DE CORDERO

El corazón es el órgano encargado de bombear la sangre y, con ello, de distribuirla por todo el organismo. En esta Unidad hemos conocido cuáles son sus partes y cómo funciona. Mediante la práctica de la disección de un corazón animal, de un cordero en este caso, podremos observar de primera mano lo que hemos visto en los esquemas.

Materiales necesarios

- Un corazón de cordero
- Una cubeta de disección
- Unas tijeras
- Una lanceta

Procedimiento

1. Identifica el lado derecho y el lado izquierdo del corazón. La mitad que contiene la parte terminal (el ápice) corresponde al lado izquierdo. Confírmalo apretando esta mitad del corazón. El lado izquierdo es más firme y musculado que el derecho.
2. Localiza las aurículas, los ventrículos, las arterias aorta y pulmonar y las venas cavas y pulmonares.
3. Introduce la lanceta por las arterias y comprueba a qué cavidades llegan.
4. Sitúa el corazón sobre su cara más plana en la cubeta. Usando las tijeras, haz un corte desde la arteria pulmonar siguiendo la línea interventricular. Esto te permitirá apreciar el grosor de las paredes arteriales, así como el interior del ventrículo derecho, con sus respectivas válvulas.
5. Repite la operación pero empezando en la aorta.
6. Para concluir, puedes hacer los mismos cortes con las tijeras a partir de las venas, para observar el interior de las aurículas.

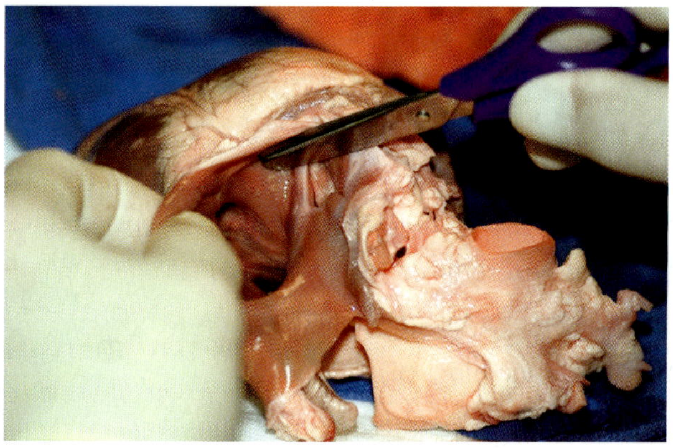
Disección de un corazón de cordero.

ACTIVIDADES

1. ¿Qué función tienen los vasos sanguíneos que rodean al corazón?
2. Explica a qué cavidades cardiacas llegas si introduces la lanceta por:
   a) La aorta.
   b) La arteria pulmonar.
   c) Las venas pulmonares.
   d) Las venas cavas.
3. ¿Por qué las paredes de los ventrículos son más gruesas que las de las aurículas?
4. Explica de las dos cavidades ventriculares es más grande y por qué.
5. ¿Qué son y qué función tienen los repliegues membranosos que se observan en la base de la arteria aorta?

8 Las funciones de relación

En esta unidad estudiaremos

1. El sistema nervioso
2. Los órganos de los sentidos
3. El aparato locomotor
4. El sistema endocrino

¿Qué es la relación?

Los cambios del mundo que nos rodea: de luz, temperatura, información, olores, etc., son los estímulos, que podemos percibir mediante receptores específicos.

Continuamente ocurren cambios a nuestro alrededor: se suceden imágenes, sonidos, olores, sensaciones, etc. Dado que estamos en contacto con el medio que nos rodea, nuestro organismo percibe estos cambios y responde ante muchos de ellos. Esto lo realiza gracias a las funciones de relación.

Las **funciones de relación** permiten, por un lado, que el organismo se adapte a las condiciones cambiantes, tanto del medio externo como del medio interno, y, por otro, coordinan y relacionan las diferentes partes del cuerpo.

La relación es el resultado de la acción conjunta de los **sistemas de coordinación.** Los sistemas de coordinación comprenden el **sistema nervioso** y el **sistema hormonal o endocrino,** que trabajan de manera conjunta para controlar las funciones corporales.

Ambos sistemas reciben información, mediante los **receptores sensoriales,** de cualquier cambio o **estímulo** que se produce en el medio interno, es decir, dentro del propio organismo, o en el ambiente externo que nos rodea, y elaboran las **respuestas** más adecuadas en cada momento. Estas respuestas pueden ser de dos **tipos:**

- **Respuesta motora:** es aquella en la que se ejecuta una acción o un movimiento. Se lleva a cabo mediante el **aparato locomotor,** que está constituido por el sistema esquelético y el sistema muscular.
- **Respuesta endocrina:** el resultado es la secreción de una sustancia, llamada **hormona,** que desencadena cambios que permiten la autorregulación y el equilibrio del medio interno: mantiene dentro de límites muy estrictos la concentración de determinados componentes, como el pH, la temperatura, la concentración de glucosa, etc. Se lleva a cabo mediante el **sistema endocrino.**

El sistema nervioso

AYUDA

Las neuronas tienen la propiedad de la excitabilidad, que es la capacidad de recibir estímulos y de generar impulsos de naturaleza eléctrica como respuesta a esos estímulos.

El **sistema nervioso** está constituido por una compleja red de neuronas. Su componente básico es el **tejido nervioso,** y su función consiste en **interpretar, almacenar** y **dar respuesta** a la **información** recibida del mundo exterior y del estado de nuestro cuerpo.

Las **neuronas** son las unidades anatómicas y fisiológicas del sistema nervioso. Son células muy diferenciadas, capaces de **percibir estímulos** del medio externo o interno y de **elaborar respuestas** basadas en la generación y transmisión de impulsos nerviosos.

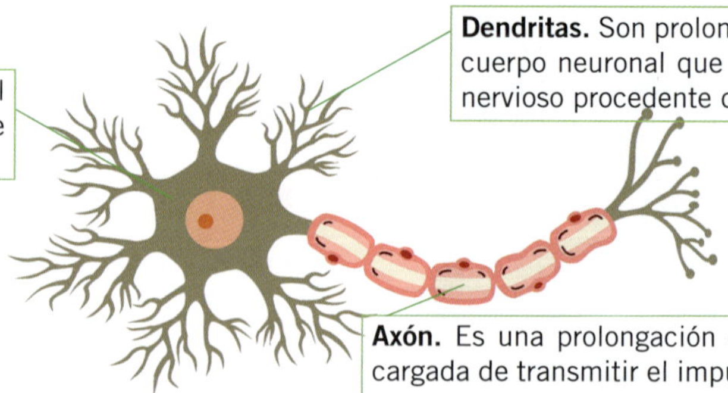

Esquema de una neurona.

Tipos de neuronas

Según su función, las **neuronas** se clasifican en tres **tipos:**

- **Neuronas sensitivas:** conducen la información desde los receptores hasta los centros nerviosos más importantes.
- **Neuronas motoras:** transmiten las órdenes desde los centros nerviosos hasta los órganos que llevarán a cabo la respuesta.
- **Neuronas intercalares o de asociación:** conectan las neuronas sensitivas con las motoras. Se localizan en los centros nerviosos superiores.

La sinapsis

La información se propaga entre las neuronas mediante fenómenos eléctricos y químicos. El sistema nervioso está formado por fibras nerviosas que no forman una red continua: no hay contacto físico entre las neuronas, ya que, a pesar de estar muy próximas, existe entre ellas un espacio llamado **hendidura sináptica.** Sin embargo, las neuronas no están aisladas, sino que establecen entre ellas unas conexiones funcionales, denominadas **sinapsis.**

Las neuronas envían los mensajes a otras células mediante unas sustancias llamadas **neurotransmisores.** Los neurotransmisores se encuentran almacenados en las vesículas sinápticas, que están situadas al final de los axones, en los botones sinápticos.

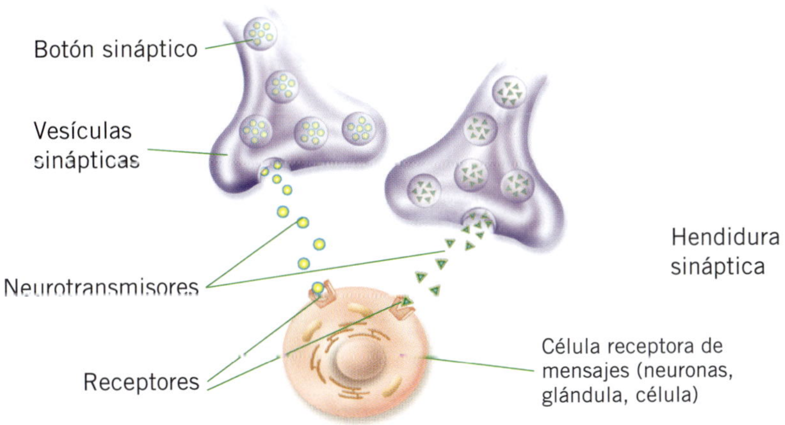

La sinapsis.

1. El impulso eléctrico llega al botón sináptico y provoca que las vesículas sinápticas liberen los neurotransmisores a la hendidura sináptica.
2. Los neurotransmisores llegan a la neurona siguiente y se unen a los receptores, localizados en la zona superficial de su membrana plasmática.
3. La unión de los neurotransmisores con sus receptores se comporta como un nuevo estímulo, que desencadena de nuevo el proceso.

Organización del sistema nervioso

Según su anatomía, el sistema nervioso se divide en:

- **Sistema nervioso central,** formado por el **encéfalo** y la **médula espinal.**
- **Sistema nervioso periférico,** formado por los axones de las neuronas, agrupados en **nervios,** cuyos cuerpos neuronales están alojados en el sistema nervioso central.

ACTIVIDADES

1. Explica qué es una sinapsis.
2. Dibuja en tu cuaderno una neurona e indica sus partes.

El sistema nervioso central

El **sistema nervioso central** (SNC) es la parte esencial del sistema nervioso. Está formado por el **encéfalo** y la **médula espinal,** donde se alojan las estructuras responsables de los procesos de **regulación** y **control.**

Debido a su importancia, las partes que integran el SNC están protegidas: el encéfalo está cubierto por el **cráneo,** y la médula, por la **columna vertebral.** Además, están envueltos por tres membranas protectoras, llamadas **meninges,** entre las que circula el **líquido cefalorraquídeo,** que ayuda a amortiguar el efecto de los golpes sobre los centros nerviosos.

La médula espinal

La **médula espinal** es la parte del SNC situada en el interior de la columna vertebral. Se comunica con el encéfalo y está recorrida en toda su longitud por un canal central lleno de líquido cefalorraquídeo.

En la médula espinal se distinguen dos **zonas:**

- La **sustancia gris,** formada por los cuerpos neuronales y las dendritas.
- La **sustancia blanca,** formada por los axones neuronales reunidos en cordones nerviosos que conducen impulsos ascendentes (hacia el encéfalo) o descendentes (hacia los órganos).

Sus **funciones** se pueden resumir en dos: **conduce** los **impulsos** que llegan y proceden del encéfalo, y es el **centro** de la **actividad refleja.**

El encéfalo

El **encéfalo** es un órgano del SNC que está protegido por los huesos del cráneo. Controla y coordina la actividad de los restantes sistemas del cuerpo y se encuentra unido a la médula espinal por el tronco encefálico.

El encéfalo está constituido por las siguientes **estructuras:**

¿SABÍAS QUE...?

Hipócrates, un reconocido médico de la antigua Grecia, llamó al encéfalo «nuestra parte más divina», porque es «la que reina sobre todas las demás».

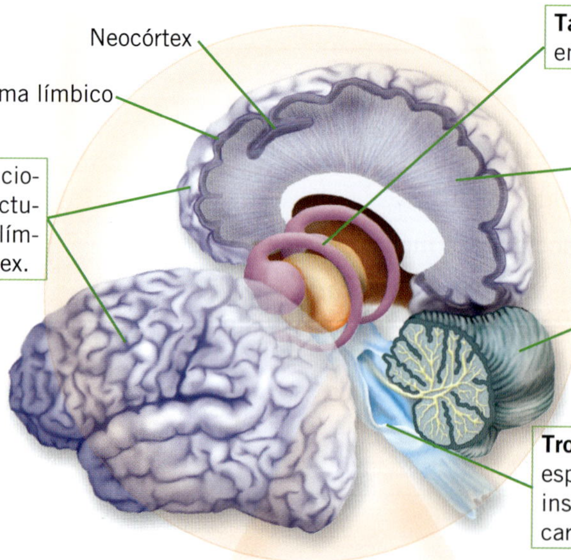

Estructuras del encéfalo.

El cerebro

El cerebro elabora representaciones mentales de la realidad externa e interna, almacena la información y la utiliza para establecer estrategias que permitan predecir nuevos acontecimientos.

El **cerebro** es la parte más voluminosa del encéfalo y está dividido en dos mitades, o **hemisferios cerebrales,** izquierdo y derecho. Contiene dos estructuras relacionadas: el **neocórtex** y el **sistema límbico.**

- El **sistema límbico** está implicado en el **aprendizaje** y en las **emociones,** como el afecto, la ira, el placer o el dolor.
- El **neocórtex,** o corteza cerebral, dirige y coordina las **actividades conscientes** o voluntarias. Es la sede del **pensamiento,** el **movimiento** y la **memoria.**

El **neocórtex** es la parte más evolucionada del cerebro. Se encuentra en la superficie de cada hemisferio, formando **pliegues,** que se denominan circunvoluciones, y que están separadas por **surcos** superficiales y profundas **cisuras.** Las cisuras dividen a cada hemisferio cerebral en cinco **lóbulos.**

Entre los surcos más superficiales se establecen las áreas cerebrales, responsables de funciones concretas:

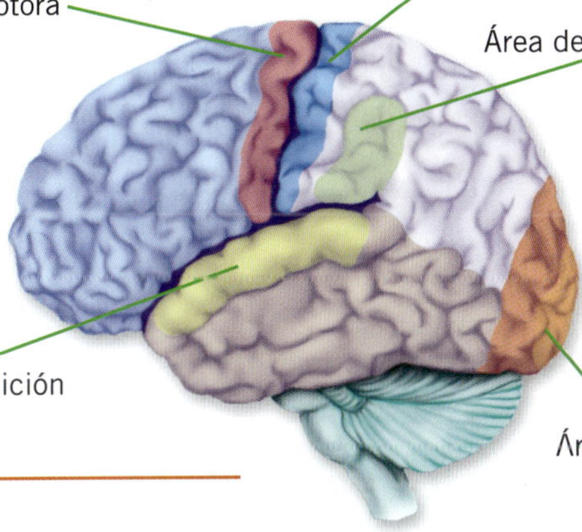

El cerebro

Las áreas sensoriales recogen información de los sentidos, las áreas de **asociación** procesan la información recibida y elaboran las respuestas (se encargan de funciones complejas, como la memoria, el lenguaje, el razonamiento y las decisiones), y las áreas motoras envían instrucciones a los músculos.

Cada **hemisferio cerebral** procesa la información de manera diferente. Ambos son especialistas pero se comunican y se complementan, pues están unidos por un conjunto de fibras nerviosas, denominado **cuerpo calloso.**

- El **hemisferio izquierdo** es el cerebro lógico, analítico y verbal. Controla la mano derecha, la habilidad numérica, el lenguaje, la escritura y el pensamiento racional.
- El **hemisferio derecho** es el cerebro artístico y experto en la percepción de imágenes. Controla la mano izquierda y está relacionado con las emociones, la imaginación y las actividades creativas, como la música o la pintura.

Si se impone el hemisferio izquierdo, somos diestros; si es el derecho, somos zurdos.

ACTIVIDADES

3. ¿En qué parte del sistema nervioso se localizan los cuerpos neuronales? ¿Y los axones?
4. Describe las funciones que desempeñan las distintas áreas de la corteza cerebral.

El sistema nervioso autónomo

¿SABÍAS QUE...?

Debido a sus funciones de regulación de los mecanismos vegetativos del organismo, el SNA recibe también el nombre de sistema neurovegetativo.

El **sistema nervioso autónomo** (SNA) se encarga de regular las funciones vegetativas o rutinarias, como el ritmo metabólico, el tono de los músculos lisos, la temperatura del cuerpo, etc.

Está constituido por dos subsistemas: el **sistema simpático** y el **parasimpático**. Ambos sistemas realizan funciones antagónicas, como el acelerador y el freno.

El **sistema parasimpático** provoca una sensación de placidez y tranquilidad que prepara al individuo para el sueño nocturno.

El **sistema simpático** prepara a los individuos para las situaciones de peligro que requieren una acción inmediata: la defensa, la lucha o la huida.

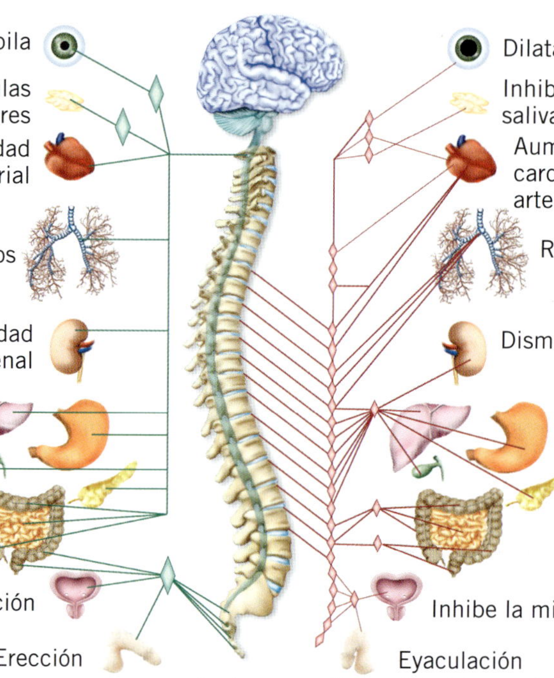

Sistema nervioso autónomo.

Actos reflejos y actos voluntarios

Los **actos nerviosos** pueden ser de dos **tipos:**

- **Actos reflejos:** son respuestas rápidas y automáticas, en las que no participa el cerebro. La médula espinal analiza el mensaje y, sin que intervenga el encéfalo, emite órdenes a los órganos efectores. Este acto reflejo está producido por un circuito simple de neuronas, llamado **arco reflejo.**
- **Actos voluntarios:** son respuestas más elaboradas que los actos reflejos, puesto que en ellos intervienen el cerebro y diversas estructuras nerviosas. Los receptores sensoriales captan los estímulos por medio de los nervios sensitivos y, tras llegar la información al cerebro, este elabora una respuesta y la envía a la médula, y, de ahí, al órgano efector.

EJEMPLO

Si nos quemamos una mano, la médula espinal analiza el mensaje y emite órdenes directamente hacia los músculos de la mano para que la retiren enseguida del fuego que la quema.

ACTIVIDADES

5. ¿Qué funciones desempeña el SNA? ¿Qué estructuras lo componen y dónde se localizan?

6. Explica qué es un acto reflejo. Describe los elementos que intervienen en él.

Drogas y neurotransmisores

El encéfalo analiza la información procedente de los sentidos y crea modelos de lo que le parece que es el mundo, que se renuevan constantemente mediante informaciones nuevas que le llegan desde el exterior. En la transmisión de estas desempeñan un papel primordial los **neurotransmisores.**

Las **drogas,** tanto las legales como las ilegales, son **sustancias químicas** con capacidad de **alterar** el normal **funcionamiento del cerebro:** potencian o inhiben la acción de los neurotransmisores, lo que altera la transmisión de la información y puede engañar al encéfalo.

En el consumo de drogas se busca un efecto estimulante, calmante, para evadirse, para modificar la percepción sensorial, etc. Algunas drogas, como la morfina, se utilizan como medicamentos para aliviar el dolor. Otras, como la heroína, la cocaína, el LSD o el alcohol, crean adicción, fuerte dependencia y causan estragos y devastación personal, familiar y social.

EJEMPLO

Según sus efectos, las drogas pueden clasificarse en diferentes categorías:

Drogas depresoras	• Alcohol. • Opiáceos (morfina, heroína, metadona). • Tranquilizantes (fármacos para calmar la ansiedad). • Hipnóticos (fármacos para dormir).
Drogas estimulantes	• Estimulantes mayores (cocaína, anfetaminas). • Estimulantes menores (nicotina del tabaco). • Aminas despertadoras (cafeína del café y del té y teobromina del cacao).
Drogas que alteran la percepción	• Alucinógenos (LSD, mescalina). • Cannabis (hachís, marihuana). • Drogas de síntesis (éxtasis).

Drogodependencia y síndrome de abstinencia

El consumo regular de drogas genera **tolerancia,** ya que el organismo se adapta y requiere dosis cada vez mayores. Más tarde, cuando su consumo es habitual, se desarrolla la **dependencia,** que puede ser de dos tipos:

- **Dependencia física.** Como consecuencia de la adaptación del organismo a la droga, el individuo necesita mantener una determinada concentración de droga en la sangre. Si desciende este nivel se produce el **síndrome de abstinencia,** que consiste en una profunda sensación de angustia por la falta de droga y que puede incluir vómitos, espasmos, temblores, sudoración, dolor intenso, pérdida de la consciencia, etc.
- **Dependencia psíquica.** Se trata del deseo convulsivo de consumir habitualmente la droga, ya sea para experimentar euforia y aumentar la sociabilidad, para calmar la ansiedad, el miedo, para escapar de la realidad, etc.

El alcohol, una droga legal

El **alcohol** es la droga más consumida en nuestro entorno sociocultural. Es una sustancia que se absorbe rápidamente, pasa a la sangre y llega al cerebro, donde dificulta la transmisión de los impulsos nerviosos. Esto provoca depresión y adormecimiento progresivo de los centros nerviosos, especialmente de los centros responsables del autocontrol.

Los **efectos nocivos** del alcohol son mayores en las personas más jóvenes. Su abuso crónico provoca la destrucción irreversible de neuronas, una intensa dependencia psicológica, pérdida de memoria, disminución de las facultades cognitivas y demencia.

El abuso del alcohol es responsable de un gran número de **accidentes de tráfico** y es además un **tóxico** muy potente para el **feto,** cuando las mujeres embarazadas lo ingieren: provoca malformaciones, retraso mental, problemas de conducta, dificultades para el aprendizaje, etc.

Una de cada cuatro muertes en jóvenes de entre 15 y 29 años se debe a los accidentes de tráfico causados por la ingesta de alcohol.

ACTIVIDADES

7 ¿Qué consecuencias se derivan del abuso del alcohol?

Los órganos de los sentidos

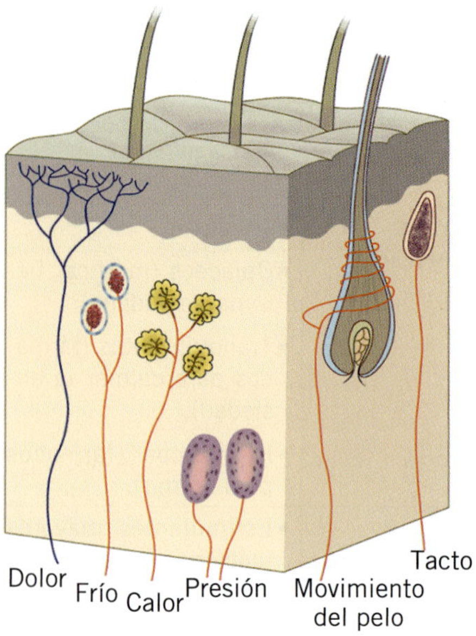

Receptores de la piel.

Los **sentidos** son las facultades que posee el organismo humano para percibir, mediante **receptores sensoriales,** todo lo que le rodea.

Los **receptores sensoriales** son terminaciones nerviosas que forman parte de células, tejidos u órganos que recogen información del medio, interior o exterior, y la transforman en impulsos nerviosos que son enviados a los centros de integración y coordinación.

Estos receptores pueden estar formados por células aisladas, o bien por un conjunto de células agrupadas en órganos de los sentidos.

El tacto

El **tacto** es el único sentido que no se localiza en la cabeza, ya que sus receptores se encuentran en la **piel,** repartidos por todo el cuerpo. Se encarga de captar las texturas y formas de lo que nos rodea, pero también la temperatura y la presión.

La **piel** es un órgano formado por dos capas: la epidermis y la dermis.

En la **dermis** se localizan diferentes receptores sensoriales, cuya estimulación manda impulsos al cerebro que dan lugar a las sensaciones de calor y frío, junto con otras como la presión y el dolor.

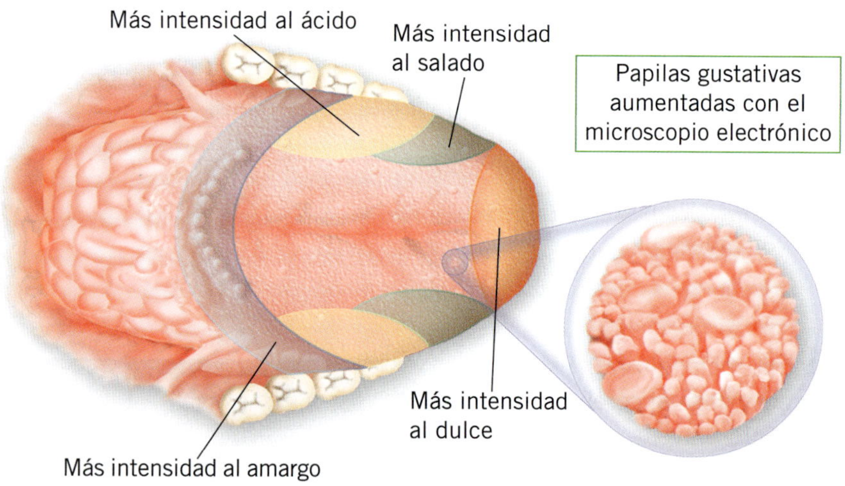

Receptores de la lengua.

El gusto

El sentido del **gusto** detecta las sustancias químicas presentes en los alimentos mediante receptores situados en la **lengua,** lo que nos permite captar los **sabores.**

Hay unas diez mil **papilas gustativas** repartidas en la lengua. Cada papila es un receptor sensible a un determinado sabor. Estos receptores envían diferentes impulsos nerviosos al cerebro, de acuerdo con las características de la sustancia detectada, donde se transforma en sensaciones gustativas.

En este proceso también interviene la información procedente del olfato.

La lengua es capaz de detectar **cuatro sabores** básicos: **dulce, salado, amargo** y **ácido.**

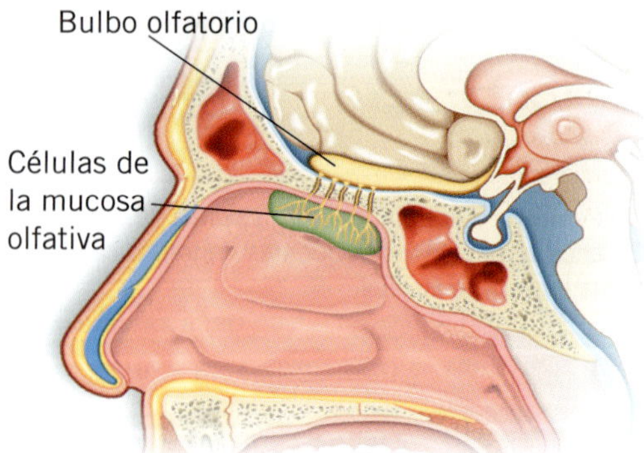

Receptores olfativos.

El olfato

El **olfato** constituye uno de los sentidos más primitivos, junto con el gusto, al que está estrechamente ligado. Permite detectar sustancias químicas emitidas a distancia, transportadas por el aire o el agua.

Las células de la mucosa olfativa perciben la presencia de una sustancia olorosa y elaboran impulsos nerviosos que son enviados al bulbo olfatorio, desde donde se manda la información al centro cerebral correspondiente por medio del nervio olfatorio.

La vista

La **vista** es la encargada de captar la luz, y con ella los colores, la forma y el tamaño de los objetos. Proporciona además información sobre la distancia a la que nos encontramos de ellos, su movimiento, velocidad, etc.

Los **ojos** son los órganos sensoriales donde se encuentran los receptores de luz. Son frágiles, por lo que están protegidos por los huesos del cráneo, alojados en el interior de las órbitas. Externamente los protegen los párpados con las pestañas, las lágrimas y las cejas.

Los ojos captan la luz, pero es el cerebro el que construye las imágenes. Para ello, añade dos nuevos factores: la memoria y la imaginación. La combinación de estos componentes: vista, memoria e imaginación, se denomina percepción, que es el modo de comprender la información recibida a través de los sentidos.

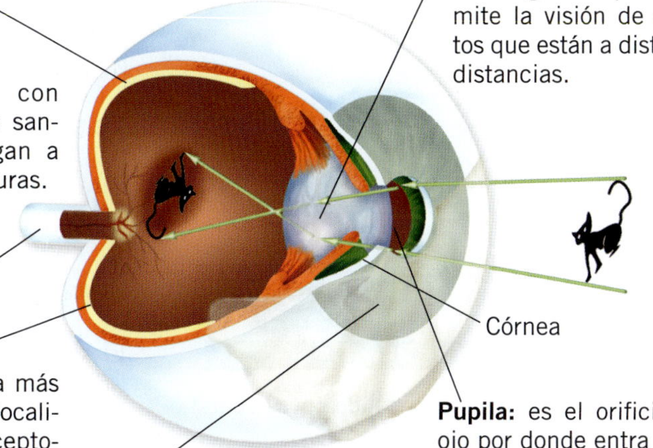

Estructura del ojo.

El oído

El oído es el órgano de la audición, y también de la orientación y el equilibrio, ya que posee dos tipos de receptores: unos captan estímulos sonoros y otros dan a conocer la posición en el espacio (orientación) e informan de los movimientos corporales en las tres direcciones del espacio (equilibrio).

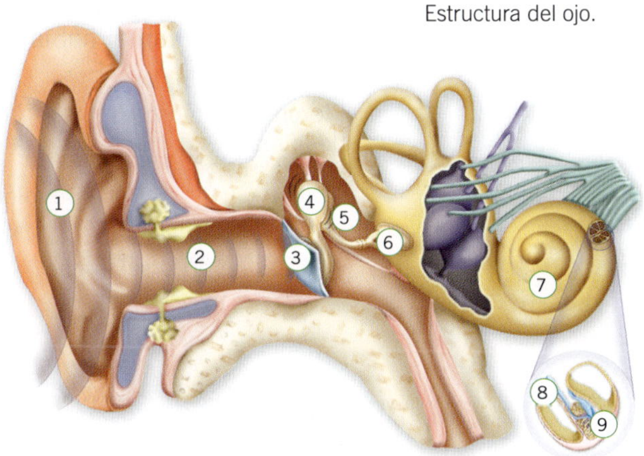

Estructura del oído.

La oreja capta el origen de los sonidos y encauza las ondas sonoras por el conducto auditivo externo hasta el tímpano. Este vibra y transmite las vibraciones a la cadena de huesecillos alojados en el oído medio (martillo, yunque y estribo), y de ahí al caracol, en el oído interno. En el interior del caracol se aloja el órgano de Corti, donde se encuentran los receptores del sonido.

Cuidado e higiene de los órganos de los sentidos

Los siguientes consejos pueden ayudar a cuidar los órganos de los sentidos:

Tacto	Gusto	Olfato	Vista	Oído
• Ducharse regularmente. • Evitar quemaduras, roces, cortes o golpes.	• Cepillarse los dientes y la lengua después de cada comida.	• Evitar el aire muy frío. • Evitar los olores fuertes o agresivos.	• Leer con buena luz y manteniendo una distancia adecuada respecto del libro o del ordenador.	• Evitar los sonidos fuertes. • Procurar no introducir ningún objeto en ellos.

ACTIVIDADES

8. Explica qué son los sentidos. Describe las principales características de cada uno de ellos.

El aparato locomotor

El **aparato locomotor** nos permite relacionarnos con el medio a través del movimiento. Nos movemos gracias a un complejo sistema dirigido desde el sistema nervioso.

El aparato locomotor está formado por el **sistema muscular** y el **sistema esquelético.**

El sistema muscular

El **sistema muscular** está formado por los **músculos,** que constituyen el complejo motor que mueve los huesos, y por los **tendones,** que son los encargados de unir los músculos a los huesos.

Existen tres tipos de tejidos musculares: **cardiaco**, **liso** y **esquelético,** pero solo este último es responsable del movimiento voluntario. Está formado por haces de fibras capaces de contraerse y relajarse.

Todos los **movimientos** de huesos y articulaciones se producen por las **contracciones** de los más de 600 músculos que componen el sistema muscular esquelético. Además del movimiento, los músculos ayudan a mantener la postura vertical, facilitan el habla, la deglución, etc.

RECUERDA

Los músculos son un tipo de tejido cuyas células se denominan fibras musculares.

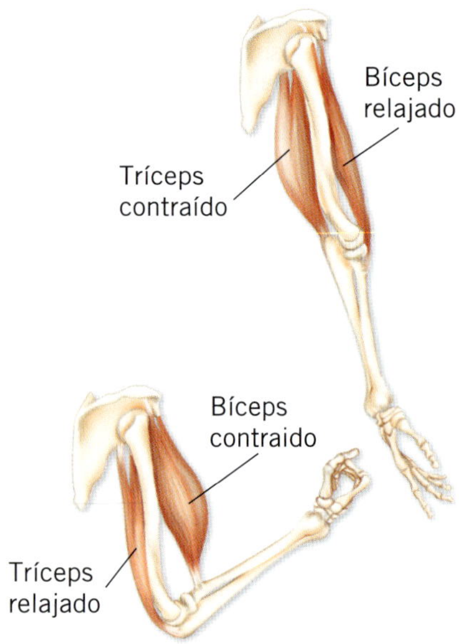

Muchos músculos operan de manera antagónica: los huesos actúan de palanca, los músculos aportan la fuerza, y el punto de apoyo está en las articulaciones.

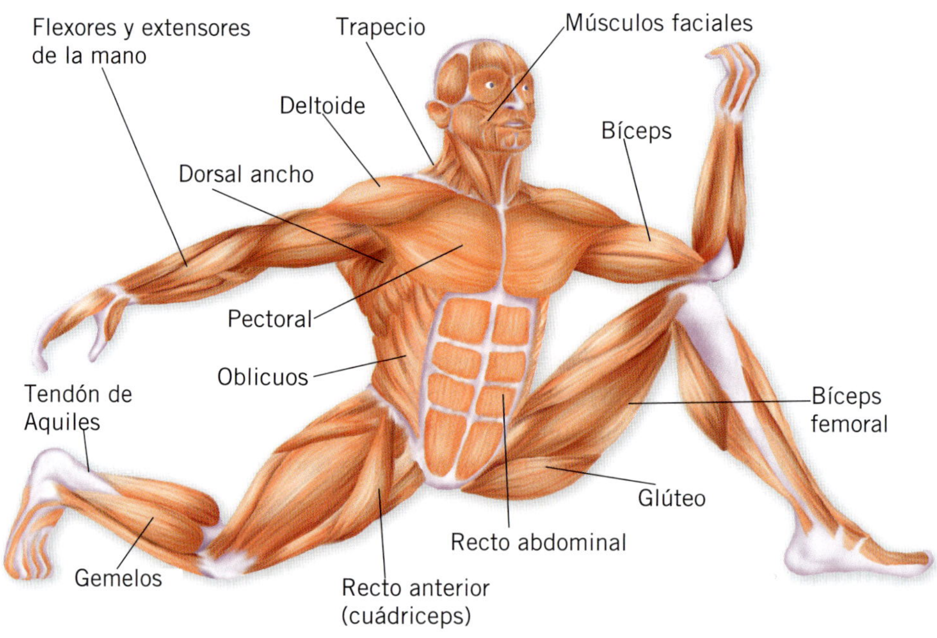

Sistema muscular.

El sistema esquelético

El sistema esquelético es el elemento pasivo del aparato locomotor. Está constituido por los **huesos,** las **articulaciones** (que conectan dos huesos próximos) y los **ligamentos articulares,** encargados de unir entre sí los huesos con las articulaciones.

El **esqueleto** proporciona **soporte** al cuerpo y **protección** a los órganos internos. Supone también una reserva de calcio y fósforo, y en la médula ósea roja es donde se forman las células sanguíneas.

Las articulaciones. Son las zonas de contacto entre dos huesos. Son las responsables de dotar de cierta flexibilidad a los movimientos.

Las articulaciones pueden ser **inmóviles,** donde los huesos están soldados, como las del cráneo; **semimóviles,** en las que los huesos se pueden desplazar ligeramente unos sobre otros, como las de la columna vertebral, o **móviles,** en las que los huesos se deslizan unos sobre otros, como la del codo.

En las articulaciones móviles la superficie de los huesos está recubierta de **cartílago,** que suaviza el desgaste continuo. Además, el **líquido sinovial** evita los roces y reduce la fricción en el movimiento.

Los huesos que forman las articulaciones móviles se sujetan entre sí mediante **ligamentos,** que son bandas de tejido conjuntivo fibroso que los mantienen unidos.

Elementos del sistema esquelético

- **Esqueleto axial o craneal:** consta de 80 huesos, y está formado por el **cráneo**, que protege al encéfalo, y la **columna vertebral**, formada por las vértebras, por cuyo interior discurre la médula espinal.
- **Esqueleto apendicular:** consta de 126 huesos, e incluye: la cintura escapular, que forma la estructura de los hombros; la cintura pélvica, que forma la cadera, y las extremidades superiores e inferiores.

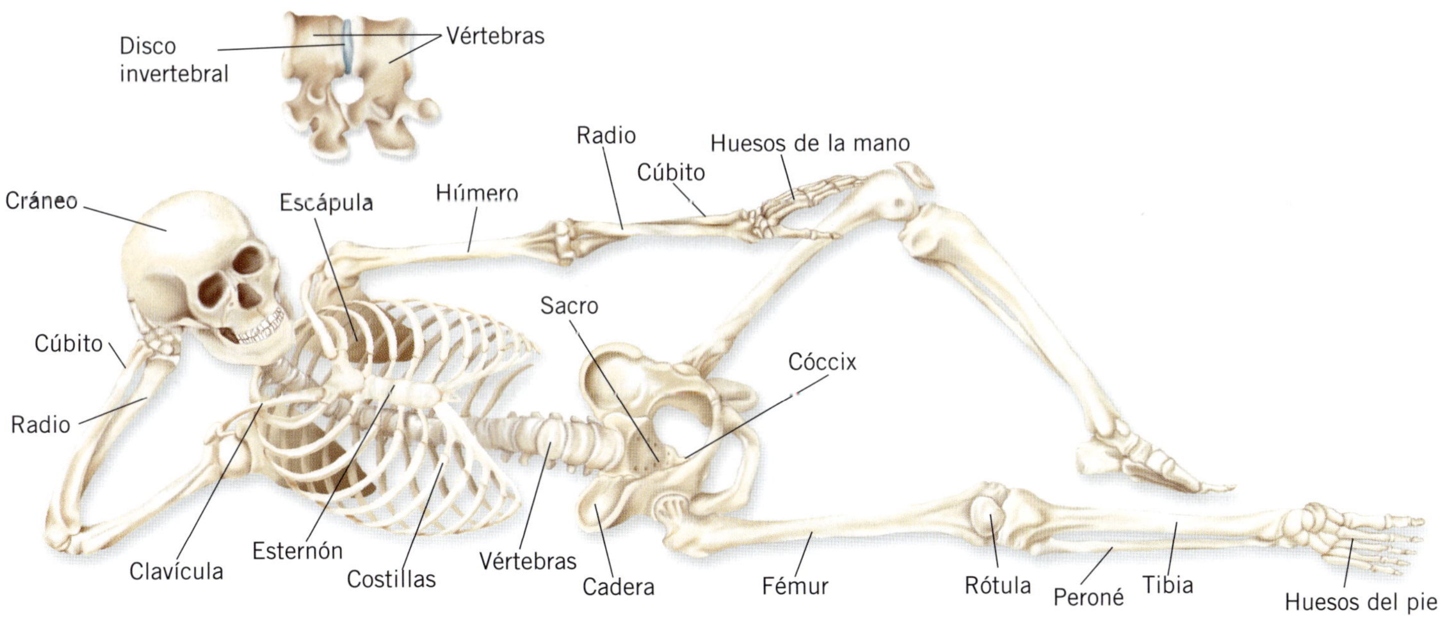

El sistema esquelético.

ACTIVIDADES

9. ¿Cómo se unen los huesos entre sí? ¿Qué función desempeñan los ligamentos?

10. Indica qué tipo de articulaciones son la rodilla, el codo, el hombro, las vértebras y las de los huesos del cráneo.

11. Investiga acerca de las fracturas por sobrecarga. ¿En qué consisten? ¿Por qué se producen?

¿SABÍAS QUE...?

Para prevenir lesiones del aparato locomotor es necesario realizar ejercicio físico moderado.

Si se realizan ejercicios de estiramiento antes de practicar un deporte, los ligamentos de las articulaciones estarán flexibles y elásticos.

Una correcta práctica deportiva evita esguinces, roturas de ligamentos o de cartílago, entre otras lesiones.

El sistema endocrino

El sistema endocrino, u hormonal, está formado por un conjunto de **glándulas endocrinas** que elaboran y vierten a la sangre o al medio intercelular unas sustancias químicas llamadas **hormonas,** que actúan como mensajeras.

Las **hormonas** son responsables del control de muchos procesos biológicos, como el desarrollo sexual, el embarazo o el crecimiento, así como de la regulación de los niveles de algunas sustancias en el organismo, como la glucosa.

La hipófisis

La **hipófisis,** o glándula pituitaria, controla la secreción hormonal de las demás glándulas endocrinas. Está situada en la base del cerebro y consta de **dos zonas:**

- La **adenohipófisis** libera diversos tipos de hormonas, como la hormona del crecimiento (GH), que estimula el crecimiento de los huesos, o la prolactina (PRL), que estimula la secreción de leche en las glándulas mamarias.
- La **neurohipófisis** contiene los axones de las neuronas procedentes del hipotálamo, que segregan y almacenan dos tipos de neurohormonas: la **oxitocina** (OT), que provoca las contracciones en el parto, o la hormona **antidiurética** (ADH), que estimula la reabsorción de agua por el riñón y evita la pérdida de grandes cantidades de agua por la orina.

El control de la secreción hormonal. El **hipotálamo** segrega factores estimulantes que actúan sobre la **adenohipófisis.** Esta segrega a su vez **hormonas tropinas,** que estimulan la secreción hormonal de las restantes **glándulas endocrinas.** Cuando la concentración de una hormona alcanza determinados niveles inhibe en el hipotálamo la liberación del factor correspondiente, por lo que dejan de liberarse hormonas tropinas y, por tanto, se paraliza la secreción de la hormona en cuestión.

Principales alteraciones del sistema endocrino

Algunas de las principales alteraciones del sistema endocrino son las siguientes:

- La baja secreción de la hormona del crecimiento durante la infancia provoca **enanismo hipofisiario.**
- El **hipertiroidismo** se produce por una excesiva actuación de la hormona tiroidea y un aumento del tamaño de la tiroides, que da lugar al bocio, un abultamiento en el cuello.
- La **diabetes** consiste en un incremento de la glucosa en sangre. Existen dos tipos de diabetes: la diabetes *mellitus* tipo I, debida a una predisposición genética heredada, y la tipo II, que suele aparecer en individuos adultos susceptibles. Se trata con insulina.

¿SABÍAS QUE...?

Además de la hipófisis, otras glándulas endocrinas importantes son:

Páncreas: es una glándula mixta, puesto que segrega jugo pancreático, que interviene en la digestión, y hormonas: insulina, que estimula la utilización de glucosa por los músculos, y el glucagón, que estimula la conversión de glucógeno en glucosa.

Testículos: segregan andrógenos, que producen y mantienen los caracteres sexuales secundarios.

Ovarios: producen estrógenos, que desarrollan las glándulas mamarias y los restantes caracteres sexuales femeninos. También la progesterona, que interviene en la ovulación y regula el ciclo menstrual.

Tiroides: segrega tiroxina, que incrementa la actividad metabólica.

Glándulas suprarrenales: segregan hormonas como la adrenalina o los corticoides. Participan en la regulación del metabolismo y tienen un efecto antiinflamatorio.

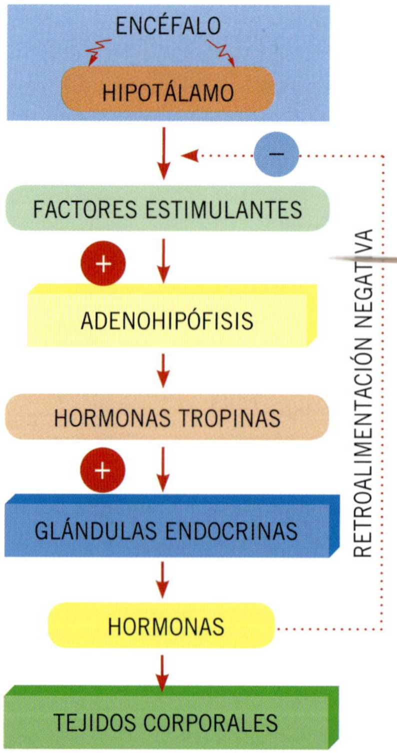

Las hormonas se controlan por un mecanismo de retroalimentación que se parece al termostato de un sistema de calefacción.

ACTIVIDADES

12. ¿Qué significa que las hormonas son mensajeros químicos?
13. ¿Qué consecuencias tendría la insuficiente producción de la hormona del crecimiento durante la infancia?

1. ¿Podría existir la función de relación sin órganos efectores? Explica por qué.
2. Explica la función que desempeñan los receptores internos. ¿Qué ocurre cuando percibimos su existencia?
3. ¿Por qué se dice que en la sinapsis la corriente nerviosa no es continua de principio a fin?
4. Realiza en tu cuaderno un dibujo de los elementos que intervienen en un acto reflejo y describe el proceso.
5. Identifica en tu cuaderno los diferentes elementos señalados con números que figuran en este dibujo y describe las funciones que desempeñan.

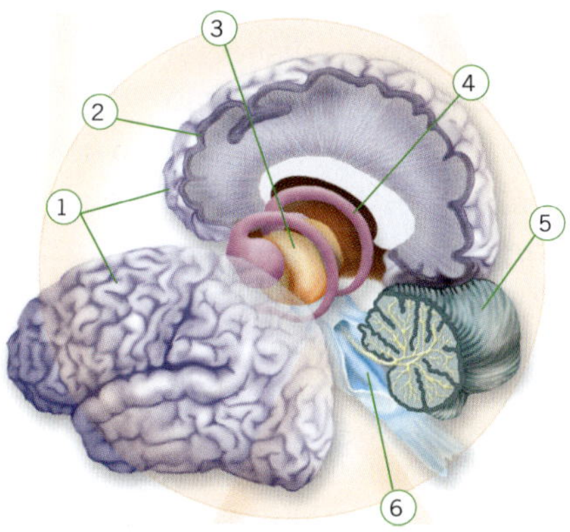

6. Escribe en tu cuaderno los números correspondientes a las actividades que lleva a cabo cada uno de los dos hemisferios cerebrales.

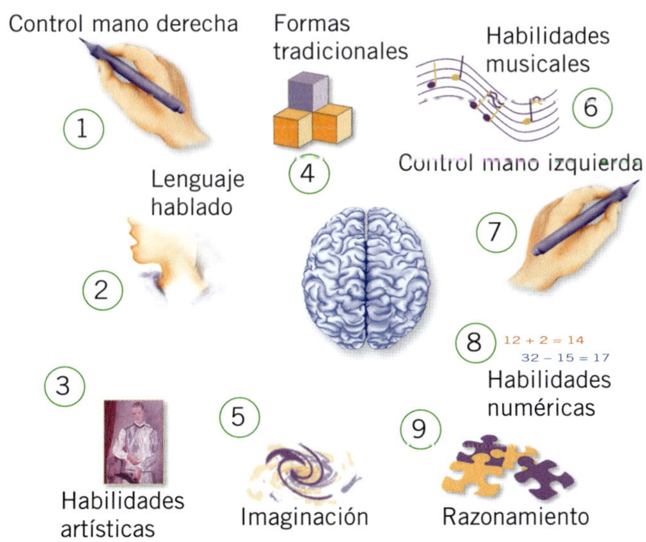

7. ¿Qué sentidos actúan conjuntamente para que el cerebro perciba los sabores?
8. ¿Qué función desempeña el cristalino? ¿Cómo se modifica el diámetro de la pupila?
9. ¿Cuáles son los receptores de la visión diurna? ¿Y los de la visión nocturna?
10. Escribe en tu cuaderno el nombre de cada una de las partes numeradas en este dibujo y explica qué funciones desempeñan.

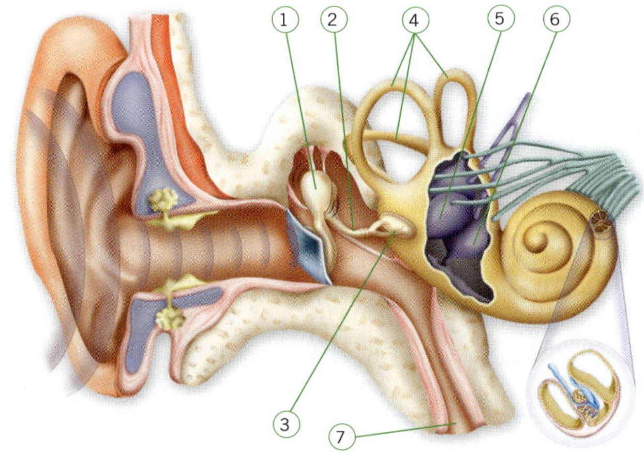

11. ¿Por qué se producen la contracción y la relajación muscular?
12. ¿Cómo se produce el movimiento de los huesos?
13. Busca información y escribe un texto breve (unas 200 palabras) sobre la osteoporosis (causas, tipo de pacientes, tratamiento, etc.).
14. Observa las siguientes gráficas, que muestran las variaciones de las concentraciones de glucosa en sangre y de insulina en sangre tras ingerir sustancias azucaradas, y contesta a las cuestiones.

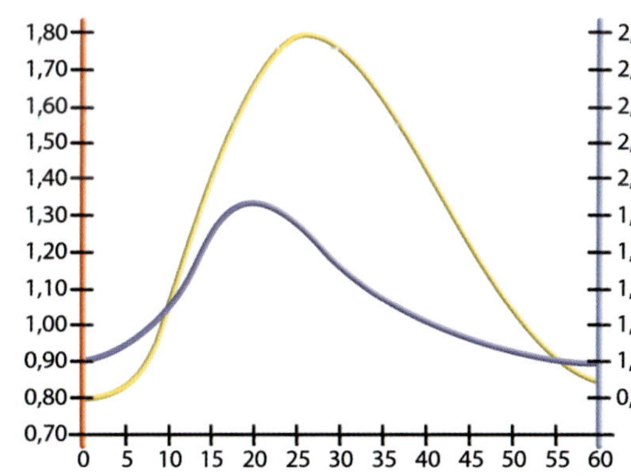

a) ¿Cuándo se alcanzan los niveles máximos de glucosa en sangre? ¿Por qué los máximos niveles de insulina se alcanzan un poco después?

b) ¿Por qué disminuyen los niveles de glucosa tras el incremento de la concentración de insulina en sangre? ¿Adónde va la glucosa que desaparece de la sangre?

LA MEDICINA CLÁSICA

En la Grecia clásica, Hipócrates (siglo V a.C.) estableció las bases de la medicina, separándola de la magia y de la superchería. «A cualesquier casa que entre, iré por el beneficio de los enfermos, absteniéndome de todo error voluntario y corrupción...». Este párrafo extraído del juramento hipocrático sigue vigente en la actualidad, ya que todos los médicos prestan este juramento desde hace más de 2 400 años antes de comenzar a ejercer su profesión.

Galeno (130-200), Avicena (980-1037) e Hipócrates (460-370 a.C.) son considerados los precursores más destacados de la ciencia médica.

La anatomía humana (ciencia que estudia la forma, estructura y distribución de los órganos y sistemas) comenzó a estudiarse en la escuela de Alejandría (siglo III a.C.), donde ya se realizaban disecciones a los cadáveres para estudiar sus órganos internos.

Galeno, un médico romano del siglo II a.C., amplió el conocimiento anatómico, y realizó numerosas disecciones, tanto en cadáveres humanos como de animales.

Después de la caída del Imperio romano hubo un largo paréntesis en Occidente, tanto en medicina como en el resto de las ciencias. La Iglesia había prohibido las disecciones a cadáveres y una ola de oscurantismo se extendió durante la Edad Media.

Pero no se perdió todo. Los médicos árabes heredaron el conocimiento clásico acumulado en la escuela de Alejandría y sus descubrimientos fueron traducidos al latín por algunos monjes medievales, especialmente en la península Ibérica.

Los textos de medicina se propagaron por toda Europa y aparecieron las primeras escuelas de medicina.

Durante el Renacimiento (siglos XV-XVI) surgieron figuras como Andrés Vesalio, que reanudó las disecciones y sentó las bases de la anatomía.

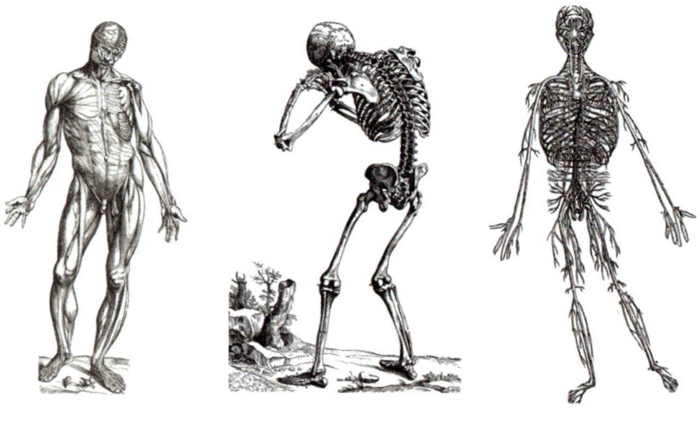

Ilustraciones de la obra *De corporis humani*, de Andrés Vesalio.

ACTIVIDADES

1. ¿Por qué decimos que Hipócrates y Galeno son los padres de la medicina?
2. ¿Qué papel desempeñaron los médicos árabes en la transmisión del conocimiento clásico relacionado con la medicina?
3. ¿Qué aportó Andrés Vesalio al conocimiento médico?
4. Busca más información acerca del juramento hipocrático. Recopila los principios que te parezcan más importantes. ¿Crees que en la actualidad sigue vigente el juramento hipocrático?

9 Reproducción y sexualidad

En esta unidad estudiaremos

1. Las funciones de reproducción
2. El aparato reproductor femenino y masculino
3. El proceso reproductor
4. El sexo y la sexualidad
5. Las enfermedades de transmisión sexual

Las funciones de reproducción

Las **funciones de reproducción** son un conjunto de procesos por los que un ser vivo produce otro ser vivo idéntico o similar a él, lo cual asegura la continuidad de las especies.

La **reproducción humana** es **sexual,** y, por ello, tiene dos características:

- El nuevo individuo se forma a partir de una única célula, llamada **cigoto** o célula huevo.
- El cigoto surge de la unión de dos células sexuales, denominadas **gametos.** En este proceso, llamado **fecundación,** se une el material genético de ambos progenitores.

En los seres humanos, la **fecundación** es **interna,** es decir, tiene lugar dentro del aparato reproductor femenino.

El desarrollo del nuevo ser también tiene lugar en el interior del cuerpo de la madre, por lo que se dice que somos **vivíparos.** Esta forma de desarrollo supone una mayor protección para el futuro bebé y aumenta la probabilidad de supervivencia. Además, ayuda a crear lazos afectivos sólidos con la madre.

Los órganos encargados de la función de reproducción constituyen el **aparato reproductor.** Aunque los aparatos reproductores del hombre y de la mujer son diferentes, ambos constan de **gónadas,** que son los órganos que producen los **gametos.**

En los seres humanos, los **gametos femeninos** son los óvulos, mientras que los **gametos masculinos** son los **espermatozoides.**

Las células sexuales o reproductoras son las «semillas» de la vida que perpetúan la especie.

El **óvulo** es una célula grande, inmóvil y cargada de nutrientes, que está protegida por dos membranas: la membrana pelúcida y la corona radiata. En el interior, la célula contiene el citoplasma y el núcleo. Los óvulos se desarrollan dentro de unas cavidades del ovario llamadas folículos de De Graaf.

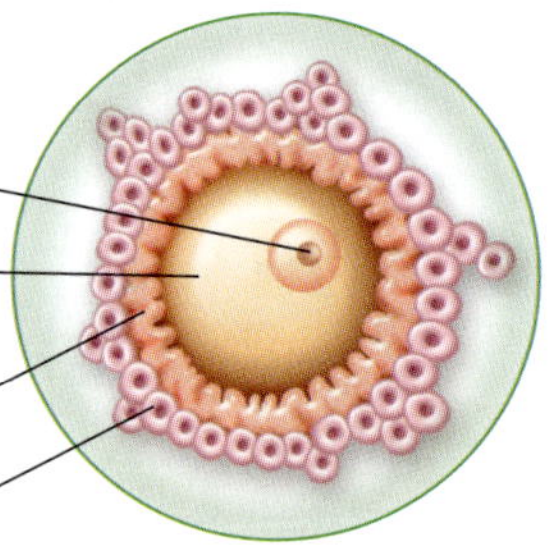

Óvulo.

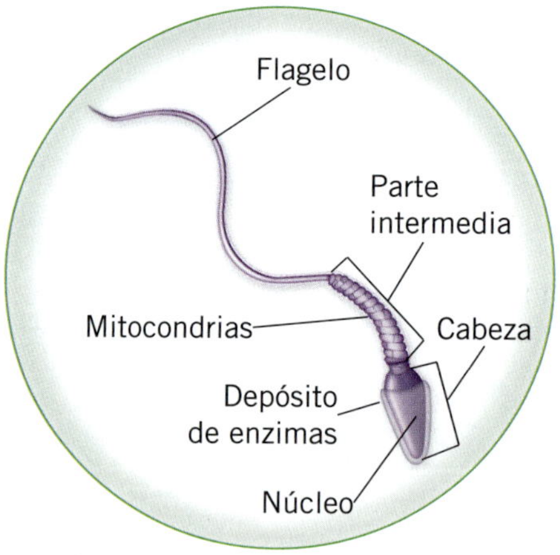

El **espermatozoide** es una célula flagelada cuya cabeza contiene el núcleo, portador de la información genética. En la parte anterior posee un depósito, el acrosoma, que contiene enzimas que debilitan la pared del óvulo, facilitando la entrada del espermatozoide. La parta intermedia o cuello contiene mitocondrias que le aportan energía, y el flagelo es la estructura que le permite desplazarse hasta el óvulo.

Espermatozoide.

Tras la **fecundación,** el cigoto se transformará en **embrión,** y este, después de varias etapas de desarrollo, en un **individuo.**

ACTIVIDADES

1. ¿Qué implica el proceso de la reproducción?
2. Además de la reproducción sexual, en la naturaleza existe otro tipo de reproducción. ¿Cómo se llama? ¿Qué la diferencia de la sexual?

El aparato reproductor

El aparato reproductor femenino

La mayor parte de los órganos sexuales de la mujer se encuentran alojados en el **interior** de la **pelvis,** por lo que no son apreciables a simple vista.

El **aparato reproductor femenino** está constituido por un conjunto de órganos, conductos, glándulas accesorias y genitales externos. Estas estructuras permiten a la mujer mantener relaciones sexuales y producir óvulos, y, si la fecundación tiene lugar, ofrece un ambiente seguro y alimento para que se desarrolle un nuevo ser.

¿SABÍAS QUE...?

En la entrada de la vagina está el himen, una fina membrana que nunca cierra completamente la vagina, ya que debe permitir la salida del flujo menstrual, pero que, a menudo, puede dificultar las primeras relaciones sexuales.

Ovarios. Son dos órganos encargados de producir los óvulos. Se encuentran alojados en el abdomen y tienen la forma y el tamaño aproximado de una almendra. Están unidos al útero por un ligamento y se comunican con él mediante las trompas de Falopio.

Trompas de Falopio. Son dos conductos que conectan los ovarios con el útero. Cada trompa se comunica con su ovario correspondiente a través de un ensanchamiento que termina en unos apéndices llamados fimbrias. Las trompas se encargan de transportar el óvulo hasta el útero tras la fecundación.

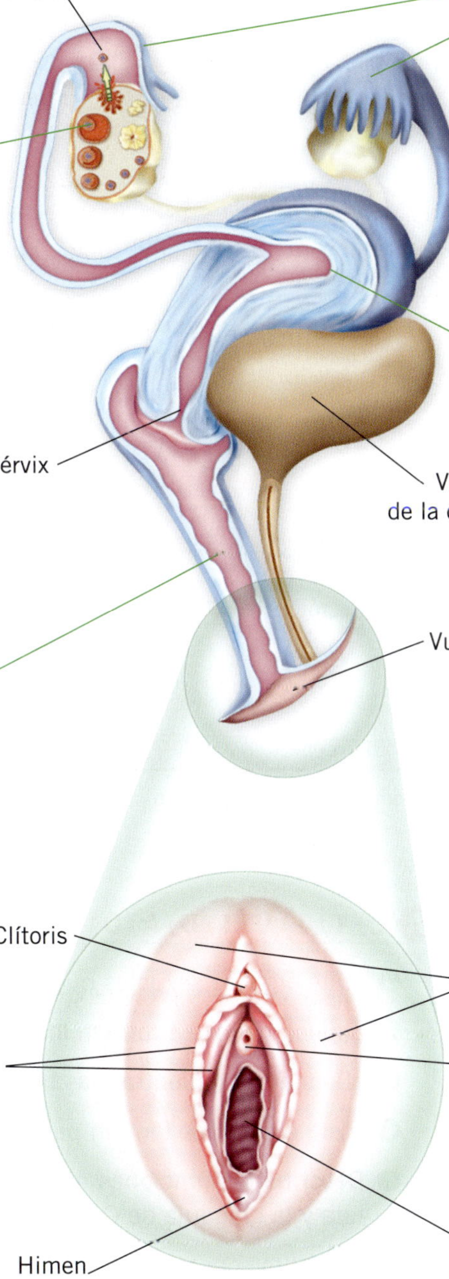

Útero. Es un órgano muscular hueco que aloja y protege al bebé durante el embarazo.
Consta de una poderosa pared muscular que está recubierta en su parte interna por una membrana mucosa, llamada endometrio. La parte inferior del útero se llama cérvix o cuello uterino y está conectada con la vagina.

Vagina. Es un canal muscular que discurre desde el útero hasta el exterior del cuerpo.
En sus paredes se localizan glándulas mucosas que segregan sustancias lubricantes para facilitar el coito. Su interior sirve de receptáculo para los espermatozoides liberados por el pene y como canal de salida en el momento del parto.

Los genitales externos. Están constituidos por la vulva. La vulva consta de dos pliegues: dos labios mayores, externos, y dos labios menores, internos. Estas estructuras protegen los orificios de los aparatos urinario y reproductor. En la unión delantera de los labios menores se encuentra el clítoris, que es el órgano sensorial sexual de la mujer. Se trata de una pequeña protuberancia constituida por tejido eréctil.

Sistema reproductor femenino.

¿SABÍAS QUE...?

Los testículos cuelgan y se alojan en el escroto. El hecho de que estén situados fuera del abdomen les permite estar entre 3 y 5 °C por debajo de la temperatura corporal, que sería demasiado elevada para la correcta formación de los espermatozoides.

El aparato reproductor masculino

La parte visible del aparato reproductor masculino la forman el pene y una especie de bolsa, llamada escroto, donde se alojan los testículos.

El **aparato reproductor masculino** está constituido por un conjunto de órganos, conductos, glándulas accesorias y genitales externos. Estas estructuras permiten al varón mantener relaciones sexuales, producir espermatozoides y depositarlos en el interior del aparato reproductor femenino para fertilizar al óvulo.

Pene. Es el órgano copulador. En el interior del pene se encuentran los cuerpos esponjosos y cavernosos, que cuando se llenan de sangre provocan la erección: el pene aumenta de tamaño, se alza y se pone rígido, lo que le permite introducirse en la vagina y depositar el semen en su interior.
El extremo del pene se llama glande, y es muy sensible, por lo que está protegido por una capa de piel retráctil, el prepucio.
Por el interior del pene discurre la uretra, a través de la cual se produce la salida de la orina y del semen, pero nunca de forma simultánea.

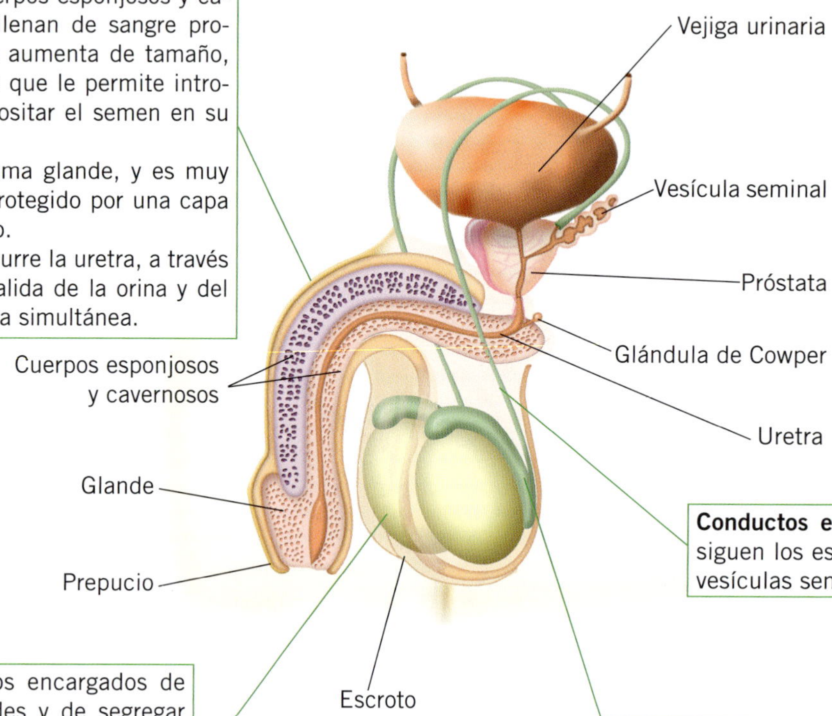

Vesícula seminal, próstata y glándula de Cowper. Segregan sustancias que van a conformar el semen, y que sirven para proteger, dar energía e incrementar la movilidad de los espermatozoides.

Conductos espermáticos. Es el camino que siguen los espermatozoides hasta llegar a las vesículas seminales.

Testículos. Son los órganos encargados de producir los espermatozoides y de segregar las hormonas sexuales masculinas (testosterona). Se alojan en el interior de una bolsa, el escroto, que pende de la cavidad abdominal. Están formados por numerosos túbulos seminíferos enrollados, en los cuales maduran los espermatozoides.

Epidídimo. Conducto en el que maduran los espermatozoides. Están situados encima de cada testículo.

Sistema reproductor masculino.

ACTIVIDADES

3. ¿Qué órganos sexuales pueden apreciarse a simple vista?
4. Explica dónde se forman los óvulos.
5. ¿Dónde se encuentran las trompas de Falopio y cuál es su función?
6. ¿Qué elementos forman parte de la estructura de un espermatozoide?
7. Describe las funciones que desempeñan la vesícula seminal, la próstata y la glándula de Cowper.
8. ¿Qué funciones desempeña el pene?

La pubertad

Durante la infancia, los seres humanos no pueden reproducirse, pues todo el aparato reproductor actúa como si estuviera a la espera de una señal. Esa señal llega cuando se alcanza la pubertad, entre los 9 y los 16 años.

La **pubertad** comienza cuando el hipotálamo, a través de la hipófisis, decide que los ovarios o los testículos deben comenzar a madurar, preparando nuestro cuerpo para la reproducción, esto es, para la vida adulta.

Para poner en funcionamiento el proceso de maduración, el **hipotálamo** envía un mensaje a la hipófisis, ordenándole la producción de las **hormonas FSH** (folículo estimulante) y **LH** (hormona luteinizante). Estas viajan a través de la sangre hasta los órganos sexuales, que se desarrollan y liberan gran cantidad de hormonas sexuales.

A partir de la pubertad, los ovarios comienzan a producir los **óvulos;** y los testículos, **espermatozoides.** En los chicos, la producción de espermatozoides es continua. En cambio, en las chicas, las hormonas relacionadas con la reproducción se liberan a intervalos regulares cíclicos como parte de lo que se denomina el ciclo reproductor.

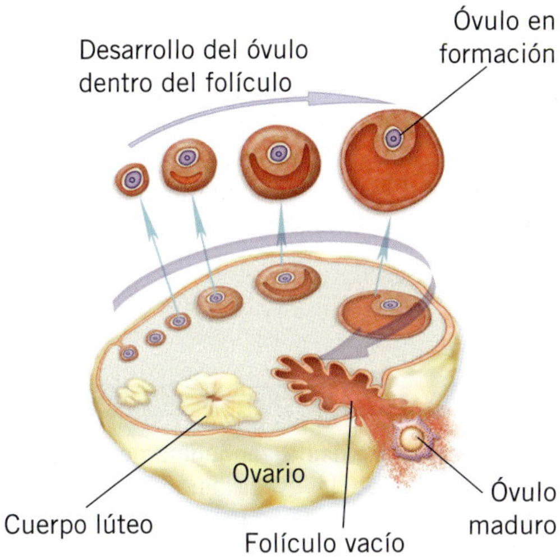

Desarrollo del óvulo en un ovario, dentro del folículo de De Graaf. Una vez al mes (cada 28 días aproximadamente) tiene lugar la ovulación: se libera un óvulo maduro que pasa a las trompas de Falopio.

El ciclo reproductor femenino

El aparato reproductor de la mujer experimenta cada mes una serie de cambios que la preparan para un posible embarazo. Estos cambios se repiten de manera periódica, cada 28 días más o menos. Son cambios que forman parte de un ciclo reproductor que tiene dos componentes estrechamente relacionados: el ciclo ovárico y el ciclo menstrual.

El ciclo ovárico. Al nacer, las niñas ya poseen en sus ovarios inmaduros todas las células que se van a transformar en óvulos.

A partir de la pubertad madura el primer óvulo en uno de los ovarios y se expulsa a la trompas de Falopio, en un proceso que se conoce como **ovulación.** De este modo, desde la pubertad, momento en que comienza la vida reproductora de la mujer, hasta la menopausia, que señala su fin, los ovarios empiezan a hacer algo que nunca habían hecho antes: producir óvulos.

El ciclo menstrual. Paralelamente a los cambios que se producen en el ciclo ovárico, tienen lugar un conjunto de modificaciones cíclicas en el revestimiento interno del útero, llamado endometrio, que engrosa sus paredes y se prepara para albergar un posible óvulo fecundado.

Si no hay fecundación, el endometrio se separa del útero y se expulsa a través de la vagina, junto con el óvulo no fecundado, sangre y otros fluidos. Esto se conoce como **menstruación.**

¿SABÍAS QUE...?

No todas las mujeres tienen ciclos regulares de 28 días, lo cual es normal. Una misma mujer puede tener ciclos largos y ciclos cortos alternativamente en el transcurso de su vida.

Edad de la mujer	Duración del ciclo menstrual (en días)
12-17	34 ± 9
18-24	31 ± 5
25-34	30 ± 5
35-50	28 ± 4

Muchas deportistas o las mujeres extremadamente delgadas no disponen de suficiente grasa corporal, lo que puede provocar amenorrea, es decir, ausencia de menstruación.

ACTIVIDADES

9. ¿Qué diferencia hay entre, ovulación y menstruación? ¿Qué papel desempeña la hipófisis en ambos procesos?

10. Si una mujer ovula el día 4 de marzo, ¿podría quedarse embarazada si tuviera relaciones sexuales el 2 de abril y sus ciclos fueran regulares, de 28 días? ¿En qué fechas podría lograr el embarazo?

El proceso reproductor

Para que la reproducción pueda llevarse a cabo, deben producirse primero las células implicadas en dicho proceso. La formación de los gametos se denomina **gametogénesis,** y es diferente en el caso de hombres y mujeres, aunque el mecanismo básico es el mismo: la **meiosis.**

La formación del óvulo se llama **ovogénesis,** y la del espermatozoide, **espermatogénesis.**

La fecundación

La **fecundación** es el proceso que tiene lugar tras la entrada del espermatozoide en el óvulo, cuando se produce la fusión de los núcleos de ambos gametos.

La fecundación se produce en el interior del aparato reproductor femenino, en las trompas de Falopio. En cada eyaculación (salida del semen) se liberan entre 300 y 500 millones de espermatozoides, pero solo uno de ellos logrará fecundar al óvulo.

Los espermatozoides que se acercan al óvulo liberan enzimas que debilitan las membranas que envuelven y protegen al óvulo. Una vez que la cabeza y la parte intermedia de un espermatozoide están dentro del óvulo, la cubierta externa de este se refuerza e impide que otros espermatozoides penetren.

El núcleo del espermatozoide que ha penetrado se dirige hacia el núcleo del óvulo. Los dos núcleos se funden en uno y los cromosomas de ambos se alinean en el centro del óvulo. En este momento preciso, el óvulo ya fecundado deja de ser un óvulo y pasa a ser una célula nueva: el **cigoto.**

¿SABÍAS QUE...?

Los espermatozoides viven únicamente cinco días después de la eyaculación, y el óvulo, 48 horas tras la ovulación, por lo que, para que se produzca la fecundación, el encuentro entre los dos gametos debe darse en ese periodo de tiempo.

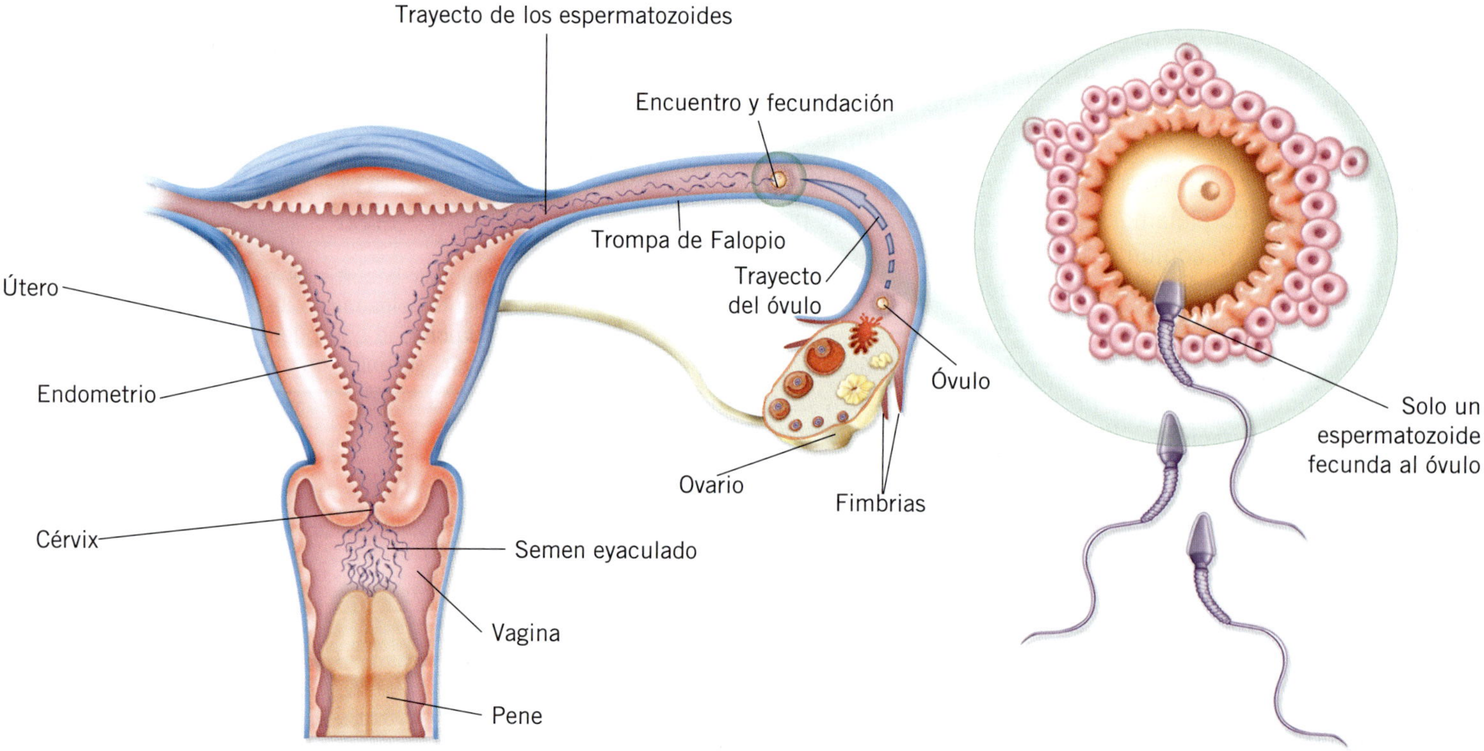

El proceso de fecundación.

El embarazo

El **embarazo** es el periodo que media entre la fecundación y el parto. Este tiempo suele ser de unas 40 semanas (nueve meses, aproximadamente). Su fase final, el momento del nacimiento, se denomina **parto.**

Entre la segunda y la octava semana de embarazo, el **cigoto** pasa a llamarse **embrión.** Después, y hasta el nacimiento, se denomina **feto.**

- El **desarrollo del embrión** es el conjunto de etapas comprendidas entre la fecundación y la octava semana del embarazo.

  En este periodo, las células se dividen y se diferencian, es decir, se transforman, cambian de tamaño, forma y contenido, de acuerdo con el tejido al que van a pertenecer y el trabajo específico que van a realizar, para conformar gradualmente la figura humana característica.

- El **desarrollo del feto** es el conjunto de etapas comprendidas entre los dos meses de embarazo y el nacimiento.

  En esta etapa, el feto flota en el interior del saco amniótico, un recinto lleno de fluido protector, que se denomina líquido amniótico. También recibe oxígeno y nutrientes a través de la placenta, órgano que une al feto con la madre mediante un tubo largo y flexible, llamado cordón umbilical. Estas dos estructuras se encargan, además, de retirar los productos de desecho que origina el feto.

El parto. Cuando el parto se aproxima, el útero o matriz da cabida a un bebé que pesa entre tres y cuatro kilogramos. A esto hay que añadirle una placenta de medio kilo y unos dos litros de líquido amniótico. Cuando el parto es inminente, la potente musculatura uterina ayuda al bebé a salir al exterior.

El parto se puede dividir en tres etapas:

- **Preparto.** La madre comienza a sentir los dolores de las primeras contracciones, provocadas por la dilatación del cuello del útero. Los músculos de su útero se contraen y se relajan una y otra vez. Estas contracciones se van haciendo gradualmente más frecuentes, fuertes e intensas, hasta que son prácticamente continuas.

  Al terminar esta fase, se produce la rotura de la bolsa amniótica y la salida al exterior del líquido, fenómeno conocido como «romper aguas».

- **Parto.** La cabeza del bebé se desliza a través de la vagina hasta que sale al exterior. En este momento, bastan algunas contracciones más para que el bebé haya nacido.

- **Posparto.** Se inicia algunos minutos después del parto, con nuevas contracciones que sirven para expulsar la placenta.

  Cuando el recién nacido ya no la necesita, se le separa de ella cortando el cordón umbilical. La cicatriz que deja este corte se llama ombligo.

ACTIVIDADES

11. ¿Dónde tiene lugar la fecundación del óvulo por el espermatozoide?
12. ¿Qué diferencia existe entre embrión y feto?
13. Describe los acontecimientos que tienen lugar durante las etapas del parto.

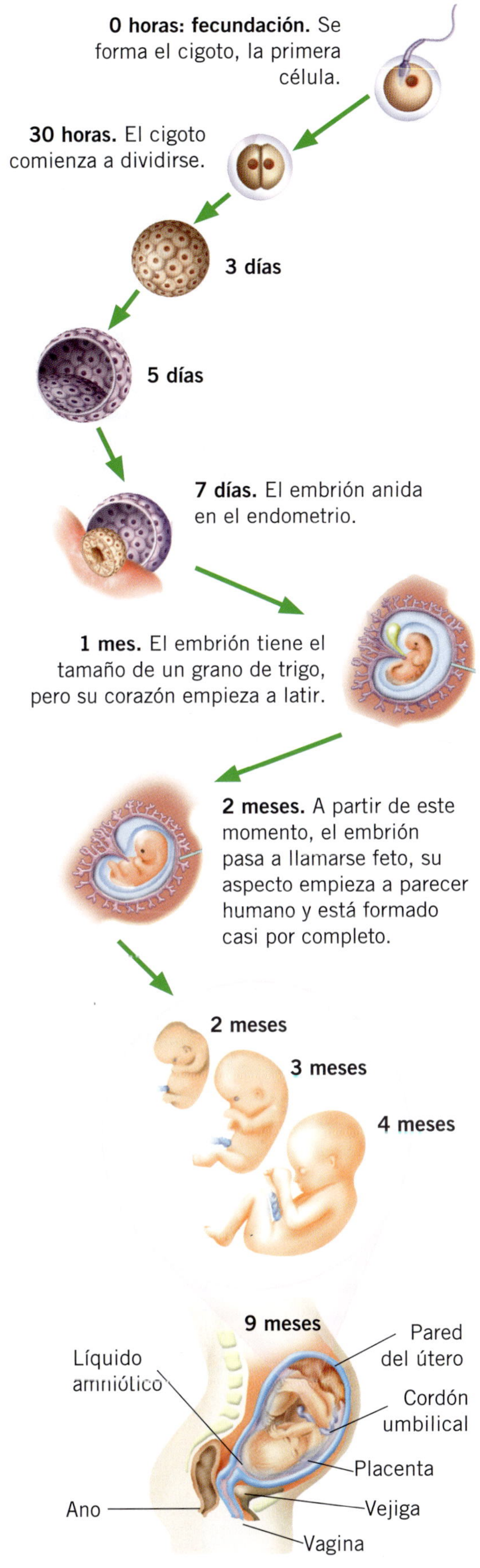

Las fases del embarazo.

Las técnicas de reproducción asistida

Las técnicas de reproducción asistida han venido a paliar la angustia de muchas parejas con problemas de fertilidad.

Cuando el hombre o la mujer presentan algún tipo de infertilidad y desean ser padres, suelen recurrir a las técnicas de reproducción asistida, que, en muchos casos, pueden solucionar este problema.

Las **técnicas de reproducción asistida** son procedimientos que posibilitan la fecundación de manera artificial.

La **infertilidad** o esterilidad es la incapacidad de una pareja para tener hijos.

- La **infertilidad femenina** suele estar provocada por diversas causas: alteraciones hormonales, falta de secreción mucosa, bloqueo de las trompas de Falopio, anomalías anatómicas del útero, etc.
- La **infertilidad masculina** puede deberse a que el número de espermatozoides en la eyaculación es bajo, a que la movilidad de estos es reducida o a que no estén completamente desarrollados.

La esterilidad masculina no debe confundirse con la **impotencia,** que consiste en la incapacidad para mantener el pene erecto e iniciar el coito. En este caso puede deberse a causas anatómicas o fisiológicas que dificulten el riego sanguíneo, o bien al alcoholismo o a alteraciones de tipo neurológico, hormonal, psicológico, etc.

Las **ciencias biomédicas** y la **biotecnología** han experimentado una serie de avances científicos y tecnológicos que permiten disponer de células sexuales (óvulos y espermatozoides) manteniendo su funcionalidad fuera de los aparatos reproductores masculino y femenino.

Existen dos grandes grupos de técnicas de reproducción asistida: la inseminación artificial y la fecundación *in vitro.*

- **Inseminación artificial.** Es un método sencillo y generalmente inofensivo que consiste en depositar el semen del varón en la vagina, en el cuello cervical o en el útero de la mujer, lo más cerca posible de la trompa de Falopio. La inseminación puede realizarse con semen del cónyuge o con semen almacenado en un banco de semen.
- **Fecundación *in vitro.*** Esta técnica se basa en la obtención de óvulos mediante técnicas quirúrgicas y en su fecundación con espermatozoides en un tubo de ensayo (por eso se llama *in vitro).* De esa manera se obtienen embriones, que luego son implantados en el útero de la mujer.

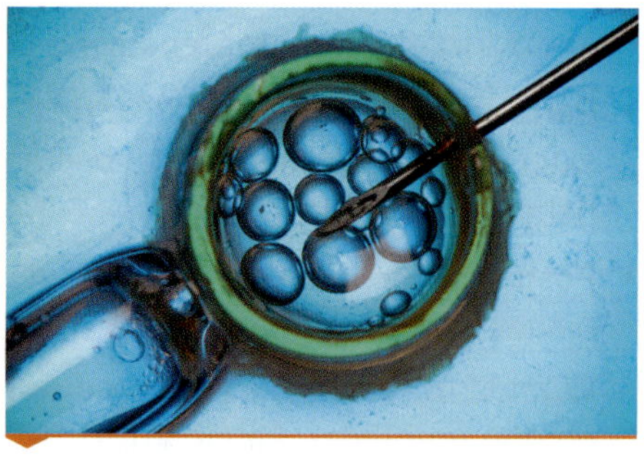

Parte del proceso de la fecundación *in vitro.*

ACTIVIDADES

14. ¿Cuáles son las causas más habituales de la esterilidad masculina y femenina?
15. ¿En qué consiste la impotencia sexual y cuáles pueden ser sus causas?
16. Describe las características de las principales técnicas de reproducción asistida.

El sexo y la sexualidad

Para que la reproducción se lleve a cabo es recomendable que exista algún tipo de atracción entre los individuos que propicie la búsqueda de una relación y el contacto físico con el otro, lo que se conoce como **sexualidad.**

En los **animales,** la sexualidad se manifiesta desde el punto de vista biológico mediante un conjunto de comportamientos complejos cuyo fin es el apareamiento y la reproducción, es decir, la continuidad de la especie.

El **impulso sexual** es un fenómeno innato, orientado a la reproducción de la especie, que se desarrolla bajo la acción hormonal.

En el caso de los **seres humanos,** este impulso se ve completado por la **dimensión social** que nos define como tales. El fin de la sexualidad, por tanto, no es únicamente la reproducción, sino que también consiste en una forma de expresar amor, ternura, afecto, etc.

La sexualidad evoluciona con la persona y es diferente en cada **edad:** comienza en la infancia, se manifiesta de forma explosiva en la adolescencia y en la juventud, y se mantiene en la madurez y la vejez, aunque con características propias.

En los seres humanos, la sexualidad supone una parte muy importante de la vida, puesto que tiene que ver con **sentimientos** y **emociones** básicos para el desarrollo psicológico de las personas.

A partir de la adolescencia, el deseo y la relación sexual pueden generar distintas **pautas de conducta sexual.** Las relaciones que se producen entre hombres y mujeres se denominan **heterosexuales,** mientras que las que tienen lugar entre personas del mismo sexo se llaman **homosexuales.**

No hay un modo único de vivir la sexualidad, sino que depende de la naturaleza de cada individuo, de sus valores culturales, sus creencias religiosas, las actitudes éticas... Se trata, por tanto, de una **elección personal.** Una sociedad libre y democrática debe ser aquella que respete las diferentes opciones sexuales y favorezca su desarrollo en igualdad de condiciones.

La sexualidad es independiente del proceso reproductivo, y debe ser libre, optativa y hacerse de forma voluntaria.

ACTIVIDADES

17 ¿Cuáles son los fines de la sexualidad humana?

¿SABÍAS QUE...?

El abuso sexual se produce cuando alguien maltrata sexualmente a otra persona, ya sea con actos o con palabras. Esto ocurre porque quien abusa suele ser más fuerte o poderoso que la otra persona.

Este tipo de abuso siempre causa confusión y trastornos psíquicos.

Si alguien te maltrata así, aunque sea un conocido o un familiar, no guardes ese secreto. Díselo a alguien en quien confíes para que pueda ayudarte.

AYUDA

Es normal y natural pensar en el sexo y querer saber cosas acerca de él. De hecho, si no existiera el sexo, tampoco existiríamos nosotros. Durante la pubertad no solo cambian nuestros cuerpos. Este tramo de la vida también trae consigo todo un cambio emocional que confunde y puede abrumar, pero que nos abre paso al mundo adulto.

La planificación familiar y los métodos anticonceptivos

La **planificación familiar,** o control de la natalidad, es una opción que ayuda a proteger la salud y la vida de mujeres e hijos, puesto que permite elegir el momento más favorable para concebir.

De esta forma se pueden evitar embarazos no deseados que supongan un perjuicio para el desarrollo personal, emocional, etc., de los padres o los hijos. La situación personal, económica, de salud, la edad, etc., deben ser factores que hay que tener en cuenta a la hora de elegir el momento de la paternidad.

El control de la natalidad supone un ejercicio de **responsabilidad** en el que las personas no piensan solo en sí mismas, sino también en cómo pueden ofrecer a sus hijos los cuidados amorosos, materiales, culturales, económicos y sociales que necesitan para desarrollarse en armonía y plenitud.

La **fertilidad**, es decir, la capacidad para tener hijos, puede controlarse mediante los **métodos anticonceptivos.**

Métodos anticonceptivos naturales

- **Abstinencia:** consiste en no mantener relaciones sexuales hasta que la persona no esté preparada.
- **Ogino-Knaus:** es un método que determina cuáles son los días fértiles de la mujer (tres o cuatro días antes y después de la ovulación), para evitar mantener relaciones sexuales en ese periodo.
- **Temperatura basal:** consiste en tener en cuenta que durante la ovulación se produce un aumento de la temperatura basal, por lo que el periodo seguro comenzaría el tercer día después de que se haya dado la temperatura máxima.
- ***Coitus interruptus:*** es un método que consiste en eyacular fuera de la vagina durante la relación sexual. Pero debe tenerse en cuenta que antes de la eyaculación, las secreciones del pene también contienen espermatozoides.

Métodos anticonceptivos artificiales

- **De barrera,** como el preservativo o el diafragma, que impiden el encuentro del óvulo y el espermatozoide y, por tanto, la fecundación.
- **Químicos,** como los espermicidas, que destruyen los espermatozoides.
- **Hormonales,** como la píldora anticonceptiva, que inhibe la ovulación.
- **Intrauterinos,** que se colocan en el útero, como el DIU (dispositivo intrauterino), y que impiden la nidación del embrión.
- **Quirúrgicos,** como la vasectomía (en el varón) y la ligadura de trompas (en la mujer), que interrumpen la producción de gametos.

Todos los anticonceptivos tienen ventajas e inconvenientes. Ninguno es perfecto. Al elegir, se debe consultar a un especialista, quien determinará cuál es el más adecuado según la edad, la salud, las creencias y las preferencias personales.

¿SABÍAS QUE...?

El aborto consiste en la interrupción del embarazo y la expulsión del feto muerto algunas semanas después de la gestación.

Puede producirse por causas naturales, ya sea porque el cigoto resulta inviable o por distintas causas que impiden a la mujer proseguir el embarazo.

En ocasiones es posible la interrupción del embarazo de forma voluntaria, aunque, en este caso, el aborto inducido no es un método anticonceptivo, sino una situación extrema que está regulada legalmente.

AYUDA

La temperatura basal es la temperatura más baja que alcanza el cuerpo en reposo.

El uso del preservativo es luna de las medidas más eficaces para evitar embarazos no deseados.

ACTIVIDADES

18 ¿En qué consiste la planificación familiar? ¿Cómo se controla la natalidad?

Las enfermedades de transmisión sexual

Las **enfermedades de transmisión sexual,** o ETS, son enfermedades infecciosas muy contagiosas que se transmiten de un individuo a otro casi exclusivamente por contacto sexual.

Son originadas por agentes biológicos infecciosos o parasitarios (virus, bacterias, hongos o protozoos) que se desarrollan y viven en fluidos corporales, como el semen, la sangre o las secreciones vaginales.

Pueden provocar infecciones en los ojos, la boca o la piel, en el sistema circulatorio y nervioso, e incluso pueden llegar a destruir el sistema inmunológico, como en el caso del sida.

Actualmente ha aumentado el número de casos de ETS. Los antibióticos, que curan algunas ETS, no tienen efecto sobre los virus, y, cada vez más a menudo, las bacterias se resisten a ser destruidas debido al abuso que se hace de los antibióticos para tratar afecciones leves.

Enfermedad	Organismo infeccioso	Síntomas	Tratamiento	Riesgos
Sida	Virus VIH	Destrucción de los linfocitos T y disminución progresiva de las defensas.	Solo paliativo, no curativo. El tratamiento más efectivo es la prevención.	Puede transmitirse al feto. Puede provocar infecciones múltiples.
Herpes genital	Virus *Herpes simplex* (VHS)	Pequeñas ampollas en los genitales externos, que se convierten en úlceras dolorosas.	Antivíricos como Aciclovir.	Los virus de la madre pueden infectar al hijo durante el parto y provocar infecciones diversas.
Hepatitis B	Virus HB	Fatiga intensa. Fiebre. Náuseas. Dolores articulares.	Dieta y reposo. Existe una vacuna para prevenirla.	Graves trastornos hepáticos. Puede transmitirse al feto.
Sífilis	Bacteria *Treponema pallidum*	Distintos según la etapa: úlcera localizada en los genitales. Placas grisáceas en los órganos sexuales. Afectación de diversos órganos y sistemas, entre ellos el SNC.	Antibióticos.	Lesiones que destruyen el sistema circulatorio y nervioso. Se transmite al feto.
Gonorrea	Bacteria *Neisseria gonorrhoeae*	En el hombre produce escozor al orinar, debido a la infección en la uretra. En la mujer aparece una infección en el cuello uterino.	Antibióticos.	Esterilidad. Posible ceguera en el recién nacido.
Clamidiasis	Bacteria *Chlamydia trachomatis*	En el hombre, la infección puede provocar inflamación de la uretra y del epidídimo, y en la mujer, en la uretra.	Antibióticos.	Esterilidad, dolor pélvico crónico, reglas con abundante hemorragia y embarazo ectópico (fuera del útero).

¿SABÍAS QUE...?

Para tratar con posibles heridas sangrantes, los auxiliares sanitarios deben usar guantes de látex. Se trata de una medida básica para evitar el contagio de enfermedades que pueden transmitirse a través de la sangre, como el sida.

En el fútbol y otros deportes en los que se pueden ocasionar heridas, los auxiliares sanitarios llevan siempre guantes de látex.

AYUDA

Se conoce como pandemia la propagación mundial de una enfermedad.

El sida

La palabra **sida** es la abreviatura de:

- síndrome → conjunto de síntomas
- de inmuno → que afecta al sistema inmunitario
- deficiencia → incapacidad para luchar contra la infección
- adquirida → que se contagia del exterior.

Es la última ETS descubierta y la más peligrosa de todas. La provoca el **virus VIH** (virus de inmunodeficiencia humana), que destruye un grupo de linfocitos responsable de la respuesta inmunitaria y de las defensas específicas, por lo que el enfermo de sida es incapaz de luchar contra las infecciones.

Los enfermos de sida presentan **signos** visibles de la enfermedad, como fiebre, diarrea, tos persistente, enfermedades infecciosas oportunistas (tuberculosis, neumonía, etc.).

Pero el problema se agrava porque el virus puede estar en el torrente circulatorio de una persona sin dar muestras externas de su existencia: son las personas portadoras asintomáticas o seropositivas.

Las personas infectadas con el VIH no desarrollan el sida de manera inmediata. Existe un **periodo de incubación** que puede durar varios años (algunos seropositivos se mantienen asintomáticos hasta veinte años).

Tanto los **portadores** de la enfermedad como los **enfermos** de sida pueden contagiar durante toda su vida a las personas que tengan contacto sexual o sanguíneo con ellos.

Actualmente el sida es una enfermedad incurable que se considera una **pandemia,** puesto que provoca millones de muertes. No se dispone de vacuna, aunque existen medicamentos, llamados retrovirales, que alargan la vida del enfermo y mejoran su calidad de vida.

Es una enfermedad fácil de **prevenir,** puesto que solo puede vivir en ciertos fluidos corporales: semen, secreciones vaginales y la sangre. Por tanto, bastaría con evitar el contacto con estos fluidos para prevenir el contagio. Besarse en la mejilla, darse la mano, jugar, respirar, asistir a la misma clase o compartir la vajilla no son causas de contagio.

Salud e higiene sexual

Para **prevenir** las ETS deben tomarse las siguientes **medidas:**

- Higiene diaria de los genitales externos.
- Uso del preservativo en las relaciones sexuales.
- Evitar prácticas de riesgo, como cambios frecuentes de pareja, relacionarse sexualmente con desconocidos, etc.
- Autoexploración de los órganos sexuales (observar si hay ulceraciones, enrojecimientos, etc.).
- Revisiones médicas periódicas para hacer un diagnóstico precoz.

ACTIVIDADES

19 Describe las principales ETS causadas por bacterias, sus síntomas, tratamientos y riesgos.

Aplica lo aprendido

1 Observa estos dibujos e indica de qué células se trata. Luego, identifica en tu cuaderno las partes señaladas con números.

a)

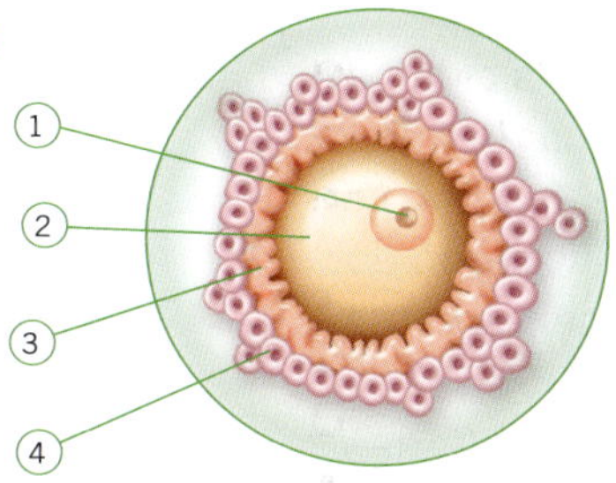

b)

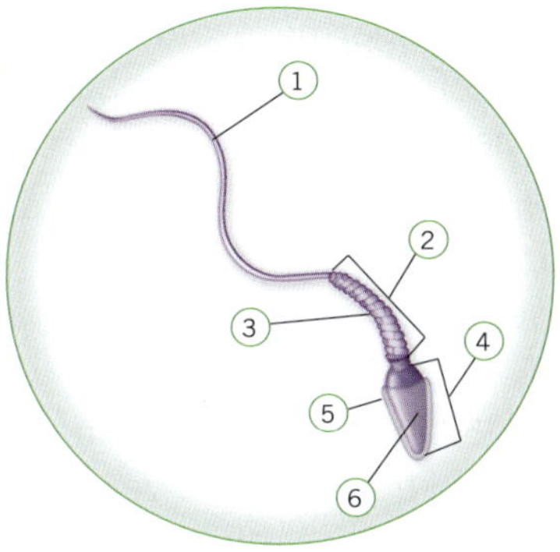

2 Indica en tu cuaderno los nombres de los órganos que forman el aparato reproductor masculino.

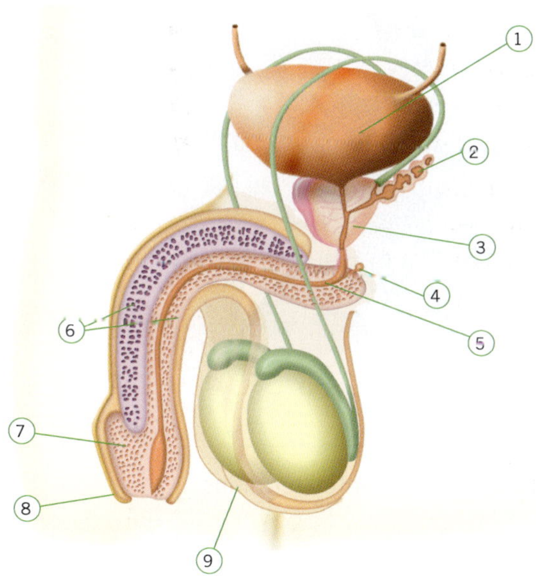

3 ¿Cuántos espermatozoides diferentes pueden fecundar a un óvulo?

4 Describe el recorrido que hacen los espermatozoides desde el interior de los tubos seminíferos del varón, donde se generan, hasta las trompas de Falopio de la mujer, donde pueden fecundar al óvulo.

5 ¿Qué otra función o funciones desempeñan los testículos, además de la producción de gametos?

6 ¿En qué parte del aparato reproductor femenino se producen la fecundación y la gestación?

7 Dibuja en tu cuaderno un esquema del aparato reproductor femenino e indica cuál es el recorrido de un espermatozoide hasta que se encuentra con el óvulo.

8 Identifica en tu cuaderno los diferentes elementos, señalados con números, que figuran en este dibujo y describe las funciones que desempeñan.

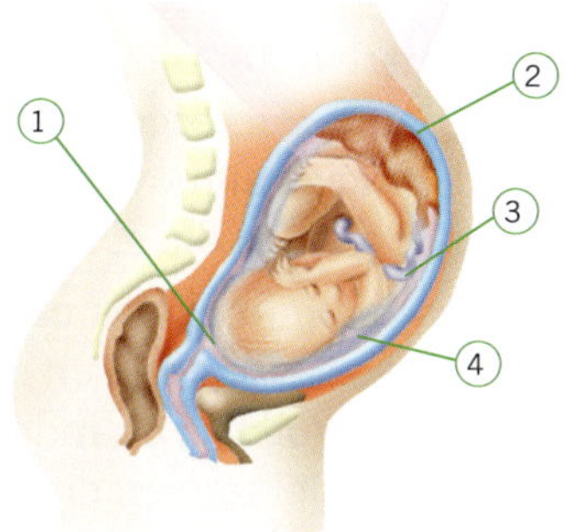

9 Busca información sobre la evolución del tamaño y el peso del feto en las semanas 2, 8, 10, 20 y 38 de gestación.

10 ¿Por qué la cabeza del bebé debe ser la primera en salir durante el parto?

11 ¿Cuándo se considera que un bebé que nace es prematuro? ¿Qué características posee?

12 Siempre se ha considerado la lactancia un método anticonceptivo. Investiga si esta creencia tiene o no alguna base científica.

13 Busca información sobre la menopausia. ¿Qué es el climaterio? ¿Crees que está justificado el cese en la producción de gametos? ¿Por qué?

14 Indica en tu cuaderno qué método anticonceptivo evita cada una de las siguientes situaciones:

a) La implantación del embrión.

b) La fecundación.

c) El transporte de los gametos.

d) La maduración de los óvulos.

15 ¿Cuáles son los métodos quirúrgicos de control de la natalidad?

16 ¿En qué se diferencia la inseminación artificial de la fecundación *in vitro?*

17 ¿Cuáles son los mejores métodos de prevención de una ETS?

18 Las personas seropositivas no han desarrollado el sida pero pueden transmitir la enfermedad. Explica por qué.

● UN FRAGMENTO DE LA HISTORIA DE LA CIENCIA

En las culturas de la Antigüedad, el embarazo era un acontecimiento en el que intervenían elementos mágicos, ya que no asociaban el nacimiento de un niño con las relaciones sexuales. Cuando por fin se relacionó el coito con el embarazo, se planteó un nuevo problema: cuál de los dos sexos determinaba la gestación: el hombre o la mujer.

En el siglo XVII, como resultado de la introducción del microscopio en el estudio de las ciencias de la vida, surge la teoría del preformismo: el nuevo ser que iba a nacer no se creaba de nuevo por la fecundación de los gametos, sino que ya estaba preformado, como un homúnculo o ser en miniatura, alojado en el interior de uno de los gametos. Pero ¿en cuál de ellos? Surgieron dos escuelas: para los espermistas o animalculistas, el homúnculo residía en el interior del espermatozoide; para los ovistas, en el interior del óvulo.

El naturalista y comerciante Anton van Leeuwenhoek era partidario del preformismo animalculista. En 1677 diseñó un microscopio con el que pudo observar los espermatozoides por primera vez. Su movilidad, gracias al movimiento de su flagelo, le convenció de que se trataba de pequeños animales, por lo que les dio el nombre de animálculos del semen.

Leeuwenhoek y los animalculistas eran partidarios de la idea de que el espermatozoide era el responsable del nuevo ser, ya que en su interior residía el homúnculo, el futuro ser humano en miniatura que se desarrollaría cuando fuera nutrido por el vientre de la madre, cuyo papel era el de mera incubadora del feto en crecimiento.

Uno de sus discípulos, Nicolaas Hartsoeker, dibujó el homúnculo dentro de la cabeza del espermatozoide. Tal vez no dibujó lo que vio por el microscopio, sino lo que deseaba ver, pues como ocurre con frecuencia en el desarrollo científico, «vemos lo que buscamos, no lo que miramos».

En la misma época, el médico Régnier de Graaf era partidario del preformismo ovista. En 1670 describió por primera vez los folículos del ovario, que él identificó con los óvulos femeninos (en realidad, el óvulo de mamífero no se vio hasta pasados otros ciento cincuenta años, gracias a Von Baer).

Los defensores del ovismo también creían ver al homúnculo, pero en el interior del óvulo femenino.

La polémica entre ovistas y animalculistas inició su declive cuando Lazzaro Spallanzani, en 1775, demostró que tanto el óvulo como el espermatozoide eran necesarios para dar origen a un nuevo ser.

Karl Ernst von Baer fue uno de los fundadores de la embriología.

ACTIVIDADES

1. Busca en el diccionario o en alguna enciclopedia el significado de los siguientes términos que aparecen en el texto:
   a) Preformismo.
   b) Homúnculo.
   c) Folículos.
2. ¿Qué aportación hizo Nicolaas Hartsoeker al preformismo animalculista?
3. ¿Qué defendían los partidarios del preformismo ovista?
4. ¿Cuándo inició su declive la polémica entre ovistas y animalculistas?
5. ¿De qué manera ayudan este tipo de polémicas al avance de la ciencia?

10 Salud y alimentación

En esta unidad estudiaremos

1. El sistema inmunitario
2. La salud
3. La enfermedad
4. Alimentación y nutrición
5. La medicina moderna

El sistema inmunitario

Existe una amplia gama de parásitos y de microorganismos capaces de producir enfermedades. Frente a ellos, nuestro organismo tiene que defenderse constantemente para no enfermar y para sobrevivir. Cuenta para ello con unos mecanismos de defensa, que componen el sistema inmunitario.

El **sistema inmunitario** está formado por un conjunto de órganos, células y moléculas dispersos por todo el organismo y que se encargan de su defensa.

Este sistema defensivo actúa mediante defensas externas e internas.

Las **defensas externas** están constituidas por **barreras físicas** y **químicas** que son la primera línea de defensa para impedir la entrada de agentes patógenos. Estas barreras son principalmente la piel y las mucosas.

- La **piel** es la barrera más externa del cuerpo y es impermeable para los gérmenes, excepto si se presenta alguna lesión.
- Las **mucosas** recubren las aberturas naturales del cuerpo y segregan sustancias como el moco, que dificultan la entrada de los gérmenes.

Las **defensas internas** actúan cuando los agentes patógenos invaden el cuerpo. Pueden ser de dos tipos:

- **Defensas inespecíficas.** No dependen de la naturaleza del agente patógeno. Las más importantes son la reacción inflamatoria y la defensa celular inespecífica.
  - **Reacción inflamatoria:** es una reacción local en la que participan el tejido conjuntivo y los vasos sanguíneos, y que tiene por objeto aislar y destruir a los microorganismos.
  - **Defensa celular inespecífica:** se lleva a cabo por los macrófagos, los neutrófilos y otras células que destruyen a los microorganismos.
- **Defensas específicas.** Se basan en el reconocimiento específico de antígenos.

Los **antígenos** son moléculas ajenas al organismo y que este puede reconocer. Para enfrentarse a ellas, nuestro cuerpo desencadena una respuesta inmunitaria específica.

La **respuesta inmunitaria** frente a los antígenos se puede realizar mediante **células,** que atacan directamente al antígeno, o mediante **anticuerpos,** que son proteínas elaboradas por un tipo de linfocito. La unión del anticuerpo y el antígeno es altamente específica, lo que facilita la destrucción de este último, impidiendo que ejerza su función perjudicial.

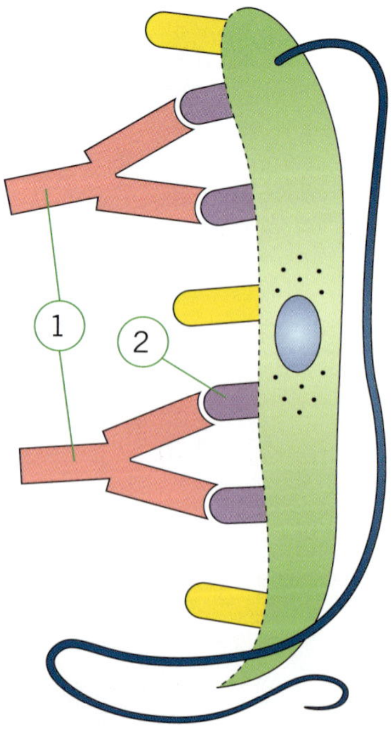

Los anticuerpos (1) son proteínas que tienen puntos de unión específicos para los antígenos (2) presentes en los agentes patógenos. Mediante estos puntos se unen a los antígenos para neutralizar su acción.

AYUDA

Los agentes patógenos son todos aquellos microorganismos capaces de producir daño en un organismo.

¿SABÍAS QUE...?

Algunas enfermedades infecciosas, como la varicela, solo se padecen una vez en la vida. Esto sucede porque nuestro sistema inmunitario tiene memoria: tras un primer contacto con un antígeno concreto se produce una respuesta inmunitaria primaria, de modo que algunos de los linfocitos producidos adquieren memoria, y permanecen en nuestro organismo incluso de por vida. Si se produce un segundo contacto con el anterior antígeno se desencadena la respuesta inmunitaria secundaria, que, gracias a la memoria de los linfocitos, es mucho más rápida y eficaz que la primaria. En esta característica se basa la vacunación.

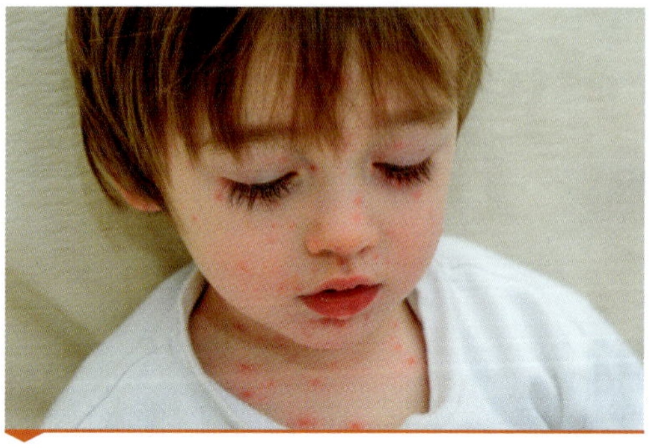

La varicela es una de las enfermedades infecciosas que se padecen una sola vez en la vida.

Inmunidad e inmunización: las vacunas

La **inmunidad** es un estado de protección frente a una enfermedad, proporcionado por el sistema inmunitario.

Se pueden distinguir dos tipos de inmunidad: la inmunidad de origen natural y la inmunidad artificial o inmunización.

- **Inmunidad de origen natural.** Se adquiere como consecuencia del funcionamiento natural del sistema inmunitario. Puede ser pasiva o activa.
  - **Inmunidad natural pasiva:** tiene su origen en la presencia de anticuerpos en el organismo antes de que se produzca el contacto con el antígeno. Esos anticuerpos son proporcionados por la madre al feto a través de la placenta y también al recién nacido durante el proceso de lactancia.
  - **Inmunidad natural activa:** se consigue tras el contacto con un agente patógeno que desencadena una respuesta inmunitaria específica y dotada de memoria contra ese agente patógeno. Una vez superada la enfermedad, se ha adquirido también inmunidad frente a ella, como sucede con el sarampión, enfermedad infecciosa típica de la infancia.
- **Inmunidad de origen artificial o inmunización.** La inmunización es un procedimiento sanitario que tiene como objetivo aumentar la eficacia de la respuesta inmunitaria del organismo frente a las enfermedades infecciosas. Hay dos tipos de inmunización: activa y pasiva.
  - **Inmunización activa o vacunación.** Una **vacuna** es una preparación artificial, creada a partir de microorganismos atenuados o muertos, o de sus constituyentes o productos, que puede desencadenar una respuesta inmunitaria en el organismo. La vacuna desencadena una respuesta primaria, por la que algunos linfocitos adquieren memoria. Si el organismo se expusiese de nuevo al antígeno, la respuesta secundaria sería más rápida y eficaz.
  - **Inmunización pasiva.** Consiste en inyectar anticuerpos específicos que pueden neutralizar las sustancias tóxicas, llamadas toxinas, que producen los microorganismos.

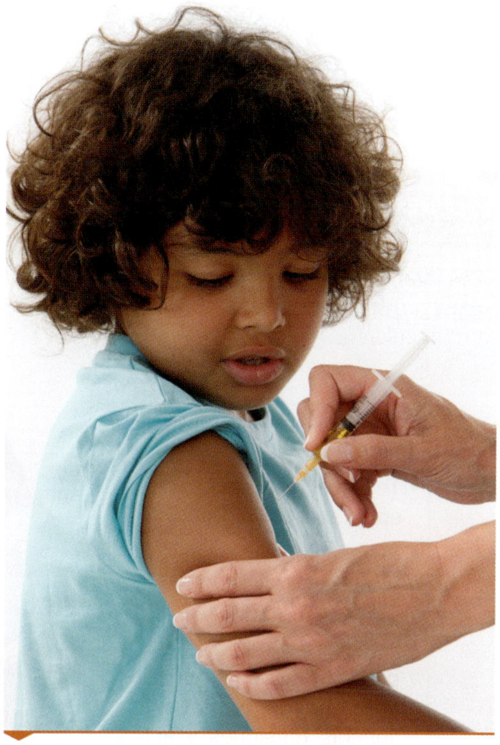

La vacunación da lugar a una respuesta primaria en la que se forman anticuerpos y linfocitos dotados de memoria. Si después se produce la infección natural, el sistema inmunitario genera una respuesta secundaria más rápida y con mayor cantidad de anticuerpos.

ACTIVIDADES

1. Realiza un esquema en tu cuaderno sobre las formas de defensa que tiene el sistema inmunitario.
2. ¿Verdadero o falso? Corrige en tu cuaderno los casos que sean falsos.
   - a) Las reacciones inflamatorias buscan aislar y destruir a los microorganismos.
   - b) La defensa celular inespecífica es la barrera más externa del cuerpo.
   - c) Los antígenos y los anticuerpos trabajan juntos para luchar contra las enfermedades.
   - d) Las vacunas se utilizan para desencadenar respuestas inmunitarias en el organismo.
   - e) Existen dos tipos de inmunización: natural y artificial.
   - f) Las mucosas protegen las aberturas naturales del cuerpo.

La salud

El ser humano vive interrelacionado con los componentes y factores del medioambiente en el que vive: físicos (el hábitat donde vive), biológicos (los seres vivos que le rodean) y socioculturales (las relaciones con los demás y la integración en la sociedad). Todos estos componentes inciden en la salud.

La **salud** es una cuestión de equilibrio: una combinación de bienestar físico, mental y social.

Estos tres factores de la salud están interconectados, como los lados de un triángulo: si uno de ellos se altera, se ven afectados los otros dos.

Para sentirse plenamente sano es preciso que exista un **equilibrio** entre el **bienestar físico,** el **bienestar mental** y el **bienestar social,** es decir, un equilibrio entre el ser humano y las condiciones ambientales en que se encuentra.

El **bienestar mental** requiere que:

- Te aprecies y aceptes como eres.
- Sepas expresar tus sentimientos con sencillez y claridad.
- Hagas frente a los problemas de la vida aprendiendo a pactar con las tensiones y el estrés.
- Sepas cambiar de actitud en un entorno variable.

El **bienestar físico** requiere que:

- Cuides y atiendas las demandas diarias del cuerpo.
- Hagas ejercicio para mantenerte en forma.
- Sepas cuáles son los hábitos de higiene más saludables y los practiques.
- Lleves una dieta sana y equilibrada.

El **bienestar social** requiere que sepas:

- Relacionarte con los demás.
- Trabajar y jugar en equipo.
- Hacer amigos y conservarlos.
- Dar y recibir ayuda cuando sea necesario.

Triángulo de la salud.

El reajuste de los desequilibrios: la adaptación

El medioambiente en el que vivimos se encuentra en continuo cambio, lo que nos obliga a adaptarnos a las nuevas condiciones. Si se desequilibra el triángulo de la salud porque se modifica el tamaño de alguno de sus lados o componentes, debemos reequilibrarlo, adaptándonos a las nuevas condiciones. Esto se consigue de tres formas:

- Mediante reajustes fisiológicos de nuestro medio interno (homeostasis).
- Mediante cambios socioculturales que permitan a las personas llevar una vida individual, social y económicamente productiva.
- Mediante reajustes psicológicos que permitan cambios de actitudes y la adquisición de nuevas habilidades para la vida.

Salud pública y prevención sanitaria

La **salud pública** dispone de un conjunto de estrategias encaminadas a fomentar e incrementar el nivel de salud, anticipándose y evitando en lo posible que surja la enfermedad.

Una vez que la enfermedad se manifiesta, la **prevención sanitaria** trata de aminorar el daño y las posibles secuelas desde el punto de vista funcional, psicológico y social.

Se distinguen tres etapas en la prevención sanitaria:

- **Prevención primaria.** Impide que se produzca la enfermedad mediante un conjunto de actuaciones que suprimen los agentes causantes de la enfermedad y los factores de riesgo.

  Entre estas actuaciones cabe destacar el saneamiento del medio (eliminación de contaminantes, potabilización de las aguas de bebida, depuración de las aguas residuales, etc.) y la educación sanitaria de la población para que mejore la higiene personal, elimine hábitos nocivos y adquiera hábitos de vida saludables.

- **Prevención secundaria.** Aborda la enfermedad mediante el diagnóstico precoz y el tratamiento adecuado que impida el avance de la enfermedad y permita la curación y el restablecimiento sin secuelas.

  Así, por ejemplo, un chequeo médico puede detectar tempranamente un exceso de colesterol en sangre o un cáncer incipiente que tenga posibilidad de curación.

- **Prevención terciaria.** Consiste en la rehabilitación encaminada a disminuir las secuelas, físicas o psicológicas, e incapacidades que hayan podido desarrollarse en el transcurso de la enfermedad.

  Trata de mejorar la calidad de vida del enfermo crónico y de facilitar la reinserción social, familiar y laboral de la persona tras su convalecencia.

La salud como derecho humano

Según la Organización Mundial de la Salud, la **salud** es un **derecho humano,** un recurso para la vida diaria que el ser humano no puede alcanzar aisladamente, ya que depende de diversos factores sociales de la comunidad en la que vive.

La salud requiere **paz, recursos económicos y alimenticios** adecuados, **vivienda,** un **ambiente estable** y un **uso sostenible de los recursos** que permita satisfacer las necesidades presentes sin comprometer la salud y el bienestar de las generaciones futuras.

ACTIVIDADES

3. ¿Cómo se define la salud? ¿Qué factores influyen en ella?
4. Representa en tu cuaderno el triángulo de la salud de alguien que tiene muchos amigos, se acepta tal cual es y desayuna todas las mañanas media docena de huevos fritos con chorizo.
5. Describe los principales hábitos de vida saludable.
6. ¿Qué es la salud pública?
7. ¿En qué consiste la prevención terciaria de la salud?

RECUERDA

Estos son los principales hábitos que promueven y conservan la salud:

- Comer con moderación cinco veces al día, a horas regulares y siguiendo una dieta sana y equilibrada. Nunca debe olvidarse el desayuno.
- Dormir entre ocho y nueve horas diarias.
- Hacer ejercicio moderadamente intenso al menos durante 30 minutos al día, o bien tres o cuatro horas a la semana.
- Conseguir y conservar el peso adecuado según la edad, el sexo y la complexión.
- No consumir tabaco, alcohol ni cualquier otro tipo de drogas.

Las personas que practican hábitos saludables viven más y son más alegres y optimistas.

La enfermedad

Cuando se rompe el equilibrio entre el bienestar físico, mental y social se desarrolla la enfermedad.

La **enfermedad** se origina al perturbarse el funcionamiento normal del organismo, ya sea por alteración de la anatomía de los órganos o de sus funciones, o bien porque se trastorna gravemente la conducta de la persona.

Las **enfermedades** suelen estar provocadas por una compleja trama donde se mezclan diversos tipos de **causas:**

- **Causas internas,** como una predisposición genética o un error genético heredable.
- **Causas externas,** como la presencia de contaminantes físicos, químicos o biológicos; una mala alimentación (por exceso o por defecto); ciertos hábitos nocivos, como el tabaquismo; los conflictos psicosociales, como la marginación social, o procesos psíquicos, como la depresión nerviosa.

Las enfermedades infecciosas

Algunos microorganismos pueden vivir dentro de nuestro cuerpo o sobre su superficie sin producir enfermedades. Sin embargo, otros son agentes patógenos que producen infecciones.

Una **infección** es el resultado de la entrada y multiplicación de microorganismos patógenos en el organismo.

Las **enfermedades infecciosas** están producidas por agentes patógenos o infecciosos, que pueden propagarse de unos individuos a otros.

Las alteraciones en las células o tejidos son consecuencia de la acción directa de los microorganismos, de las sustancias producidas por ellos o de la reacción inflamatoria originada en los tejidos.

Desde el momento en el que los agentes patógenos producen alteraciones, se habla de enfermedades infecciosas.

Agentes infecciosos

Los seres humanos sufren infecciones por microorganismos parásitos, como algunas bacterias, hongos y protozoos, o por estructuras acelulares, como los virus.

- **Bacterias:** aunque la mayoría de las bacterias resultan inofensivas o incluso beneficiosas para los humanos, existen algunas que pueden provocar enfermedades, como la tuberculosis o el cólera.
- **Hongos:** algunos hongos actúan como patógenos oportunistas, como sucede en el caso del deterioro de la flora intestinal por el abuso de antibióticos. Otras enfermedades relacionadas con los hongos son la candidiasis o la aspergilosis.
- **Protozoos:** responsables, por ejemplo, de la malaria.
- **Virus:** son partículas acelulares que necesitan otras células para reproducirse. Hay una amplia relación de enfermedades causadas por virus en humanos, como la gripe, la varicela, el sarampión, la hepatitis o el sida.

AYUDA

En ocasiones, los parásitos que producen las infecciones son de mayor tamaño que los microorganismos. Es el caso de ciertos gusanos, los piojos, las pulgas o las garrapatas.

¿SABÍAS QUE...?

Una epidemia consiste en la aparición de una enfermedad infecciosa o no, que se extiende rápidamente por una población y afecta a muchas personas al mismo tiempo, en una región determinada. Si la epidemia afecta a un único país se denomina endemia, y si se extiende por todo el mundo recibe el nombre de pandemia.

El hacinamiento, el hambre, las guerras, las condiciones insalubres de viviendas y ciudades, y los desastres naturales, como inundaciones, huracanes y terremotos, son factores que facilitan la proliferación de las enfermedades epidémicas.

Vías de transmisión

Los microorganismos causantes de las infecciones pueden transmitirse de un individuo enfermo a uno sano mediante un **contagio directo** o **indirecto:**

- **Contagio directo:** se debe a un contacto muy estrecho de persona a persona, por medio de las secreciones o fluidos corporales.
- **Contagio indirecto:** se produce por el contacto con objetos contaminados o con otros seres vivos capaces de transmitir la enfermedad. Estos seres vivos transmisores se llaman vectores, y entre ellos destacan las ratas y los insectos, como mosquitos, moscas o garrapatas, entre otros.

Las principales **vías de transmisión** son:

- El **aire:** permite el paso de microorganismos por acciones como toser, hablar o estornudar. Un ejemplo de enfermedades así transmitidas son las respiratorias, como la tuberculosis o la neumonía.
- El **agua:** contaminada con las heces, es una de las vías de transmisión más importantes. Algunas de las enfermedades que se transmiten de esta manera son el cólera o la disentería.
- Los **vectores animales:** es el caso de animales domésticos o salvajes, que pueden transmitir enfermedades como la peste o parásitos como la tenia.
- Los **alimentos:** la ingestión de alimentos contaminados es una causa frecuente de infecciones. Una de las enfermedades más habituales es la salmonelosis, que se transmite por la leche, la carne o los huevos contaminados.

¿SABÍAS QUE...?

Las características de las enfermedades infecciosas y la naturaleza de los agentes que las producen hacen que la mejor forma de luchar contra ellas sea prevenirlas.

Pero una vez que se ha producido la infección, es necesaria su identificación y su diagnóstico, para poder decidir el mejor tratamiento en cada caso.

Entre las medidas preventivas de enfermedades infecciosas se encuentran:

- Tratamiento y depuración de aguas.
- Vacunación de la población.
- Control sanitario de los alimentos.
- Tratamiento de los residuos urbanos, industriales y sanitarios.

El tratamiento de las aguas residuales es fundamental para mantener la salud de la población.

Las enfermedades no infecciosas

Además de las enfermedades infecciosas, existen otras muchas **enfermedades no infecciosas,** debidas a diversas causas. Por ejemplo:

Enfermedades no infecciosas	Causas	Ejemplos
Hereditarias	Mutaciones que se transmiten a la descendencia.	Hemofilia, daltonismo.
Nutricionales	Carencias o excesos de determinados nutrientes en la dieta.	Obesidad, escorbuto.
Degenerativas	Envejecimiento o degeneración progresiva de algún órgano.	Cirrosis hepática.
Mentales	Anomalías anatómicas o funcionales del sistema nervioso.	Depresión, esquizofrenia.
Intoxicaciones	Sustancias tóxicas de origen químico o biológico.	Pesticidas, setas venenosas.
Traumatismos	Accidentes que provocan lesiones en los órganos y en su funcionamiento.	Heridas, fracturas óseas.
Oncológicas	Mutaciones de determinados genes que provocan la formación de tumores.	Diversos cánceres.

ACTIVIDADES

8. ¿Cómo se define la enfermedad y cuáles son las causas?
9. ¿Qué es una infección? ¿Qué son los vectores de la infección?
10. ¿Qué diferencia hay entre las enfermedades infecciosas y las no infecciosas? Cita un ejemplo de cada una.

La alimentación y la nutrición

La **alimentación** es un acto voluntario y consciente que consiste en ingerir alimentos, ya sean sólidos o líquidos, crudos o cocinados.

La **nutrición** es un conjunto de procesos involuntarios e inconscientes mediante los cuales el organismo digiere los alimentos ingeridos para absorber los nutrientes que contienen.

Los alimentos contienen seis tipos de nutrientes: hidratos de carbono, proteínas, vitaminas, grasas, sustancias minerales y agua.

Proteínas
Forman y reparan tejidos. Sirven de defensa contra las infecciones y, en caso de necesidad, también nos suministran energía.
Se encuentran en las legumbres (lentejas, judías...) y cereales (arroz, trigo...), pero las de mayor valor nutritivo son de origen animal (pescado, huevos, carne, leche y sus derivados).

Hidratos de carbono
Proporcionan energía de forma rápida. Pueden ser de dos tipos:
- **Sencillos,** como los azúcares presentes en las frutas (glucosa, fructosa, etc.).
- **Complejos** (almidón o fécula), como los que proceden de las legumbres, las verduras y los cereales integrales. Una parte de ellos aporta fibra vegetal (celulosa), necesaria para el correcto funcionamiento del intestino.

Vitaminas
Son necesarias para regular numerosas funciones corporales y se designan mediante letras: A, B, C, D, E y K. Abundan en el aceite de oliva virgen, carnes, pescados, huevos, leche y derivados (queso, yogur), frutas y verduras.

Sustancias minerales
Necesitamos calcio, fósforo, magnesio, sodio, potasio, hierro, yodo, zinc, selenio y otros minerales para formar estructuras, como los huesos, y regular el funcionamiento del cuerpo. Están presentes en la mayoría de los alimentos.

Agua
Es la sustancia más abundante de nuestro cuerpo (entre el 60% y el 70% es agua). Se encuentra en los líquidos que bebemos o en los alimentos que contienen agua (sopas, zumos, frutas, verduras, etc.).

Grasas
Son los nutrientes más energéticos. En su mayor parte deben proceder del pescado azul y de los aceites vegetales, sobre todo del aceite de oliva virgen. En menor cantidad, procederán de grasas de origen animal, como la mantequilla.

La dieta equilibrada

El conjunto de alimentos que se toman diariamente constituyen la **dieta.**

Como hemos visto, la mayoría de los alimentos contienen varios nutrientes en distintas proporciones. Por eso, no todos deben consumirse en la misma cantidad y con la misma frecuencia. Para que la **dieta** sea saludable es preciso que sea **equilibrada.**

La **dieta diaria equilibrada** debe incorporar una proporción adecuada de hidratos de carbono, grasas, proteínas, sustancias minerales, vitaminas y, además, unos 2 litros de agua.

La **proporción** varía en función de la edad, el sexo, la actividad física que se realice y el estado fisiológico (convalecencia de una enfermedad, embarazo, lactancia, etc.).

Si los alimentos que elegimos no son variados, frescos y equilibrados en cantidad y nutrientes, nuestra salud se verá perjudicada.

A partir de la **pirámide alimentaria** podrás elaborar una dieta equilibrada, conociendo la composición de los alimentos y su valor nutritivo.

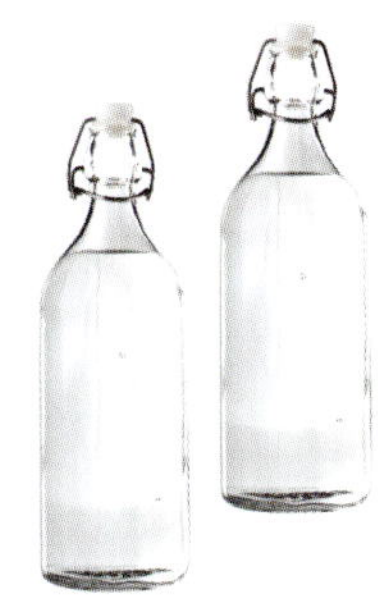

Pirámide alimentaria.

¿SABÍAS QUE...?

Los aditivos son productos naturales o artificiales utilizados por la industria alimentaria con diversos fines: colorean los alimentos, favorecen su conservación, refuerzan su aroma o sabor, mejoran la textura, mantienen la humedad, etc.

Los aditivos que se utilizan deben estar autorizados tras haberse comprobado su inocuidad. No obstante, debería restringirse su uso, dado que no se han realizado suficientes estudios acerca de la actuación de varios aditivos simultáneamente, o de su interacción con fármacos, cosméticos, etc.

Los hábitos alimentarios

La dieta de nuestros antepasados cazadores y recolectores consistía en la ingestión de alimentos crudos. Probablemente era una dieta variada, basada en los ciclos reproductores anuales de animales y plantas.

El descubrimiento del fuego modificó el comportamiento de los humanos primitivos. Los alimentos cocinados no solo eran más digestivos y apetitosos, sino también más higiénicos: el calor destruye gran parte de las bacterias, virus y demás parásitos, responsables de numerosas enfermedades infecciosas que se transmitían por la vía digestiva al ingerir alimentos infectados.

La etapa cazadora y recolectora dio paso a la ganadería y a la agricultura, tras un largo proceso de experimentación que permitió seleccionar numerosas especies de animales domesticados y de plantas cultivadas. Esta transformación favoreció el cambio de la vida nómada a la sedentaria.

Con el paso del tiempo, las técnicas culinarias y el uso de condimentos evolucionaron, y en la actualidad, cocinar es un arte que convierte la necesidad de nutrirse en el placer de degustar los alimentos cocinados.

Los alimentos sometidos al calor suelen mejorar su digestibilidad, pero disminuyen su contenido nutritivo.

La conservación de los alimentos

Los alimentos que no se consumen frescos, inmediatamente después de ser producidos, deben ser sometidos a determinados procedimientos de conservación, que garantizan su aptitud para el consumo durante un tiempo variable, manteniendo su valor nutritivo y las condiciones higiénicas. Estos son algunos de los procedimientos de conservación que están autorizados:

Procedimiento	Técnicas de conservación	Descripción
Frío	Refrigeración	Mantiene los alimentos a bajas temperaturas, sin alcanzar el punto de congelación.
	Ultracongelación	Enfriamiento a temperaturas muy bajas, entre –40 °C y –80 °C; las partes internas alcanzan rápidamente los –18 °C.
Calor	Esterilización	Altas temperaturas (110-140 °C) que destruyen todos los microorganismos.
	Pasteurización	Temperaturas inferiores a 72 °C que permiten la conservación unos 2 o 3 días.
Radiaciones	Rayos X, radiación γ, etc.	Destruye los microorganismos e impide la germinación de tubérculos y semillas.
Pérdida de agua	Desecación	Eliminación del agua de los alimentos expuestos al aire y al sol.
	Deshidratación	Eliminación del agua de los alimentos expuestos a una fuente de calor artificial.
	Liofilización	Extracción del agua mediante congelación (inferior a –40 °C) y aplicación del vacío.
	Salazón	Los alimentos se salan y se desecan.
	Azucarado	Se añade azúcar a los alimentos deshidratados parcialmente.
Otros	Ahumado	La deshidratación va acompañada de la acción del humo de leña, que es un agente destructor de microorganismos.
	Encurtido	Conservación por la acción del vinagre y la adición de sal y de condimentos.

Los trastornos de la conducta alimentaria

La adquisición de una serie de **hábitos alimenticios saludables,** así como un estilo de vida adecuado, son esenciales para la prevención de enfermedades relacionadas con la nutrición. Algunos de estos hábitos son:

- Practicar ejercicio moderado de forma regular.
- Llevar una dieta sana y equilibrada, que incluya gran cantidad de fruta y verduras, y una cantidad moderada de frutos secos. También legumbres y cereales integrales. La dieta debe incluir pescado, preferentemente azul. El consumo de embutidos y salazones debe ser moderado, y restringir la cantidad de sal en las comidas. Limitar el consumo de fritos y de ahumados.
- Debe limitarse el consumo de grasas animales.
- No se debe abusar de los alimentos ricos en colesterol.

Los **trastornos** más habituales relacionados con la alimentación son:

- **Obesidad.** Se trata del incremento de peso debido a un exceso de grasa. Las causas que influyen en su aparición son muy diversas: alteraciones hormonales, predisposición genética, consumo excesivo de alimentos altamente calóricos, estrés, ansiedad, etc.
- **Avitaminosis.** Se debe a las dietas carentes de vitaminas. Algunas de las enfermedades que produce son la ceguera nocturna o la anemia.
- **Diabetes tipo II.** Consiste en una resistencia a la insulina, que impide que la glucosa entre en las células y sea utilizada para producir energía, por lo que se acumula en la sangre. Se ve favorecida por la vida sedentaria, la obesidad, el envejecimiento o cierta predisposición genética.

Existen otros **trastornos** de carácter **psicológico** relacionados con la alimentación:

- **Anorexia nerviosa.** Se caracteriza por una disminución importante de la ingesta de alimentos. La persona experimenta un miedo intenso a convertirse en obesa. Puede llegar a provocar la muerte por desnutrición.
- **Bulimia.** Consiste en la ingesta compulsiva de grandes cantidades de comida a escondidas, pero no para saciar el hambre, sino para calmar una sensación de angustia y malestar. Tras estos episodios aparecen el remordimiento y la culpabilidad, que le impulsan a compensar la excesiva ingesta con vómitos, uso de laxantes, ayuno, etc.

En la actualidad la obesidad se ha convertido en un problema de salud muy extendido en los países más desarrollados.

¿SABÍAS QUE...?

El tratamiento de la anorexia y la bulimia incluye no solo pautas alimenticias, sino también atención psicológica. Es imprescindible el apoyo familiar y del entorno de las personas enfermas para poder superarlo.

ACTIVIDADES

11 ¿Cuál es la diferencia entre alimentación y nutrición?

12 Describe algunas funciones que desempeñan las proteínas y las vitaminas.

13 ¿Qué nutrientes debe incorporar una dieta equilibrada y en qué proporciones?

14 ¿Qué ventajas y qué inconvenientes presentan los alimentos cocinados frente a los crudos?

15 ¿Qué características tiene la anorexia nerviosa?

La moderna tecnología médica permite diagnosticar las enfermedades cada vez con mayor precisión y rapidez.

La medicina moderna

Los **descubrimientos científicos** del último siglo y las nuevas líneas de investigación en el campo de las ciencias de la salud han permitido mejoras notables en el conocimiento de los síntomas de las enfermedades, en su diagnóstico y en el desarrollo de tratamientos que permiten curar o, al menos, aliviar la mayoría de las enfermedades.

Entre los nuevos retos a los que se enfrenta la medicina moderna se encuentran la curación de enfermedades infecciosas, como el sida, la lucha contra el cáncer, los trasplantes de órganos, la terapia génica y la utilización de células madre.

Médicos, enfermeros, farmacéuticos y demás personal sanitario no solo se dedican a curar la enfermedad ya declarada, sino que también son responsables de la atención primaria y de la prevención.

Se denomina **profilaxis** al conjunto de medidas (higiénicas, dietéticas, control de contaminantes, etc.) que aplica el profesional sanitario para evitar en lo posible la aparición de la enfermedad.

Trasplantes y donaciones de órganos

El **trasplante** de un órgano consiste en retirar el órgano dañado de un paciente y sustituirlo por un órgano sano procedente de un donante.

Se pueden considerar distintos tipos de trasplantes:

- **Autotrasplantes:** el órgano o tejido que se va a trasplantar procede del mismo individuo. Un ejemplo es el trasplante de piel.
- **Isotrasplantes:** es un trasplante entre individuos de la misma especie que sean genéticamente idénticos, como gemelos univitelinos.
- **Alotrasplantes:** el donante y el receptor son individuos de la misma especie, pero diferentes genéticamente.
- **Xenotrasplantes:** el trasplante se realiza entre individuos de distintas especies.

Al planificar la realización de un trasplante se han de tener en cuenta muchos factores. La disponibilidad de órganos es muy escasa y estos no siempre sirven, pues en muchos casos se produce **rechazo,** lo que tiene como consecuencia la destrucción del órgano trasplantado y la necesidad de extirparlo.

Los isotrasplantes y autotrasplantes no dan lugar a rechazo, puesto que las células del donante son genéticamente idénticas a las del receptor. Por el contrario, sí se produce rechazo en los alotrasplantes y los xenotrasplantes.

El tratamiento del rechazo se basa en la supresión mediante fármacos de la actividad del sistema inmunitario, lo cual entraña riesgos evidentes para la salud.

¿SABÍAS QUE...?

España es uno de los países líderes en donación y trasplante de órganos.

Donación y trasplante de órganos en España en 2015

Donantes	1851
Trasplantes de riñón	2905
Trasplantes de hígado	1162
Trasplantes de corazón	299
Trasplantes de pulmón	294
Trasplantes de páncreas	97
Trasplantes de intestino	12
Total trasplantes de órganos	**4769**

ACTIVIDADES

16. ¿Qué es un trasplante? ¿Cuáles son los tipos de trasplantes?
17. ¿Qué es el rechazo? ¿Qué trasplantes disminuyen este riesgo?

Aplica lo aprendido

1 Indica en tu cuaderno a qué conceptos corresponden las siguientes definiciones:

a) Moléculas extrañas reconocidas por el organismo contra las que se desencadena una respuesta inmunitaria específica.

b) Inyección de anticuerpos específicos neutralizar una toxina producida por un microorganismo.

c) Reacción local en la que participa el tejido conjuntivo y cuya finalidad es la eliminación de los microorganismos responsables de una infección.

2 ¿A qué tipo de inmunidad corresponden las características siguientes?

a) Procede de en una respuesta inmunitaria anterior.

b) Se basa en la existencia de linfocitos con memoria.

c) No es causada por la acción humana.

3 ¿Por qué se considera que el medioambiente influye en la salud? Pon tres ejemplos de factores ambientales que puedan tener repercusión negativa sobre la salud.

4 ¿Por qué decimos que la salud no es la mera ausencia de enfermedad?

5 ¿Por qué a las catástrofes naturales, como un terremoto o un tsunami, suelen seguirles graves epidemias?

Consecuencias del tsunami que asoló las costas del archipiélago de Japón en 2011.

6 Los médicos no recomiendan el uso de antibióticos para tratar enfermedades como la gripe. ¿Por qué razón? Investiga sobre las consecuencias del uso abusivo de antibióticos.

7 Indica cuáles son los requerimientos necesarios para mantener la salud física, mental y social.

8 ¿Por qué las vacunas solo previenen una enfermedad concreta?

9 La gráfica muestra la relación entre el número de cigarrillos fumados y el riesgo de muerte por cáncer de pulmón en los hombres con relación a su edad.

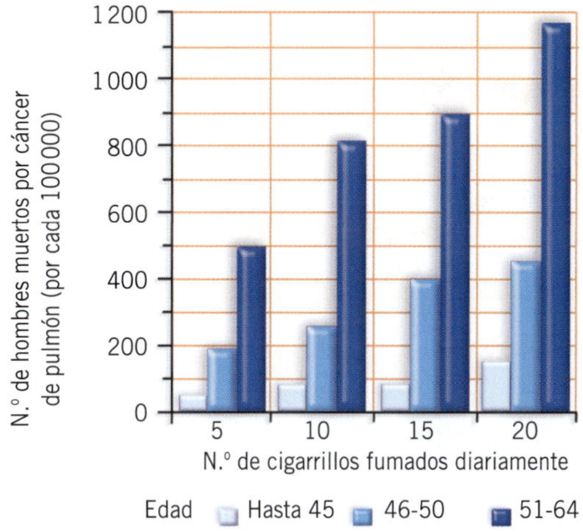

a) Indica qué tanto por ciento de los hombres que fuman 15 cigarrillos diarios mueren en los diferentes rangos de edad considerados en la gráfica.

b) ¿Cómo influye la edad sobre el riesgo de mortalidad?

10 Observa los siguientes elementos e indica el consumo recomendado.

11 Explica cuál es el origen de las siguientes enfermedades: obesidad, diabetes tipo II y anorexia.

12 ¿Qué consecuencias crees que puede tener el hecho de que cada vez con más frecuencia se inicien dietas de adelgazamiento sin un seguimiento ni una supervisión médica?

Práctica de laboratorio

● CÁLCULO DEL ÍNDICE DE MASA CORPORAL

Actualmente, los especialistas en nutrición admiten que los cálculos del peso ideal mediante fórmulas, como la de Broca (Peso (kg) = Talla (cm) – 100) o la de Bornhardt (Peso = Talla (cm) · Contorno torácico (cm) / 240), no son una buena referencia, y proponen otros tipos de medidas, como el índice de masa corporal (IMC).

Materiales necesarios:

- Nomogramas
- Cinta métrica
- Báscula
- Regla
- Lápiz y goma de borrar

Procedimiento

1. Pésate en una báscula y anota tu peso en kilogramos. Mide tu estatura con una cinta métrica y anota el resultado en centímetros.
2. Calcula el IMC mediante el nomograma que figura a la derecha. Los nomogramas son representaciones gráficas que permiten realizar con rapidez cálculos numéricos, ya que facilitan la lectura de una variable dependiente (en nuestro caso, el IMC) en función de dos o más variables independientes (por ejemplo, la talla y el peso).

   El IMC se obtiene al unir con una recta la estatura (en centímetros) y el peso (en kilogramos): el valor aparece en la intersección con la escala central de los IMC.

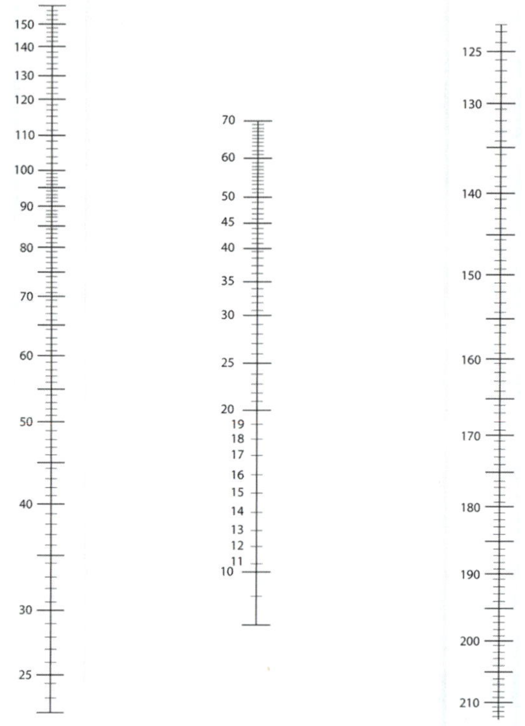

Nomogramas.

Conclusión

El IMC no mide el peso exacto y admite ciertos márgenes en función del sexo, de la edad y de la constitución ósea y muscular. Un cierto valor del IMC, como por ejemplo un IMC = 27, indica únicamente la existencia de un sobrepeso que puede deberse a la musculación, la constitución ósea, la cantidad de agua o la grasa.

El sobrepeso puede suponer un riesgo para la salud solamente si se debe al exceso de grasa. Por tanto, la información que suministra el IMC debe complementarse con otro tipo de cálculo, como el del porcentaje de grasa corporal (PGC).

Los valores del IMC pueden ser indicativos de sobrepeso y obesidad, tal como se indica en la tabla propuesta por la Sociedad Española para el Estudio de la Obesidad (SEEDO).

ACTIVIDADES

1. Calcula el valor del IMC de un individuo que pesa 85 kg y mide 1,85 m. ¿Cuánto pesaría una persona que mide 1,65 m si tiene un valor del IMC de 30? ¿A qué grupo pertenecen estos dos individuos según la clasificación del sobrepeso y la obesidad propuesta por la SEEDO?

11 El relieve, el medioambiente y las personas

En esta unidad estudiaremos

El modelado del relieve

El **modelado del relieve** es el resultado de la interacción de los agentes geológicos externos e internos.

AYUDA

Los cuatro tipos de procesos geológicos, aunque se estudian por separado, suelen actuar de forma conjunta en la naturaleza.

- Los **agentes geológicos internos** son los responsables de formar nuevas estructuras en el relieve, rocas y montañas, originados por la energía interna del planeta. Dicha energía se manifiesta con el movimiento de las placas litosféricas, y los fenómenos asociados: **seísmos, formación de nuevas montañas** o **erupciones volcánicas.**
- Los **agentes geológicos externos** modifican el relieve creado por los anteriores. Estos agentes son, principalmente, los relacionados con los **fenómenos atmosféricos,** fundamentalmente el **agua** y el **viento.**

La combinación de los agentes geológicos externos da lugar a los **procesos geológicos externos,** que actúan sobre las rocas de la corteza terrestre.

Los procesos geológicos son los causantes del modelado del paisaje y el relieve de nuestro planeta. Se dividen en cuatro tipos de fenómenos: meteorización, erosión, transporte y sedimentación.

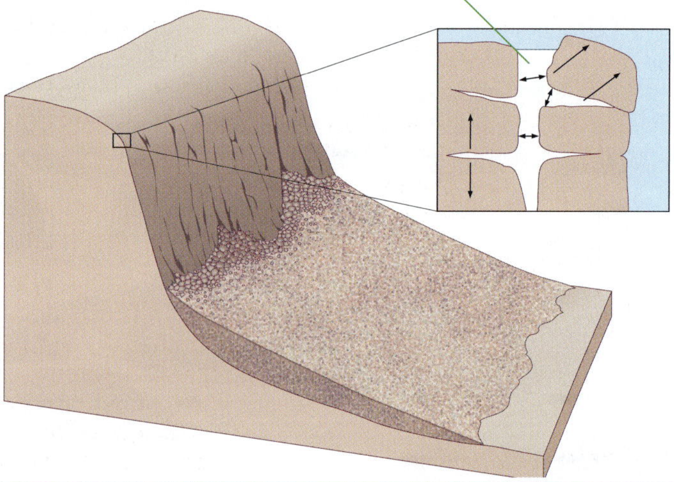

La gelifracción rompe la roca en fragmentos angulares, que se pueden acumular en las laderas y formar un canchal, a la vez que las montañas adquieren un aspecto aserrado.

La meteorización. Consiste en la destrucción de las rocas de la superficie de la Tierra por acción de la atmósfera o de los seres vivos mediante procesos físicos y químicos.

Se distinguen dos tipos de meteorización: física, o mecánica, y química, que habitualmente actúan a la vez. Sin embargo, en cada región, el clima y el tipo de roca favorecen unos procesos físicos o químicos determinados.

Meteorización física o mecánica. Es la rotura física de las rocas por efecto de las variaciones de temperatura, sin que se modifique su composición química.

Tiene lugar en zonas climáticas con poca humedad y acusadas variaciones de temperatura, como climas cálidos, especialmente desérticos, y en zonas de alta montaña.

La meteorización física puede producirse, por **ejemplo,** debido a la acción del hielo. Cuando desciende la temperatura, el agua retenida en las grietas y fisuras se congela. El agua congelada ocupa más volumen que en estado líquido, por lo que ejerce presión, hasta formar una poderosa cuña que termina por fragmentar la roca. Este tipo de meteorización física se conoce como **gelifracción.**

Meteorización química. Es la alteración química de las rocas debida a reacciones químicas que tienen lugar entre los componentes atmosféricos (vapor de agua, oxígeno y dióxido de carbono) y los minerales de la roca. Como consecuencia, se producen cambios en la composición química de las rocas.

Como las reacciones químicas se ven favorecidas por la temperatura, este tipo de meteorización tiene lugar, fundamentalmente, en zonas climáticas con humedad y temperaturas elevadas: climas húmedos y ecuatoriales.

El mal de la piedra es un proceso de meteorización química causado por los contaminantes atmosféricos, que aumentan la acidez del agua y su capacidad de disolución. Afecta a muchos monumentos construidos con caliza y granito.

La erosión. Es el **desgaste** y la **rotura** que sufren las rocas de la superficie de la Tierra debido a la actividad de los agentes geológicos externos.

La erosión implica una pérdida de materia en forma de fragmentos rocosos o derrubios que son separados del terreno. La erosión produce relieves característicos.

El transporte. Es el proceso mediante el cual los fragmentos rocosos arrancados por erosión son **trasladados** desde el lugar donde se han originado a otros puntos de la corteza terrestre.

El transporte puede ser realizado por el mismo agente que produjo los materiales o por otro diferente. Durante el proceso también se produce erosión tanto en el terreno por donde discurre el agente como en los fragmentos transportados, que sufren un desgaste en sus aristas y adquieren formas redondeadas.

La acción constante del viento ha erosionado las rocas del desierto Blanco, en Egipto, y ha dado lugar a curiosas formas.

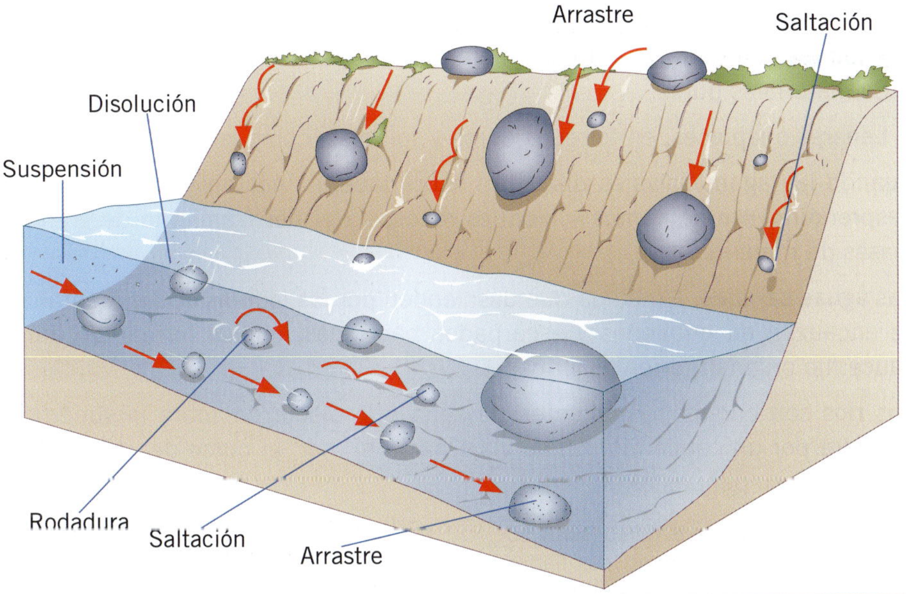

Transporte.

¿SABÍAS QUE...?

Los mecanismos de transporte son distintos según el agente que transporta los fragmentos y según el tamaño y la composición de dichos materiales. Se diferencian dos mecanismos de transporte:

En disolución: el material es transportado homogéneamente, disuelto en agua.

En forma sólida: el material es transportado, tanto por el agua como por el viento, de distintas maneras según su tamaño:

- **Suspensión:** las partículas pequeñas van suspendidas en el agua o en el viento.
- **Saltación:** el desplazamiento de los fragmentos rocosos de tamaño mediano se produce a modo de saltos.
- **Rodadura:** las partículas más grandes y pesadas van rodando sobre la superficie.
- **Arrastre:** el agua y el viento transportan los materiales a ras del terreno porque no tienen fuerza suficiente para levantarlos del suelo.

La sedimentación. Consiste en el **depósito** de los fragmentos rocosos, restos de organismos muertos y sustancias químicas en las zonas bajas de los continentes y, sobre todo, en los océanos.

Cuando el agente pierde su capacidad de transporte o disminuye de intensidad, los materiales se acumulan o sedimentan.

Los depósitos acumulados originan sedimentos, que forman capas, generalmente horizontales, llamadas estratos. Estos sedimentos acabarán transformándose en **rocas sedimentarias.**

Paisaje de rocas sedimentarias en la isla de Creta.

ACTIVIDADES

1. ¿Qué son los agentes geológicos externos? ¿Qué efectos tienen sobre el paisaje?
2. ¿Qué es la meteorización? ¿En qué tipos se divide?
3. ¿Qué factores favorecen la meteorización física y la meteorización química?

La acción geológica del agua

El agua procedente de las precipitaciones o del deshielo se va infiltrando en el terreno hasta que el suelo no es capaz de admitir más agua o esta llega con demasiada intensidad, y entonces comienza a discurrir por la superficie.

Si lo hace sin cauce fijo forma las **aguas salvajes** o de arrollada. Si va encauzada puede formar **torrentes,** cuando son estacionales, o **ríos,** cuando los cauces son permanentes.

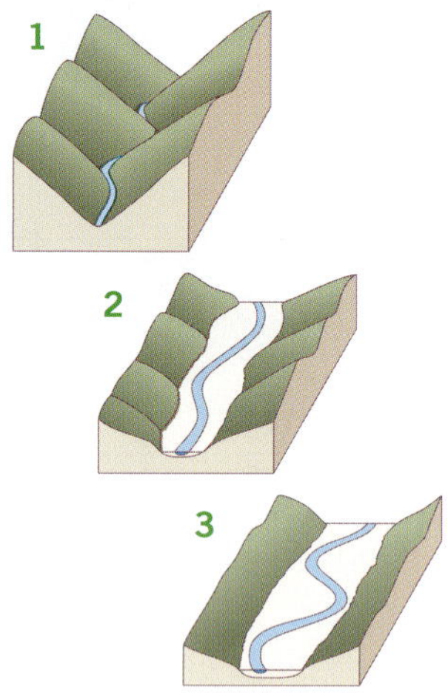

La acción geológica de un río, que depende de la velocidad del agua, del caudal y de la pendiente del terreno, modela y transforma los valles fluviales a medida que el río desciende hacia el mar. En el curso alto, el valle tiene forma de V (1). En los cursos medio y bajo ha sufrido un ensanchamiento y el valle tiene forma de artesa (2) y (3).

Las aguas superficiales

Las formas del relieve creadas por la acción de las aguas salvajes o de arrollada son distintas según sea la naturaleza de las rocas:

- **Cárcavas,** formadas cuando los terrenos son blandos.
- **Pirámides de tierra,** si entre los materiales blandos hay intercalados bloques de materiales duros.
- **Lenares** o **lapiaces,** en terrenos duros y solubles, como las calizas.

Cuando las aguas salvajes discurren sobre laderas inestables se produce el **desprendimiento de cantos** y bloques rocosos y el **deslizamiento** de grandes masas de materiales.

Las **aguas salvajes,** a medida que descienden por las laderas de las montañas, se encauzan en pequeños y escarpados barrancos, que al formar un único cauce fijo originan torrentes y ríos.

Los **ríos** son cursos permanentes de agua que discurren sobre la superficie terrestre por un cauce fijo. En su viaje hacia el mar, el curso del río varía en función de su pendiente.

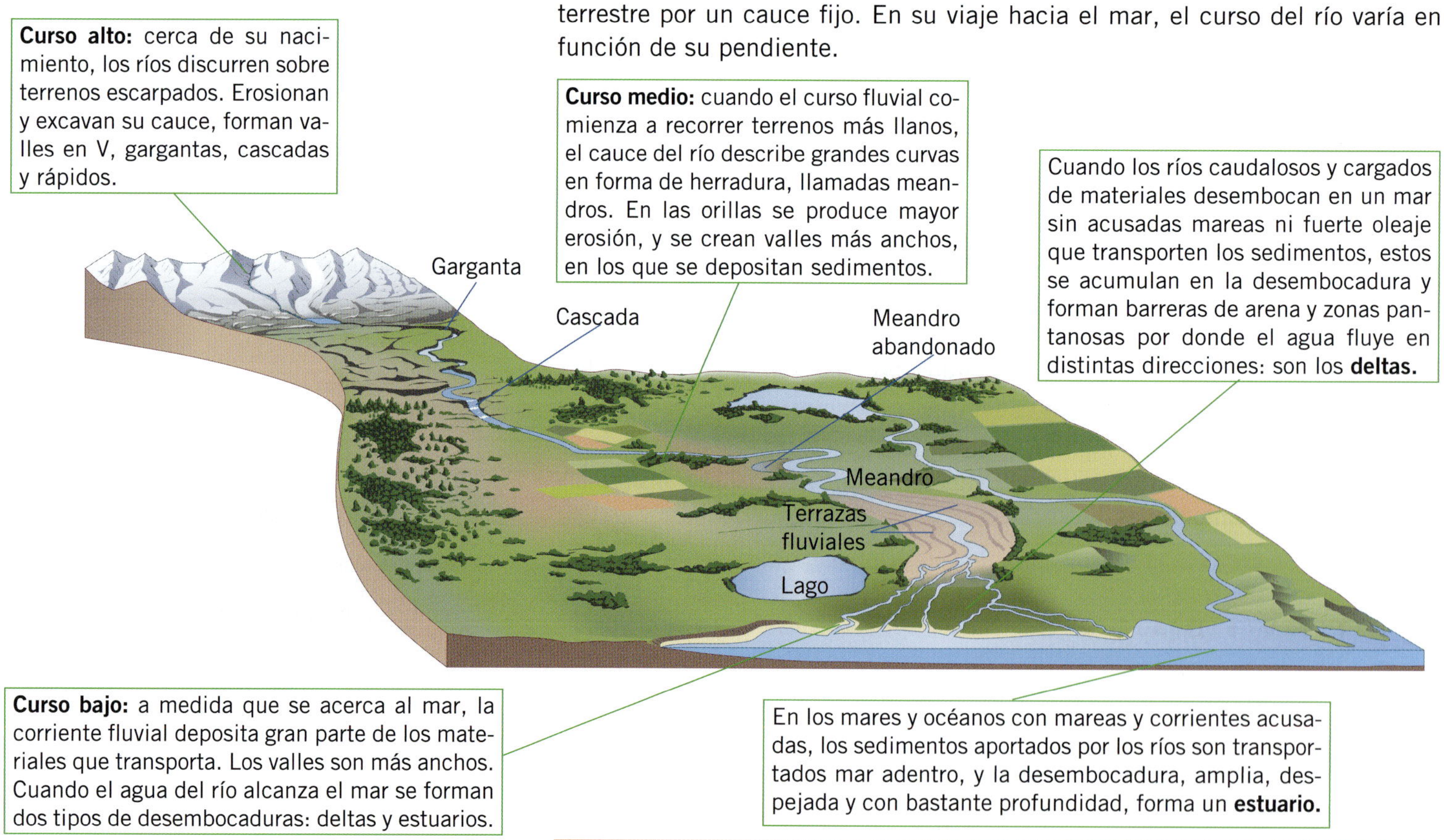

Curso de un río.

Las aguas subterráneas

El agua de la lluvia o del deshielo se infiltra en el suelo y forma las aguas subterráneas.

Si el agua subterránea desciende hasta alcanzar un estrato de roca impermeable, se acumula por encima de esta y crea grandes reservas naturales de agua, que se llaman **acuíferos.**

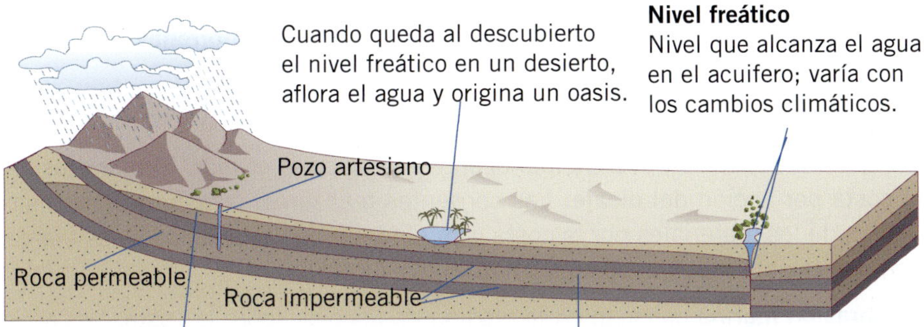

Creación de un acuífero.

A veces, el agua subterránea puede volver al exterior en forma de manantial.

Los terrenos constituidos por rocas solubles, como las calizas y, en menor medida, los yesos, sufren una fuerte meteorización química cuando el agua llega hasta ellos. Cuando el agua cargada de dióxido de carbono se infiltra en estos terrenos los disuelve, y produce un modelado característico, llamado **modelado kárstico.**

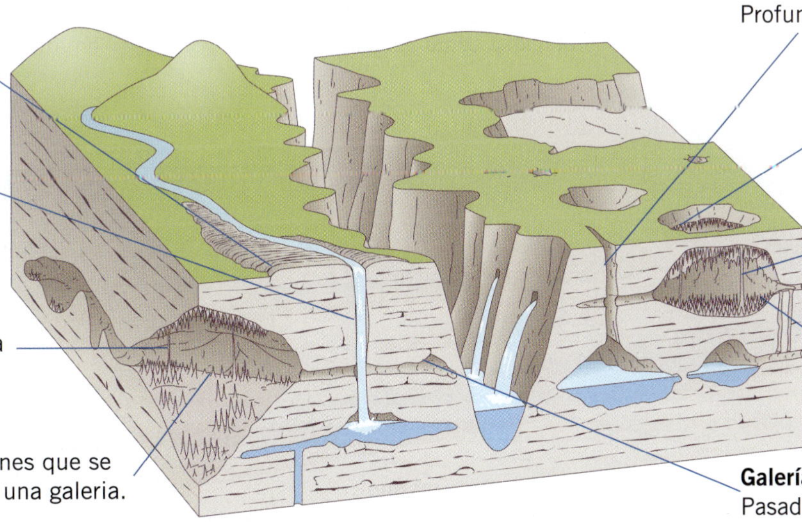

Interior de un macizo kárstico.

ACTIVIDADES

4. ¿Qué diferencia hay entre las aguas salvajes, los torrentes y los ríos?
5. ¿De qué factores depende la acción geológica de los ríos?

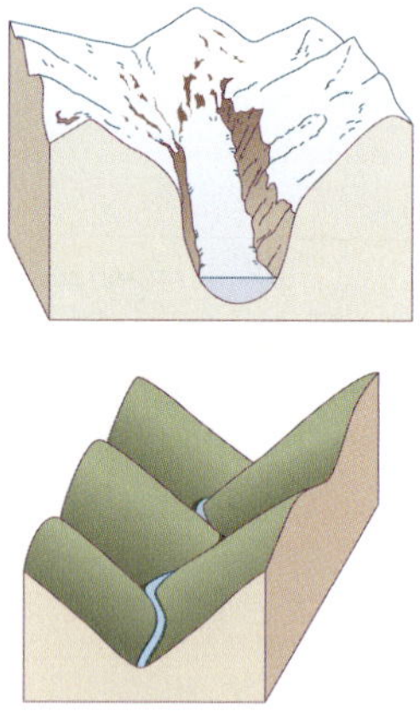

Al fundirse el glaciar (1) se observa que la lengua ha ejercido una erosión más intensa en el fondo que en las paredes del valle, por lo que este presenta un perfil en U (2).

El hielo

En latitudes muy frías, donde no hay deshielo durante el verano y la nieve se acumula todos los años, la superficie del terreno está cubierta de hielo.

Los **glaciares** son grandes masas de hielo que se desplazan lentamente, debido a la fuerza de la gravedad y a su propio peso.

A medida que el glaciar se desplaza, el hielo arranca y erosiona el valle por el que desciende. De esta forma, lo excava y lo ensancha. Este tipo de erosión se denomina **abrasión,** y los derrubios originados se llaman **morrenas.**

El mar

En las zonas costeras, el principal agente geológico es el **mar.** El mar erosiona la costa por acción del **oleaje.** Las corrientes realizan el transporte y la distribución de los materiales por la costa y en el fondo de los océanos, y las mareas amplían la actividad de las olas y corrientes.

La **abrasión marina** consiste en la erosión de las olas sobre la costa. Los acantilados pueden desplomarse y formar en su base plataformas de abrasión.

Si el **litoral** está formado por materiales homogéneos, la línea de costa será uniforme y más o menos recta. Si existen distintos tipos de rocas, las costas son recortadas, puesto que el mar erosiona la roca dura más lentamente y deja un saliente, llamado cabo; si la roca es más débil, el retroceso es más rápido, y se origina un entrante, que puede ser un golfo, una cala, una ensenada o una bahía.

Como resultado del depósito de los materiales que el mar ha ido transportando, se forman en otros lugares playas, barras costeras, tómbolos, deltas y estuarios.

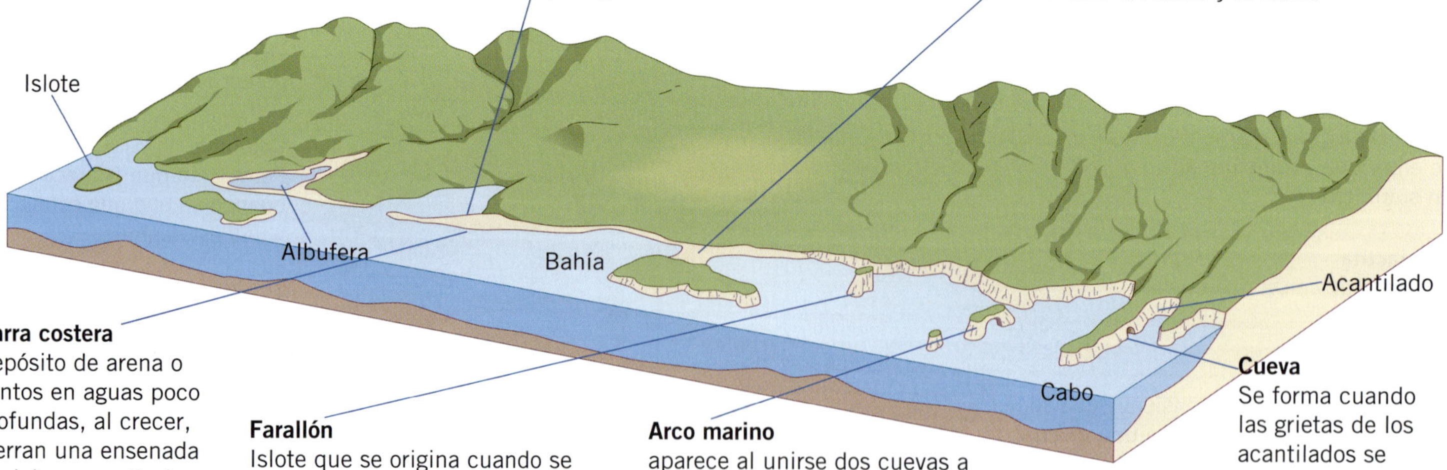

Erosión costera y depósitos marinos.

ACTIVIDADES

6. ¿Qué diferencia hay entre los dos tipos de glaciares?
7. ¿Qué es la abrasión marina?

El viento y su acción geológica

El **viento** actúa en toda la superficie terrestre, pero en algunas zonas su acción es más intensa que en otras. Una de las zonas del planeta en las que la acción modeladora del viento es más notable es en los **desiertos.**

La acción del viento produce la **erosión** de los materiales, su **transporte** y su sedimentación o depósito cuando su intensidad disminuye.

- **Erosión:** a veces, el viento arrastra o levanta las partículas finas y sueltas que hay en el suelo **(deflación),** las cuales pulen y trazan surcos en la superficie de las rocas. En otras ocasiones, los granos de arena son lanzados una y otra vez sobre las rocas **(corrosión)** y originan superficies alveoladas y rocas con forma de seta.
- **Transporte:** dependiendo del tamaño de la partícula y de la fuerza del viento, el transporte puede producirse de tres formas diferentes: suspensión, saltación y arrastre.
- **Sedimentación:** cuando el viento ataca zonas donde hay derrubios de distintos tamaños, arrastra las partículas más pequeñas y deja a su paso las piedras y los guijarros que forman los **desiertos de piedra** o reg. A medida que la velocidad de los vientos del desierto disminuye, los granos de arena se depositan y acumulan en el **desierto de arena** o erg, cuyo rasgo más característico son las dunas. Las partículas más finas, los limos, viajan más lejos que las arenas. Cuando se depositan forman los loess, o suelos fértiles y profundos que se utilizan para el cultivo.

Dunas en el desierto del Sahara.

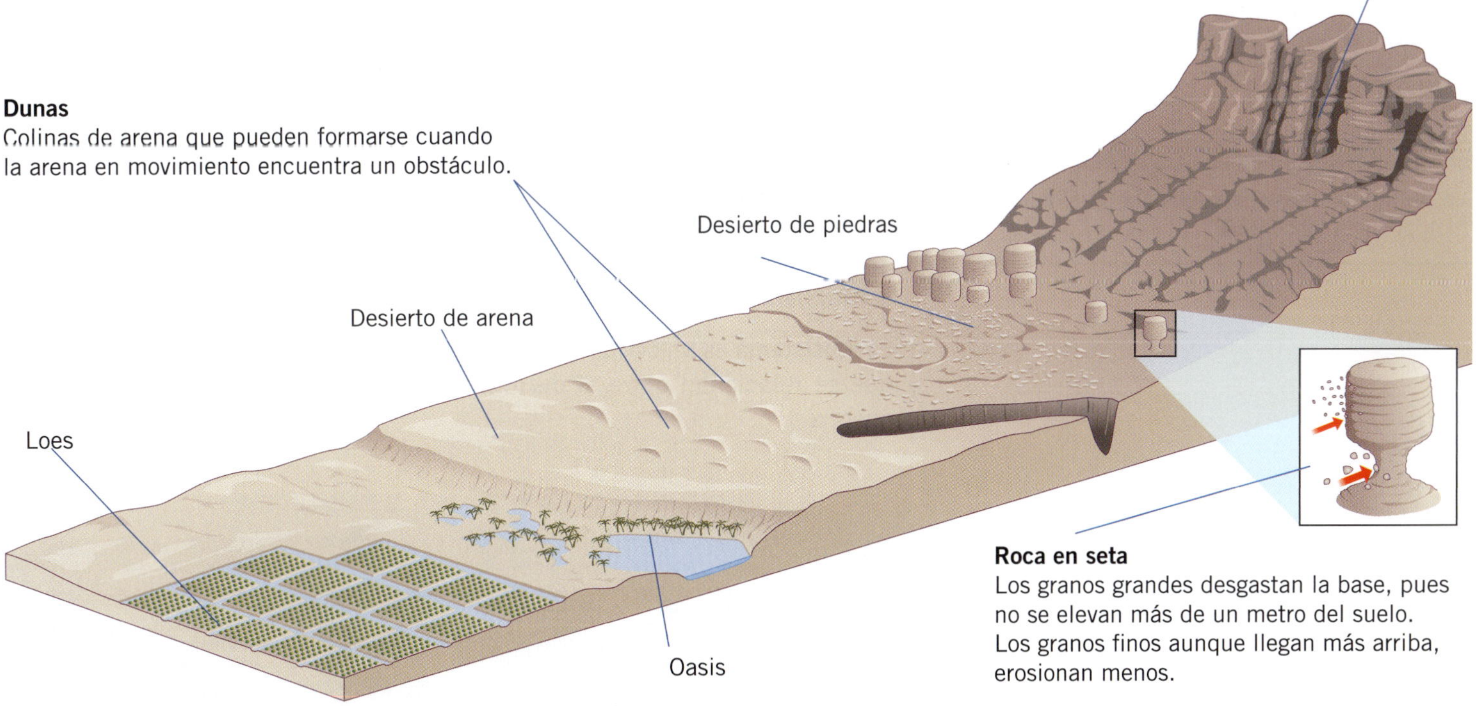

Acción geológica del viento en un desierto.

ACTIVIDADES

8. ¿Qué agentes geológicos externos son los responsables de modelar los desiertos?

Los ecosistemas

La ecología estudia la «casa» donde transcurre la vida, es decir, el ambiente donde nos relacionamos todos los seres vivos que poblamos la Tierra.

La **ecología** es la ciencia que estudia las relaciones y las redes de dependencia que se establecen entre los distintos seres vivos, y entre estos y el entorno o medioambiente en el que viven.

La ecología se ha definido también como la ciencia que estudia «la totalidad de todo», pues el **medioambiente** de un organismo está constituido por todos aquellos elementos o factores que influyen sobre él, ya sean vivos o inanimados, organismos de su misma especie o de otra, y de naturaleza física, química, biológica o geológica.

El **medioambiente** o entorno de un ser vivo está constituido por el conjunto de elementos vivos (factores bióticos) y no vivos (factores abióticos) que le rodean.

El **hábitat** es el albergue natural de cada organismo, el lugar en el que habita preferentemente y donde encuentra las condiciones más favorables para vivir y reproducirse.

AYUDA

Los individuos no viven solos y aislados.

Un grupo de individuos de la misma especie que viven en un lugar común constituyen una población.

Diferentes poblaciones de animales, plantas, hongos, protozoos y bacterias viven juntas y constituyen una comunidad.

La comunidad de organismos que viven en un biotopo es la biocenosis.

El **medioambiente** se compone de dos **elementos** fundamentales: el biotopo y la biocenosis.

- El **biotopo** es un lugar o espacio físico concreto que posee unas determinadas condiciones físicas y químicas. Está constituido por el conjunto de elementos no vivos del medioambiente, llamados **factores abióticos.**

  Puede ser un biotopo acuático o terrestre, y en cada caso hay que considerar determinados factores abióticos (clima, relieve, agua, suelo, etc.) que permiten establecer diferencias entre unos biotopos y otros.

- La **biocenosis** comprende la totalidad de los organismos que viven en un determinado biotopo. Está constituida por todos los elementos vivos del entorno, llamados **factores bióticos.**

El **ecosistema** es un conjunto de seres vivos (biocenosis) y no vivos (biotopo) que se relacionan entre sí de formas diversas intercambiando materia y energía.

Los animales, plantas y demás seres vivos constituyen la **biocenosis** de este ecosistema.

El agua, la tierra, las piedras y el aire conforman los elementos del **biotopo** de este ecosistema.

Ecosistema en la sabana africana.

Las relaciones entre los seres vivos

Todos los organismos viven juntos: se necesitan unos a otros. Ni las plantas ni los animales pueden vivir independientemente unos de otros, y tampoco pueden vivir al margen de los hongos, de las bacterias y de otros microorganismos.

Los seres vivos del ecosistema se relacionan unos con otros y ejercen acciones o influencias que pueden resultar beneficiosas o perjudiciales para la reproducción, el cuidado de las crías o la alimentación.

Cadenas y redes tróficas

La vida de los ecosistemas depende del flujo de energía que suministra el Sol, que pasa de unos organismos a otros a través de las cadenas tróficas o alimentarias.

Una **cadena trófica** es una secuencia de organismos (los eslabones), cada uno de los cuales constituye el alimento del siguiente. Por lo general, en la naturaleza las cadenas tróficas se presentan interconectadas, formando complejos entramados, conocidos como **redes tróficas.**

Los distintos eslabones o **niveles tróficos** son:

Consumidores terciarios: son los animales carnívoros o depredadores que se alimentan de otros carnívoros.

Consumidores secundarios: son los animales carnívoros o depredadores que se alimentan de los herbívoros.

Consumidores primarios: son los animales herbívoros que se alimentan de plantas o algas.

Productores: son las plantas y las algas.

Red trófica.

Esta red trófica representa la parte visible del ecosistema, que suele estar coronada por un depredador cumbre, como el lobo o el zorro. Pero las cadenas tróficas de una red no finalizan en este superdepredador, ya que continúan en otra parte menos visible, que también forma parte de la red trófica, y está formada por los organismos **descomponedores.**

AYUDA

Las relaciones más habituales entre individuos de especies diferentes son:

- Depredación: los depredadores se alimentan de las presas.
- Parasitismo: los parásitos se alimentan del hospedador, al que causan un perjuicio.
- Mutualismo o simbiosis: dos especies se asocian con beneficio mutuo.
- Comensalismo: la relación solo beneficia a una de las especies, sin perjuicio de la otra.

ACTIVIDADES

9. ¿Qué diferencia hay entre el biotopo y la biocenosis?
10. Relaciona cada uno de los siguientes organismos con su nivel trófico correspondiente (productor, herbívoro, carnívoro, carnívoro que se come a otros carnívoros): caracol, trigo, culebra, lechuza.

Los ecosistemas de nuestro entorno

La interconexión de paisaje, clima y seres vivos da lugar a una rica variedad de ecosistemas terrestres y acuáticos en nuestro entorno más cercano. Los principales ecosistemas de nuestro país son los siguientes:

Atlántico gallego. Las costas gallegas presentan un relieve y un perfil muy variados, en los que abundan ensenadas, promontorios, arenales y acantilados. Pero, tal vez, una de las características más peculiares es la presencia de las rías, partes terminales de valles fluviales invadidos por las aguas oceánicas.
La flora y la fauna del litoral gallego es numerosa y variada. Sus rías poseen una gran riqueza en especies marinas explotadas por los marineros y mariscadores de la zona.

Bosque atlántico. Se localiza en la zona húmeda (norte y ciertos lugares del centro peninsular). Los inviernos son fríos y los veranos suaves. Hay precipitaciones durante todo el año.
Los bosques caducifolios están formados por árboles de hojas planas y caducas. Los principales son el robledal y el hayedo.
Entre la fauna, se pueden encontrar ardillas, ciervos, corzos, zorros, sapos, lagartos, búhos...

Bosque húmedo en Galicia.

Atlántico andaluz. La franja litoral andaluza ofrece una variada morfología. Las costas de Huelva están constituidas por playas arenosas, dunas y marismas, en las que existen destacados valores naturales, como las formaciones vegetales costeras de enebrales. La costa de Cádiz está formada por acantilados, marismas y grandes arenales, y en ella se realiza el avistamiento de cetáceos.

Laurisilva. Es un ecosistema de bosque subtropical formado por árboles de la familia del laurel. Está influido por las brumas de los vientos alisios, que proporcionan un grado de humedad y temperaturas suaves con ausencia de heladas, suficientes para el desarrollo de abundante vegetación.
Puede encontrarse en las islas Canarias.

Bosque de laurisilva en la isla de La Gomera.

La dehesa. Es un terreno más o menos arbolado para el aprovechamiento agrícola, ganadero y forestal. Los árboles característicos son la encina y el alcornoque, que pueden aparecer mezclados y acompañados por otros árboles con una menor representación, como el quejigo, el castaño o el acebuche, variedad silvestre del olivo, abundante en las dehesas de Cádiz y de Sierra Morena.

Encinares.

Mar Cantábrico. Es un mar abierto y bastante agitado. Sus costas, rocosas, recortadas y abruptas, en las que predominan los acantilados y las rías, constituyen un sólido sustrato en el que se desarrolla una rica vida marina.

Acantilados en la costa cantábrica.

Ecosistemas urbanos. La intervención humana es intensa en este tipo de ecosistemas, y hay un claro predominio de los elementos artificiales.

Sin embargo, en nuestras ciudades, y también en los parques y jardines, viven de modo permanente o de forma ocasional multitud de animales diferentes, algunos de los cuales causan repulsión, como la rata de alcantarilla, mientras que la presencia de otros genera una sensación positiva (perros, gatos, urracas, vencejos...).

La vegetación también está presente, representada principalmente por una amplia variedad de especies de árboles y arbustos (plátanos de paseo, cipreses, castaños de Indias...).

Parque de la Ciudadela, en Barcelona.

Humedales. Son áreas cubiertas de forma permanente o temporal por aguas poco profundas; son sistemas de transición entre los ambientes terrestres y los acuáticos, en los que viven gran cantidad de especies animales y vegetales.

Los humedales pueden ser:

- Continentales, como los lagos, las lagunas, los embalses artificiales, las charcas y las riberas que se encuentran dispersas por toda la geografía peninsular.
- Litorales, como los estuarios, los deltas, las marismas y los manglares.

Desembocadura del río Ebro.

Bosque mediterráneo. Está en equilibrio con un tipo de clima mediterráneo (templado y húmedo en invierno y cálido y seco en verano) característico de gran parte de la península Ibérica.

En general, las plantas del bosque mediterráneo tienen hojas duras para mantener la forma y evitar la pérdida de agua frente a la fuerte insolación y a los secos períodos estivales.

La gran variedad de flora y fauna le da al bosque mediterráneo una gran biodiversidad.

Bosque de pinos en la provincia de Teruel.

Mar Mediterráneo. Contiene especies únicas en el mundo y una gran biodiversidad: aloja el 18% de la flora marina de todo el planeta y el 7,5% de las especies animales marinas mundiales.

La franja litoral mediterránea, que es la zona donde confluyen e interaccionan el medio terrestre y el medio marino, alberga un mosaico de ecosistemas únicos que contienen una gran cantidad de endemismos, tanto de fauna como de flora.

ACTIVIDADES

11 Busca más información en Internet o en enciclopedias y menciona las principales especies animales y vegetales que se desarrollan en los diferentes ecosistemas de España.

El medioambiente y su protección

A lo largo de la historia de la Tierra se han producido numerosos **cambios ambientales,** aunque la especie humana aún no hubiera aparecido y formado parte de los ecosistemas.

Sin embargo, desde su aparición, los **seres humanos** tienen mayor capacidad que cualquier otra especie para alterar los ecosistemas, especialmente desde el comienzo de la época industrial, con la demanda de gran cantidad de recursos naturales.

Para la realización de grandes obras como la instalación de refinerías de petróleo, construcción de autopistas, líneas de ferrocarril, aeropuertos y puertos y vías de navegación, grandes presas y minas a cielo abierto, la evaluación de impacto ambiental es de obligado cumplimiento.

En la actualidad, la humanidad se encuentra en un momento muy importante. Se enfrenta a **grandes problemas** como la pobreza, el hambre, las enfermedades y el continuo deterioro de los ecosistemas. A pesar de las advertencias de los científicos especialistas respecto a la sobrexplotación de los recursos, la humanidad puede seguir tres caminos:

- El **desarrollo incontrolado,** que se basa en la generación y producción de bienes sin tener en cuenta la degradación del medio natural. Lo que esto conlleva, casi con total seguridad, es el agotamiento paulatino de los distintos recursos.
- El **conservacionismo,** que, teniendo en cuenta el supuesto agotamiento de los recursos, propone el freno de cualquier tipo de avance económico para evitar daños al medioambiente.
- El **desarrollo sostenible,** que equilibra las dos posturas anteriores.

El **desarrollo sostenible** es el desarrollo que satisface las necesidades de la generación actual sin comprometer la capacidad de las generaciones futuras para satisfacer sus propias necesidades.

Impacto ambiental

Un **impacto ambiental** es toda alteración del medioambiente, o de alguno de sus elementos, producida por cualquier actividad humana que modifique la calidad ambiental.

Cuando se proyecta la realización de determinadas actividades que modificarán considerablemente el entorno, es necesario y obligatorio realizar previamente una evaluación de impacto ambiental.

La **evaluación de impacto ambiental** es un estudio para identificar, predecir y prevenir los impactos que una actividad producirá sobre el medioambiente, incluyendo la salud y el bienestar humanos.

Tiene dos fases: el **estudio de impacto ambiental,** en el que se analizarán los elementos necesarios (flora, fauna, agua, suelo, etc.), y la **declaración de impacto ambiental,** que consiste en tomar la decisión de aceptar el proyecto, rechazarlo o aceptarlo con determinadas correcciones.

ACTIVIDADES

12 ¿Cuál es la diferencia entre el desarrollo incontrolado, el conservacionismo y el desarrollo sostenible?

Aplica lo aprendido

1. Estos dibujos representan diferentes formas del relieve.

a
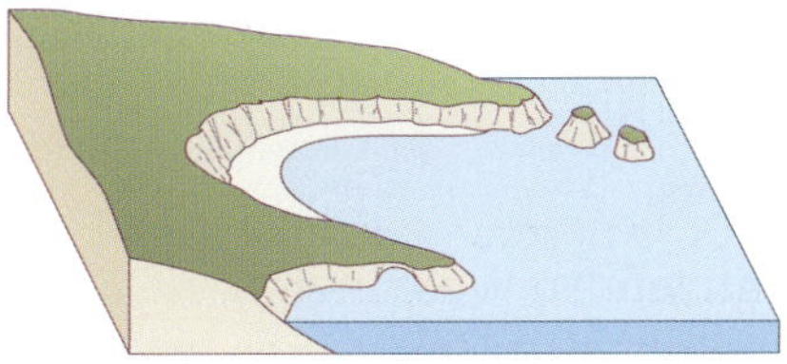

b

c
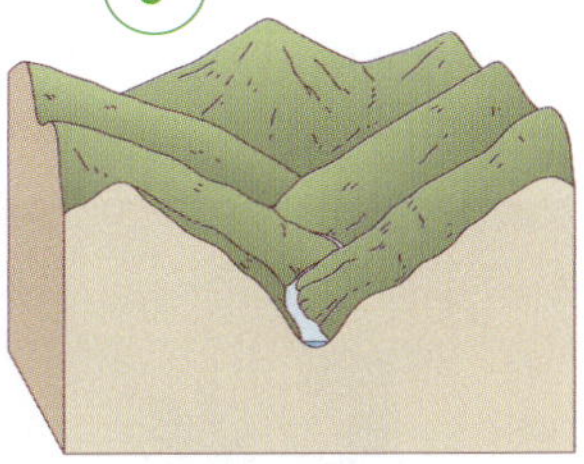

d

e
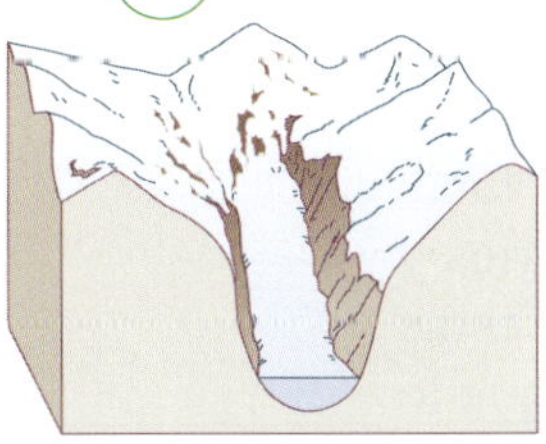

f
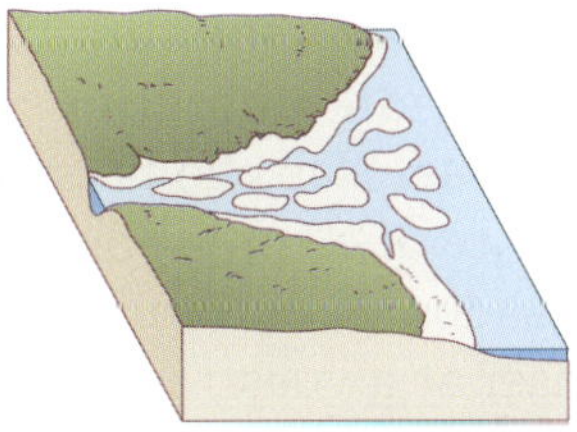

g
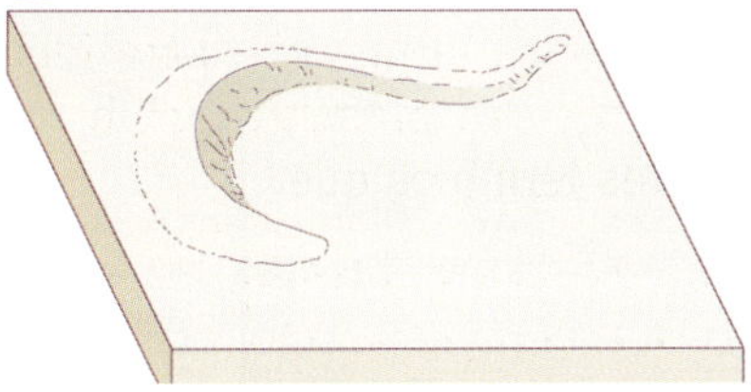

a) ¿Cuál es el nombre de cada una de ellas?

b) Indica qué agente geológico externo las ha originado.

2. Elabora en tu cuaderno una tabla en la que indiques forma de erosión, tipo de transporte y forma de sedimentación de los siguientes agentes geológicos: aguas salvajes, ríos, aguas subterráneas, viento, glaciares y mares.

3. Cuando los ríos caudalosos y cargados de materiales desembocan en un mar como el Mediterráneo, ¿qué tipo de desembocadura originan? ¿Por qué? ¿Y si lo hacen en el Atlántico?

4. Describe algunos de los factores abióticos que constituyen el biotopo.

5. ¿Qué elementos componen la biocenosis?

6. Identifica y describe los niveles tróficos que aparecen en la siguiente ilustración.

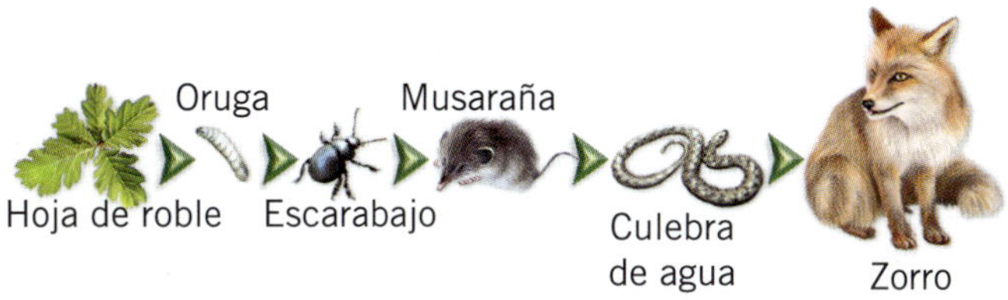

7. ¿Por qué se dice que los descomponedores desempeñan un papel importante en el reciclado de la materia en los ecosistemas?

8. Elige un ecosistema urbano de tu entorno más próximo y menciona los principales representantes de flora y fauna que observes en él.

Los parques en las ciudades conforman ecosistemas urbanos.

9. Explica en qué consiste el desarrollo sostenible.

10. ¿Qué es una evaluación de impacto ambiental? ¿Cuáles son sus fases?

11. ¿A cuál de los tres modelos de desarrollo corresponderá una medida que prohíba totalmente la caza y la pesca deportivas?

UNA LECCIÓN DE DESARROLLO SOSTENIBLE

Este texto es un fragmento adaptado de la carta que el gran jefe Seattle envió en 1855 al presidente de EE. UU. El gran jefe no era un científico académico, pero sus palabras nos indican una gran sabiduría sobre el medioambiente, ya que conocía a la perfección la gran armonía que debe existir entre el hombre y la naturaleza.

«El Gran Jefe de Washington manda decir que desea comprar nuestras tierras.

Gran Jefe también nos envía palabras de amistad y buena voluntad. El Gran Jefe en Washington podrá confiar en lo que dice el Jefe Seattle con la misma certeza con que nuestros hermanos blancos podrán confiar en la vuelta de las estaciones.

¿Cómo podéis comprar o vender el cielo, el calor de la Tierra? Esta idea nos parece extraña. No somos dueños de la frescura del aire ni del centelleo del agua. ¿Cómo podríais comprárnoslo? Habéis de saber que cada partícula de esta tierra es sagrada para mi pueblo.

Nativo norteamericano.

Cada hoja resplandeciente, cada playa arenosa, cada neblina en el oscuro bosque, cada claro y cada insecto con su zumbido son sagrados en la memoria y la experiencia de mi pueblo. La savia que circula en los árboles porta las memorias del hombre de piel roja. Las fragantes flores son nuestras hermanas; el venado, el caballo, el águila majestuosa son nuestros hermanos. Las crestas rocosas, las savias de las praderas, el calor corporal del potrillo y el hombre, todos pertenecen a la misma familia.

Por eso, cuando el Gran Jefe de Washington manda decir que desea comprar nuestras tierras, es mucho lo que pide. El Gran Jefe manda decir que nos reservará un lugar para que podamos vivir cómodamente entre nosotros. Él será nuestro padre y nosotros seremos sus hijos. Por eso consideraremos su oferta de comprar nuestras tierras. Mas ello no será fácil, porque estas tierras son sagradas para nosotros. El agua centelleante que corre por los ríos y esteros no es meramente agua sino la sangre de nuestros antepasados. Si os vendemos estas tierras, tendréis que recordar que ellas son sagradas y deberéis enseñar a vuestros hijos que lo son y que cada reflejo fantasmal en las aguas claras habla de acontecimientos y recuerdos de la vida de mi pueblo».

ACTIVIDADES

1. Busca en Internet o en alguna enciclopedia el significado de los siguientes términos que aparecen en el texto:

   Seattle — Gran Jefe en Washington

2. «Las fragantes flores son nuestras hermanas; el venado, el caballo, el águila majestuosa son nuestros hermanos. Las crestas rocosas, las savias de las praderas, el calor corporal del potrillo y el hombre, todos pertenecen a la misma familia». ¿Qué crees que significa que todos pertenecen a la misma familia?

3. Culturas antiguas como los indios americanos fueron muy respetuosas con el medioambiente y explotaban los recursos naturales de forma sostenible. ¿Crees que la humanidad va hacia un desarrollo sostenible?

12 Las magnitudes y su medida. El trabajo científico

En esta unidad estudiaremos

1. El método científico
2. Magnitudes fundamentales y derivadas
3. El trabajo en el laboratorio
4. Las leyes de los gases: un ejemplo de aplicación del método científico

¿SABÍAS QUE...?

Un buen número de los descubrimientos científicos más importantes se realizaron por casualidad y se confirmaron gracias a la excelente observación que de ellos hicieron determinados científicos y científicas en su momento.

Si la observación se lleva a cabo de una manera adecuada, podrá dar lugar a un descubrimiento.

AYUDA

El método científico, con algunas modificaciones según el caso, es propio de las llamadas ciencias experimentales. Entre ellas se encuentran la Física y la Química.

Otras ciencias, como las Matemáticas, la Astronomía, la Sociología o la Geografía, no se consideran experimentales, pues en ellas no tiene cabida la realización de experimentos.

Los experimentos constituyen la base de la Física y la Química.

El método científico

El **método científico** es el procedimiento sistemático y controlado que permite estudiar un fenómeno observado y establecer los modelos y las leyes por los que se rige.

Las **fases** del método científico son las siguientes:

Observación. Ante un fenómeno inexplicado, el primer paso consiste en **observar** y obtener toda la información posible de una forma detallada y exhaustiva.

Formulación de hipótesis. Finalizada la observación, es necesario buscar una **explicación razonada** del fenómeno objeto de estudio; es decir, hay que elaborar una hipótesis. Pero antes de elaborarla, además de los datos procedentes de la observación, deben incorporarse otros datos investigando las fuentes de información disponibles.

La **hipótesis** es una explicación que aún no ha sido comprobada, por lo que no deja de ser una simple formulación teórica.

Experimentación. Puede considerarse la fase crucial del método científico, pues determinará la validez o no del trabajo desarrollado.

A partir de la hipótesis formulada se deducen predicciones que han de comprobarse mediante **experimentos** en **condiciones controladas.** El diseño de los experimentos se debe hacer de forma detallada, tomando nota de todas las incidencias y detalles observados. Cuando los datos sean medibles, como la temperatura, la masa, etc., hay que anotarlos para su posterior análisis.

Si los resultados de esos experimentos concuerdan con las predicciones, puede aceptarse la hipótesis como válida. Si no, es necesario reformularla o rechazarla.

Elaboración de conclusiones. Una vez establecida la validez de una hipótesis, esta se convierte en una ley científica. En la mayoría de los casos, la ley se expresa mediante una **fórmula,** expresión que relaciona los datos numéricos que acompañan al fenómeno estudiado. Varias hipótesis sobre un conjunto de fenómenos interrelacionados forman una **teoría.**

Ejemplo:

Observación

- Advertimos que algunas sustancias, como la madera, flotan en el agua, mientras que otras, como el oro, se hunden. ¿Qué es lo que hace que unas sustancias floten en el agua y otras se hundan?

Formulación de hipótesis

- Todos los cuerpos y todas las sustancias tienen su propia densidad. La densidad es la magnitud que relaciona la masa de un cuerpo con el volumen que este ocupa. La densidad del agua es 1 g/mL, la del oro es 19,3 g/mL y la de la madera está entre 0,6 g/mL y 0,9 g/mL.

  Podemos, pues, plantear la siguiente hipótesis: si un cuerpo tiene una densidad superior a la del agua, se hunde, pero si su densidad es inferior, flota.

Experimentación

- Colocamos un huevo en un vaso lleno de agua, y observamos que se hunde. La densidad del huevo es mayor que la del agua.

  Entonces, añadimos varias cucharadas de sal al agua para aumentar su densidad. Ahora el huevo flota, porque la densidad del agua ha pasado a ser superior a la del huevo. Comprobamos entonces que la hipótesis es correcta.

Elaboración de conclusiones

- Una vez validada la hipótesis en el experimento, se convierte en una ley científica.

Magnitudes fundamentales y derivadas

Una **magnitud** es toda propiedad que se puede medir. La medida consiste en asignar un valor a una cantidad de la magnitud comparándola con otra de referencia o patrón de valor conocido.

Todas las magnitudes que existen pueden clasificarse en dos tipos: fundamentales y derivadas.

- Las **magnitudes fundamentales** son las más sencillas y de uso más frecuente. Se caracterizan por el hecho de que no se expresan en función de otras; por ejemplo: longitud, masa, tiempo, temperatura, etc.
- El resto de magnitudes se expresan a partir de las fundamentales y reciben el nombre de **magnitudes derivadas.** Por ejemplo: concentración, velocidad, superficie, etc.

Cuando definimos una magnitud, surge la necesidad de contar con una referencia o patrón para establecer su valor en cada momento; esa referencia es la **unidad.**

La **unidad** es una cierta cantidad de una magnitud que se toma como referencia, asignándole el valor 1, para realizar medidas de esa magnitud en cualquier situación.

La elección de las unidades es arbitraria; es decir, es un convenio que establece la comunidad científica. Cada unidad recibe un nombre y tiene una abreviatura para facilitar la escritura. Al igual que las magnitudes, las **unidades** se clasifican en **fundamentales,** si corresponden a magnitudes fundamentales, y **derivadas,** si se establecen para magnitudes derivadas.

El **Sistema Internacional** (SI) establece cuáles son las magnitudes fundamentales y sus unidades de medida, que puedes ver resumidas en la siguiente tabla:

Magnitud	Unidad	Símbolo
Longitud	metro	m
Masa	kilogramo	kg
Tiempo	segundo	s
Temperatura	kelvin	K
Intensidad de corriente eléctrica	amperio	A
Intensidad de luz	candela	cd
Cantidad de sustancia	mol	mol

EJEMPLO

Las magnitudes derivadas se representan como una relación entre magnitudes fundamentales.

$$\text{Densidad} = \frac{\text{Masa}}{\text{Volumen}}$$

$$\text{Velocidad} = \frac{\text{Espacio}}{\text{Tiempo}}$$

$$\text{Superficie} = \text{Anchura} \cdot \text{Altura}$$

EJEMPLO

Las magnitudes derivadas y sus unidades se obtienen por combinación de las fundamentales. Así, por ejemplo:

La superficie, que se define como la anchura por la altura, se expresará en el SI como el producto de dos longitudes; por tanto, su unidad de medida será el metro cuadrado (m^2).

La velocidad, que se define como el cociente del espacio por el tiempo, tendrá como unidad de medida en el SI el metro por segundo (m/s).

ACTIVIDADES

1. Diseña en tu cuaderno un experimento para verificar o rechazar la hipótesis de que la masa de un cuerpo no es la única variable que determina si este flota o no en el agua.
2. ¿Cuáles de las siguientes propiedades son magnitudes? ¿Por qué?

   Color Tamaño Dificultad Belleza Tiempo Volumen
3. ¿Qué ventajas crees que supone disponer del SI en lugar de emplear las unidades tradicionales de cada zona o país?

Las dimensiones de los objetos son tan diferentes que utilizamos en cada situación la unidad más adecuada.

Múltiplos y submúltiplos

Además de las unidades que corresponden a cada magnitud, el SI establece la forma de expresar valores muy grandes o muy pequeños de una magnitud a través de múltiplos y submúltiplos. Estos se indican mediante unos prefijos y unas abreviaturas colocados delante de la unidad correspondiente.

Prefijo	Símbolo	Valor	Descripción	Valor decimal
giga	(G)	10^9	Billón	1 000 000 000
mega	(M)	10^6	Millón	1 000 000
kilo	(k)	10^3	Mil	1 000
hecto	(h)	10^2	Cien	100
deca	(da)	10^1	Diez	10
		10^0	Uno	1
deci	(d)	10^{-1}	Décimo	0,1
centi	(c)	10^{-2}	Centésimo	0,01
mili	(m)	10^{-3}	Milésimo	0,001
micro	(μ)	10^{-6}	Millonésimo	0,000 001
nano	(n)	10^{-9}	Billonésimo	0,000 000 001
pico	(p)	10^{-12}	Trillonésimo	0,000 000 000 001

Sin embargo, para trabajar con cualquier ecuación física o química se deben utilizar las unidades del SI, por lo que es necesario tener fluidez para cambiar de unas unidades a otras.

Conversión de unidades

En ocasiones se realiza la medida de una cantidad de una magnitud en una de sus unidades, pero se desea expresar el resultado en otra unidad o utilizando múltiplos y submúltiplos.

Esto se puede hacer estableciendo la **equivalencia** entre ambas unidades de medida y aplicando una relación de proporcionalidad directa.

Ejemplo:

Se ha medido la masa de un objeto y se ha obtenido como resultado 0,025 kg. Realizaremos la conversión de unidades necesaria para expresar este resultado en gramos.

Para hacer la conversión entre kilogramos y gramos debemos escribir la equivalencia entre ambas unidades. Hay dos formas correctas de expresarla:

$$1\ \text{kg} = 1\,000\ \text{g}\ ;\ 1\ \text{g} = 0{,}001\ \text{kg}$$

Efectuamos la conversión multiplicando por un factor de proporcionalidad, en forma de fracción, en el que se indica la equivalencia anterior:

$$\text{Masa} = 0{,}025\ \text{kg} \cdot \frac{1\,000\ \text{g}}{1\ \text{kg}} = \frac{0{,}025\ \text{kg} \cdot 1\,000\ \text{g}}{1\ \text{kg}} = 25\ \text{g}$$

Fíjate en que hemos colocado la nueva unidad que queremos obtener en el numerador del factor de proporcionalidad.

Al simplificar, queda solo la unidad a la que se quiere llegar.

El resultado indica que es igual una masa de 0,025 kg que una masa de 25 g.

Muchas magnitudes en Física y Química tienen **unidades compuestas.** La velocidad (m/s) o la densidad (kg/m^3) son algunas de ellas. Para estas unidades se utilizan dos factores de conversión.

Ejemplo:

Un vehículo circula a una velocidad de 90 km/h. Realizaremos una conversión de unidades para expresar esta velocidad en m/s.

La velocidad es una magnitud derivada, por lo que tenemos que realizar una conversión doble: de longitud y de tiempo.

Escribimos las equivalencias entre las unidades de longitud y de tiempo implicadas:

$$1 \text{ km} = 1\,000 \text{ m} \qquad 1 \text{ h} = 3\,600 \text{ s}$$

También se podría expresar: 1 m = 0,001 km.

Aplicamos dos factores de proporcionalidad, uno para la equivalencia de la unidad de longitud y el otro para la unidad de tiempo:

$$\text{Velocidad} = 90 \frac{\text{km}}{\text{h}} \cdot \frac{1\,000 \text{ m}}{1 \text{ km}} \cdot \frac{1 \text{ h}}{3\,600 \text{ s}} = \frac{90 \text{ km} \cdot 1\,000 \text{ m} \cdot 1 \text{ h}}{1 \text{ h} \cdot 1 \text{ km} \cdot 3\,600 \text{ s}} = 25 \text{ m/s}$$

En cada factor, la equivalencia ha de escribirse de modo que se puedan simplificar las unidades que queremos convertir.

Así pues, 90 km/h equivalen a una velocidad de 25 m/s.

Notación científica

La notación científica es una forma de escribir los números muy apropiada cuando se trata de cantidades muy grandes o muy próximas a cero.

Consiste en expresar el número en cuestión como el producto de un número decimal con una sola cifra entera y una potencia de 10 de exponente positivo o negativo:

$$123\,000\,000\,000 = 1{,}23 \cdot 10^{11} \qquad 0{,}000\,000\,054\,6 = 5{,}46 \cdot 10^{-8}$$

Además de facilitar la escritura y las operaciones, esta manera de indicar las cantidades nos informa directamente de su orden de magnitud, que es la potencia de 10 que aparece. El orden de magnitud sirve para realizar estimaciones rápidas cuando no se requiere un valor exacto.

ACTIVIDADES

4 Indica en tu cuaderno qué múltiplo o submúltiplo del metro utilizarías para expresar estas medidas:

a) El ancho de un libro.

b) El grosor de una hoja de papel.

c) La distancia de la Tierra al Sol.

d) El diámetro de una célula.

5 Transforma las siguientes unidades de medida:

a) 345 g a kg

b) 0,0065 g a mg

c) 2954 s a días

d) 135 km/h a m/s

e) 7,6 g/cm^3 a kg/m^3

f) 8400 kg/m^3 a g/cm^3

RECUERDA

Si bien es habitual expresar la temperatura en grados centígrados (escala Celsius), en ciencias se utiliza la escala Kelvin.

La conversión entre ambas es sencilla y se lleva a cabo simplemente sumando o restando 273,16, según corresponda.

(ºC) = (K) − 273,16

(K) = (ºC) + 273,16

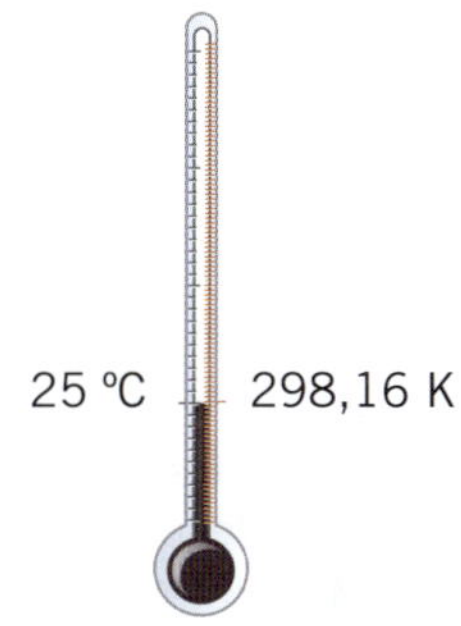

Es lo mismo decir que la temperatura ambiente es de 25 ºC que afirmar que es de 298,16 K: se trata de la misma temperatura, pero expresada en dos escalas diferentes.

El trabajo en el laboratorio

El **laboratorio** es el lugar en el que se efectúan los procedimientos experimentales necesarios para aplicar el método científico. Es un recinto específicamente diseñado para ello, donde se dispone de material adecuado para el montaje de experimentos y de aparatos de medida útiles para obtener la información cuantitativa necesaria.

Armarios
Son necesarios para almacenar el material y los reactivos que no se están usando.

Mesas de trabajo
En ella se realizan las experiencias. No debe haber más material del necesario.

Campana extractora
Debe haber una campana extractora de gases para mayor seguridad.

Fregaderos
En un laboratorio no pueden faltar fregaderos y grifos.

Parte de un laboratorio.

La mayoría de las reacciones químicas ocurren en el seno de una disolución acuosa. Debido a ello, existe multitud de **material de laboratorio** para contener, manejar, almacenar y preparar diferentes disoluciones.

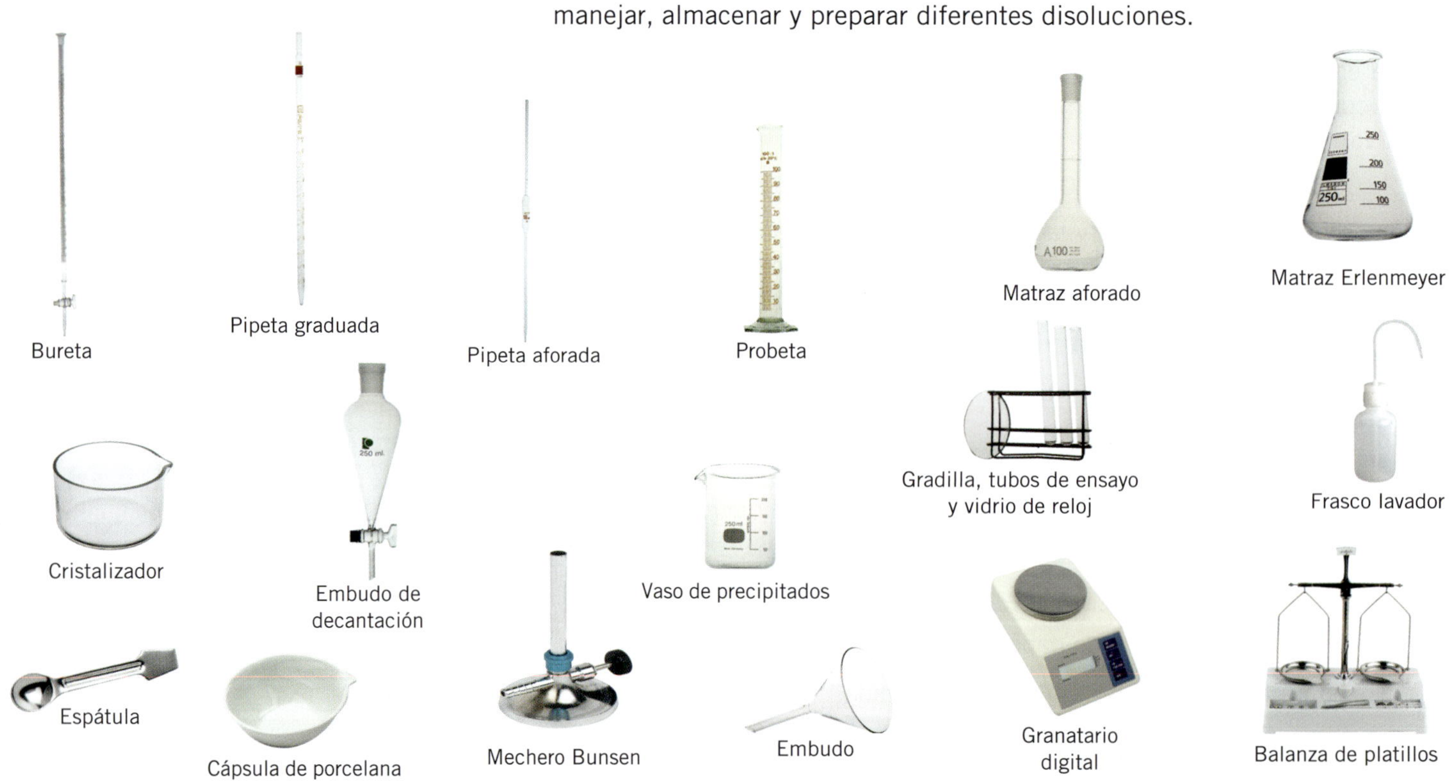

Materiales de laboratorio.

Pautas para trabajar en el laboratorio

El trabajo en el laboratorio debe ser metódico y serio, para **evitar riesgos** que puedan derivarse del manejo de sustancias peligrosas. Muchos de los reactivos con los que se trabaja en el laboratorio llevan unas etiquetas que identifican los riesgos del producto. Siempre se deben leer estas etiquetas y actuar en consecuencia.

Pero el trabajo riguroso no solo debe realizarse para evitar riesgos, sino también para **minimizar los errores** en la recogida de resultados.

Siempre que realizamos una medida cometemos un cierto **error.** En función del origen del error, podemos clasificar los errores en:

- **Error de resolución:** es el error que se comete por la limitación inherente del instrumento de medida. Por ejemplo, medir el espesor de un folio con la regla.
- **Error sistemático:** se debe a un error en el instrumento de medida o a un uso inapropiado de él. Por ejemplo, cuando se enrasa un matraz aforado debemos tener la línea del matraz a la altura de los ojos, y no mirarlo desde un plano más alto o más bajo.
- **Error aleatorio:** se comete por accidente o casualidad. Son imposibles de eliminar, puesto que pueden deberse a causas tales como ligeras corrientes de aire o pequeñas modificaciones en el ambiente.

En las ciencias experimentales es importante cuantificar los errores para saber si el error es lo suficientemente pequeño como para que el experimento sea válido, o tan grande como para invalidar los resultados. Es muy habitual, por tanto, tomar varias veces las medidas y realizar tratamientos estadísticos.

Para **cuantificar** los **errores** se definen dos posibilidades: el error absoluto y el error relativo.

- **Error absoluto:** es la diferencia entre el valor obtenido por medición y el valor real.

$$E_a = |a - x|$$

- **Error relativo:** es el error absoluto dividido entre el valor real y multiplicado por 100.

$$E_r = \frac{E_a}{x} \cdot 100$$

ACTIVIDADES

6 Clasifica en tu cuaderno los siguientes tipos de errores:

a) Una báscula que siempre pesa 2 kg de más.

b) Una balanza que mide hasta la décima de gramo.

c) Diferentes medidas sobre una balanza perfectamente calibrada debido a una corriente de aire que desplace el platillo.

7 El equipo A determinó el valor de la densidad del oro en 18,9 g/mL y su valor real es 19,3 g/mL. El equipo B calculó la densidad del mercurio en 14 g/mL y su valor real es 13,6 g/mL. ¿Cuál de estos dos equipos ha realizado una mejor práctica de laboratorio? ¿Por qué?

8 Un amperímetro señala 11 A, mientras que el valor real es 10,88 A. Calcula el error absoluto y el error relativo de la medida.

RECUERDA

El laboratorio es un lugar de trabajo, por tanto:

- Actuaremos siempre siguiendo los pasos indicados en el experimento que estemos realizando.
- Evitaremos los juegos y no tocaremos sustancias o aparatos desconocidos.
- Mantendremos limpio y ordenado el sitio de trabajo.
- Usaremos, cuando sea obligatoria, la protección adecuada (guantes, gafas, etc.).
- Conoceremos los procedimientos de emergencia más inmediatos.
- Aprenderemos a interpretar las etiquetas informativas de los productos químicos.

AYUDA

El error absoluto lleva unidades, las mismas que la de la medida.

Sin embargo el error relativo no lleva unidades, por lo que nos permite comparar qué medida es más exacta, incluso con unidades o magnitudes diferentes.

EJEMPLO

El velocímetro de un coche marca una velocidad de 60 km/h, pero la velocidad real del coche es de 56 km/h. Calcula el error absoluto y el error relativo cometidos por el velocímetro.

$$E_a = |a - x| = |60 - 56| = 4 \text{ km/h}$$

$$E_r = \frac{4}{56} \cdot 100 = 7{,}1\%$$

Aplicación del método científico: el estudio experimental de los gases

Robert Boyle (1627-1691), además de haber enunciado su famosa ley acerca de los gases, es considerado uno de los padres de la Química moderna.

Un gas puede caracterizarse por diferentes variables, como la temperatura a la que se encuentra (t), la presión que ejerce sobre las paredes del recipiente (p) o el volumen que ocupa (v).

Robert Boyle, en el siglo XVII, se propuso averiguar si había alguna relación entre el **volumen** que ocupa un gas dentro de un recipiente y la **presión** que soporta. Para ello, colocó un gas en un cilindro con un émbolo y midió los diferentes volúmenes a distintas presiones, manteniendo siempre constante la temperatura del gas.

En la siguiente tabla se pueden observar datos como los que obtuvo Boyle.

Presión (atm)	0,5	1,0	1,5	2,0	2,5	3,0
Volumen (L)	60	30	20	15	12	10

A simple vista, se puede observar que la presión y el volumen son magnitudes inversamente proporcionales: cuanto mayor es la presión del gas, menor es el volumen que ocupa.

Si representamos los datos en una gráfica podremos observar tendencias, descubrir relaciones entre las variables y predecir la información. Por ello, es fundamental construir gráficos correctos y precisos para extraer conclusiones sobre los experimentos realizados.

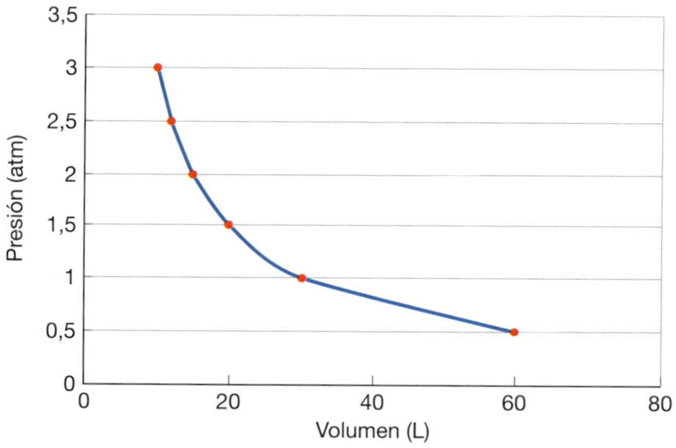

Analizando los datos de la tabla anterior, y con ayuda de la gráfica, Boyle encontró la relación de ambas variables. Descubrió que si se multiplican los valores de p y v, se observa que siempre se obtiene el mismo número.

Las relaciones entre variables se pueden resumir en leyes que pueden ir acompañadas de ecuaciones matemáticas que nos ayuden a predecir resultados.

Así, Boyle enunció la ley que lleva su nombre de la siguiente manera:

A temperatura constante, el volumen ocupado por una determinada masa de gas es inversamente proporcional a la presión del gas.

Esta ley va acompañada de una ecuación matemática. Dadas unas condiciones iniciales de presión y volumen del gas, modificando una de ellas podremos predecir el valor de la otra.

$$p_1 \cdot v_1 = p_2 \cdot v_2$$

Pero este no fue el único experimento que se realizó con los gases.

En 1787, **Jacques Charles** estudió por primera vez la relación entre el **volumen** y la **temperatura** de una muestra de gas a **presión constante.** Pudo observar que cuando se aumentaba la temperatura, el volumen del gas también aumentaba, y que al bajar la temperatura, el volumen disminuía.

Para ello, realizó una tabla de valores. Estos son algunos de los datos que pudo observar Charles:

Temperatura (K)	200	300	400
Volumen (L)	1	1,5	2,0

Para estudiar mejor la relación entre las variables, representó los datos en una gráfica. De la gráfica deducimos que ambas magnitudes son directamente proporcionales, y también que obedecen a la expresión matemática:

$$\frac{V_1}{t_1} = \frac{V_2}{t_2}$$

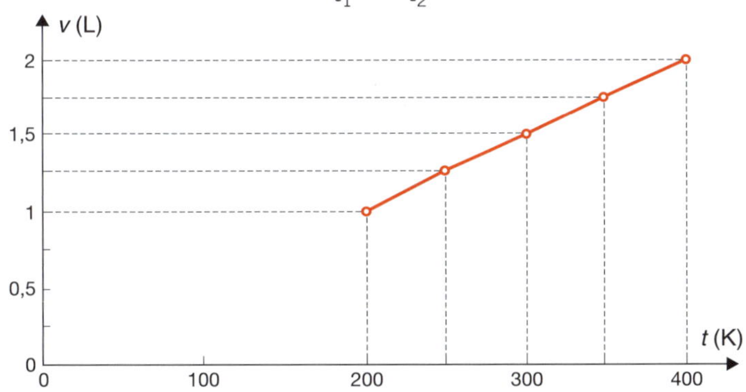

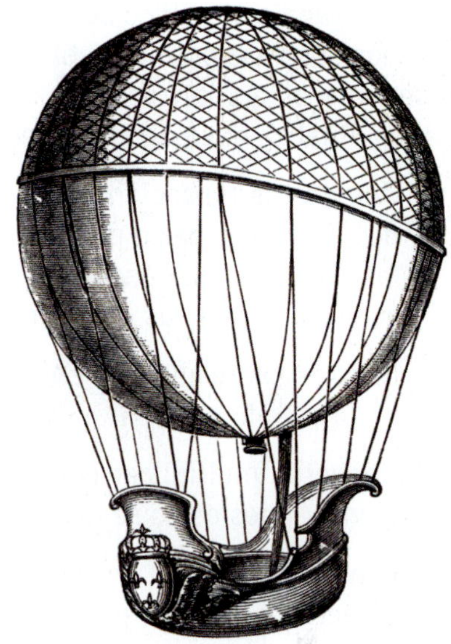

Los conocimientos de Jacques Charles (1746-1823) acerca del comportamiento de los gases le llevaron a diseñar globos aerostáticos, en uno de los cuales se elevó hasta los 1000 m de altura en 1783.

Gracias a estos experimentos, Charles enunció la ley que lleva su nombre:

A presión constante, el volumen de una determinada cantidad de gas es directamente proporcional a su temperatura absoluta.

La relación entre la presión y la temperatura de un gas cuando el volumen es constante fue enunciada por **Louis Joseph Gay-Lussac** a principios de 1800.

De manera similar, determinando valores experimentales de **presión** y **temperatura** para un **volumen constante** observó una relación lineal entre ambas variables, lo que le llevó a enunciar una ley y proponer una ecuación semejante a la anterior:

A volumen constante, la presión de una determinada cantidad de gas es directamente proporcional a su temperatura absoluta.

$$\frac{p_1}{t_1} = \frac{p_2}{t_2}$$

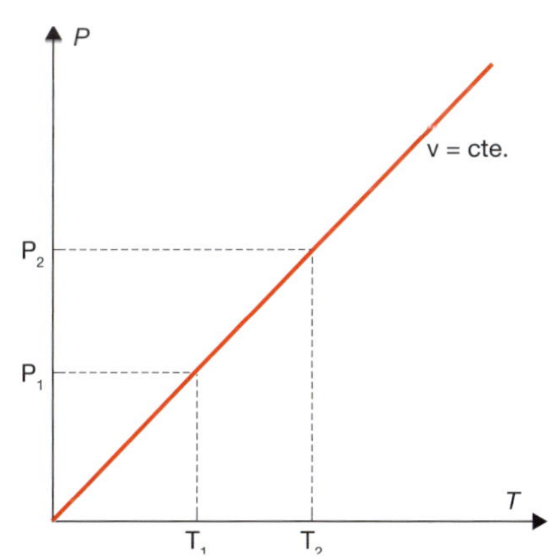

ACTIVIDADES

9 Cierto volumen de un gas se encuentra a una presión de 950 mmHg cuando su temperatura es de 23 °C. ¿A qué temperatura deberá estar para que su presión sea 760 mmHg?

10 Un gas tiene un volumen de 2,5 L a –10 °C. ¿Cuál será su nuevo volumen si bajamos la temperatura a –30 °C?

11 Tenemos 3 L de un gas a 600 mmHg de presión. ¿Cuál será su nuevo volumen si aumentamos la presión hasta 800 mmHg?

Aplica lo aprendido

1. Resume las fases del método científico. ¿Por qué decimos que el método científico es propio de las ciencias experimentales?

2. En el trabajo científico se deben recoger los resultados de las observaciones en tablas y gráficas para visualizar de manera rápida y correcta la relación entre las variables. Realiza el siguiente experimento:

   - Cuenta tus pulsaciones a lo largo de quince segundos. Después, haz diez sentadillas y vuelve a contarte las pulsaciones. Luego, haz veinte sentadillas más, y vuelve a contar tus pulsaciones.
   - Recoge los resultados en una tabla y represéntalos en una gráfica.
   - Recuerda multiplicar por 4 el número de tus pulsaciones, pues estas se expresan por minuto.
   - Explica la relación entre el número de pulsaciones y el ejercicio físico.

3. En un experimento en el laboratorio se cogieron cinco péndulos distintos de diferente longitud y se midió su periodo (el tiempo que tardaban en hacer una oscilación completa) y su frecuencia (el número de oscilaciones que hacían en un segundo).

   Estos son los resultados que se obtuvieron:

Péndulo	1	2	3	4	5
Frecuencia (s^{-1})	0,50	0,25	0,20	0,33	0,14
Periodo (s)	2	4	5	3	7

   Representa gráficamente los datos en tu cuaderno y responde:

   a) Observando la gráfica, ¿podrías decir si periodo y frecuencia son magnitudes directas o inversamente proporcionales?

   b) Existe una ecuación muy sencilla que relaciona a ambas con los datos de la tabla. ¿Podrías determinar cuál es?

   c) Lee otros valores en la gráfica. A un periodo de 6 s, ¿qué frecuencia le correspondería?

   d) Utilizando la ecuación obtenida en el apartado b), ¿qué frecuencia le corresponde a un periodo de 1 s?

4. Un estudiante observa que el cacao se disuelve mejor en leche caliente que en leche fría, y se pregunta si la solubilidad de las sustancias sólidas está relacionada con la temperatura del líquido en el que se disuelven.

   Elabora una propuesta acerca de cómo podrían ser el resto de las etapas científicas para responder a la observación realizada.

5. Explica qué se entiende por magnitud, medida y unidad. Ilustra tus definiciones con un ejemplo en cada caso.

6. Busca en alguna enciclopedia o en Internet la definición de las siguientes unidades fundamentales de medida establecidas por el SI: kilogramo, segundo y metro.

7. Indica cuáles son las unidades de masa, cantidad de materia, intensidad de corriente, longitud, temperatura y tiempo en el SI. Escribe también su símbolo.

8. ¿Qué múltiplo o submúltiplo utilizarías para trabajar en las siguientes mediciones?

   a) El diámetro de una tuerca.

   b) La distancia de la Tierra a la Luna.

   c) La velocidad de la luz.

   d) Las dimensiones de un cuaderno.

9. Expresa, utilizando factores de conversión:

   a) En micrómetros, la longitud de una célula de 0,0000045 m.

   b) En metros cuadrados, la superficie de una mesa de cocina que mide 12 000 cm^2.

   c) En nanogramos la masa de un microorganismo de $1{,}6 \cdot 10^{-10}$ kg.

10. El tamaño de los televisores se mide en función del valor en pulgadas de la diagonal de la pantalla. Sabiendo que una pulgada son 2,54 cm, y usando factores de conversión, ¿cuánto mide en unidades del SI la diagonal de una televisión de 55 pulgadas?

El tamaño de las pantallas de los televisores se miden en pulgadas.

11. Haz las siguientes conversiones de unidades derivadas:

   a) 50 m/s a km/h.

   b) 400 km/h a m/s.

   c) 7 630 kg/m^3 a g/cm^3.

12. Convierte estas temperaturas en grados centígrados o en grados kelvin, según corresponda:

    a) Temperatura normal de una persona: 36,5 °C.
    b) Temperatura de solidificación del dióxido de carbono: 77,16 K.
    c) Temperatura de ebullición del agua: 100 °C.
    d) Temperatura en la Antártida: 223,16 K.

Bases científicas en la Antártida.

13. Un científico quiere saber si el anillo que tiene en su mano es de oro puro. Lo introduce en una probeta que contiene 50 mL de agua y observa que el volumen de la probeta sube a 52 mL, por lo que determina que el volumen del anillo es de 2 mL.

    Después, consulta el valor de la densidad del oro, que es 19300 kg/m^3. Entonces, usa la fórmula:

    Densidad = Masa/Volumen

    Calcula la masa teórica del anillo y luego lo pesa en la balanza. Ambos valores coinciden. ¡El anillo es de oro puro! ¿Cuál era la masa del anillo?

14. Expresa las siguientes cantidades en notación científica dando el resultado con dos cifras significativas:

    a) Una longitud de 0,0000000689 m.
    b) Un tiempo de 346000 s.
    c) Una masa de 33700 kg.
    d) Una temperatura de 5700 K.

15. Expresa los siguientes números en notación científica utilizando tres cifras significativas:

a) 6372	d) 0,0234	g) 1945667,52
b) 35462,3	e) 189700000	h) 0,00568357
c) 0,00051878	f) 0,04407806	i) 0,0009037

16. Nuria está realizando un experimento en el laboratorio de Química. Mide con una probeta un volumen de agua de 75 cm^3 y lo coloca en un recipiente. Añade a ese mismo recipiente 5 mL de agua medidos con una pipeta y 2 cl de agua con ayuda de una bureta. ¿Cuál es el volumen total de agua que Nuria ha añadido al recipiente? Expresa el resultado en litros.

17. Un satélite de telecomunicaciones gira en órbita geoestacionaria alrededor de la Tierra a una velocidad de 11040 km/h. Un avión supersónico puede alcanzar una velocidad de 600 m/s. ¿Cuál de los dos vehículos alcanza una velocidad mayor?

Avión a reacción superando la barrera del sonido.

18. ¿En qué se diferencian el error absoluto y el error relativo? Pon un ejemplo en el que se obtengan y se comparen ambos.

19. Javier está midiendo con su cronómetro el tiempo que tarda en caer una bolita durante un experimento de Física. Su profesora le indica que debe realizar varias medidas.

    a) ¿Por qué es necesario repetir varias veces las medidas?
    b) Estos son los datos que ha obtenido: 2,3 s; 2,5 s; 2,3 s; 2,2 s; 2,4 s. Calcula el error absoluto y expresa adecuadamente el valor de la magnitud.
    c) ¿Cómo podemos saber si la medida es buena o no?

20. Indica qué objeto o aparato del laboratorio utilizarías en cada caso:

    a) Para contener sustancias, normalmente líquidos.
    b) Para medir volúmenes de líquidos con poca precisión.
    c) Para preparar disoluciones llenándolo hasta la marca de aforo.
    d) Para medir la masa de una sustancia por pesada.
    e) Para medir pequeños volúmenes de líquidos con precisión.
    f) Para tomar pequeñas porciones de sustancias sólidas.

CÁLCULO DE LA DENSIDAD DE DIFERENTES MATERIALES

La masa, el volumen y la densidad son tres magnitudes físicas que se relacionan entre sí. La masa es la cantidad de materia que posee un cuerpo, el volumen es el espacio que ocupa y la densidad es la relación entre ambas magnitudes. Cuerpos con mucho volumen y poca masa tendrán densidades bajas. Por el contrario, cuerpos que ocupan poco volumen pero tienen mucha masa tendrán densidades elevadas.

En esta experiencia de laboratorio calcularemos la densidad de dos sustancias: el agua y el hierro.

Recuerda que la fórmula para calcular la densidad es:

$$d = m/v$$

Materiales

- Balanza digital
- Probeta
- Vaso de precipitados
- Agua
- Prisma de hierro

Procedimiento

Densidad del agua

1. Se pesa la probeta vacía y se apunta su masa.
2. Se toma agua con el vaso de precipitados y se vierte el volumen deseado en la probeta.
3. Se pesa de nuevo la probeta con el agua y se anota la cantidad.

La densidad del agua será:

d = (masa paso 3 – masa paso 1) / volumen agua.

Los resultados son independientes del volumen de agua que se tome, pero con volúmenes grandes los resultados suelen ser mejores.
Se debe poner cuidado al medir el volumen: los ojos deben estar a la misma altura que la marca del enrase para medir el volumen de la manera más precisa.

Densidad del hierro

1. Se pesa el prisma de hierro en la balanza y se anota la cantidad.
2. Con el vaso de precipitados, se toma una cierta cantidad de agua y se vierte el volumen deseado en la probeta. Se anota el volumen.
3. Se introduce el prisma de hierro en la probeta, de tal manera que esté completamente sumergido en el agua. Se observa que el volumen ha cambiado. Se anota esta nueva cantidad.

La densidad del hierro será:

d = masa / (volumen de agua con prisma sumergido – volumen agua antes de sumergir el prisma).

ACTIVIDADES

1. El error absoluto que se comete en cualquier procedimiento experimental es la diferencia entre el valor real y el valor obtenido experimentalmente. Las densidades del agua y del hierro son, respectivamente, 1 g/mL y 7,6 g/mL.

   Teniendo en cuenta estos datos, ¿qué error absoluto has cometido en la realización de la práctica?

2. El error relativo es el cociente entre el error absoluto y el valor que hemos tomado como verdadero.

   A partir de los datos del ejercicio anterior, calcula el error relativo que has cometido en el experimento.

3. Las unidades de densidad obtenidas están en g/mL. Exprésalas en unidades del SI.

13 La estructura de la materia. Elementos y compuestos

En esta unidad estudiaremos

1. Teoría atómica de Dalton y modelos atómicos
2. Caracterización de los átomos
3. La tabla periódica de los elementos
4. Los enlaces químicos
5. La masa molecular
6. Elementos y compuestos de interés
7. Formulación binaria

¿SABÍAS QUE...?

Mucho antes de que existiera la ciencia, los filósofos griegos se ocuparon ampliamente de la naturaleza de la materia, basándose tan solo en su propia percepción e interpretación de la realidad.

Entre las diferentes corrientes de pensamiento que se originaron, destacó por su acierto la escuela atomista, fundada por Leucipo (siglo V o IV a. C.) y continuada por su discípulo Demócrito, gran sabio e incansable viajero.

Busto del filósofo griego Demócrito de Abdera.

Dalton y el inicio de la Química

Durante siglos se consideró que la materia estaba formada por **cuatro elementos** básicos, la tierra, el fuego, el aire y el agua, y que toda la materia conocida era una combinación de estos elementos.

La **teoría atómica de John Dalton,** enunciada a principios del siglo XIX, terminó con esta antigua concepción. A su vez, supuso un paso tan importante para el nacimiento de la Química, que muchos consideran a Dalton el padre de esta rama de la ciencia.

Dalton retomó el nombre de *átomo*, que significa «que no se puede dividir». Este concepto procedía de las ideas de Demócrito, un filósofo griego que vivió entre los siglos V y IV a.C.

La teoría atómica de Dalton se resume en los siguientes **postulados:**

- Toda la materia está formada por **partículas indivisibles** e **indestructibles,** llamadas átomos.
- Los átomos de un **mismo elemento** son **iguales** entre sí en masa y otras propiedades.
- Los átomos de **diferentes elementos** son **distintos** entre sí en masa y propiedades.
- Los átomos de **diferentes elementos** se combinan para formar **compuestos.** La relación entre los átomos de un compuesto es de números enteros sencillos.
- En las **reacciones químicas,** los átomos se reagrupan, se intercambian, pero no desaparecen ni aparecen otros átomos nuevos.

En esta Unidad estudiaremos que el átomo no es indivisible, que no todos los átomos de un mismo elemento coinciden en su masa y que las relaciones entre los átomos que aportó Dalton a veces eran equivocadas.

Pero estas equivocaciones no menoscaban la grandeza de su teoría, el gran acierto que supuso y, sobre todo, que fue el primer peldaño a partir del cual se pudo empezar a construir la Química.

Los modelos atómicos

La teoría atómica de Dalton estuvo vigente durante casi cien años y dio lugar a numerosos avances para la ciencia, tanto en la Física como en la Química.

No fue hasta principios del siglo XX, con el descubrimiento de las partículas subatómicas, cuando empezó a haber cambios sustanciales en la teoría atómica, reflejados en los sucesivamente perfeccionados modelos de Thomson, Rutherford y Bohr.

El modelo atómico de Thomson. El primer modelo de átomo fue elaborado por **Joseph John Thomson** con los datos de que disponía.

Thomson descubrió, a través de sus experimentos con tubos de rayos catódicos, la existencia de una partícula subatómica de carga negativa, a la que denominó **electrón.**

La teoría atómica de Dalton necesitaba de una revisión, pues se demostraba que los átomos no eran indivisibles. Así, en 1904 Thomson propuso un modelo atómico que consistía en un átomo cargado positivamente con electrones incrustados de manera uniforme por todo su volumen.

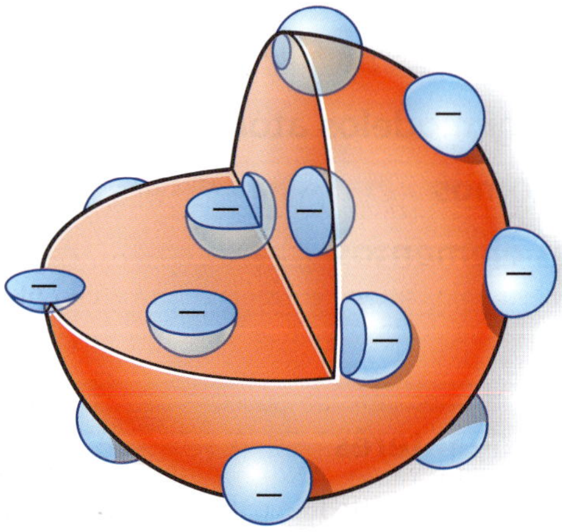

Modelo atómico de Thomson.

El modelo atómico de Rutherford. **Ernest Rutherford** experimentó bombardeando una lámina de oro con las partículas más pequeñas conocidas entonces, los **átomos de helio ionizados** y observó que la mayoría de las partículas atravesaban la lámina sin desviarse.

A partir de sus observaciones, Rutherford elaboró en 1911 un modelo atómico que se ajustase a los resultados obtenidos experimentalmente. Si la mayoría de las partículas no se desviaban al atravesar la lámina de oro, significaba que debía de haber mucho espacio vacío en el interior del átomo.

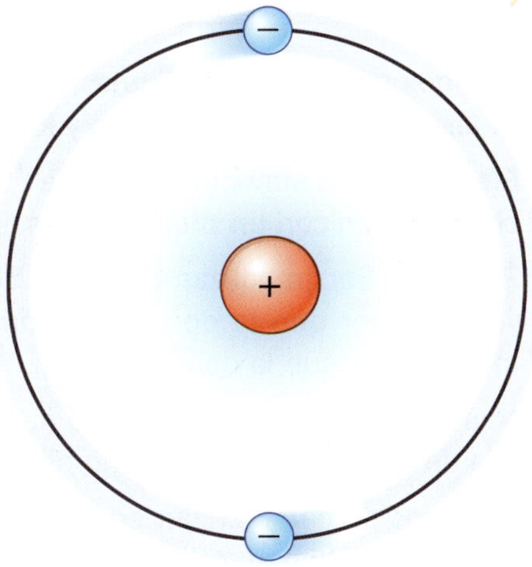

Modelo atómico de Rutherford.

Rutherford propuso un modelo con dos zonas bien diferenciadas:

- Un **núcleo,** cargado positivamente y que contenía prácticamente toda la masa del átomo.
- Los **electrones,** con carga negativa, orbitando en la corteza.

El modelo atómico de Bohr. El modelo de Rutherford no era válido. Según las leyes de la Física, los electrones, al girar, debían perder energía y caer finalmente sobre el núcleo. En 1913, el físico danés **Niels Bohr,** colaborador de Rutherford, propuso un nuevo modelo.

Bohr propuso la existencia de un **núcleo** y una **corteza.** Esta corteza estaba constituida por órbitas concéntricas alrededor del núcleo, a una determinada distancia de este y con una determinada energía.

A cada una de estas órbitas las denominó órbitas estacionarias**.** Incluso calculó el radio de la órbita para el átomo más sencillo de todos, el de hidrógeno, que consta tan solo de un protón y un electrón.

ACTIVIDADES

1. Según Dalton, ¿cuál era la partícula más pequeña que se podía encontrar en el Universo? ¿Eran iguales todas estas partículas? ¿Qué propiedad fundamental de la materia las diferenciaba?
2. Si Demócrito, como pensador, ya había apuntado esta idea, ¿qué pudo aportar Dalton como científico para que esta idea triunfara en la comunidad científica y diera pie a un importantísimo desarrollo de la Química?
3. ¿Verdadero o falso? Justifica tu respuesta atendiendo a la concepción actual del átomo:
   a) El núcleo de un átomo es neutro.
   b) Los electrones giran a gran velocidad en torno al núcleo.
   c) La corteza del átomo está cargada negativamente.
   d) El número de protones de un átomo es igual a su número de electrones.

¿SABÍAS QUE...?

La distancia entre el núcleo y la corteza es muy grande en proporción al tamaño de las partículas subatómicas. Es como situar un balón de fútbol en medio de una plaza de toros. Los electrones estarían situados en las gradas y el balón de fútbol sería el núcleo del átomo.

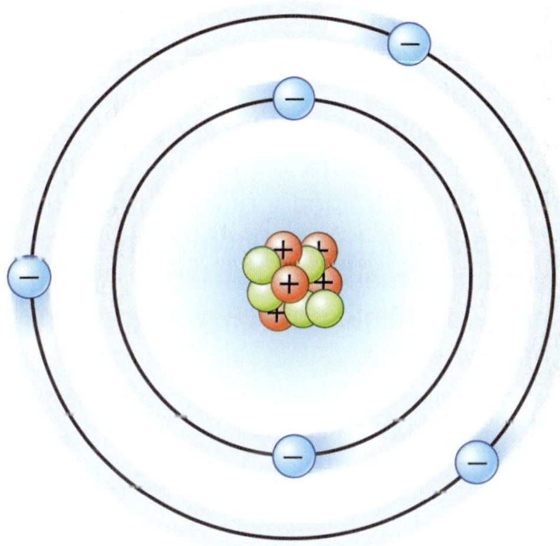

Modelo atómico de Bohr.

¿SABÍAS QUE...?

Al modelo de Bohr le sucedieron otros, debido al desarrollo de técnicas que permitieron obtener nuevos datos.
La imagen del átomo ha ido evolucionando a la par que se han ido sucediendo los descubrimientos derivados de la experimentación. Esto constituye un claro ejemplo de cómo la aplicación del método científico hace avanzar el conocimiento.

¿SABÍAS QUE...?

Las partículas con carga eléctrica de distinto signo se atraen, mientras que las del mismo signo se repelen.

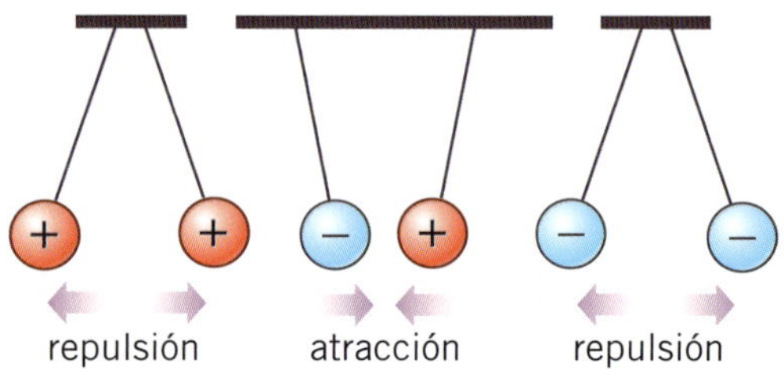

EJEMPLO

Para designar un elemento, el número atómico se coloca como subíndice a la izquierda del símbolo, y el número másico, como superíndice, también a la izquierda.

Por ejemplo, el argón, que es un gas que se encuentra en el aire en muy baja concentración y que se utiliza en bombillas y tubos fluorescentes, se simboliza mediante las letras Ar. Su número atómico es 18 y su número másico es 40.

Número másico *A* (protones + neutrones)

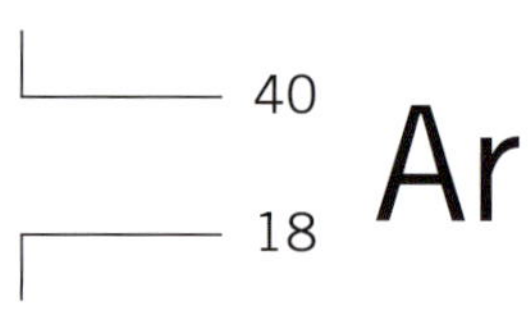

Número atómico *Z* (protones)

Caracterización de los átomos

Hoy sabemos que las **partículas subatómicas** fundamentales del átomo son tres: los electrones, los protones y los neutrones.

- **Electrones.** Se simbolizan como **e^-**. Son partículas de masa muy pequeña en comparación con un protón o un neutrón, y tienen carga negativa.
- **Protones.** Se simbolizan como **p^+**. Son partículas cuya masa es unas 2000 veces mayor que la de un electrón, y tienen carga eléctrica positiva, del mismo valor que la de un electrón.
- **Neutrones.** Se simbolizan como **n.** Son partículas cuya masa es muy similar a la de un protón, pero que no tienen carga eléctrica, es decir, son neutros.

Los átomos se caracterizan en función del número de neutrones, protones y electrones que tienen, que son los que marcarán su reactividad, masa y demás propiedades.

Los átomos de un **elemento** se representan mediante **símbolos.** Los símbolos constan de una o dos **letras,** que coinciden casi siempre con las iniciales del nombre en latín del elemento, y dos **números:** el número atómico y el número másico.

- **Número atómico.** Se representa mediante la letra *Z*. El número atómico indica el número de **protones** que tiene un átomo. Como los átomos son neutros y, por tanto, tienen el mismo número de cargas positivas que negativas, el número atómico también aporta la información acerca del número de **electrones.**

  Por **ejemplo,** si un átomo tiene $Z = 15$, posee 15 protones y 15 electrones.
- **Número másico.** Se simboliza mediante la letra *A*. El número másico representa la suma de los **protones** y los **neutrones** de un átomo, que, en definitiva, son los que le aportan la masa, dado que la masa de los electrones es despreciable frente a la masa de los protones y los neutrones.

  Si al número másico (*A*) le restamos el número atómico (*Z*), obtendremos el número de neutrones de un átomo.

$$\text{Número de neutrones} = A - Z$$

Los átomos de un **mismo elemento** tienen **igual número atómico.** Sin embargo, el **número másico puede ser diferente.** Esto significa que los átomos tendrían distinto número de neutrones.

Los **isótopos** son átomos de un mismo elemento que tienen distinta masa. Por tanto, se trata de átomos con el mismo número atómico (número de protones) y diferente número másico.

ACTIVIDADES

4. Escribe dos características relevantes de cada una de las tres partículas subatómicas que has estudiado en este apartado.
5. Determina el número de protones, electrones y neutrones que tienen los siguientes átomos:

   a) ${}^{23}_{11}Na$ **b)** ${}^{24}_{12}Mg$ **c)** ${}^{9}_{4}Be$ **d)** ${}^{37}_{17}Cl$

Configuración electrónica

Los **electrones** de la corteza tienden a situarse en los niveles más próximos al **núcleo,** de manera ordenada, y dan lugar a la configuración electrónica.

La **configuración electrónica** de un átomo es la distribución de sus electrones en las diferentes capas que forman su corteza.

Bohr determinó que los **electrones** en la corteza de un átomo se distribuyen en distintas órbitas. Experimentos posteriores apuntaron a que, a su vez, en cada órbita había diferentes orbitales, regiones del espacio donde la probabilidad de encontrar el electrón era mucho mayor que en otras.

A estos **orbitales** se les dio el nombre de letras minúsculas. Hay cuatro tipos de orbitales diferentes: **s, p, d** y **f.**

Cada uno de los **orbitales** tiene una **capacidad electrónica** de **dos electrones.** En cada capa hay un orbital s, por lo que la capacidad total de los orbitales s es 2. Los orbitales p son 3, luego su capacidad total es 6. Los orbitales d son 5, por lo que su capacidad total es 10. Por último, los orbitales f son 7, por lo que su capacidad total es de 14 electrones.

Los electrones se colocan en el átomo por orden de energía, empezando siempre por el orbital de menor energía, el 1 s. Cuando este está completo, se pasa al siguiente, y así sucesivamente.

Ejemplo. El número atómico del selenio es 34. Por tanto, tiene 34 protones y 34 electrones, que deberemos colocar en los orbitales de menor energía, pero sin exceder nunca su capacidad electrónica.

$$Se\ 1s^2\ 2s^2\ 2p^6\ 3s^2\ 3p^6\ 4s^2\ 3d^{10}\ 4p^4$$

Para comprobar que se ha terminado de hacer la configuración electrónica, se suman los exponentes. Si el resultado es el número atómico, significa que ya se ha realizado la estructura electrónica del átomo.

Se puede observar que en muchos casos el último orbital no está completo, sino que todavía tiene capacidad para más electrones.

Esta **capacidad electrónica no completa** es la que hace que unos átomos se combinen con otros. Son entonces los electrones de la última capa los que determinan si un átomo se podrá combinar o no con otros, y de qué forma lo hará. Los electrones de la última capa se denominan **electrones de valencia.**

Para conocer el número de electrones de valencia de un átomo se suman los exponentes de todos los orbitales que formen esta última capa. Se distinguen porque todos ellos van precedidos por el número más alto de la serie antes de la letra del orbital.

Ejemplos:

Elemento	Configuración electrónica	Electrones de valencia
Sodio ($Z = 11$)	$1s^2\ 2s^2\ 2p^6\ 3s^1$	1 (capa 3)
Hierro ($Z = 26$)	$1s^2\ 2s^2\ 2p^6\ 3s^2\ 3p^6\ 4s^2\ 3d^6$	2 (capa 4)

ACTIVIDADES

6 Realiza en tu cuaderno las configuraciones electrónicas de los siguientes elementos y especifica sus electrones de valencia.

a) $_{12}Mg$ **b)** $_{53}I$ **c)** $_{17}Cl$ **d)** $_{10}Ne$ **e)** $_{82}Hg$

AYUDA

Para recordar el orden de energía de los orbitales utilizamos el diagrama de Moeller:

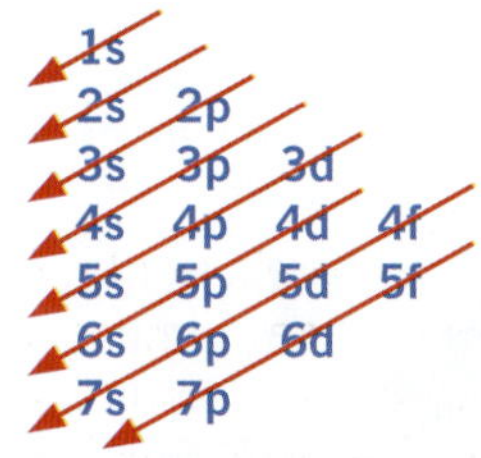

¿SABÍAS QUE...?

Solo aquellos átomos que tienen completa su última capa permanecen aislados y no forman compuestos. Estos son los átomos de los elementos conocidos como gases nobles.

¿SABÍAS QUE...?

A mediados del siglo XVII se conocían 13 elementos químicos. La introducción, a partir de Boyle, de un nuevo método, consistente en descomponer las sustancias para obtener otras más simples, condujo al descubrimiento de nuevos elementos, de modo que a finales del siglo XVIII se conocían 33 elementos, y a mediados del siglo XIX ya eran 55. En la actualidad se conocen 118 elementos.

El científico ruso Dimitri Medeleiev fue quien ideó la disposición de los elementos químicos en una tabla.

La tabla periódica de los elementos

El concepto actual de **elemento químico** fue introducido por Robert Boyle en 1661.

Boyle afirmaba que cualquier sustancia que no pudiera descomponerse en otras más simples debía ser considerada un elemento químico. Además, entendía que los elementos eran las sustancias simples de las cuales se componía el Universo, y que, al combinarse entre sí, podían dar lugar a todas las demás sustancias.

La introducción posterior de la teoría atómica y el conocimiento de la estructura interna de la materia permitieron definir con exactitud los elementos.

Un **elemento químico** es una sustancia pura formada por un solo tipo de átomos, a partir de la cual no pueden obtenerse otras diferentes por procesos químicos.

Cada vez eran más los elementos descubiertos, por lo que los científicos se propusieron clasificarlos y organizarlos de algún modo que facilitara su estudio. Tras diversas propuestas, finalmente se estableció el **sistema periódico** por orden creciente de número atómico, haciendo coincidir en las mismas columnas de una tabla a elementos con propiedades similares.

La **tabla periódica** es un documento imprescindible para los químicos, pues resume las propiedades de todos los elementos conocidos. En la tabla periódica los elementos se ordenan de acuerdo con su número atómico (*Z*) y se distribuyen en **filas** o **periodos** y en **columnas,** llamadas **grupos** o familias, como puedes ver en la página siguiente.

- Hay **18 grupos,** que se numeran correlativamente de izquierda a derecha. Los elementos de un mismo grupo o familia presentan **propiedades químicas similares.** Esto quiere decir que forman compuestos parecidos y que participan en los mismos procesos químicos.
- Hay **7 periodos,** numerados de arriba abajo. Algunas propiedades de los átomos varían gradualmente a lo largo de un periodo, de izquierda a derecha. Así, la masa atómica va aumentando y el tamaño del átomo va disminuyendo, con algunas excepciones.

La **ley periódica** se manifiesta en la similitud de las propiedades de los elementos pertenecientes al mismo grupo. Esta se debe a que la distribución de los electrones del último nivel ocupado es similar para todos ellos, ya que son estos electrones los que determinan cómo se combinan unos átomos con otros.

En la tabla periódica, cada **casilla** corresponde a un **elemento químico** diferente. Cada elemento está identificado con su número atómico y su símbolo. Además, se suele incluir información adicional, como la masa atómica.

Por **ejemplo:**

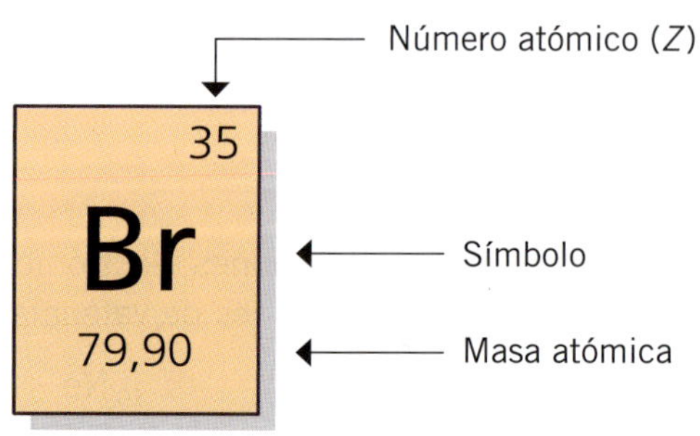

La utilidad de la **tabla periódica** reside en interpretar correctamente la información que contiene. Observa sus características más relevantes:

Los **metales** se sitúan en la parte izquierda e inferior de la tabla.

A medida que nos desplazamos en un periodo de izquierda a derecha, los elementos presentan un menor carácter metálico.

Los **no metales** están en la parte derecha de la tabla, excepto el hidrógeno.

Los elementos de la zona alta son abundantes en la naturaleza.

Los **semimetales** se disponen según una línea escalonada de separación.

	1	2	3	4	5	6	7	8	9	10	11	12	13	14	15	16	17	18
1	1 H Hidrógeno																	2 He Helio
2	3 Li Litio	4 Be Berilio											5 B Boro	6 C Carbono	7 N Nitrógeno	8 O Oxígeno	9 F Flúor	10 Ne Neón
3	11 Na Sodio	12 Mg Magnesio											13 Al Aluminio	14 Si Silicio	15 P Fósforo	16 S Azufre	17 Cl Cloro	18 Ar Argón
4	19 K Potasio	20 Ca Calcio	21 Sc Escandio	22 Ti Titanio	23 V Vanadio	24 Cr Cromo	25 Mn Manganeso	26 Fe Hierro	27 Co Cobalto	28 Ni Níquel	29 Cu Cobre	30 Zn Zinc	31 Ga Galio	32 Ge Germanio	33 As Arsénico	34 Se Selenio	35 Br Bromo	36 Kr Kriptón
5	37 Rb Rubidio	38 Sr Estroncio	39 Y Itrio	40 Zr Circonio	41 Nb Niobio	42 Mo Molibdeno	43 Tc Tecnecio	44 Ru Rutenio	45 Rh Rodio	46 Pd Paladio	47 Ag Plata	48 Cd Cadmio	49 In Indio	50 Sn Estaño	51 Sb Antimonio	52 Te Teluro	53 I Yodo	54 Xe Xenón
6	55 Cs Cesio	56 Ba Bario	57 La* Lantano	72 Hf Hafnio	73 Ta Tantalio	74 W Wolframio	75 Re Renio	76 Os Osmio	77 Ir Iridio	78 Pt Platino	79 Au Oro	80 Hg Mercurio	81 Tl Talio	82 Pb Plomo	83 Bi Bismuto	84 Po Polonio	85 At Astato	86 Rn Radón
7	87 Fr Francio	88 Ra Radio	89 Ac** Actinio	104 Rf Rutherfordio	105 Db Dubnio	106 Sg Seaborgio	107 Bh Bohrio	108 Hs Hassio	109 Mt Meitnerio	110 Ds Darmstadtio	111 Rg Roentgenio	112 Cn Copernicio	113 Uut Ununtrio	114 Fl Flerovio	115 Uup Ununpentio	116 Lv Livermorio	117 Uus Ununseptio	118 Uuo Ununoctio

Los elementos de la misma columna pertenecen al mismo grupo o familia.

Lantánidos *	58 Ce Cerio	59 Pr Praseodimio	60 Nd Neodimio	61 Pm Prometio	62 Sm Samario	63 Eu Europio	64 Gd Gadolinio	65 Tb Terbio	66 Dy Disprosio	67 Ho Holmio	68 Er Erbio	69 Tm Tulio	70 Yb Iterbio	71 Lu Lutecio
Actínidos **	90 Th Torio	91 Pa Protactinio	92 U Uranio	93 Np Neptunio	94 Pu Plutonio	95 Am Americio	96 Cm Curio	97 Bk Berkelio	98 Cf Californio	99 Es Einstenio	100 Fm Fermio	101 Md Mendelevio	102 No Nobelio	103 Lr Laurencio

Los **lantánidos** y **actínidos** aparecen fuera del cuerpo principal por comodidad de manejo.

En realidad pertenecen a los periodos 6 y 7, respectivamente, como indican sus números atómicos.

ACTIVIDADES

7. ¿Qué es una familia de elementos químicos? ¿Cuántos grupos hay en la tabla periódica?
8. ¿Qué es un periodo? ¿Cuántos hay?
9. Usando la tabla periódica, indica en tu cuaderno el nombre y el símbolo de tres metales y de tres no metales.

Los enlaces químicos

Los átomos suelen presentarse en la naturaleza formando combinaciones o agrupaciones para dar lugar a los millones de sustancias puras que conocemos. De esta manera consiguen una mayor estabilidad.

Los átomos se agrupan formando combinaciones más estables que los átomos por separado. Las uniones entre los átomos se denominan **enlaces.**

Los **enlaces** determinan las propiedades de las sustancias que forman, y pueden ser de tres tipos: **iónicos, covalentes** y **metálicos.**

Enlace iónico. Tiene lugar cuando se combina un metal con un no metal.

El átomo que tiene pocos electrones de valencia (tres o menos) cede todos los electrones de su última capa y se transforma en un ion **positivo** (llamado **catión),** y el no metal coge los que necesita para completar su última capa, y se transforma en un ion **negativo** (denominado **anión).**

Como las cargas de signo contrario se atraen, esto mantiene al compuesto unido. Por **ejemplo,** el cloruro de sodio (NaCl), formado por la unión de cationes sodio (Na^+) y aniones cloruro (Cl^-):

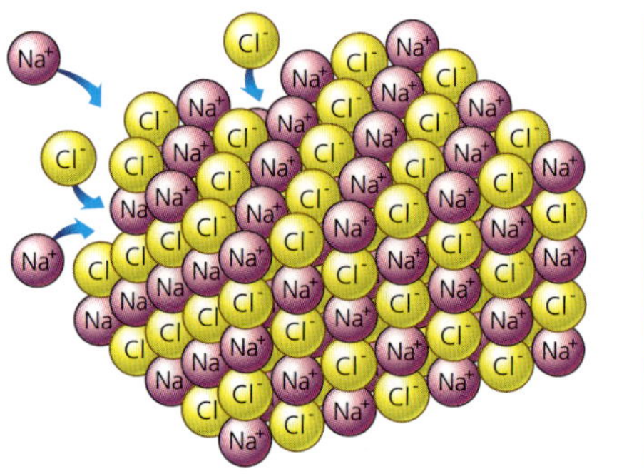

En esta red iónica, cada catión Na^+ está rodeado por seis aniones Cl^-, y cada anión, a su vez, está rodeado por seis cationes.
El conjunto es eléctricamente neutro y muy estable.

Las sustancias iónicas tienen las siguientes **propiedades:**

- Son **sólidos cristalinos,** es decir, presentan una forma geométrica definida.
- Son **frágiles.** Se rompen con facilidad, pues cualquier deformación de la red de iones hace que se descompensen las fuerzas que la mantienen unida.
- Tienen **elevados puntos de fusión y de ebullición,** dado que se requiere un gran aporte de energía para que los iones venzan las fuerzas que los unen.
- Son bastante **solubles en agua,** dado que los iones interaccionan con las partículas del disolvente y se libera de la red iónica.

Enlace covalente. Se da entre átomos no metálicos. En este tipo de enlace no se forman iones, sino que los átomos comparten una parte de sus electrones de valencia con el fin de conseguir completar su última capa.

Los átomos se acercan lo suficiente como para que los electrones puedan estar en las órbitas de ambos átomos. Por **ejemplo:**

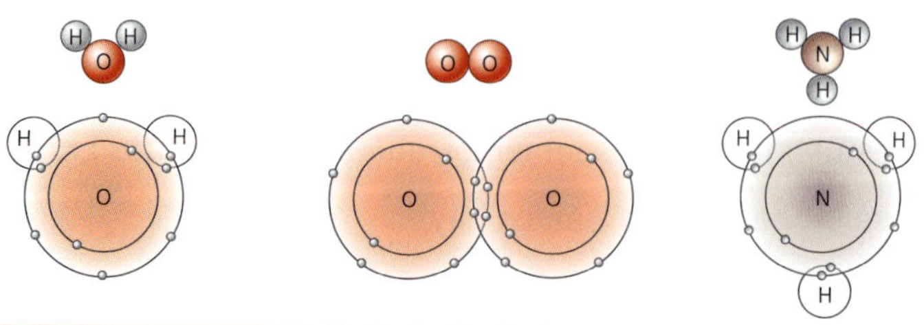

Enlace covalente.

RECUERDA

Salvo que un átomo tenga su última capa completa, como es el caso de los gases nobles, los elementos se combinarán de diferentes maneras para completarla.

AYUDA

Los átomos adquieren una estabilidad especial cuando poseen su última capa completa o con ocho electrones. Por tanto, cuando se unen entre sí tienden a adquirir esa configuración electrónica.
Este hecho se conoce como regla del octeto.

Las **propiedades** de las sustancias covalentes son las siguientes:

- Se presentan en los **tres estados de agregación** a temperatura ambiente; la gran mayoría de los líquidos y los gases están constituidos por moléculas.
- Cuando son **sólidos,** suelen ser **blandos** y con **bajos puntos de fusión,** pues las moléculas se unen unas con otras mediante fuerzas débiles, aunque hay notables excepciones.
- Su **solubilidad** en agua es **variable,** si bien en la mayoría de los casos es baja; es mayor en otro tipo de disolventes, como acetona o tetracloruro de carbono.

Cuando los átomos se unen mediante enlaces covalentes, forman agrupaciones neutras, que constituyen partículas independientes y reciben el nombre de **moléculas.**

Enlace metálico. Se da entre átomos de metales, frecuentemente átomos del mismo elemento, todos ellos con pocos electrones de valencia.

Se forma una **red** en la que los átomos que han perdido sus electrones de valencia se transforman en iones positivos y los electrones cedidos no son cogidos por ningún átomo, sino que forman parte de la red y se mueven entre los huecos de esta.

Esto hace que los compuestos con enlace metálico sean buenos **conductores** de la electricidad.

Al igual que ocurre con las sustancias iónicas, los metales son eléctricamente neutros. Observa el **ejemplo** de un metal muy conocido: la plata.

La red está formada por cationes Ag^+. Están rodeados por los electrones desprendidos de los átomos para formar los cationes; de este modo no se repelen y se mantiene la estructura. La sustancia es neutra y posee una gran estabilidad.

Los metales tienen las siguientes **propiedades:**

- Son, en su mayoría, **sólidos cristalinos** con **altos puntos de fusión,** como consecuencia de la gran estabilidad de la red microscópica. Sin embargo, existe un metal líquido a temperatura ambiente: el mercurio.
- Se deforman sin romperse y forman hilos (ductilidad) o láminas **(maleabilidad)** fácilmente.
- Son **buenos conductores** de la corriente eléctrica, a causa de la movilidad de los electrones compartidos.
- Son **insolubles** en los **disolventes habituales,** si bien se oxidan por acción del oxígeno atmosférico.

ACTIVIDADES

10 ¿Qué tipo de enlace habría entre los siguientes átomos?

a) K y S **b)** Cl y O **c)** H y O **d)** Átomos de Al

¿SABÍAS QUE...?

El tamaño de las moléculas es muy variable. Las hay de solo dos átomos, o biatómicas, como el oxígeno, el nitrógeno y el ácido clorhídrico, pero también existen moléculas «gigantes», formadas por miles de átomos, que se denominan macromoléculas, y pueden ser naturales, como el ADN o el almidón, o sintéticas, como los plásticos.

Un cristal es un sólido que posee de manera natural formas geométricas, consecuencia de la ordenación interna de las partículas que lo constituyen.

La masa molecular

El kilogramo es la unidad de masa en el SI. Pero se trata de una unidad demasiado grande cuando se trabaja con la masa de átomos y moléculas. La masa de un átomo de hidrógeno, por ejemplo, es $1,67 \cdot 10^{-27}$ kg.

A fin de simplificar los cálculos, se definió una nueva unidad de masa, la **unidad de masa atómica.**

Esta unidad se simboliza mediante la letra **u.** Se corresponde prácticamente con la masa de un protón y sirve como patrón para las masas en el mundo atómico.

En el sistema periódico cada elemento lleva asociado un número que se corresponde con su masa atómica. Por ejemplo, la masa del hidrógeno es 1,0079 u.

La **masa atómica** de los elementos se obtiene haciendo la media ponderada en función de la abundancia relativa de todos los isótopos de un átomo.

Así, por **ejemplo,** la masa atómica del cloro se obtiene haciendo la media ponderada de sus dos isótopos, uno de número másico 35 y abundancia en la naturaleza de 75,5% y otro de número másico 37 y de abundancia 24,5%.

$$\text{Masa atómica del cloro} = 35 \cdot 0,755 + 37 \cdot 0,245 = 35,5 \text{ u}$$

A partir de los datos de las masas atómicas, y conociendo la fórmula de una sustancia, se puede determinar su masa molecular.

La **masa molecular** es la masa de una molécula, expresada en unidades de masa atómica (u).

La masa molecular se calcula sumando la masa atómica de cada uno de los átomos que tiene la molécula.

Por **ejemplo,** calculamos la masa molecular del CO_2, sabiendo que la masa atómica del carbono es 12 u y la del oxígeno 16 u.

$$\text{Masa molecular del } CO_2$$
$$= 1 \cdot \text{masa C} + 2 \cdot \text{masa O} = (1 \cdot 12) + (2 \cdot 16) = 12 + 32 = 44 \text{ u}$$

¿SABÍAS QUE...?

Una unidad de masa atómica (u) equivale a la doceava parte de la masa de un átomo de carbono, que tiene seis protones, seis neutrones y seis electrones.

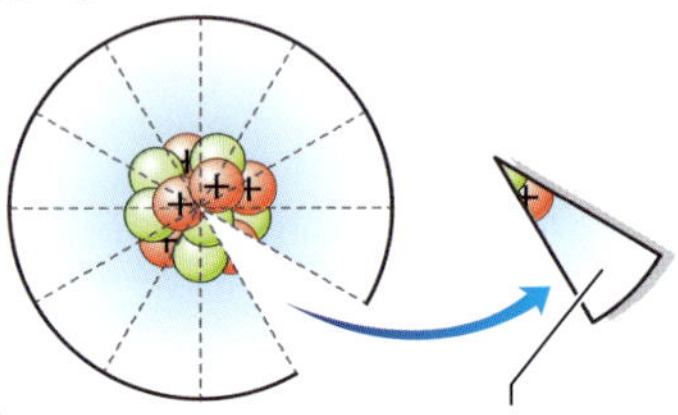

RECUERDA

Una molécula es una agrupación neutra de átomos con entidad propia.

AYUDA

Las masas atómicas relativas no son números enteros pero para facilitar los cálculos se redondean a números enteros.
La masa atómica del oxígeno es 15,9949 pero la redondeamos a 16 u. La del hidrógeno es 1,0079 u y la redondeamos a 1 u.

ACTIVIDADES

11. Calcula la masa atómica del neón, cuyos isótopos tienen las siguientes abundancias relativas: ^{20}Ne 90% y ^{22}Ne 10%.

12. Calcula la masa molecular de las siguientes sustancias:

    a) H_2CO_3
    b) $Mg(OH)_2$
    c) $Al_2(SO_4)_3$
    d) Cl_2O_5
    e) O_2
    f) $CuSO_3$

    Datos de las masas atómicas en unidades de masa atómica:

H = 1 u	Mg = 24 u	Cl = 35,5 u
C = 12 u	Al = 27 u	Cu = 63,5 u
O = 16 u	S = 32 u	

Elementos y compuestos de especial interés

Como hemos visto, los **elementos** del sistema periódico en la actualidad son 118. Sin embargo, no todos los elementos tienen la misma abundancia o suscitan el mismo interés.

El elemento más abundante en el **Universo** es el **hidrógeno:** un 90% de los átomos existentes son de este elemento. Le sigue el helio, con un 8%.

El elemento más abundante en la **Tierra** es el **oxígeno.** Está presente en el suelo, formando diferentes tipos de rocas, es uno de los componentes del agua (H_2O), y en el aire se encuentra en un 21%. Además, es parte fundamental de los compuestos orgánicos que constituyen los seres vivos.

Si en lugar de elementos hablamos de **compuestos,** la diversidad es mucho mayor. Hay más de 55 millones de compuestos, fruto de las posibles combinaciones de dos o más elementos, y esta lista crece cada día.

Los compuestos se pueden clasificar en **dos grandes grupos:**

- **Compuestos inorgánicos.** Son los que suelen proceder del mundo mineral y se suelen encontrar en suelos y rocas. Son los óxidos, las sales, los oxoácidos y los hidróxidos.
- **Compuestos orgánicos.** Son aquellos en los que el elemento principal es el carbono, además de ciertas cantidades de hidrógeno, oxígeno y nitrógeno principalmente.

Algunos compuestos tienen especial interés para el ser humano por sus **aplicaciones prácticas.** Veamos algunos **ejemplos:**

El hidrógeno y el helio son los constituyentes fundamentales de las estrellas.

¿SABÍAS QUE...?

Los compuestos orgánicos son llamados así porque originariamente sólo los podían sintetizar los seres vivos.
Aunque en la actualidad se pueden sintetizar en el laboratorio muchos de los compuestos orgánicos, se sigue conservando el nombre.

Aplicaciones industriales	Aplicaciones tecnológicas	Aplicaciones biomédicas
Suelen ser la materia prima fundamental para la fabricación de muchos otros productos, como, por ejemplo, pinturas, colorantes, abonos químicos, limpiadores...	Algunos compuestos mejoran las materias primas que se obtienen de la naturaleza dándoles nuevas propiedades. Algunos ejemplos son los plásticos o el grafeno.	Muchos de los medicamentos son compuestos que combaten diferentes dolencias. Por ejemplo, el ácido acetilsalicílico (aspirina) o la idopovidona (desinfectante y antiséptica).

El amoniaco es uno de los principales compuestos presentes en los productos de limpieza.	El grafeno, un compuesto formado por una capa de grafito, posee extraordinarias propiedades eléctricas, térmicas y físicas.	El ácido acetilsalicílico es un eficaz compuesto contra el dolor y la fiebre. También es antinflamatorio y vasodilatador.

ACTIVIDADES

13 Elige uno de tus materiales escolares (lápiz, cuaderno, goma...) y averigua cuáles son los compuestos que lo constituyen.

Formulación binaria. Normas IUPAC

¿SABÍAS QUE...?

IUPAC son las siglas en inglés de la Unión Internacional de Química Pura y Aplicada, una organización que se encarga, entre otras cosas, del desarrollo de estándares para los símbolos, nombres y protocolos de operaciones en Química.

Para poder identificar los diferentes compuestos es necesario darles un nombre. Al principio estos nombres eran palabras del lenguaje corriente que no tenían relación con la composición del compuesto. Por ejemplo, el agua (H_2O) o el amoniaco (NH_3) aún conservan sus nombres tradicionales.

Pero dada la cantidad de compuestos, es mucho más útil disponer de un sistema con ciertas reglas que permita conocer el nombre del compuesto a partir de su fórmula y, viceversa, determinar la fórmula a partir del nombre del compuesto.

Este es el objetivo de las normas IUPAC para la nomenclatura de los compuestos inorgánicos.

Mecanismo de formulación

Para los compuestos binarios están aceptadas fundamentalmente dos formas de nombrar los compuestos: la que utiliza prefijos multiplicadores y la que usa números de oxidación.

AYUDA

Si en el nombre ya se utilizan otros prefijos griegos no es necesario escribir el prefijo *mono:* se sobrentiende que la ausencia de prefijo indica la ausencia de subíndice.

Con prefijos multiplicadores. Si disponemos de la **fórmula** y queremos conocer el nombre del compuesto, se debe seguir el siguiente procedimiento:

1. El elemento que va primero en la fórmula se escribe detrás en el nombre, y el elemento que va detrás en la fórmula se escribe el primero en el nombre. Entre ambos se coloca la preposición *de.*
2. El primer nombre se deforma. Si es el oxígeno se escribe *óxido;* el hidrógeno, *hidruro,* y cualquier otro elemento del sistema periódico se escribe añadiendo el sufijo *-uro* a la raíz del nombre del elemento.
3. Se colocan los prefijos *mono, di, tri, tetra, penta, hexa, hepta* para el elemento con subíndices 1, 2, 3, 4, 5, 6, y 7, respectivamente, delante del nombre de cada elemento.

Ejemplo:

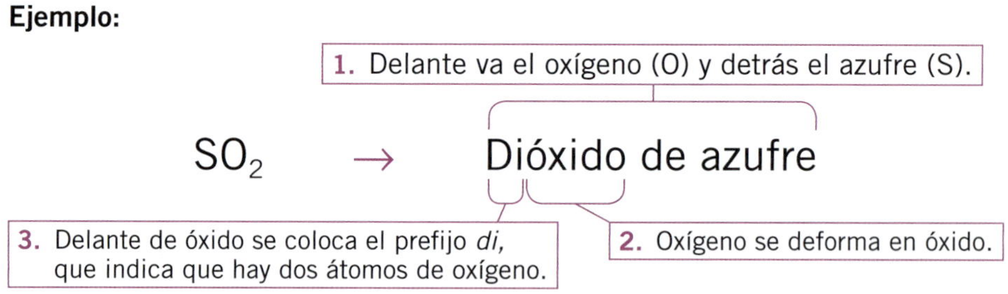

Si disponemos del **nombre** y debemos escribir la fórmula, el procedimiento sería similar:

1. El elemento que va primero en el nombre se escribe detrás en la fórmula, y el elemento que va detrás en el nombre se escribe el primero en la fórmula.
2. Para los prefijos *di, tri, tetra, penta, hexa, hepta* se colocan los subíndices 2, 3, 4, 5, 6 y 7, respectivamente, abajo a la derecha del símbolo del elemento correspondiente. El subíndice 1 nunca se escribe.

Ejemplo:

Con números de oxidación. Cada elemento del sistema periódico lleva asociados unos **números de oxidación** en función de los electrones que es capaz de dar, recibir o compartir.

Grupo	Elementos	Estado de oxidación
1 (1A)	H Li, Na, K, Rb, Cs, Fr	+1, −1 +1
2 (2A)	Be, Mg, Ca, Sr, Ba, Ra	+2
6 (6B)	Cr	+2, +3, +6
7 (7B)	Mn	+2, +3, +4, +6, +7
8 (8B)	Fe	+2, +3
9 (8B)	Co	
10 (8B)	Ni	
11 (1B)	Cu Ag Au	+1, +2 +1 +1, +3

Grupo	Elementos	Estado de oxidación
12 (2B)	Zn, Cd Hg	+2 +1, +2
13 (3A)	B, Al, Ga, In, Tl	+3
14 (4A)	C Si Ge, Sn, Pb	+2, +4, −4 +4 +2, +4
15 (5A)	N P, As, Sb, Bi	−3, +1, +2, +3, +4, +5 −3, +3, +5
16 (6A)	O S, Se, Te, Po	−2 + 2, +4, +6, −2
17 (7A)	F Cl, Br, I, At	−1 +1, +3, +5, +7, −1

Números de oxidación de los principales elementos.

Si partimos del **nombre** de un compuesto y queremos conocer su fórmula, debemos seguir el siguiente procedimiento:

1. El elemento que va primero en el nombre se escribe detrás en la fórmula, y el elemento que va detrás en el nombre se escribe el primero en la fórmula.
2. Se adjudica a cada elemento un número de oxidación. Si hubiera más de uno para el mismo elemento, siempre se nos diría el número que debemos escoger en números romanos. El primer elemento de la fórmula siempre lleva asignado un número positivo y el segundo, un número negativo.
3. El número de arriba del primer elemento se coloca abajo en el segundo, y el número de arriba del segundo elemento se coloca abajo en el primero. Ambos números van sin signo. El número 1 abajo no se pone. Si es posible simplificar los dos números, debe hacerse.

Si tenemos la **fórmula** de un compuesto y queremos escribir su nombre, debemos proceder de la siguiente manera:

1. El elemento que va primero en la fórmula se escribe detrás en el nombre, y el elemento que va detrás en la fórmula se escribe el primero en el nombre. Entre ambos se coloca la preposición *de.*
2. El primer nombre se deforma. Si es el oxígeno se escribe *óxido;* el hidrógeno, *hidruro,* y cualquier otro elemento del sistema periódico se escribe añadiendo el sufijo *–uro* a la raíz del nombre del elemento.
3. Solo en caso de que el primer elemento de la fórmula tenga más de un número de oxidación, se adjudica al segundo elemento en la fórmula su número de oxidación, teniendo en cuenta que siempre será negativo.

   Luego, se multiplica este número de oxidación por el subíndice del segundo elemento, y se divide el resultado por el subíndice del primer elemento. El número resultante se coloca detrás del segundo nombre, en números romanos y sin signo.

EJEMPLO

Para escribir la fórmula de un compuesto partiendo de su nombre:

Óxido de cobre(I)
1. Cu O
2. Cu^1 O^{-2}
3. Cu_2O

Sulfuro de aluminio
1. Al S
2. Al^3 S^{-2}
3. Al_2S_3

EJEMPLO

Para escribir el nombre de un compuesto partiendo de su fórmula:

Na_2O
1. Oxígeno de sodio
2. Óxido de sodio
3. El sodio solo tiene un número, por lo que no hay paso 3.

$FeCl_2$
1. Cloro de hierro
2. Cloruro de hierro
3. (−1 · 2) / 1 = −2 → Cloruro de hierro(II)

ACTIVIDADES

14. Indica en tu cuaderno la fórmula de los siguientes compuestos.

trisulfuro de dihierro | óxido de oro(I) | fluoruro de plomo(IV)
pentacloruro de fósforo | cloruro de potasio | óxido de berilio | agua

Aplica lo aprendido

1. Enumera los postulados fundamentales de la teoría atómica de Dalton.

2. ¿Cuáles son las principales diferencias y semejanzas de los modelos atómicos de Thomson, Rutherford y Bohr? Realiza en tu cuaderno un dibujo de cada uno que apoye tus explicaciones.

3. ¿Qué son los isótopos? Escribe un ejemplo.

4. Un isótopo del neón tiene de número atómico 10 y de número másico 22. ¿Cuántos protones, electrones y neutrones tiene este átomo?

5. Copia en tu cuaderno la siguiente tabla y complétala.

Elemento	*A*	*Z*	Protones	Electrones	Neutrones
S	32		16		
I			53		74
F	19	9			
Sn	119			50	

6. Realiza en tu cuaderno la configuración electrónica de los siguientes elementos:

a) ${}_{20}Ca$
b) ${}_{15}P$
c) ${}_{27}Co$
d) ${}_{55}Cs$

7. ¿Cuántos electrones de valencia tiene cada uno de los elementos del ejercicio anterior?

8. Cuando dibujamos átomos, solemos utilizar el modelo atómico de Bohr. En la primera órbita situamos un máximo de dos electrones; en la segunda, un máximo de ocho; en la tercera, 18.

Justifica estos números con la configuración electrónica de un átomo de cinc ($Z = 30$). Luego, dibújalo en tu cuaderno.

9. Siguiendo el mismo criterio que en el ejercicio anterior dibuja en tu cuaderno los átomos de los siguientes elementos.

a) Hidrógeno ($Z = 1$)
b) Sodio ($Z = 11$)
c) Silicio ($Z = 14$)
d) Argón ($Z = 18$).

10. Copia en tu cuaderno y completa el siguiente texto sobre el sistema periódico sustituyendo los símbolos □ por los términos correspondientes.

El sistema periódico consta de □ elementos, que se organizan en filas o □ y en columnas o □.

Hay □ filas y □ columnas, además de □ filas extra de □ columnas, que se colocan aparte para evitar tener que trabajar con un sistema periódico demasiado largo.

Algunos grupos de elementos tienen nombres especiales, como los □, que componen la primera columna del sistema periódico, o los □, que componen la última.

Los elementos que constituyen una fila tienen en común el □ de sus átomos. Los elementos que están en una misma columna tienen en común □. Esto determinará sus propiedades, por lo que elementos de una misma columna tienen propiedades similares.

11. El hidrógeno está situado en la primera columna de la tabla periódica, pero no pertenece al grupo de los alcalinos, puesto que no posee sus mismas propiedades. El hidrógeno es un no metal.

a) ¿Por qué se sitúa entonces en esa columna?

b) ¿Cuántos electrones le faltan para tener su capa completa?

c) ¿En qué otro lugar podría haberse situado?

12. ¿Cómo explicarías el enlace iónico entre el magnesio ($Z = 12$) y el oxígeno ($Z = 8$)?

Realiza en tu cuaderno la configuración electrónica de cada uno de ellos, valora cuántos electrones querría perder uno y ganar el otro, y qué átomo quedaría cargado positivamente y cuál negativamente.

13. La fórmula del fluoruro de calcio es CaF_2. Se trata de un compuesto iónico.

Sabiendo que el calcio tiene de número atómico 20 y el del flúor es 9, justifica por qué sus átomos se encuentran en esta proporción.

14. Los átomos que pierden electrones quedan cargados positivamente. Los átomos que ganan electrones quedan cargados negativamente.

Justifica este hecho escribiendo en tu cuaderno el número de protones y electrones con los que se quedarían un átomo de potasio ($Z = 19$) y un átomo de cloro ($Z = 17$) al combinarse para formar un compuesto iónico.

15. Dos átomos de cloro se combinan con un enlace covalente. Dibuja en tu cuaderno ambos átomos, cada uno con sus electrones de diferente color, y justifica qué electrones compartirían para conseguir la última capa completa. El número atómico del cloro es 17.

16. Si tuviéramos una red formada por mil átomos de sodio (${}_{11}Na$), ¿cuántos electrones se moverían por los huecos de esta red? ¿Y en el caso de una red de cinc (${}_{30}Zn$)? ¿Y en una de aluminio (${}_{13}Al$)?

17. No todos los átomos comparten en su enlace únicamente un electrón. A veces comparten dos o incluso tres, con el objetivo de completar su última capa.

    Realiza en tu cuaderno los dibujos que representan el enlace covalente entre dos átomos de oxígeno y el que representa el enlace entre dos átomos de nitrógeno. El número atómico del nitrógeno es 7 y el del oxígeno es 8.

18. Calcula la masa atómica del boro sabiendo que el boro-10 tiene una abundancia relativa del 19,6% y el boro-11 del 80,4%.

19. Calcula las masas moleculares de los siguientes compuestos.

    a) CaO
    c) P_2O_5
    b) H_2SO_3
    d) K_2O

    Datos de las masas atómicas:

    Ca = 40 u S = 32 u K = 39 u

    H = 1 u P = 31 u O = 16 u

20. Calcula las masas moleculares de los siguientes compuestos.

    a) Dióxido de selenio.
    b) Hexafluoruro de azufre.
    c) Carburo de silicio.
    d) Agua.
    e) Amoniaco.

21. Responde en tu cuaderno a las siguientes preguntas:

    a) ¿Cuál es el elemento más abundante del Universo?
    b) ¿Cuál es el elemento más abundante en nuestro planeta?
    c) ¿Qué elemento está presente en todos los compuestos orgánicos?

22. Clasifica los siguientes compuestos en orgánicos e inorgánicos:

    a) C_3H_8 (propano).
    b) $C_6H_{12}O_6$ (glucosa).
    c) NH_3 (amoniaco).

23. Formula los siguientes compuestos.

    pentaóxido de dinitrógeno trióxido de selenio
    pentacloruro de fósforo tetraóxido de dinitrógeno
    monóxido de carbono dihidruro de berilio
    sulfuro de diplata trifluoruro de oro
    seleniuro de dihidrógeno dióxido de plomo

24. Formula los siguientes compuestos, en los que se ha utilizado la nomenclatura con números de oxidación.

    hidruro de potasio hidruro de cadmio
    óxido de mercurio(I) cloruro de sodio
    fluoruro de níquel(III) hidruro de plomo(IV)
    óxido de calcio cloruro de cobalto(II)

25. Nombra los siguientes compuestos con la nomenclatura que utiliza los prefijos multiplicadores.

    a) O_5Br_2
    d) PBr_3
    g) As_2O_5
    b) O_7Cl_2
    e) N_2O_5
    h) CO
    c) SF_6
    f) CO_2
    i) TeO_3

26. Nombra los siguientes compuestos con la nomenclatura que utiliza los números de oxidación.

    a) AuF
    d) $PtBr_2$
    g) K_2O
    b) $FeCl_2$
    e) SnO
    h) CaO
    c) AlF_3
    f) SnO_2
    i) CuO

27. Formula los siguientes compuestos. Ten en cuenta que para algunos de ellos se ha utilizado la nomenclatura de prefijos multiplicadores y para otros, la de números de oxidación.

    fluoruro de aluminio carburo de silicio
    trióxido de azufre bromuro de sodio
    óxido de magnesio tetracloruro de carbono
    óxido de aluminio disulfuro de carbono

28. Realiza la configuración electrónica de los siguientes elementos y determina sus electrones de valencia. ¿Qué relación tienen con sus números de oxidación?

    a) Zn ($Z = 30$)
    d) H ($Z = 1$)
    b) Ca ($Z = 20$)
    e) O ($Z = 8$)
    c) Li ($Z = 3$)
    f) F ($Z = 19$)

29. ¿Qué propiedades tienen los plásticos que hacen que su uso esté tan extendido?

Los envases de plástico están presentes en nuestra vida cotidiana.

Rincón de lectura

EL GRAFENO, UN MATERIAL REVOLUCIONARIO

Dos científicos de origen ruso que trabajan actualmente en el Reino Unido, ambos en plena actividad investigadora y uno de ellos especialmente joven, reciben este año [2010] el Premio Nobel de Física por la obtención de un nuevo material, el grafeno, que deslumbra por sus potenciales aplicaciones: futuros ordenadores más eficaces que los actuales, pantallas electrónicas flexibles, paneles solares y un larguísimo etcétera. Pero también interesa sobremanera el grafeno a los expertos por sus sorprendentes propiedades físicas.

Los premiados son Andre Geim y el que fue su alumno de doctorado, Konstantin Novoselov, que obtuvieron este material, formado por una única capa de átomos de carbono, con un procedimiento experimental conceptualmente muy simple: sustrayendo, con cinta adhesiva, láminas sucesivas de un bloque de grafito, el material del que están hechas las puntas de los lápices. Muchos pensaban que era imposible, pero los dos galardonados con el Nobel son de esos científicos que explotan toda la osadía creativa en el laboratorio.

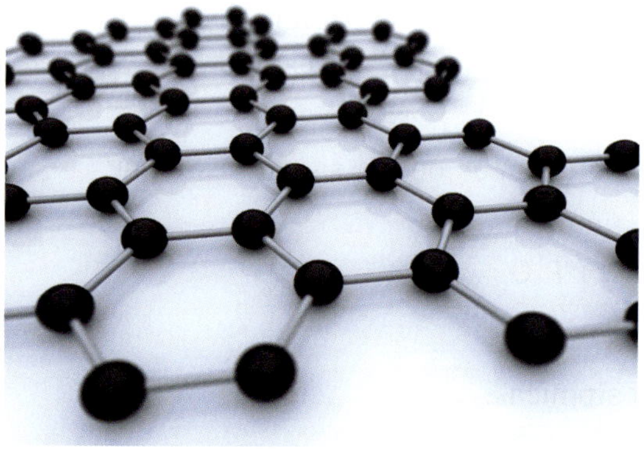

Estructura del grafeno. Las bolas negras representan los átomos de carbono unidos entre sí mediante enlaces covalentes, constituyendo una única lámina.

Se trata de un material de átomos de carbono en una configuración plana —un material bidimensional cristalino, dice la Fundación Nobel— del grosor de un solo átomo. En comparación, un milímetro de grafito está formado por tres millones de capas de grafeno, una encima de otra.

Sus propiedades son extraordinarias: es un óptimo conductor eléctrico, tan eficaz como el cobre, y como conductor de calor supera a cualquier otro material conocido. Además, el grafeno es prácticamente transparente, y a la vez tan denso que ni siquiera el helio (el átomo de gas más pequeño) lo atraviesa, explica la academia sueca.

Tras los fulerenos, una estructura esférica de carbono, y los nanotubos, llegó el grafeno, cuyasaplicaciones potenciales son inmensas. Se podrían fabricar con este material revolucionario transistores mucho más eficaces que los actuales de silicio, y, dada su transparencia y capacidad conductora, es especialmente adecuado para producir pantallas táctiles transparentes, paneles luminosos y, tal vez, paneles solares. Varios avances se están ensayando ya.

El País, 6 de octubre de 2010

ACTIVIDADES

1. ¿Quiénes fueron los galardonados con el Premio Nobel de Física en 2010?
2. ¿Qué estructura tiene el grafeno? Enumera tres de sus propiedades más importantes. ¿Cuáles son sus posibles aplicaciones?
3. ¿Qué tipo de enlace (iónico, covalente o metálico) hay entre los átomos de carbono que forman la estructura del grafeno? ¿Por qué crees que se da este tipo de enlace? Justifica tu respuesta haciendo la configuración electrónica del carbono (dato: el número atómico del carbono es 6).
4. La estructura del grafeno es de anillos de seis átomos de carbono. Haz en tu cuaderno un dibujo que represente esta estructura y señala en los enlaces covalentes y los electrones que quedan libres y permiten que el grafeno tenga una conductividad eléctrica similar a la del cobre.

14 Los cambios. Reacciones químicas

En esta unidad estudiaremos

1. Cambios físicos y químicos
2. Reacciones químicas
3. Ajuste de reacciones químicas
4. Cálculos estequiométricos sencillos
5. Reacciones químicas de interés

Cambios físicos y químicos

Los cambios de la materia son algo cotidiano y perceptible. Están ligados a nuestra noción del paso del tiempo. Sin embargo, no todos los cambios son del mismo tipo. Así, distinguimos entre **cambios físicos** y **cambios químicos.**

Un **cambio físico** es aquel que no altera las sustancias que intervienen en él. Por el contrario, un **cambio químico** es el que da lugar a nuevas sustancias.

En la naturaleza es frecuente que los cambios físicos y químicos ocurran de forma simultánea como parte de procesos complejos. No obstante, la distinción entre unos y otros es bastante clara. Después de un cambio físico tenemos las mismas sustancias, pero cuando ocurre un cambio químico aparecen nuevas sustancias.

Veamos unos **ejemplos:**

El **movimiento** es un **fenómeno físico,** pues no se altera la naturaleza de las sustancias que se mueven; lo único que cambia es la posición.

Los **cambios de estado,** como la fusión, son **procesos físicos,** pues tenemos la misma sustancia aunque en distinto estado de agregación.

En esta cocina se produce la **combustión** de gas. Se trata de un **cambio químico,** ya que se obtienen dióxido de carbono y agua.

La **síntesis** de los plásticos a partir del petróleo es un **proceso químico.** Se obtienen sustancias completamente diferentes a las de partida.

AYUDA

Algunos ejemplos de cambios químicos que ocurren al cocinar los alimentos son la cocción y la fritura; las altas temperaturas producen una transformación irreversible de las proteínas del alimento crudo y alteran su naturaleza.

Las cocinas de nuestras casas son auténticos laboratorios en los que llevamos a cabo cambios químicos continuamente.

ACTIVIDADES

1 ¿Qué tipo de cambios se dan en estas situaciones de la vida cotidiana?

a) La fabricación de yogur a partir de leche.

b) Una manzana cae de un árbol.

c) Un futbolista chuta el balón.

d) La formación del petróleo a partir de los restos orgánicos de seres vivos.

Reacciones químicas

Los cambios o fenómenos químicos reciben habitualmente el nombre de reacciones químicas.

Una **reacción química** es un proceso mediante el cual se obtienen, a partir de unas sustancias iniciales, llamadas **reactivos,** otras sustancias diferentes, que se denominan **productos.**

La **materia** está formada por átomos diferentes. Los **compuestos** se originan al unirse los átomos en distintas proporciones. Durante una reacción química se produce una **reorganización** de los átomos de los reactivos, que se reagrupan de otra manera para dar lugar a los **productos.**

Por **ejemplo:** cuando el hierro es abandonado a la intemperie, se produce una reacción química entre este metal y el oxígeno del aire. Los átomos de ambos elementos se combinan y forman a trióxido de dihierro (herrumbre).

Clavos de hierro oxidados.

Ecuaciones químicas. Para expresar las reacciones químicas de una manera breve y funcional se utilizan las **ecuaciones químicas.**

Una **ecuación química** es la representación escrita y abreviada de una reacción química.

En el caso de reacciones químicas sencillas en las que intervengan elementos o compuestos binarios, debes utilizar tus conocimientos de nomenclatura y formulación para **escribir** las diferentes **ecuaciones químicas.**

Para ello, debes tener en cuenta:

1. Todos los elementos del sistema periódico se representan exclusivamente a través de su símbolo en las ecuaciones químicas, excepto estos siete elementos, en los que el símbolo siempre lleva el subíndice 2:

   Flúor: F_2 Cloro: Cl_2 Bromo: Br_2 Yodo: I_2

   Hidrógeno: H_2 Nitrógeno: N_2 Oxígeno: O_2

2. En los compuestos en los que intervienen dos no metales se utiliza la nomenclatura de prefijos multiplicadores, pero en el caso de un metal y un no metal es frecuente el uso de la nomenclatura de números de oxidación.

   Por **ejemplo:** el azufre sólido reacciona con el cobre sólido para dar sulfuro de cobre(II) sólido: $S(s) + Cu(s) \rightarrow CuS(s)$.

ACTIVIDADES

2 El nitrógeno gaseoso reacciona con el hidrógeno gaseoso para dar amoniaco gaseoso.

a) Expresa esta reacción en forma de ecuación química.

b) Especifica cuáles son los reactivos y los productos.

¿SABÍAS QUE...?

Se conocen millones de reacciones químicas, y en la actualidad los científicos pueden reproducirlas en el laboratorio, e incluso desarrollar otras nuevas.

Pero durante siglos, el mecanismo por el cual se producían las reacciones químicas era completamente desconocido. Fue necesario esclarecer la estructura de la materia para poder dar una explicación de los fenómenos observados.

RECUERDA

Para escribir una ecuación química se deben seguir las siguientes **reglas:**

1. Los reactivos se escriben primero, representados por sus fórmulas, seguidas de una flecha, y luego se escriben las fórmulas de los productos.
2. Si hay varios reactivos o varios productos, unos y otros se separan por medio del signo +.
3. La ecuación química debe indicar el estado físico de los reactivos y de los productos. Para ello, se emplean los siguientes símbolos:
   - (*g*) estado gaseoso;
   - (*s*) estado sólido;
   - (*l*) estado líquido;
   - (*ac*) disolución acuosa.

Estos símbolos se suelen omitir y solo se usan cuando es estrictamente necesario.

Por **ejemplo:**

Cuando el carbono (C) reacciona con el oxígeno del aire (O_2) se forma dióxido de carbono (CO_2) gaseoso. La ecuación química que se corresponde con esta reacción es:

$$C_{(s)} + O_2\ (g) \rightarrow CO_2\ (g)$$

Indicadores de una reacción química

A menudo es sencillo detectar una **reacción química** por el cambio radical que se da en el sistema material después de que sucede. Pero en ocasiones el proceso no se percibe con claridad, bien por su lentitud o porque origina sustancias de aspecto parecido a las que había inicialmente.

En estos casos puede ser útil recurrir a ciertos fenómenos que suelen acompañar a los cambios químicos y que sirven como indicadores en caso de duda. Los más frecuentes son la precipitación, el desprendimiento de gases, la variación brusca de la temperatura y los cambios de color.

En ocasiones la reacción química puede apreciarse a simple vista y en un plazo reducido de tiempo.

Precipitación. Ocurre cuando el producto de la reacción entre dos sustancias en disolución es insoluble. En este caso aparece un sólido (precipitado) en el seno de la disolución, que inmediatamente se deposita en el fondo del recipiente.

Por **ejemplo,** al añadir unas gotas de cloruro de sodio a un tubo que contiene nitrato de plata, se forma cloruro de plata, insoluble en agua.

Cloruro de plata.

Desprendimiento de gases. Este fenómeno se da cuando uno de los productos de la reacción es un gas. Si ocurre en el seno de una disolución, el gas formado, poco soluble, se desprende en forma de burbujas perfectamente perceptibles.

Por **ejemplo,** una pastilla efervescente contiene bicarbonato sódico y ácido cítrico como excipientes. Al entrar en contacto con el agua, se produce dióxido de carbono gaseoso.

Pastilla efervencente.

Variación de temperatura. Las transformaciones químicas van siempre acompañadas de un desprendimiento o de una absorción de calor. Las reacciones que desprenden calor se llaman exotérmicas, y las que absorben calor reciben el nombre de endotérmicas.

Si el desprendimiento o la absorción de calor en un proceso químico son suficientemente intensos, podemos percibir un aumento o una disminución muy bruscos de la temperatura del sistema.

Cambio de color. Sucede cuando los productos de la reacción tienen distinto color que los reactivos.

Existen numerosos métodos de análisis químico basados en los cambios de color, pues es una forma muy sencilla de poner de manifiesto una reacción química. Muchas reacciones que dan lugar a cambios de color característicos se utilizan para detectar y cuantificar la presencia de ciertas sustancias en una muestra.

Por **ejemplo,** si añadimos yoduro de potasio a una disolución de nitrato de plomo(II), se forma un compuesto de color amarillo intenso.

Nitrato de plomo(II) y yoduro de potasio.

Velocidad de reacción

Las reacciones químicas transcurren de modo diferente según las condiciones en que se desarrollan. Una característica importante es la rapidez con la que se completan, la cual se mide con una magnitud llamada **velocidad de reacción,** que determina frecuentemente su utilidad o sus aplicaciones tecnológicas.

La **velocidad de reacción** en un proceso químico es variable según las sustancias que intervienen y depende de factores como la temperatura, la agitación, el estado de agregación de los reactivos y su concentración.

Para comprender la influencia de estos factores, pensemos que en una reacción química se redistribuyen los átomos de los reactivos, se rompen las uniones entre ellos y se establecen nuevos enlaces, que dan lugar a los productos. Por tanto, es necesario que las partículas de los reactivos colisionen entre sí. Además, el choque debe tener una energía mínima y producirse con la orientación adecuada.

Ejemplo. Formación del ácido clorhídrico (HCl):

Reactivos

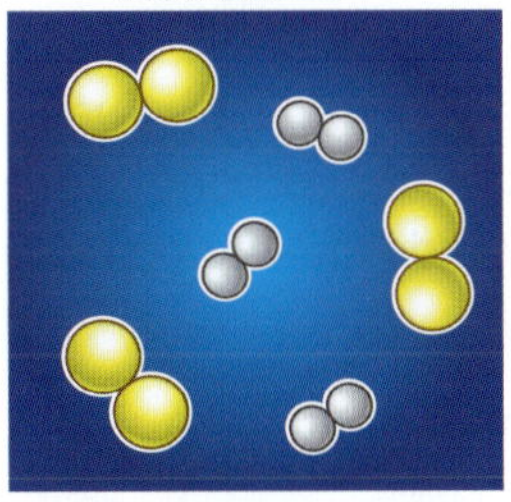

El hidrógeno (H_2) y el cloro (Cl_2) son gases. Sus moléculas se mueven libremente.

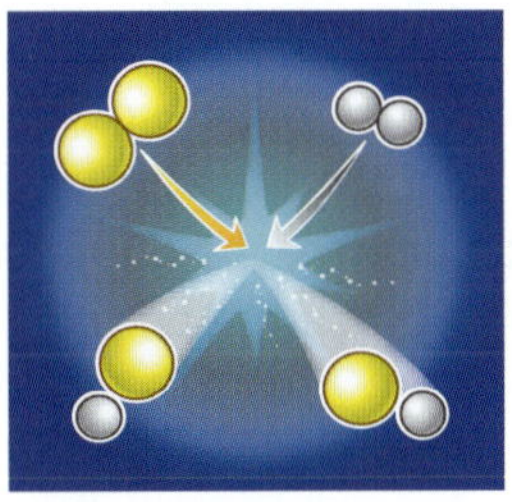

Las moléculas de hidrógeno (H_2) y de cloro (Cl_2) colisionan. Se produce la reacción química.

Productos

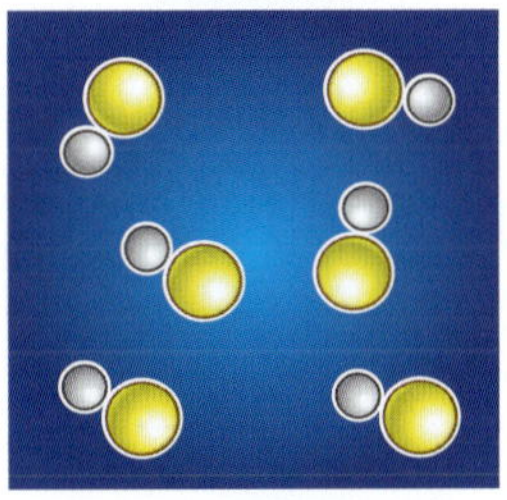

Tras la colisión, los átomos se han agrupado de forma diferente. Se ha formado una nueva sustancia (HCl).

Cuanto mayor sea el número de colisiones, más rápidamente ocurrirá el proceso. Por tanto, la velocidad de reacción se incrementará siempre que aumentemos los choques entre las partículas de los reactivos. Esto puede conseguirse, de acuerdo con la teoría cinética, de varias formas:

- Elevando la temperatura o agitando el sistema, lo que hará que las partículas se muevan con mayor velocidad y colisionen con más frecuencia.
- Concentrando más los reactivos —si se encuentran disueltos— o comprimiéndolos —si son gases—, disminuyendo así la distancia entre las partículas.
- Aumentando la superficie de contacto entre los reactivos, si alguno es sólido o líquido, pues los choques ocurrirán en esa superficie.

ACTIVIDADES

3. Teniendo en cuenta los factores de los que depende la velocidad de una reacción química, explica estos enunciados:
   a) Una pastilla efervescente se disuelve antes si está troceada.
   b) La fermentación de la leche se produce rápidamente un día de verano.
   c) Para quitar una mancha, hemos necesitado lejía concentrada.

Ciertas reacciones químicas pueden tardar años, incluso siglos, en completarse. La degradación de ciertos recipientes de plástico de uso común abandonados en el campo puede tardar más de ciento cincuenta años.

¿SABÍAS QUE...?

En muchas reacciones químicas se observa que ciertas sustancias presentes en muy pequeña cantidad aumentan enormemente la velocidad de reacción. Estas sustancias, que no se consumen en la reacción, son los catalizadores.

Los catalizadores son importantísimos para la industria química, y también desde el punto de vista biológico. Son catalizadores las enzimas o las vitaminas, por ejemplo.

Ley de conservación de la masa

Los cambios químicos se rigen por una serie de leyes, conocidas desde finales del siglo XVIII. Una de estas leyes es la **ley de conservación de la masa,** también conocida como ley de Lavoisier, en honor al químico francés Antoine-Laurent de Lavoisier, que la enunció en 1789.

Según la **ley de conservación de la masa,** en toda reacción química, la masa total de los reactivos es igual a la masa total de los productos de la reacción; es decir, **la masa se conserva.**

¿SABÍAS QUE...?

Dado que los átomos ni se crean ni se destruyen, sino que se reagrupan de manera diferente, es posible que en nuestro cuerpo llevemos átomos que en algún momento pertenecieron a los dinosaurios.

La cantidad de materia total implicada en un proceso químico permanece constante, aunque cambien las sustancias presentes antes y después.

La ley de conservación de la masa se cumple en todos los procesos químicos. Para justificarla, debemos tener en cuenta que durante la reacción se produce un reagrupamiento de los átomos, por lo que el número total de átomos no cambia, y la masa será la misma.

La principal aplicación de esta ley es el cálculo de cantidades de reactivos o productos en una reacción química dada.

Ejemplo. Cuando calentamos 100,1 g de carbonato de calcio se producen 56,1 g de óxido de calcio y una cierta cantidad de dióxido de carbono. Para calcular la cantidad de dióxido de carbono que se ha producido en este proceso químico, seguimos el siguiente procedimiento:

Productos		**Reactivos**	
Carbonato de calcio ($CaCO_3$)	$\rightarrow$	Óxido de calcio (CaO) +	Dióxido de carbono (CO_2)
100,1 g		**56,1 g**	***x* g**

La masa de reactivos ha de ser igual a la masa de los productos; por tanto:

$$100{,}1\ \text{g} = 56{,}1\ \text{g} + x \rightarrow x = 100{,}1\ \text{g} - 56{,}1\ \text{g} = 44\ \text{g}$$

Tras la reacción química se han obtenido 44 g de dióxido de carbono.

Ajuste de reacciones químicas

El **ajuste de ecuaciones químicas** consiste en asignar a la fórmula de cada componente el coeficiente estequiométrico adecuado para que haya el mismo número de átomos de cada elemento en los dos miembros de la ecuación.

RECUERDA

Los coeficientes estequiométricos son números enteros que se colocan delante de cada sustancia que forma parte de la reacción, de tal manera que, multiplicados por el subíndice de cada elemento en la fórmula, se puedan obtener números iguales de átomos en los reactivos y en los productos.

El **procedimiento** para el ajuste de reacciones sencillas consta de los siguientes pasos:

1. Se hace un primer recuento de los átomos de cada elemento a partir de las fórmulas de las sustancias participantes.
2. Si el número de átomos de algún elemento no es el mismo en reactivos y productos, se añaden las moléculas necesarias donde haya menor cantidad de átomos y se vuelve a hacer un recuento.
3. El proceso se reitera después de cada recuento hasta que haya el mismo número de átomos de cada elemento en reactivos y productos. Los coeficientes estequiométricos buscados coinciden con el número de moléculas de cada sustancia.

Ejemplo. Ajustaremos la ecuación química que representa la reacción entre el gas hidrógeno (H_2) y el nitrógeno gaseoso (N_2) para dar gas amoniaco (NH_3).

Si escribimos la ecuación y dibujamos una molécula para cada sustancia, podemos comprobar que el número total de átomos de cada elemento en reactivos y productos no coincide:

$H_2\ (g) + N_2\ (g) \rightarrow NH_3\ (g)$

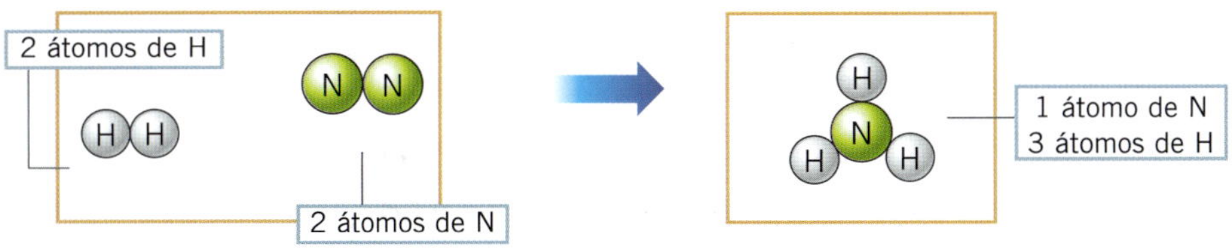

Debemos intentar igualar el número total de átomos de cada elemento en reactivos y productos, añadiendo las moléculas que sean necesarias. En este caso, como falta un átomo de nitrógeno (N) en el producto, colocamos una molécula adicional de amoniaco (NH_3):

$H_2\ (g) + N_2\ (g) \rightarrow 2\ NH_3\ (g)$

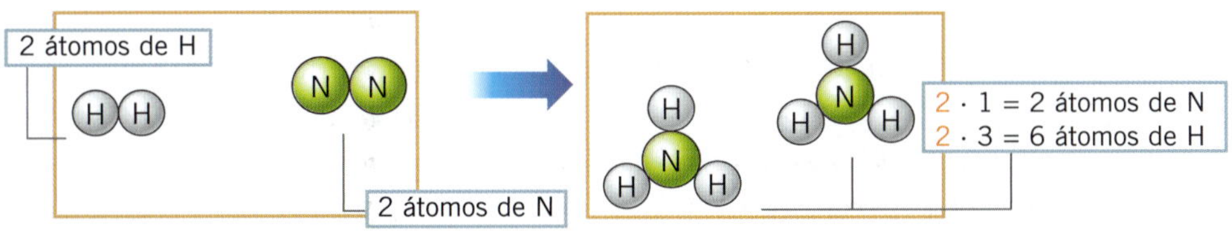

Para equilibrar el número de átomos de hidrógeno (H), basta con colocar 2 moléculas más de hidrógeno gaseoso (H_2) en los reactivos:

$3\ H_2\ (g) + N_2\ (g) \rightarrow 2\ NH_3\ (g)$

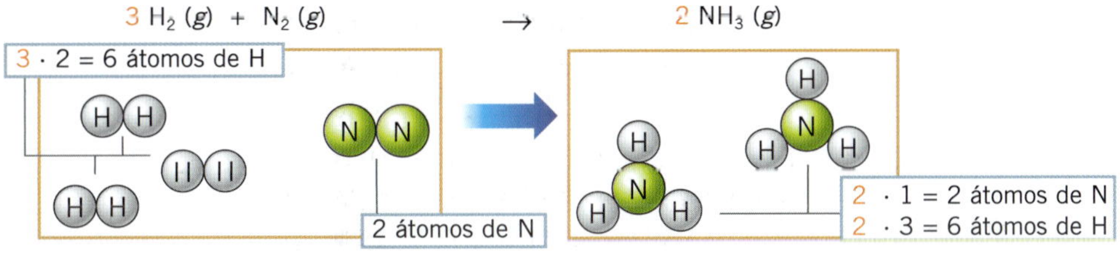

Una vez que tenemos el mismo número de átomos de cada elemento en reactivos y productos, podemos decir que la reacción está ajustada:

$$\mathbf{3}\ H_2\ (g) + N_2\ (g) \rightarrow \mathbf{2}\ NH_3\ (g)$$

Hidrógeno — Nitrógeno — Amoniaco

La ecuación química ajustada se interpreta microscópicamente diciendo que por cada 3 moléculas de hidrógeno gaseoso (H_2) que reaccionan con 1 molécula de gas nitrógeno (N_2) se forman 2 moléculas de amoniaco gaseoso (NH_3).

ACTIVIDADES

4 En una reacción química se mezclaron 6 g de carbono con cierta cantidad de oxígeno y se obtuvieron 22 g de dióxido de carbono. ¿Cuál era la masa de oxígeno que se hizo reaccionar? Escribe la ecuación química correspondiente.

RECUERDA

Para llevar a cabo el ajuste de una ecuación química usamos un método matemático de tanteo:

- Escribimos el proceso, y realizamos un primer recuento a partir de los subíndices de cada elemento:

$H_2 + N_2 \rightarrow NH_3$

H	N		H	N
2	2		3	1

- Reajustamos los coeficientes. En este caso colocamos un coeficiente igual a 2 para el amoniaco (NH_3), y realizamos un nuevo recuento:

$H_2 + N_2 \rightarrow 2\ NH_3$

H	N		H	N
2	2		6	2

- Repetimos el reajuste cuantas veces sean necesarios. En este caso, asignando un coeficiente igual a 3 para el hidrógeno, igualamos el número de átomos y finalizamos el ajuste:

$3\ H_2 + N_2 \rightarrow 2\ NH_3$

H	N		H	N
6	2		6	2

Cálculos estequiométricos sencillos

El hecho de que los reactivos en una reacción química guarden entre sí una proporción constante en la relación de sus masas llevó a pensar que las reacciones ocurren en términos de moles. El mol es la base de cualquier cálculo.

El **mol** es una unidad fundamental del SI. Se define como la cantidad de materia que posee exactamente $6{,}022 \cdot 10^{23}$ partículas de una sustancia determinada.

Así, un mol de Fe contiene $6{,}022 \cdot 10^{23}$ átomos de hierro, puesto que el hierro está formado por átomos. Un mol de agua contiene $6{,}022 \cdot 10^{23}$ moléculas de H_2O, puesto que el agua está formada por moléculas.

Contar este número de partículas es impensable, y más cuando, dado su pequeño tamaño, no se ven. Por eso, buscamos la relación entre magnitudes fácilmente medibles, como la masa o el volumen y el mol.

La masa de un mol depende de la naturaleza de la sustancia. Así, la masa de un mol de átomos de sodio no es la misma que la masa de un mol de átomos de mercurio.

La masa de un mol de átomos de cualquier elemento del sistema periódico es igual a la masa atómica expresada en gramos, y la masa de un mol de moléculas de cualquier compuesto es igual al valor de la masa molecular, pero expresada en gramos.

Sustancia	Fe	H_2	H_2O	$C_6H_{12}O_6$
Masa atómica	55,6 u	1 u	Masa H = 1 u Masa O = 16 u	Masa H = 1 u Masa O = 16 u Masa C = 12 u
Masa molecular	-	$1 \cdot 2 = 2$ u	$1 \cdot 2 + 16 = 18$ u	$12 \cdot 6 + 12 \cdot 1 + 16 \cdot 6 = 180$ u
Masa de un mol	55,6 g	2 g	18 g	180 g

Si en lugar de querer determinar la masa de un mol queremos determinar la masa de medio mol, o de tres moles, o si queremos conocer cuántos moles hay en una determinada masa de una sustancia, tenemos que aplicar esta sencilla fórmula:

Masa = nº moles · masa molecular (expresada en gramos)

Ejemplo. Para saber cuántos moles de amoniaco, NH_3, hay en 34 g, haremos lo siguiente:

1. Calcularemos la masa molecular a partir de los datos de las masas atómicas (H = 1 u) (N = 14 u). La masa molecular del amoniaco es $1 \cdot 14 + 1 \cdot 3 = 17$ u. Luego la masa de un mol es 17 g.
2. Usamos la fórmula para determinar el dato que nos falta:

   $x = 34 / 17 = 2$ moles de amoniaco hay en 34 g y, por tanto, $12{,}046 \cdot 10^{23}$ moléculas.

¿SABÍAS QUE...?

El número $6{,}022 \cdot 10^{23}$ es tan grande que si tuviéramos este número de latas de refresco recubriríamos el planeta Tierra hasta una altura de unos 400 km.

Latas de refresco.

En una reacción química, las sustancias que intervienen lo hacen en términos de moles. En la siguiente reacción:

$$N_2 + 3\ H_2 \rightarrow 2\ NH_3$$

podemos decir que una molécula de nitrógeno reacciona con tres moléculas de hidrógeno para dar dos moléculas de amoniaco, o que 1 mol de nitrógeno reacciona con 3 moles de hidrógeno para dar 2 moles de amoniaco, puesto que el mol es un múltiplo de la molécula.

Lo que no podríamos decir, puesto que es incorrecto, es que 1 g de nitrógeno reacciona con 3 g de hidrógeno para dar 2 g de amoniaco. ¿Qué masa ha reaccionado realmente?

N_2	$3\ H_2$	$2\ NH_3$
$14 \cdot 2 = 28$	$3 \cdot (1 \cdot 2) = 6$	$2 \cdot (14 + 1 \cdot 3) = 34$
28 + 6 = 34 g		34 g

Se cumple la ley de conservación de la masa, y esta relación entre las masas es constante, lo que nos puede servir para determinar, a partir de otras masas, qué masa de productos se formará o qué masa de reactivos se necesitará.

Ejemplo. ¿Qué masa de hidrógeno y qué masa de nitrógeno se necesitan para formar 345 g de amoniaco?

Datos: N = 14 u, H = 1 u.

N_2	$3\ H_2$	$2\ NH_3$
$14 \cdot 2 = 28$	$3 \cdot (1 \cdot 2) = 6$	$2 \cdot (14 + 1 \cdot 3) = 34$
x	y	345

28 g nitrógeno ——— 34 g amoniaco

x ——— 345 g amoniaco

$x = 345 \cdot 28 : 34 = 284{,}1$ g

Son necesarios 284,1 g de nitrógeno para producir 345 g de amoniaco.

6 g hidrógeno ——— 34 g de amoniaco

y ——— 345 g de amoniaco

$y = 345 \cdot 6 : 34 = 60{,}9$ g

Se necesitan 60,9 g de hidrógeno para producir 345 g de amoniaco.

Observa que también podríamos haber deducido la cantidad de hidrógeno necesaria aplicando el principio de conservación de la masa. Si la masa de reactivos como productos es de 345 g y la masa de nitrógeno necesaria es de 284,1 g, la masa de hidrógeno será la diferencia: 345 – 284,1 = 60,9 g.

¿SABÍAS QUE...?

En la industria química se desarrollan procesos químicos a gran escala, en los cuales complejos y precisos cálculos estequiométricos permiten planificar el trabajo de las plantas de fabricación.

Un ejemplo es la producción de abonos a partir de materias primas naturales (roca fosfórica), de las cuales, mediante procesos químicos, se pueden obtener más de 1 000 toneladas de fertilizantes al día.

Planta de elaboración de abonos químicos.

ACTIVIDADES

7 Dada la reacción: $Mg + O_2 \rightarrow MgO$, determina:

a) La masa de oxígeno que se consume.

b) La masa de óxido de magnesio producida si se hacen reaccionar 8,1 g de magnesio.

Datos: Mg = 24 u; O = 16 u

Reacciones químicas de interés

La fotosíntesis comprende un conjunto complejo de reacciones químicas que tienen lugar en las plantas y que sostienen la vida en nuestro planeta y regeneran el oxígeno atmosférico.

La vida es continuo cambio. Muchos de estos cambios son químicos, y están presentes en nuestra vida cotidiana.

Las **reacciones químicas de interés** se pueden dividir en dos grandes grupos: por un lado, las reacciones químicas relacionadas con la **actividad industrial** y que tienen como objetivo la **obtención de productos** útiles para el ser humano; por otro, las reacciones químicas que se producen en el **medioambiente** como consecuencia de las primeras, y que lo perjudican.

Reacciones químicas de interés industrial

Entre las reacciones químicas de mayor interés industrial destacan:

- **Reacciones de polimerización.** Son reacciones en las que unos compuestos llamados monómeros, de baja masa molecular, se agrupan químicamente para dar moléculas de gran masa molecular, denominadas polímeros. Así se fabrican los **plásticos,** como el PVC, o ciertos **tejidos,** como el poliéster.

  Reacción de síntesis del cloruro de vinilo:

  $$C_2H_2 + HCl \rightarrow C_2H_3Cl$$

- **Reacciones de combustión.** Este tipo de reacción química no es interesante por los productos que genera sino por la energía que libera, que el ser humano utiliza para calefacción, transporte o generación de energía eléctrica.

  Reacción de combustión del metano, componente principal del gas natural:

  $$CH_4 + 2\ O_2 \rightarrow CO_2 + 2\ H_2O$$

- **Reacciones de obtención de materias primas.** Como la reacción de obtención del amoniaco a partir del nitrógeno del aire y el hidrógeno, o la obtención de ácido sulfúrico y del hierro a partir de minerales como la pirita (un sulfuro de hierro).

  Reacciones de obtención del hierro y de ácido sulfúrico a partir de la pirita:

  $$4\ FeS_2 + 11\ O_2 \rightarrow 2\ Fe_2O_3 + 8\ SO_2$$

  $$Fe_2O_3 + 3\ CO \rightarrow 2\ Fe + 3\ CO_2$$

  $$SO_2 + O_2 \rightarrow SO_3$$

  $$SO_3 + H_2O \rightarrow H_2SO_4$$

- **Reacciones de oxidación-reducción.** En este tipo de reacciones químicas, las sustancias que intervienen intercambian electrones, lo que modifica su número de oxidación. Así se obtiene el aluminio para la posterior fabricación de numerosos utensilios a partir del óxido de aluminio que se encuentra en la naturaleza.

  $$2\ Al_2O_3 \rightarrow 3\ O_2 + 2\ Al$$

- **Reacciones ácido-base.** Son aquellas en las que reaccionan un ácido y una base para formar sal y agua. Los medicamentos para el dolor estomacal, por ejemplo, son bases que reaccionan con el exceso de ácido clorhídrico generado por una mala digestión, y lo neutralizan.

  $$Mg\ (OH)_2 + 2\ HCl \rightarrow MgCl_2 + 2\ H_2O$$

¿SABÍAS QUE...?

La reacción de combustión se conoce desde la más remota Antigüedad, pues es la base del fuego. Los combustibles han ido cambiando a lo largo del tiempo, y hoy en día se utilizan los llamados combustibles fósiles (carbón, petróleo y gas natural).

Reacciones químicas y medioambiente

El efecto invernadero. Si no existiera la atmósfera, los **rayos solares** se reflejarían sobre la superficie terrestre y escaparían de nuevo al espacio exterior. La existencia de vapor de agua, dióxido de carbono y metano en la atmósfera hace que se absorba parte de esta radiación reflejada y quede atrapada. Esto permite que la Tierra tenga una temperatura media de unos 14 °C, mucho más suave que los −18 °C de media que tendría el planeta en ausencia de atmósfera.

Este es el efecto invernadero natural, y es algo positivo, puesto que permite que el agua, fundamental para la vida, se encuentre en estado líquido.

El problema radica en que el **ser humano** está generando y vertiendo a la atmósfera grandes cantidades de **dióxido de carbono,** que es el principal responsable del **calentamiento global.**

Este gas es uno de los productos que se obtienen en todas las reacciones químicas que implican una **combustión.**

Lluvia ácida. Cuando el vapor de agua de la atmósfera se combina con los óxidos de nitrógeno y de azufre que emiten las centrales eléctricas, las fábricas, los vehículos y las calderas domésticas, se forman ácido sulfúrico y ácido nítrico, que caen a la Tierra junto con las precipitaciones. Esto es lo que constituye la llamada **lluvia ácida.**

Los ácidos corrosivos que contiene la lluvia ácida provocan graves **consecuencias** medioambientales: acidificación de **ríos, lagos** y **mares,** importante deterioro en la **vegetación,** corrosión de **construcciones** e **infraestructuras,** fundamentalmente las construidas con mármol o caliza, y empobrecimiento de los **suelos** por disolución de nutrientes.

Destrucción de la capa de ozono. La **capa de ozono** es una parte de la atmósfera situada en la estratosfera, que absorbe entre el 97 y el 99% de la radiación ultravioleta que proviene del Sol. Su papel es fundamental para la vida en la Tierra, ya que actúa como filtro de las radiaciones más dañinas para los seres vivos.

Su destrucción está causada fundamentalmente por la emisión a la atmósfera de los **CFC** (clorofluorocarbonos) que provienen de aerosoles y refrigerantes industriales, y que reaccionan químicamente con el ozono.

Algunas de las **consecuencias** más dañinas de la destrucción de la capa de ozono son: aumento de casos de **cáncer de piel** y de **cataratas oculares,** disminución de la eficacia del **sistema inmunológico** y pérdida del **fitoplancton,** con sus efectos sobre los ecosistemas acuáticos.

ACTIVIDADES

6. ¿Por qué es importante la reacción de combustión? Redacta tu respuesta en un párrafo de al menos tres líneas.

7. Los altos hornos en los que se produce la fundición del hierro a partir de minerales como la pirita son responsables de varios efectos muy nocivos para el medioambiente. Utilizando las reacciones químicas de obtención de materias primas de la página anterior, explica cuáles son estos efectos sobre el medioambiente.

¿SABÍAS QUE...?

Como consecuencia del efecto invernadero:

- Subirá el nivel del mar por la fusión parcial de los casquetes polares e inundará grandes zonas costeras.
- Se ampliarán las zonas de clima tropical, lo que traerá enfermedades típicas de estos lugares a zonas donde antes no se daban.
- Se incrementará la intensidad y frecuencia de sucesos meteorológicos violentos, como huracanes, tornados, lluvias torrenciales, etc.
- Aumentarán los suelos desérticos, la escasez de agua y las modificaciones en los ecosistemas.

La lluvia ácida es un serio problema medioambiental a escala mundial, que incide sobre todo en las zonas urbanas y muy industrializadas.

Aplica lo aprendido

1 Justifica por qué al preparar una disolución estamos realizando un cambio físico y no un cambio químico.

2 Busca un ejemplo de proceso físico y otro de proceso químico (diferentes de los que vimos en la Unidad) y explica por qué los clasificas de una u otra manera.

3 Cuando desinfectamos una herida con agua oxigenada, se observan pequeñas burbujas sobre la zona tratada. ¿Qué tipo de fenómeno crees que se produce? ¿En qué te basas para afirmarlo?

4 Contesta las siguientes cuestiones:

a) ¿Qué condiciones deben cumplirse para considerar que una ecuación química está ajustada?

b) ¿Cómo puedes comprobar si una ecuación está o no ajustada?

c) ¿En qué ley científica te basas para llevar a cabo el ajuste de las ecuaciones químicas?

5 Representa en tu cuaderno las siguientes reacciones en forma de ecuación química y especifica en cada una de ellas cuáles son los reactivos y cuáles los productos.

a) El ácido clorhídrico (HCl) reacciona con el hidróxido de litio (LiOH) para formar cloruro de litio y agua.

b) El amoniaco (NH_3) reacciona con el oxígeno (O_2) gaseoso para producir monóxido de nitrógeno y agua.

c) El cloro reacciona con el hierro y se genera cloruro de hierro(III).

d) El ácido clorhídrico reacciona con el dióxido de manganeso y se produce dicloruro de manganeso, agua y cloro gas.

6 Ajusta las ecuaciones químicas del ejercicio anterior.

7 Simboliza en tu cuaderno cada átomo del mismo elemento con una bolita de un determinado color y representa las siguientes reacciones químicas. Recuerda que debes ajustarlas:

a) $SO_2 + O_2 \rightarrow SO_3$ b) $H_2 + Cl_2 \rightarrow HCl$

8 Cuando calentamos 50 g de carbonato de calcio ($CaCO_3$), este se descompone y da 28 g de óxido de calcio y cierta cantidad de oxígeno.

a) ¿Qué cantidad de oxígeno se ha producido?

b) Representa en tu cuaderno y ajusta la ecuación química que simboliza este proceso.

9 La reacción entre el yodo y el hidrógeno produce yoduro de hidrógeno. En nuestro laboratorio hemos obtenido 38,4 g de yoduro de hidrógeno a partir de 0,3 g de hidrógeno.
¿Qué cantidad de yodo hemos usado? ¿En qué basas el cálculo?

10 Copia en tu cuaderno y completa la siguiente tabla aplicando el principio de conservación de la masa a la siguiente reacción:

$Mg(OH)_2 + HCl \rightarrow MgCl_2 + H_2O$

$Mg(OH)_2$	HCl	$MgCl_2$	H_2O
58	73		36
145		237,5	90
52,4		38	

11 Ajusta las siguientes reacciones químicas en tu cuaderno.

a) $C_3H_8 + O_2 \rightarrow CO_2 + H_2O$

b) $Na_2CO_3 + Ca(OH)_2 \rightarrow CaCO_3 + NaOH$

c) $NO + O_2 \rightarrow NO_2$

d) $AgO \rightarrow Ag + O_2$

e) $HCl + Mg \rightarrow MgCl_2 + H_2$

f) $H_2SO_4 + KOH \rightarrow K_2SO_4 + H_2O$

g) $Li + HNO_3 \rightarrow LiNO_3 + H_2$

h) $C_5H_{12} + O_2 \rightarrow CO_2 + H_2O$

12 Representa en tu cuaderno las ecuaciones químicas que se corresponden con cada enunciado y ajústalas.

a) El sodio metálico reacciona con el oxígeno atmosférico y produce óxido de sodio.

b) La glucosa ($C_6H_{12}O_6$) se quema en presencia de oxígeno y produce dióxido de carbono y agua.

c) El hidrógeno gaseoso reacciona con el yodo sólido y se obtiene tras la reacción yoduro de hidrógeno.

d) El metano (CH_4), componente fundamental del gas natural, se quema en presencia de oxígeno y genera dióxido de carbono y agua.

e) El fósforo reacciona con el oxígeno atmosférico y produce pentaóxido de difósforo.

f) El berilio metálico reacciona con el oxígeno y produce óxido de berilio.

g) El plomo reacciona con el hidrógeno gaseoso y se produce hidruro de plomo(IV).

h) El hierro reacciona con el oxígeno gaseoso y se obtiene óxido de hierro(III).

13 ¿Cuántos moles son 34 g de trióxido de azufre?

S = 32 u ; O = 16 u

14 Calcula la masa de las siguientes sustancias.

a) 3 moles de PH_3

b) 2,4 moles de H_2SO_4

c) 0,75 moles de $Al(OH)_3$

15 La siguiente reacción es uno de los métodos de obtención del ácido nítrico.

$NO_2 + H_2O \rightarrow HNO_3 + NO$

Calcula cuántos gramos de dióxido de nitrógeno deben reaccionar para producir 8,8 g de ácido nítrico (HNO_3).

N = 14 u; O = 16 u; H = 1 u

16 El disulfuro de carbono reacciona con oxígeno (O_2) para dar dióxido de carbono y dióxido de azufre, ambos en estado gaseoso. Escribe en tu cuaderno la ecuación química y calcula la masa de oxígeno que se ha de consumir para que se formen 100 g de dióxido de carbono.

S = 32 u; O = 16 u; C = 12 u

17 Cuando el cinc (Zn) es atacado por el ácido clorhídrico (HCl) se produce una disolución de cloruro de cinc ($ZnCl_2$) y se desprende gas hidrógeno (H_2). Calcula la masa de hidrógeno que se obtiene al hacer reaccionar 20 g de cinc.

Zn = 65,4 u; H = 1 u; Cl = 35,5 u

18 El etanol (C_2H_5OH) se quema en presencia del oxígeno (O_2) del aire para dar agua y dióxido de carbono.

Calcula la masa de oxígeno necesaria para quemar 10,5 g de etanol. Calcula también las masas de agua y dióxido de carbono que se obtienen.

C = 12 u; H = 1 u; O = 16 u

19 El proceso de tostación del sulfuro de cinc se representa mediante la reacción:

$ZnS\ (s) + O_2\ (g) \rightarrow ZnO\ (s) + SO_2\ (g)$

a) ¿Qué cantidad de oxígeno se necesita para reaccionar con 974 g de sulfuro de cinc?

b) ¿Qué cantidad de dióxido de azufre se desprende en el proceso?

Zn = 65,4 u ; O = 16 u ; S = 32 u

20 El ácido clorhídrico (HCl) reacciona con el carbonato de calcio ($CaCO_3$) y produce cloruro de calcio ($CaCl_2$), dióxido de carbono (CO_2) y agua.

¿Qué masa de agua se obtiene cuando reaccionan completamente 18 g de carbonato de calcio?

Ca = 40 u ; H = 1 u ; Cl = 35,5 u ; C = 12 u

21 Calcula la masa de amoniaco (NH_3) que se obtiene a partir de 60 g de hidrógeno (H_2) según la reacción:

$N_2\ (g) + H_2\ (g) \rightarrow NH_3\ (g)$

N = 14 u; H = 1 u

22 El hierro en contacto con el oxígeno (O_2) del aire se oxida. Calcula la cantidad de óxido de hierro(III) que se obtiene cuando entran en contacto 8 g de hierro con oxígeno.

Fe = 55,8 u ; O = 16 u

23 Asocia en tu cuaderno cada una de las siguientes reacciones a su criterio correspondiente:

Polimerización — Combustión — Oxidación-reducción — Neutralización

a) Ácido + base → sal + agua

b) Cambio en el número de oxidación de algunos de los elementos de la reacción.

c) Compuesto orgánico + $O_2 \rightarrow CO_2 + H_2O$

d) Formación de compuestos de elevado peso molecular.

24 Clasifica las siguientes reacciones según sean de polimerización, combustión, oxidación-reducción o neutralización.

a) $C_2H_6O + 3\ O_2 \rightarrow 2\ CO_2 + 3\ H_2O$

b) $HCl + NaOH \rightarrow NaCl + H_2O$

c) $FeO + CO \rightarrow CO_2 + Fe$

25 Explica en qué consiste el efecto invernadero natural de la Tierra. ¿Qué beneficios aporta para la vida en el planeta?

26 Copia en tu cuaderno y completa la siguiente tabla:

	Calentamiento global	Lluvia ácida	Destrucción de la capa de ozono
Contaminantes que lo producen			
Origen de los contaminantes			
Efectos sobre el medio ambiente			

27 La reacción química que provoca la disolución del material con el que están hechas algunas estatuas que se encuentran a la intemperie es la siguiente:

$CaCO_3\ (s) + H_2SO_4\ (ac) \rightarrow$

$CO_2\ (g) + H_2O\ (l) + CaSO_4\ (ac)$

a) Comprueba si la ecuación química está o no ajustada.

b) Justifica el deterioro de las estatuas basándote en el estado de agregación de los productos.

EL CATALIZADOR

La mayor parte de los coches modernos están equipados con un catalizador. Este catalizador hace que los gases de escape del coche sean menos perjudiciales para las personas y para el medioambiente.

Aproximadamente el 90% de los gases tóxicos son transformados en gases menos perjudiciales. Aquí podemos ver los gases que entran y salen del catalizador.

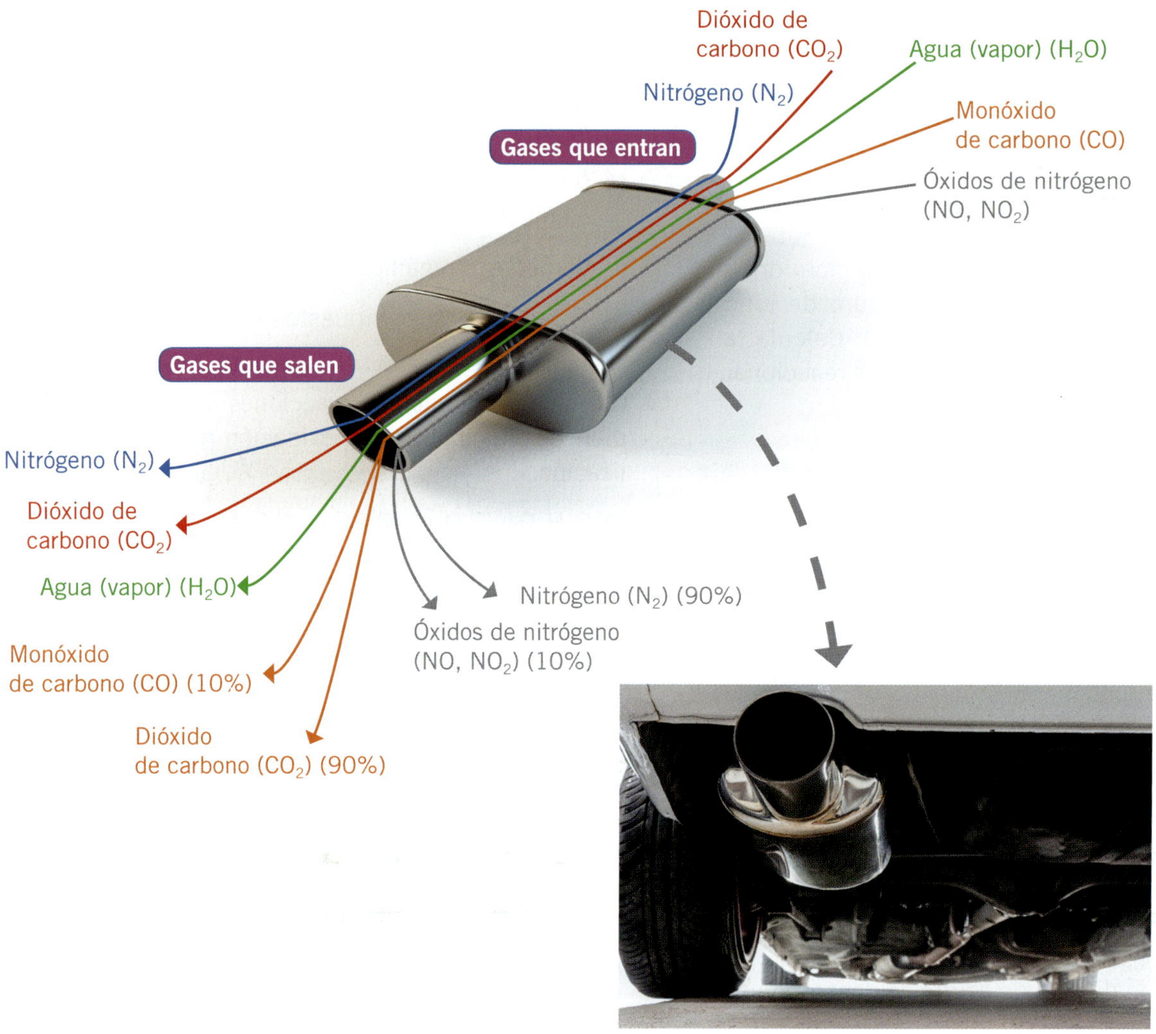

Catalizador de un coche.

Pregunta 1

Utiliza la información de la figura anterior para dar un ejemplo de cómo el catalizador hace que los gases de escape sean menos perjudiciales.

Pregunta 2

En el interior del catalizador, los gases sufren cambios. Explica qué es lo que sucede en términos de átomos y de moléculas.

Pregunta 3

Observa los gases que expulsa el catalizador. Señala un problema que los ingenieros y científicos que trabajan diseñando catalizadores deberían resolver para que los gases de escape producidos sean aún menos perjudiciales.

15 Las fuerzas y sus efectos. Movimientos rectilíneos

En esta unidad estudiaremos

1. Los efectos de las fuerzas
2. El movimiento rectilíneo uniforme y variado
3. Las máquinas simples
4. Las fuerzas en la naturaleza

Las fuerzas

El concepto de fuerza y su medida

En nuestra vida diaria estamos acostumbrados a observar algunos sucesos, como que los objetos caigan por su peso, que giren o que se deformen. Nada de esto es explicable sin la existencia de las fuerzas. Otros muchos fenómenos, como el movimiento de los planetas o la corriente eléctrica, se explican también por la existencia de estas magnitudes físicas.

Cuando dos cuerpos o partículas interaccionan, se produce una fuerza que hace que dichos cuerpos experimenten un cambio en su movimiento o que se deformen.

La **fuerza** es la causa que origina una variación en el estado de movimiento o reposo de un cuerpo, o una deformación.

Para que se produzca esta fuerza, **dos cuerpos o partículas** deben interaccionar. La **interacción** puede producirse **por contacto,** como, por ejemplo, al empujar algún objeto, o **a distancia,** como ocurre entre el núcleo y los electrones de un átomo o entre los planetas y el Sol.

El dinamómetro es el instrumento que se utiliza en el laboratorio para medir las fuerzas.

Las fuerzas son magnitudes físicas y, por tanto, podemos medir su intensidad. Para ello, utilizamos un instrumento denominado **dinamómetro.**

La unidad del SI en la que se miden las fuerzas es el newton, que se simboliza con la letra N.

El **newton** es la fuerza que hay que realizar para imprimir a una masa de un kilogramo una velocidad de un metro por segundo en un segundo.

El peso

El **peso** es la fuerza con que un determinado planeta atrae a los cuerpos que están en su superficie.

En general expresamos:

$$P = m \cdot g$$

Donde:

- P es el peso (en N).
- m, la masa (en kg).
- g, una constante denominada aceleración de la gravedad (en m/s^2).

Sobre la superficie terrestre, g varía. Pero, en general, podemos decir que $g = 9{,}8\ m/s^2$ en la Tierra. Por tanto, en nuestro planeta:

$$P = m \cdot 9{,}8$$

No debemos confundir la masa con el peso. Esta confusión se produce porque en el lenguaje cotidiano decimos *pesar* cuando hablamos de medir la masa. Así, cuando decimos «ese saco pesa 5 kg», hablamos de su masa y no de su peso.

- La **masa** mide la cantidad de materia de un cuerpo; se mide en kilogramos.
- El **peso** mide la fuerza de atracción gravitatoria; se mide en newtons.

AYUDA

Aunque la masa de un cuerpo se mantenga constante, su peso varía en función de la fuerza de atracción gravitatoria.

La masa de este astronauta se mantiene constante, aunque su peso varía según se encuentre en la Tierra o en la Luna.

Los efectos de las fuerzas

Como hemos visto, las fuerzas afectan a la velocidad de los cuerpos y pueden producir deformaciones en ellos.

- **Fuerzas que provocan deformaciones.** Al ejercer una fuerza sobre un cuerpo elástico, este cambia de forma o de longitud.

Cuando se trabaja una masa de panadería, esta experimenta deformaciones.

- **Fuerzas que modifican la velocidad de un cuerpo.** Las fuerzas sobre cuerpos rígidos tienen una acción diferente: no modifican su tamaño sino su velocidad.

Si nos lanzamos a la piscina desde un trampolín, la fuerza de la gravedad modificará nuestra velocidad, que irá aumentando conforme nos vayamos acercando al agua.

RECUERDA

El físico inglés Isaac Newton enunció las leyes de la dinámica en el siglo XVIII. Gracias a ellas es posible entender mejor la relación entre el movimiento y las causas que lo producen.

Isaac Newton (1642-1727).

ACTIVIDADES

1 Copia esta tabla en tu cuaderno y completa las celdas en gris:

	Masa	Peso
Definición		
Unidad en el SI		
Relación matemática		

2 Busca información en Internet y responde las preguntas.

a) ¿Qué es el centro de gravedad de un cuerpo?

b) ¿Dónde se sitúa?

c) ¿Cómo debe estar el centro de gravedad respecto a la base en la que se apoya el cuerpo para que esté equilibrado?

Punto de aplicación, dirección y sentido de un vector.

Los componentes de las fuerzas

Para representar una fuerza se utilizan **vectores,** que son segmentos orientados (flechas) que indican de una manera sencilla y rápida todos los componentes de la fuerza.

Dado que la fuerza es una **magnitud vectorial,** es necesario conocer diferentes **variables** para definirla: su número y su unidad, pero también su punto de aplicación, su dirección y su sentido.

- El **punto de aplicación** se indica con el origen del vector. Por convenio, se suele poner en el centro del cuerpo.
- La **dirección** es la recta sobre la que se desplaza el vector. Puede ser horizontal, vertical o formando cualquier otro ángulo con el eje *x*.
- El **sentido** viene determinado por la punta de la flecha del vector. Toda dirección tiene siempre dos sentidos.

Composición de fuerzas. Si la suma de todas las fuerzas que actúan sobre un cuerpo es cero, el cuerpo está en reposo, este no se moverá. Si está en movimiento, se moverá con velocidad constante.

Si la suma de todas las fuerzas que actúan sobre un cuerpo no es cero, el cuerpo se moverá pero su velocidad irá variando con el tiempo, por lo que decimos que el cuerpo se mueve con una determinada **aceleración.**

La expresión que relaciona la fuerza y la aceleración viene dada por la segunda ley de Newton, y es la siguiente:

$$F = m \cdot a$$

Es muy habitual que sobre un cuerpo no actúe una sola fuerza, sino varias. Para poder aplicar la segunda ley de Newton hay que calcular la **fuerza neta,** es decir, la suma de todas las fuerzas que actúan sobre un cuerpo.

¿De qué manera actúan las diferentes fuerzas sobre este coche?

ACTIVIDADES

3. Un cuerpo se desplaza con una aceleración de 4 m/s^2. Si su masa es de 200 kg, ¿qué fuerza neta se está ejerciendo sobre él para conseguir dicha aceleración?

4. Sobre un coche que se desplaza en una carretera horizontal actúan cuatro fuerzas:
   - El peso vertical y dirigido hacia el centro de la Tierra.
   - La normal de la misma dirección y el mismo módulo que el peso, pero de sentido opuesto.
   - La fuerza del motor paralela al movimiento y en el sentido de avance del coche.
   - La fuerza de rozamiento, paralela a la carretera, pero que se opone al movimiento.

   Dibuja en tu cuaderno un esquema con el coche y las cuatro fuerzas a las que se ve sometido.

5. Justifica, utilizando la segunda ley de Newton, que si la fuerza neta sobre un cuerpo es cero, aquel se mueve con velocidad constante si está en movimiento o permanece en reposo si ya estaba en reposo.

El movimiento rectilíneo uniforme y variado

El **movimiento** se define como el cambio de posición de un objeto con respecto al tiempo.

El movimiento es **relativo.** Para que haya movimiento debe haber un cambio de posición con respecto a un **sistema de referencia** determinado.

Por **ejemplo:** una persona viaja en un tren, cómodamente sentada en su asiento. Para determinar si se encuentra en reposo o en movimiento debemos elegir primero un sistema de referencia.

Por defecto, nuestro sistema de referencia es la Tierra, que se desplaza a una velocidad de 29 km/s alrededor del Sol.

Cuando estudiamos el movimiento de un cuerpo, debemos tener en cuenta su **posición inicial,** que es el punto del espacio en el que se encuentra el cuerpo cuando comenzamos a estudiar su movimiento, y su **posición final,** que es el lugar en el que se sitúa el cuerpo al final del intervalo de tiempo estudiado.

Para definir el movimiento de un cuerpo no solo es necesario conocer su **desplazamiento,** es decir, el espacio recorrido entre el punto inicial y el punto final, sino también el **tiempo** invertido en realizarlo. La magnitud que relaciona el desplazamiento con el tiempo es la velocidad.

La **velocidad** es una magnitud física de carácter vectorial que expresa el desplazamiento de un objeto por unidad de tiempo.

Dado que se trata de una magnitud vectorial, para definir completamente la velocidad es necesario, además del módulo y la unidad (m/s), especificar su punto de aplicación, dirección y sentido.

La velocidad también se representa a través de vectores, que de manera concisa nos aportan todas las componentes de la magnitud.

$$\vec{v} = \Delta\vec{r}/\Delta t$$

AYUDA

La velocidad se define en función del desplazamiento y no de la distancia recorrida, por lo que es importante diferenciar ambos conceptos.

El desplazamiento es la diferencia entre la posición final y la inicial de un móvil, y se calcula en metros. Fíjate en que la distancia recorrida y el desplazamiento no siempre coinciden. Solo son coincidentes en el caso de que el móvil se desplace en línea recta y hacia delante.

Ejemplo: si recorres 12 m en dirección norte, luego 5 m en dirección este y por último 12 m en dirección sur, ¿cuál es el valor del desplazamiento? ¿Y el de la distancia recorrida?

Para el desplazamiento solo importan el punto de inicio y el punto final, por lo que el desplazamiento será 5 m en dirección este. Sin embargo, la distancia recorrida es de 29 m (12 + 5 + 12 = 29).

EJEMPLO

En una montaña rusa se puede apreciar claramente la diferencia entre el desplazamiento y la distancia recorrida, ya que los giros, curvas, subidas y bajadas de su trazado hacen que la distancia que recorre el trenecito sea muy superior al desplazamiento entre el punto inicial y el punto final.

Montaña rusa.

AYUDA

Debes distinguir entre el vector velocidad media (el desplazamiento dividido entre el tiempo), en el que solo importa la posición inicial y la posición final del móvil, y la celeridad media del movimiento, que es el espacio recorrido entre el tiempo tardado en recorrerlo.

Esta última es una magnitud escalar, donde importa la longitud recorrida, independientemente de las posiciones.

La velocidad media y la velocidad instantánea

Aunque toda velocidad relaciona desplazamiento y tiempo, existen diferentes tipos de velocidades.

- La **velocidad media** es el desplazamiento del cuerpo en un **intervalo** de tiempo determinado.
- La **velocidad instantánea** es la velocidad que lleva un cuerpo en un **momento** concreto de tiempo.

La velocidad media y la velocidad instantánea son coincidentes solo para aquellos cuerpos que se muevan constantemente a la misma velocidad.

Así, si en un cuerpo que se desplaza en línea recta, la velocidad media y las velocidades instantáneas coinciden durante todo el intervalo, diremos que este cuerpo se desplaza con **movimiento rectilíneo uniforme (MRU).**

> El **movimiento rectilíneo y uniforme** es aquel cuya trayectoria es una línea recta y cuya velocidad se mantiene constante.

En el caso de que el cuerpo se desplace en línea recta, pero la velocidad media y las velocidades instantáneas no sean coincidentes, diremos que se desplaza con **movimiento rectilíneo uniformemente variado (MRUV).**

> El **movimiento rectilíneo y uniformemente variado** es aquel cuya trayectoria es una línea recta y cuya velocidad no se mantiene constante.

Gráficas. Para estudiar el movimiento de los cuerpos se utilizan **gráficas** que representan la posición del cuerpo en función del tiempo.

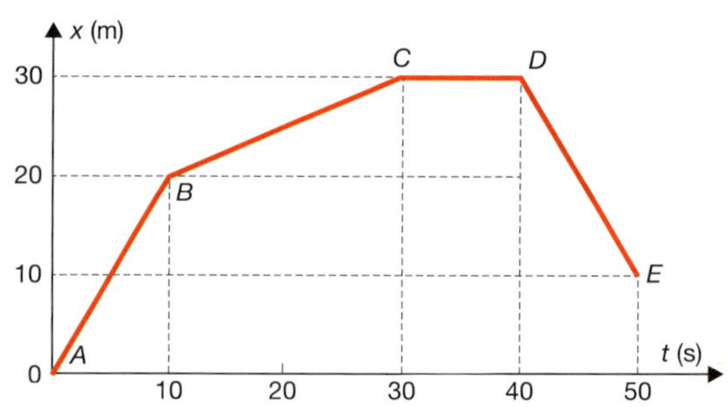

En esta gráfica, el cuerpo se desplaza primero hacia delante y luego hacia atrás, por lo que el vector velocidad media y la celeridad media no son coincidentes.

La celeridad media de este cuerpo sería la distancia total recorrida (50 m) entre el tiempo del movimiento (50 s). Sería, por tanto, 50 : 50 = 1 m/s.

El vector velocidad media de ese cuerpo sería el desplazamiento (posición final menos posición inicial) dividido entre el tiempo que se tarda en ir de una posición a otra: $\Delta r = (10 - 0) : 50 = 0{,}2$ m/s.

En cada tramo, la velocidad instantánea es distinta. Se puede determinar la velocidad de cada tramo aplicando la ecuación de velocidad a cada uno de ellos.

$$v = \frac{x - x_0}{t}$$

Velocidad			
Tramo A-B	Tramo B-C	Tramo C-D	Tramo D-E
$\frac{20 - 0}{10} = 2$ m/s	$\frac{30 - 20}{20} = 0{,}5$ m/s	$\frac{30 - 30}{10} = 0$ m/s	$\frac{10 - 30}{10} = -2$ m/s

La aceleración

Si la velocidad cambia, entonces decimos que ha habido **aceleración.**

Recuerda que la velocidad es una magnitud vectorial, por lo que los cambios en ella no tienen por qué darse únicamente en el módulo. Por supuesto, si cambia el módulo de la velocidad hay aceleración. Pero también si hay cambios en la dirección o en el sentido.

Así, cuando un coche toma una curva, aunque el módulo de la velocidad permaneciera constante, el coche está cambiando su velocidad.

Para estudiar el movimiento de los cuerpos que modifican el módulo de su velocidad también se utilizan gráficas. El cálculo de la aceleración en cada tramo se realiza de manera similar a la anterior, pero trabajando con diferentes velocidades en lugar de hacerlo con diferentes posiciones.

$$a = \frac{v - v_0}{t}$$

Determinemos entonces la aceleración en cada tramo de la siguiente gráfica:

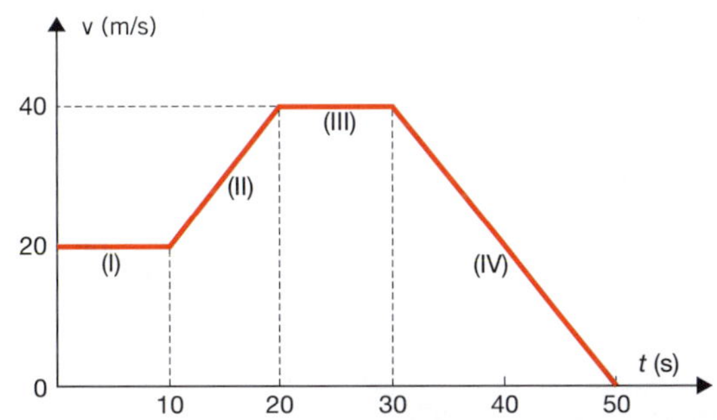

Aceleración			
Tramo I	Tramo II	Tramo III	Tramo IV
$\frac{20-20}{10} = 0\ m/s^2$	$\frac{40-20}{10} = 2\ m/s^2$	$\frac{40-40}{10} = 0\ m/s^2$	$\frac{0-40}{20} = -2\ m/s^2$

RECUERDA

Cuando un cuerpo cae, su velocidad no es constante, sino que va aumentando según se va acercando al suelo.

La aceleración que determina este tipo de movimientos es la aceleración de la gravedad (g).

La velocidad de un cuerpo en caída libre aumenta conforme se va acercando al suelo.

ACTIVIDADES

6 Raúl camina hacia el oeste a 5 m/s durante 3 segundos, luego da la vuelta y camina hacia el este a 7 m/s durante 1 segundo.

a) ¿Cuál es su desplazamiento?

b) ¿Cuál es el vector velocidad media del trayecto?

7 Determina la aceleración que lleva el móvil en cada tramo sabiendo que la velocidad frente al tiempo se ajusta a la siguiente gráfica:

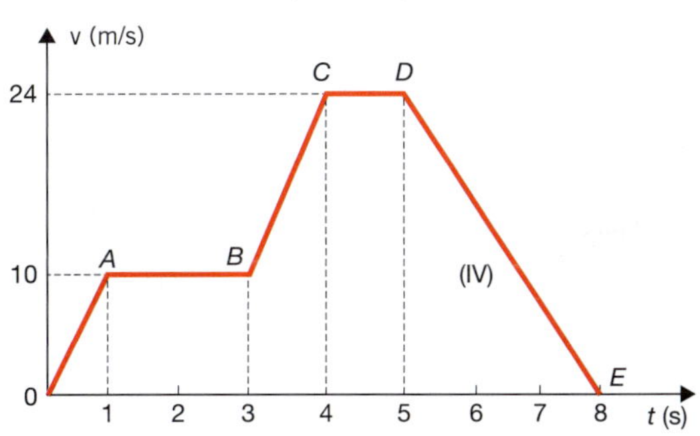

Máquinas simples

El **trabajo** es una magnitud escalar que se define como el producto de la fuerza que se aplica sobre un cuerpo multiplicado por la distancia que dicha fuerza recorre:

$$W = F \cdot d$$

Donde W representa el trabajo, F la fuerza y d la distancia.

Cuanto mayor sea la distancia, menor será la fuerza necesaria para realizar el mismo trabajo. Este es el principio de funcionamiento de las **máquinas simples,** que el ser humano utiliza desde hace miles de años para levantar grandes pesos o para aplicar grandes fuerzas con relativamente poco esfuerzo.

Las principales máquinas simples son la **palanca,** el **plano inclinado** y la **polea.**

La palanca

Para ampliar o reducir la acción de una fuerza se utilizan las **palancas.**

La palanca es una máquina simple que consiste en una **barra rígida** y un punto de apoyo, llamado **fulcro.**

La fuerza se realiza en un extremo de la barra (brazo de la potencia) y se «deja sentir» en otro punto (resistencia) que está a cierta distancia del punto de apoyo (brazo de la resistencia).

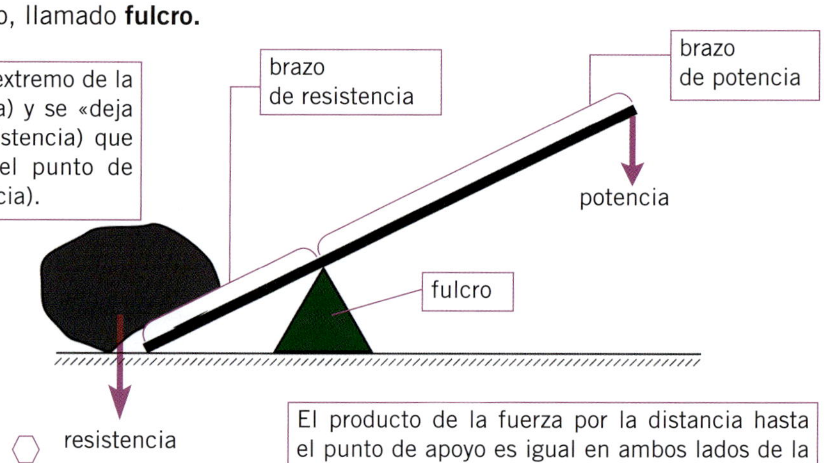

El producto de la fuerza por la distancia hasta el punto de apoyo es igual en ambos lados de la palanca, lo que permite ejercer fuerzas pequeñas en el lado en el que la distancia al punto de apoyo es muy grande (brazo de potencia) para levantar grandes pesos en el otro extremo.

Potencia · Brazo de la potencia = Resistencia · Brazo de la resistencia

Existen tres **clases de palancas** en función de la posición del punto de apoyo.

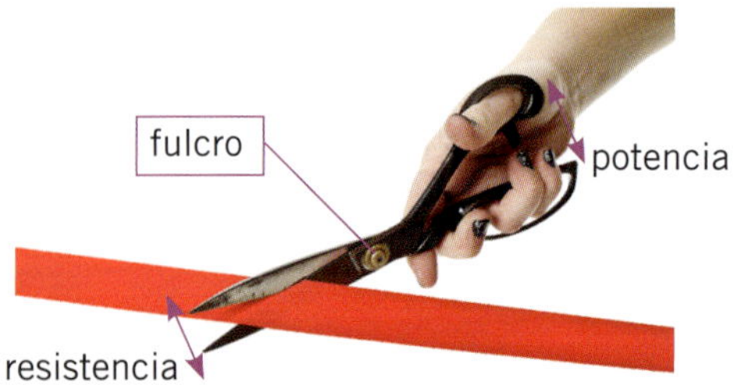

Palanca de primera clase. El fulcro se ubica entre la resistencia y la potencia.

Palanca de segunda clase. La resistencia se encuentra entre el fulcro y la potencia.

Palanca de tercera clase. La potencia se ejerce entre el fulcro y la resistencia.

Plano inclinado

Un **plano inclinado** es una **superficie plana** que forma un determinado **ángulo** con respecto a una superficie horizontal. El plano inclinado más sencillo es una **rampa.** Se utilizan para transportar objetos de un nivel inferior a otro superior.

Los planos inclinados se utilizan en diversas situaciones.

Por **ejemplo,** si queremos subir un mueble de 100 kg a la carga de un camión que se encuentra a un metro del suelo en vertical, podemos hacerlo a pulso subiéndolo en línea recta (ejerciendo una fuerza de 980 N), o bien podemos utilizar una rampa de 30° de inclinación y 2 m de longitud, por la que podremos subirlo a la misma altura, pero aplicando la mitad de fuerza.

Plano inclinado.

Polea

Una **polea** es una **rueda** con un **canal** a lo largo de todo su borde, por el que pasa una **cuerda,** y un **eje,** sobre el que gira. Las poleas se utilizan para elevar objetos.

Una **polea fija** no reduce la fuerza que se ha de ejercer, pero cambia la dirección de la fuerza, lo que permite elevar objetos ayudándonos de nuestro propio peso.

También puede utilizarse un **sistema complejo de poleas,** que reduce la fuerza que debe ser aplicada para elevar un objeto.

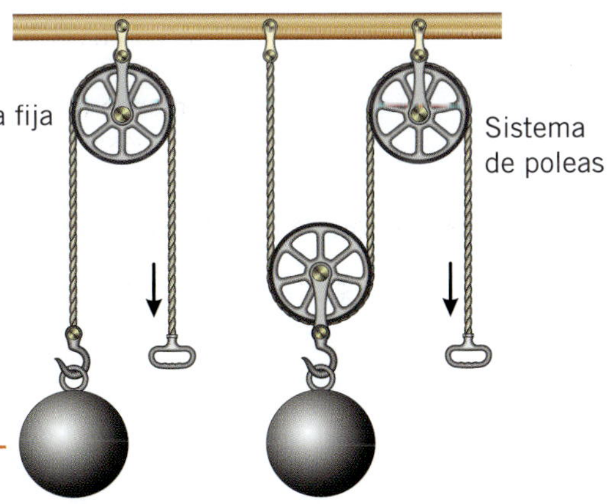

Polea fija y sistema de poleas.

Polea.

ACTIVIDADES

8. Miguel puede ejercer una fuerza máxima de 392 N y cuenta con una palanca de 1,5 m de longitud. Va a usar la palanca para elevar unas piedras. Si sitúa el fulcro a 0,3 m de cada piedra que tiene que elevar, ¿cuál es el peso máximo que podrá tener cada piedra para que pueda moverlas?

Fuerzas de la naturaleza

Los cuerpos tienen distintas propiedades. Dependiendo de cuáles sean las propiedades que interaccionan, se produce diferentes tipos de fuerzas.

Fuerzas gravitatorias

Las fuerzas gravitatorias son las encargadas de mantener a los planetas en sus órbitas.

Las **fuerzas gravitatorias** tienen lugar debido a que los cuerpos poseen masa. Estas fuerzas son siempre de atracción y se producen entre todos los objetos conocidos.

La fórmula que determina el valor de la fuerza gravitatoria es:

$$F = G \cdot \frac{M \cdot m}{r^2}$$

F es la **fuerza de atracción** entre ambas masas. **G** es la **constante de gravitación universal** y es la misma en cualquier punto del Universo. Su valor es $6{,}67 \cdot 10^{-11}$ N · m^2/kg^2. Este valor es tan pequeño que solo en el caso de masas muy grandes, como las de los planetas, los valores de la fuerza son apreciables.

M y ***m*** son las **masas de los cuerpos** que interaccionan, y **r** la **distancia que separa sus centros.** Cuanto mayor sea el valor de estas masas y menor la distancia que las separa, más intensas serán las fuerzas gravitatorias.

Cuando nos encontramos sobre la superficie de un planeta, a la fuerza con la que este nos atrae y hace que siempre estemos pegados al suelo la denominamos **peso.** Dado que sobre ese planeta ciertas magnitudes son siempre iguales (G, la masa del planeta y su radio), podemos calcular matemáticamente estos valores y modificar solo la masa del objeto cuyo peso queremos conocer:

$$F = m \cdot 6{,}67 \cdot 10^{-11} \cdot 5{,}98 \cdot 10^{24} / (6{,}37 \cdot 10^{6})^2 = m \cdot 9{,}8$$

Por eso, el valor de la gravedad en la superficie terrestre (g) es 9,8: es el resultado de la operación matemática $G \cdot M/r^2$. Mientras estemos en la superficie terrestre, este valor es constante, por lo que podemos simplificar los cálculos usando la expresión:

$$F = P = m \cdot g$$

¿SABÍAS QUE...?

Entre un protón y un electrón no solo hay fuerza eléctrica de atracción, sino también fuerza gravitatoria por el hecho de tener masa. Pero si comparamos el valor de estas fuerzas en el átomo de hidrógeno (un solo protón y un solo electrón) observamos que:

Fuerza eléctrica = $8{,}2 \cdot 10^{-8}$ N

Fuerza gravitatoria = $3{,}61 \cdot 10^{-47}$ N

La fuerza gravitatoria es despreciable frente a la fuerza eléctrica, por lo que no tiene sentido tenerla en cuenta.

Fuerzas eléctricas

Las **fuerzas eléctricas** se dan entre cuerpos cargados eléctricamente.

La ley de Coulomb determina la magnitud de esta fuerza:

$$F = K \cdot \frac{Q \cdot q}{r^2}$$

Se pueden apreciar ciertas semejanzas entre ambas ecuaciones. ***K*** es el valor de la **constante eléctrica del medio.** Depende, por tanto, del lugar en el que se encuentran las cargas. En el vacío, este valor es $9 \cdot 10^9$ N · m^2/C^2. Este número, que es $1{,}35 \cdot 10^{20}$ veces más grande que el de la G, hace que las fuerzas eléctricas sean apreciables incluso entre un protón y un electrón. Cuanto mayores sean las cargas y menor la distancia que las separa, más intensas serán las fuerzas eléctricas.

Las fuerzas eléctricas pueden ser de **atracción** o de **repulsión,** según sea el signo de las cargas. Cargas del mismo signo (ambas positivas o ambas negativas) se repelen, mientras que cargas de signo contrario (una positiva y otra negativa) se atraen.

Fuerzas magnéticas

Las **fuerzas magnéticas** tienen el mismo origen que las fuerzas eléctricas, la carga, pero para que se generen es necesario que dicha carga esté en movimiento.

Los **imanes** son capaces de atraer pequeños objetos de hierro o acero. Lo mismo ocurre con los electroimanes, que son núcleos de hierro rodeados de un cable por el que pasa corriente eléctrica (carga en movimiento).

Las fuerzas magnéticas pueden ser de **repulsión** o de **atracción.** Son de repulsión entre polos del mismo signo (ambos polo norte o ambos polo sur) y de atracción entre polos de signo contrario (polo norte con polo sur).

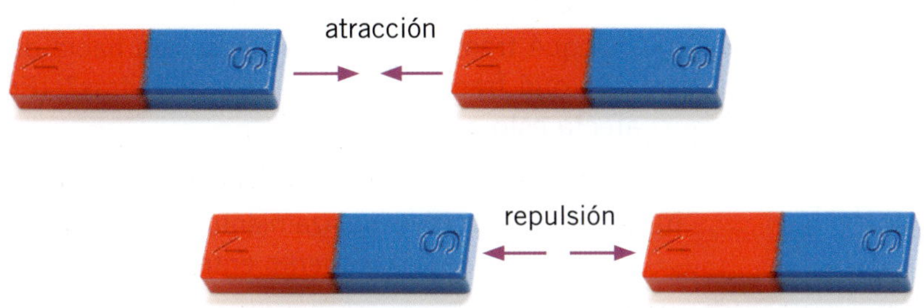

Fuerzas nucleares

Las **fuerzas nucleares** son las que mantienen unidos a los protones y neutrones del núcleo de los átomos.

Estas fuerzas se manifiestan únicamente a distancias muy cortas (en el interior del núcleo atómico), pero son fuerzas que pueden liberar mucha energía, como ocurre en las reacciones nucleares en la fisión del átomo de uranio.

ACTIVIDADES

9. ¿Cuál es el valor de la fuerza de atracción gravitatoria entre la Tierra y la Luna?

   Para resolver esta actividad, ten en cuenta los siguientes datos:
   - La distancia entre la Tierra y la Luna es 384 440 km.
   - La masa de la Luna es $7,35 \cdot 10^{22}$ kg.
   - La masa de la Tierra es $5,98 \cdot 10^{24}$ kg.

10. Calcula la aceleración de la gravedad en la Luna sabiendo que su radio es 1 738 km y su masa es $7,35 \cdot 10^{22}$ kg.

11. Calcula la intensidad de la fuerza eléctrica entre dos cargas, una positiva, de $6,5 \cdot 10^{-6}$ C, y otra también positiva, de $4,2 \cdot 10^{-6}$ C, separadas por una distancia de 2 cm. Considera que ambas están en el vacío. ¿Serían estas fuerzas de atracción o de repulsión? Dibuja en tu cuaderno un esquema en el que representes las cargas y la dirección y el sentido de las fuerzas.

12. Nuestro planeta actúa como un imán gigantesco. Investiga dónde se encuentran los polos magnéticos (norte y sur) de la Tierra.

AYUDA

En el siguiente cuadro se resumen las principales características de las fuerzas de la naturaleza que hemos visto.

Fuerza	Causa	Alcance
Gravitatoria	Masa	Muy grande
Eléctrica	Carga estática o en movimiento	Muy grande
Magnética	Carga en movimiento	Muy grande
Nuclear	Partículas nucleares (protones y neutrones)	Distancias muy cortas, del orden del núcleo atómico

Aplica lo aprendido

1. Explica qué es una fuerza y cómo se clasifican las diferentes fuerzas que existen.

2. Sobre un cuerpo se aplica una fuerza neta de 400 N y se consigue una aceleración de 4,5 m/s^2. ¿Qué masa tiene dicho cuerpo?

3. Dibuja en tu cuaderno los vectores que representarían las fuerzas que tienen lugar en las siguientes situaciones:

   a) Un piano es arrastrado por una pendiente de 30º de inclinación.

   b) Entre la Tierra y la Luna existen fuerzas de atracción.

   c) Dos cargas del mismo signo sufren fuerzas de repulsión.

4. Pedro va a comprar el pan. Sale de su casa a las 9:10. Va a la panadería, que está a 10 m en línea recta de la puerta de su casa. Regresa a su domicilio a las 9:15. Determina:

   a) La distancia recorrida por Pedro.

   b) El desplazamiento.

   c) La celeridad media.

5. Determina a la luz de los datos de esta gráfica las cuestiones que se plantean a continuación.

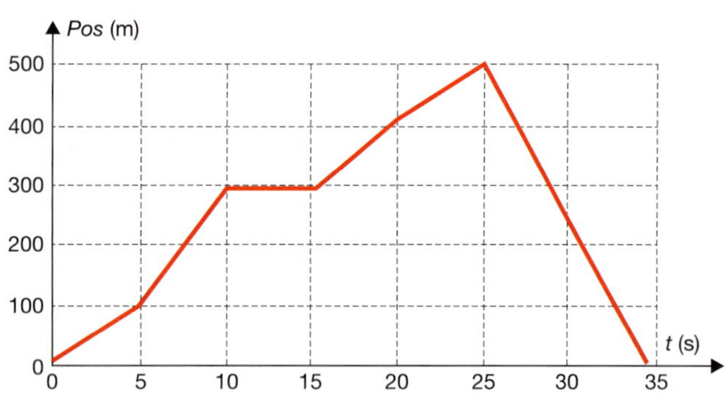

   a) La posición del móvil a los 15 segundos de iniciarse el movimiento y a los 30 s.

   b) El desplazamiento entre los instantes 5 y 10 s y entre los instantes 10 y 15 s.

   c) La distancia total recorrida por el móvil.

   d) La celeridad media del cuerpo.

   e) El vector velocidad media en todo el intervalo.

   f) Copia y completa en tu cuaderno esta tabla, determinando la velocidad del móvil en los siguientes intervalos:

	De 0 a 5 s	Entre 5 y 10 s	Entre 10 y 15 s	Entre 25 y 35 s
Velocidad				

6. Explica la diferencia entre la velocidad media y la velocidad instantánea, y pon un ejemplo de cada una.

7. Representa gráficamente en tu cuaderno el siguiente movimiento, uniendo los puntos con líneas rectas. Responde luego a las preguntas.

Posición (m)	0	4	4	2	0	3	3
Tiempo (s)	0	1	3	4	5	6	7

   a) ¿Hay algún tramo en el cual el móvil esté detenido? En caso afirmativo, explica cuál es dicho punto.

   b) ¿Cuál es el valor de la velocidad en el tramo de 0 a 1 s? ¿Y en el tramo de 3 a 5 s?

   c) ¿En qué tramos el móvil se desplaza hacia delante y en qué tramos se desplaza hacia atrás? ¿En qué afecta esto a la velocidad?

   d) ¿Cuál es la distancia total recorrida por el móvil?

   e) ¿Cuál es el vector desplazamiento entre los 0 y los 7 s? ¿Y el vector desplazamiento entre los 2 y los 5 s?

8. La información de un móvil viene determinada en esta gráfica:

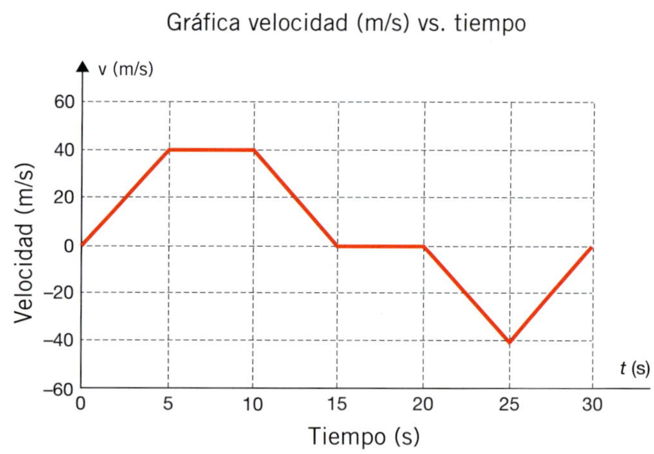

Responde a las siguientes cuestiones:

   a) ¿En qué tramos del movimiento no hay aceleración?

   b) Cuando la aceleración es positiva, el móvil va cada vez más deprisa. Si la aceleración es negativa, el móvil va cada vez más despacio. Indica qué tipo de aceleración lleva el móvil en los siguientes tramos:

   de 0 a 5 s   de 10 a 15 s

   c) El signo de la velocidad indica hacia dónde se mueve el móvil: si se desplaza hacia la derecha, la velocidad es positiva; pero si se desplaza hacia la izquierda, la velocidad es negativa. Describe cómo crees que se está desplazando el móvil según los datos de la gráfica.

d) Copia en tu cuaderno y completa la siguiente tabla, determinando la aceleración del móvil en los siguientes intervalos:

	De 0 a 5 s	Entre 5 y 10 s	Entre 10 y 15 s	Entre 15 y 20 s
Aceleración				

9 Explica cuál es el fundamento de las máquinas simples.

10 Clasifica las siguientes palancas en primera, segunda o tercera clase.

a)

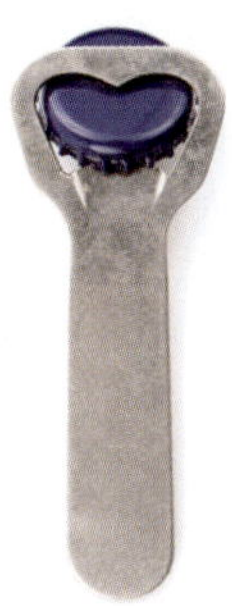

b)

c)

11 Describe el funcionamiento del plano inclinado.

12 Tres amigos juegan en un balancín del parque. Tomás y Ana se sientan en un extremo. Sus masas son de 45 y 43 kg, respectivamente. La distancia del asiento al fulcro es 1,5 m. ¿Dónde debe sentarse Irene para que el balancín esté equilibrado, si su masa es de 50 kg?

13 Una rampa tiene las siguientes dimensiones:

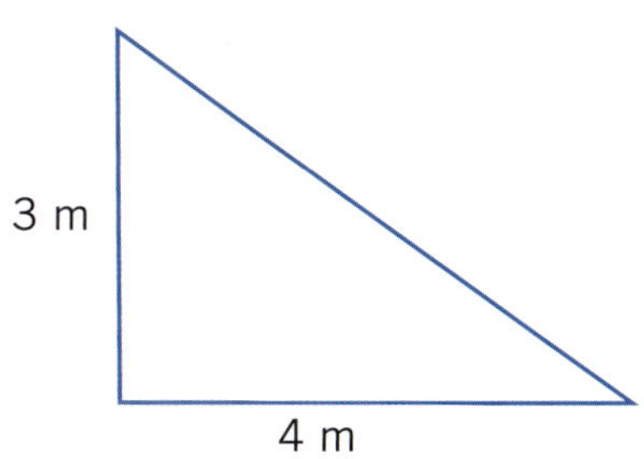

Si queremos subir un cuerpo de 30 kg hasta una altura de 3 m.

a) ¿Qué trabajo realizamos si lo subimos a pulso?

b) ¿Qué trabajo realizamos si lo subimos por el plano inclinado?

c) ¿Qué fuerza debemos realizar para subir el cuerpo a pulso? ¿Y para subirlo por el plano inclinado?

14 Joaquín quiere mover una piedra con una palanca de 120 cm de longitud. Pone el fulcro a 20 cm de la piedra. Si la piedra tiene un peso de 1 960 N, ¿qué fuerza debe aplicar para moverla?

¿Cuánta fuerza se debe aplicar para mover esta piedra?

15 Determina el valor de la fuerza gravitatoria entre dos masas de 5 000 y 20 000 kg que están separadas una distancia de 3 m. ¿Cuál sería el valor de la fuerza si hacemos que la distancia entre ellas sea el doble? ¿Y el valor si reducimos la distancia a la mitad?

Dato: $G = 6,67 \cdot 10^{-11}\ N \cdot m^2/kg^2$

16 Copia y completa en tu cuaderno la siguiente tabla comparativa sobre las fuerzas eléctricas y gravitatorias:

	Fuerzas eléctricas	**Fuerzas gravitatorias**
¿Atracción o repulsión?		
Propiedad de la materia que las causa		
Naturaleza de la constante de proporcionalidad		

17 Explica la diferencia entre peso y masa desde el punto de vista físico.

18 ¿Qué tipo de fuerzas existen en las siguientes interacciones?:

a) La aguja de una brújula señala el polo norte de la Tierra.

b) Mercurio da vueltas alrededor del Sol.

c) Mantiene el núcleo del átomo unido.

d) Pequeños trocitos de hierro son atraídos por un imán.

19 Investiga algunas aplicaciones que tiene cada una de las fuerzas de la naturaleza en la vida cotidiana.

Rincón de lectura

● ¿EL NOVENO PLANETA DE NUESTRO SISTEMA SOLAR?

El Planeta X existe. Ese planeta desconocido, hipotético, oculto en los confines exteriores del Sistema Solar podría ser una realidad. Dos científicos del Instituto Caltech (EE. UU.), Konstantin Batygin y Mike Brown, han hallado evidencias de la existencia de un planeta gigante en esta profunda e inexplorada región del Sistema Solar.

Noveno planeta del Sistema Solar.

Con una masa 10 veces superior a la de la Tierra y orbitando unas 20 veces más lejos del Sol que de nuestro planeta, que le llevarían a demorarse entre 10 000 y 20 000 años en dar una vuelta completa alrededor de la estrella, se encuentra un objeto que hasta ahora nos había pasado desapercibido: un planeta que llevaría a reescribir los textos escolares y libros de astronomía... una vez más.

¿Cómo se ha descubierto este planeta?

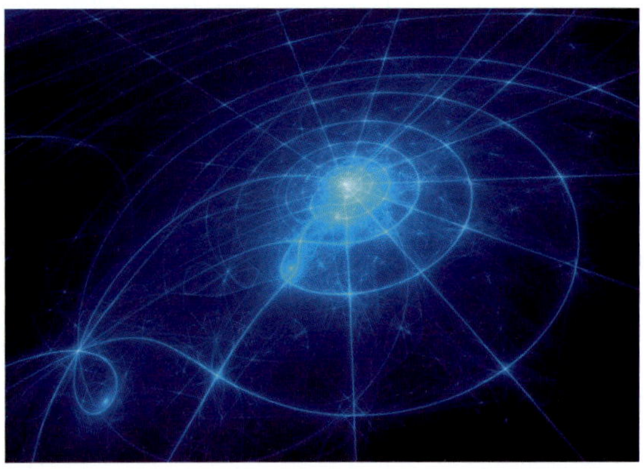
Trayectorias orbitales generadas por ordenador.

El Planeta X en cuestión no ha sido observado de forma directa, sino que ha sido identificado gracias a una computadora de simulaciones matemáticas y al modelado a partir de las órbitas tanto de planetas enanos como de otros objetos extremos de nuestro Sistema Solar que habían sido descubiertos en estos últimos tiempos.

No hay duda al respecto de si se trata de un planeta como tal. Es lo suficientemente grande para que no exista discusión alguna. De hecho, la expulsión de Plutón como planeta «oficial», actual planeta enano, fue iniciada por Mike Brown (@plutokiller) y —de confirmarse— sería de nuevo él el encargado de incluir este «Planeta Nueve» como nuevo miembro de los mundos de nuestro Sistema Solar.

El estudio ha sido publicado en la revista *The Astronomical Journal*.

www.muyinteresante.es

ACTIVIDADES

1. ¿Qué características tiene este nuevo planeta?
2. ¿Cómo se ha concluido su existencia?
3. ¿A qué se debe que este planeta no se haya descubierto hasta ahora?
4. ¿Por qué crees que en el artículo no se afirma categóricamente la existencia de este planeta?
5. Investiga a qué distancia se encuentra Plutón del Sol. Compara el resultado con la distancia a la que se encuentra este nuevo planeta.
6. Compara la masa de este nuevo planeta con la masa de planetas como Júpiter, Neptuno o Mercurio.

16 La energía y la preservación del medioambiente

En esta unidad estudiaremos

Las fuentes de energía

Las **fuentes de energía** son los fenómenos de la naturaleza o las sustancias de las que los seres humanos pueden extraer energía.

Las fuentes de energía se clasifican en dos grandes grupos: renovables y no renovables.

Las fuentes de energía no renovables

Las fuentes de **energía no renovables** son aquellas que la Tierra no renueva de forma inmediata. Las principales son los combustibles fósiles y la energía nuclear.

Combustibles fósiles. Las fuentes de energía como el **carbón,** el **gas natural** y el **petróleo** se llaman combustibles porque utilizamos la energía química que almacenan para generar calor durante su combustión y realizar trabajo: mueven los pistones del motor de un coche o las turbinas de una central térmica para producir electricidad.

El carbón se originó por la transformación de los bosques de eras pasadas; el petróleo y el gas proceden de antiguos organismos microscópicos de los océanos. Por eso se llaman combustibles fósiles.

Energía nuclear. En las **centrales nucleares,** el «combustible» son los átomos de uranio, que no se queman, tan solo se dividen en dos mediante un proceso que se llama fisión nuclear. Este proceso genera residuos radiactivos que deben guardarse en las propias centrales o en los cementerios nucleares, pues son altamente tóxicos.

¿SABÍAS QUE...?

En el siglo XIX, la Revolución Industrial surgió con el auge de una fuente de energía: el carbón.

A partir del siglo XX, el desarrollo industrial y social ha ido parejo al consumo de petróleo y sus derivados.

El carbón fue la principal fuente de energía utilizada por la industria y el transporte durante el siglo XIX.

Inconvenientes de las energías no renovables

Las energías no renovables son las fuentes de energía más utilizadas, pero presentan dos graves inconvenientes: **se agotan** y **contaminan.**

Agotamiento. Se calcula que con el actual ritmo de consumo, queda carbón para unos cien años, mientras que el petróleo y el gas natural se habrán agotado en unas cinco décadas. La Tierra tardará muchos millones de años en volver a crear los combustibles que se queman en la actualidad; por eso, las fuentes de energía no renovables no deben desperdiciarse, porque comienzan a ser un bien escaso.

Contaminación. La utilización del uranio en las centrales nucleares y el uso de combustibles en la industria, el transporte y la calefacción generan sustancias que contaminan la atmósfera, el agua y los suelos.

- El carbón, el gas y el petróleo, cuando se queman, emiten gases a la atmósfera, entre ellos el dióxido de carbono, principal responsable del aumento del **efecto invernadero** (que produce el calentamiento del planeta y el cambio climático), y óxidos de azufre, responsables de la lluvia ácida, que causa la destrucción de los bosques y la extinción de la fauna de ríos y lagos.
- El uranio de las centrales nucleares genera **residuos** que son **altamente radiactivos** y deben guardarse bajo estrecha vigilancia en las propias centrales o en cementerios nucleares porque su peligro perdura miles de años.
- Los procesos de **obtención** y **transporte** de las energías no renovables producen gran cantidad de contaminación e impacto ambiental.

La extracción de carbón y uranio y, en menor medida, la extracción de petróleo, generan impacto ambiental, pues las explotaciones mineras contaminan los ríos y las aguas subterráneas y destruyen el paisaje.

Las fuentes de energía renovables

Las **fuentes de energía renovables** son aquellas que la Tierra posee de forma inagotable, ya que se renuevan en cortos periodos de tiempo. Reciben el nombre de fuentes alternativas o limpias porque evitan el consumo de combustibles fósiles.

La energía no solo se obtiene de determinadas materias, sino también a partir de ciertos fenómenos de la naturaleza, como el viento, la energía del Sol, los saltos de agua, las mareas o el calor interno de la Tierra.

Las principales fuentes de energía renovables son las siguientes:

- **Biomasa.** Son restos orgánicos que se pueden obtener a partir de una gran diversidad de productos: desechos agrícolas, excrementos de animales, basura doméstica, etc. Puede ser utilizada directamente, como la leña, o ser transformada en combustibles, como el biogás y el biodiésel.
- **Energía hidráulica.** Se aprovecha la energía cinética de los saltos de agua. Estos pueden ser naturales, como las cascadas, o artificiales, como los embalses o pantanos.
- **Energía eólica.** Se aprovecha la energía cinética del viento, que se transforma en energía eléctrica mediante grandes molinos cuyas aspas mueven las aeroturbinas.
- **Energía solar.** Transforma la energía radiante que proviene del sol. Hay varias maneras de aprovechar la energía radiante; una de las más comunes es a través de paneles solares que la transforman en energía eléctrica.
- **Energía mareomotriz.** El agua de los mares también posee energía cinética, pues el agua asciende y desciende varias veces al día durante las mareas. Este movimiento, aunque es más lento que el de los ríos, puede ser utilizado para hacer girar las turbinas y producir electricidad.
- **Energía geotérmica.** Se emplea en países que tienen amplia actividad volcánica, como Islandia, donde se puede utilizar el calor interno de la Tierra para transformar el calor del agua y generar electricidad. También se puede utilizar el agua caliente para los circuitos de calefacción de las viviendas.

Inconvenientes de las energías renovables

Algunas fuentes de energías renovables presentan los siguientes inconvenientes:

- Elevado **coste** de las instalaciones.
- **Impacto medioambiental:** paisajístico, visual y acústico, como el que provocan determinados emplazamientos de molinos eólicos que, además, pueden dificultar los movimientos migratorios de algunas aves.
- **Discontinuidad o estacionalidad,** ya que las energías alternativas no se obtienen en el momento que se necesitan, sino cuando la situación es favorable: así, por ejemplo, la energía solar solo se obtiene por el día y si hace sol; la eólica, si sopla el viento; la hidráulica puede escasear si hay sequía, etc.

ACTIVIDADES

1. ¿Qué impacto ambiental genera la utilización de combustibles fósiles?
2. ¿Qué tipos de energía aprovechan la energía eólica y la energía geotérmica?

¿SABÍAS QUE...?

Para producir energía geotérmica se inyecta agua fría en las profundidades, donde se encuentran las rocas calientes, y, una vez calentada, vuelve de nuevo a la superficie.

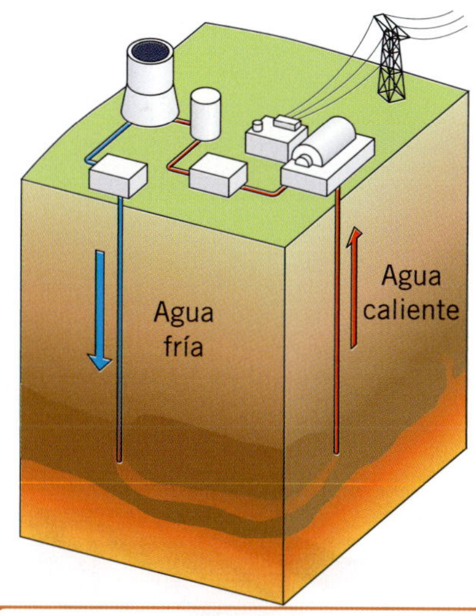

Esquema del funcionamiento de una planta de energía geotérmica.

RECUERDA

Renunciar a la obtención de energía supondría renunciar a nuestra calidad de vida. Pero cerrar los ojos ante la evidencia y no luchar por recursos energéticos más limpios, que permitan un desarrollo sostenible y que preserven el mundo que hoy tenemos, es un error que puede costarnos muy caro.

Solo aquel desarrollo que es capaz de satisfacer nuestras necesidades actuales sin comprometer los recursos y las posibilidades de las futuras generaciones, solo el desarrollo sostenible, debería ser nuestra meta y nuestro motor de acción.

Las pilas y baterías transforman la energía química en energía eléctrica.

Los cables están compuestos de hilos de cobre en la parte central, que conduce la energía eléctrica, y de plástico en la parte exterior, que lo aísla y minimiza los peligros de descargas eléctricas.

Los circuitos eléctricos

La **corriente eléctrica** consiste en un desplazamiento ordenado de cargas a través de un conductor. Para que ese desplazamiento tenga lugar es necesario generar cargas netas opuestas en los extremos del conductor, lo que se consigue conectándolo a un generador o a una pila para formar un circuito eléctrico.

Un **circuito eléctrico** es el conjunto formado por un hilo conductor conectado a un generador de corriente, en el que pueden intercalarse diversos elementos de medida y control.

Cuando dibujamos un circuito sobre el papel, los elementos que lo integran se representan con distintos símbolos. Algunos de los más frecuentes, junto con la función que desempeñan, se resumen en la siguiente tabla:

Elemento	Símbolo	Función
Generador de corriente alterna	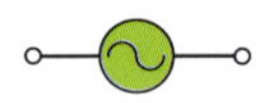	Proporciona corriente alterna.
Batería o pila	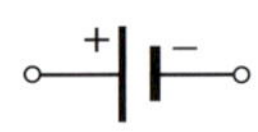	Proporciona corriente continua. Posee dos bornes o polos: uno positivo (cátodo) y otro negativo (ánodo).
Resistencia		Dificulta el movimiento de las cargas por el conductor.
Bombilla	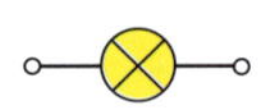	Proporciona luz; sirve como testigo del paso de corriente.
Interruptor		Interrumpe el circuito, de modo que deja de circular la corriente.
Condensador	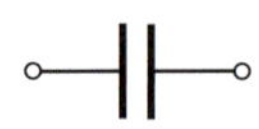	Almacena cargas de distinto signo.
Amperímetro	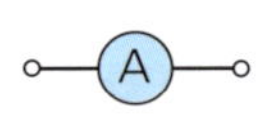	Mide la intensidad de corriente.
Voltímetro	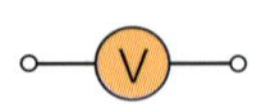	Mide el voltaje o diferencia de potencial.

La condición para que circule corriente por un circuito eléctrico es que esté **cerrado.** Es decir, el hilo conductor debe estar conectado a los bornes o extremos del generador de corriente y no debe interrumpirse en ningún momento. Observa estos ejemplos:

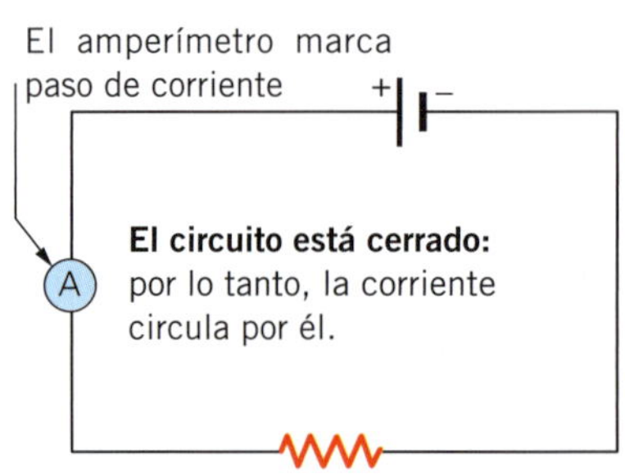

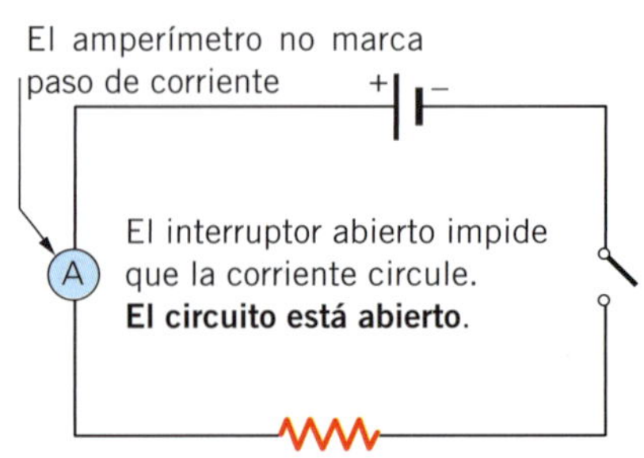

En un circuito eléctrico, el **sentido** en el que circula la corriente es, por convenio, desde el borne o polo positivo del generador hacia el borne o polo negativo. Recuerda que el sentido de circulación de los electrones es exactamente el contrario, pues van desde la zona de carga negativa hacia la zona de carga positiva.

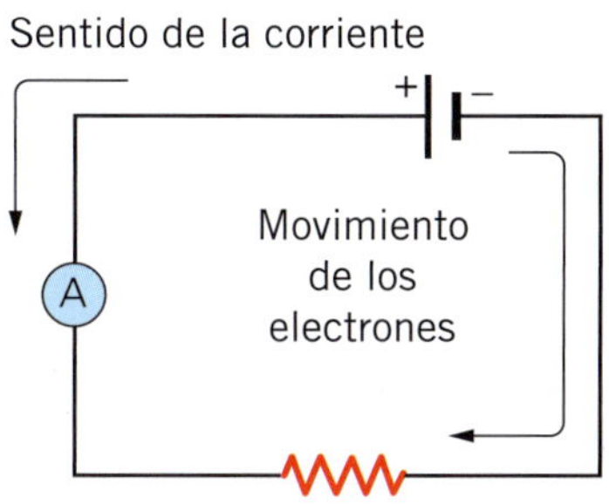

La corriente va desde el polo positivo de la pila (cátodo) al polo negativo (ánodo), aunque el movimiento de los electrones es el contrario.

Circuitos eléctricos en serie y en paralelo

En circuitos más complejos es frecuente que aparezcan varios elementos iguales, como pueden ser dos o más pilas o varias resistencias. En este caso, las opciones de conexión son múltiples.

Para asociar elementos en circuitos existen dos posibilidades: en serie y en paralelo. Cuando disponemos los elementos uno a continuación del otro, unidos por el hilo conductor, decimos que están **en serie;** si colocamos los elementos en ramas paralelas que se unen entre sí, están **en paralelo.**

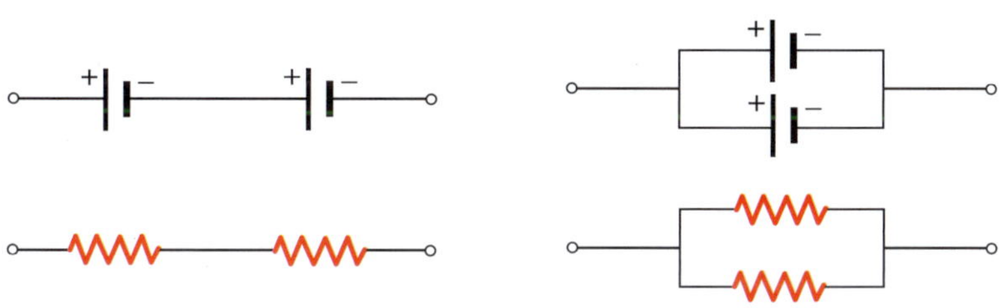

Asociaciones en serie — Asociaciones en paralelo

ACTIVIDADES

3. Describe estos circuitos eléctricos, indicando los elementos que los integran y la función que cumple cada uno de ellos:

a)

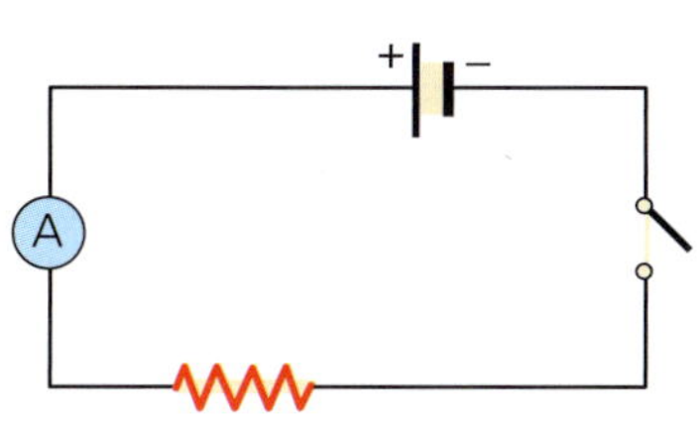

b)

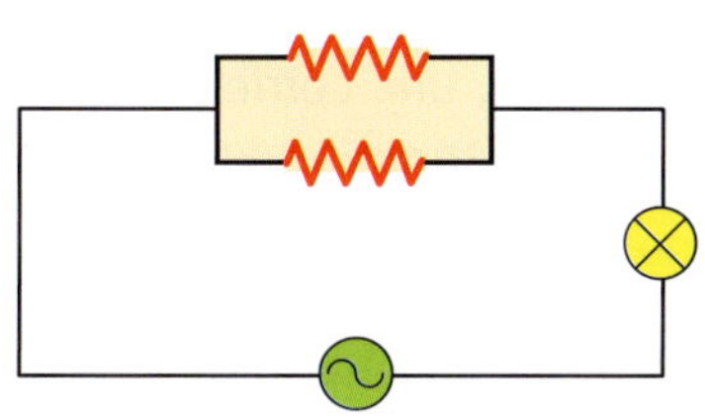

4. Dibuja en tu cuaderno los siguientes elementos en la disposición que se indica:

   a) Una pila, dos resistencias y un interruptor en serie.

   b) Una resistencia y un condensador en serie.

   c) Dos resistencias en serie, y el conjunto, en paralelo con otra resistencia.

¿SABÍAS QUE...?

En la práctica, los circuitos se forman usando hilos o cables metálicos como conductores. Sin embargo, la corriente eléctrica puede circular también a través de gases y líquidos. En este caso, no siempre son electrones los que se desplazan; la corriente puede estar formada por iones de distintos signos.

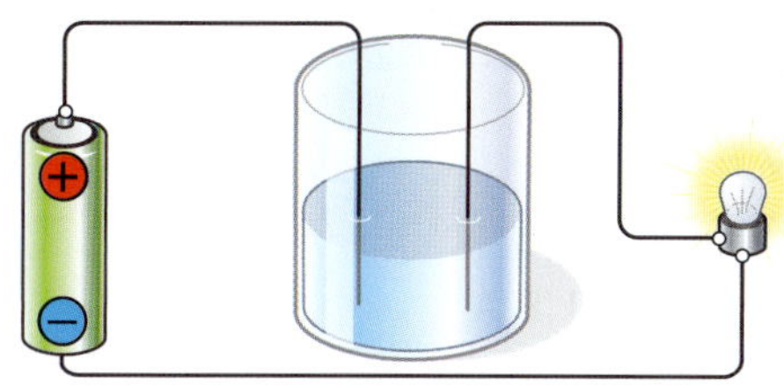

Las magnitudes de la corriente eléctrica

Cada uno de los elementos de un circuito está relacionado con alguna de las magnitudes de la corriente eléctrica: la diferencia de potencial, la intensidad de corriente y la resistencia.

Diferencia de potencial. La diferencia de potencial (ΔV) es la causa que hace que se genere corriente eléctrica por un circuito.

Se mide en **voltios** (V), y el aparato que la mide experimentalmente es el **voltímetro.**

Los **generadores** son los aparatos que mantienen la diferencia de potencial o tensión entre dos puntos para que al conectar el circuito se genere corriente.

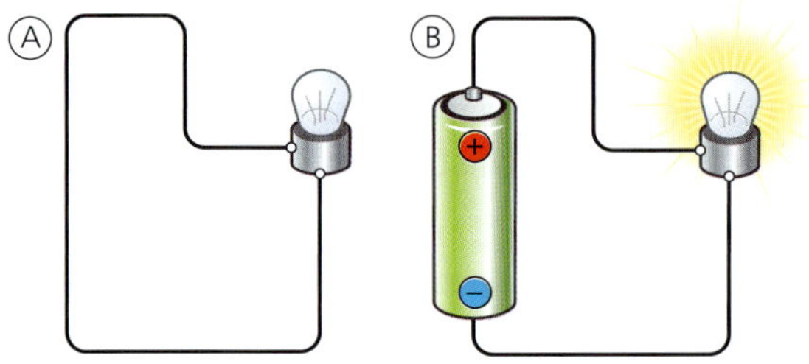

En el circuito A no circula corriente, pues $\Delta V = 0$. Es necesario intercalar una pila para que tenga lugar el paso de corriente (circuito B).

La diferencia de potencial equivale a la diferencia entre los valores del potencial eléctrico en dos puntos dados del circuito, A y B.

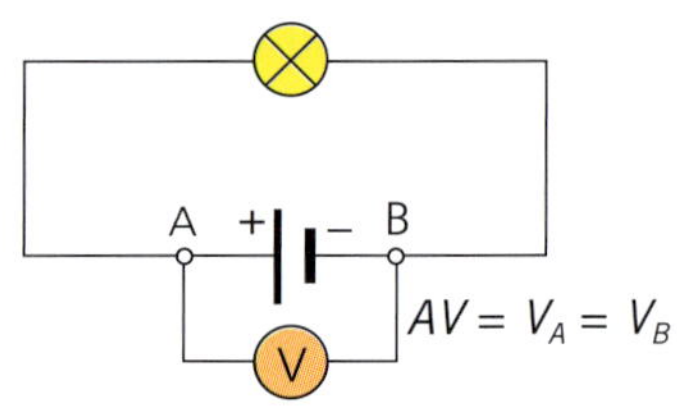

Intensidad de corriente. La intensidad de corriente (I) es la cantidad de carga que atraviesa el conductor en la unidad de tiempo, es decir, el número de electrones que pasan por un punto en un segundo.

$$I = \frac{q}{t}$$

La intensidad de corriente es una de las siete magnitudes fundamentales del SI. Su unidad es el **amperio** (A), y el instrumento con el que se mide, el **amperímetro.**

Por **ejemplo,** una corriente de 1 A equivale a 6,25 trillones de electrones que han pasado en un segundo por un punto del conductor.

Como la carga se conserva, la intensidad de corriente es la misma en todos los puntos del conductor. La fórmula anterior nos permite realizar cálculos en los que intervienen la intensidad, la carga y el tiempo.

Resistencia eléctrica. La resistencia eléctrica (R) es la magnitud que representa la dificultad de desplazamiento de las cargas por el interior del conductor, debido al rozamiento.

La unidad de resistencia en el SI es el **ohmio** (Ω).

Aunque los buenos conductores presentan una resistencia muy baja al paso de la corriente, ningún conductor opone una resistencia nula. El valor de la resistencia depende de varios factores: la naturaleza del conductor, la temperatura, la longitud y la sección.

EJEMPLO

En un circuito en el que se ha colocado una pila de 9 V se inserta una resistencia de 5 Ω. ¿Qué intensidad de corriente atraviesa entonces el circuito?

$\Delta V = I \cdot R$

$9 = I \cdot 5$

$I = 9 : 5 = 1{,}8$ A

¿SABÍAS QUE...?

La resistencia de los metales disminuye con la temperatura, de tal forma que existe una temperatura muy baja, propia de cada metal, por debajo de la cual la resistencia eléctrica es prácticamente nula.

Este fenómeno recibe el nombre de superconductividad, y es muy interesante desde el punto de vista tecnológico. Se han encontrado aleaciones superconductoras a temperaturas de unos 80 K (–193,16 °C).

La ley de Ohm

Estas tres magnitudes fundamentales de un circuito están estrechamente relacionadas entre sí. La ecuación matemática que las relaciona se conoce como ley de Ohm.

La **ley de Ohm** establece que la intensidad de corriente que circula por un conductor es igual al cociente de la diferencia de potencial entre los extremos y su resistencia.

$$I = \frac{\Delta V}{R}$$

La ley de Ohm es una de las leyes fundamentales de la física. Indica que existe una proporcionalidad directa entre la diferencia de potencial y la intensidad, no solo en el circuito completo, sino también en cada uno de sus elementos.

Cálculos en circuitos en serie y en paralelo. Una manera de poder variar la intensidad que atraviesa un circuito por una determinada diferencia de potencial es colocando, en vez de una sola resistencia, varias. En este caso es necesario calcular la resistencia equivalente (R_{eq}), o resistencia del conjunto, antes de aplicar la ley de Ohm al circuito.

Cuando tenemos varias **resistencias en serie:**

- La **intensidad de corriente** que atraviesa las resistencias es la misma, mientras que la diferencia de potencial entre los extremos de la serie es la suma de la diferencia de potencial en cada resistencia.
- La **resistencia equivalente** es, por tanto, la suma de todas ellas.

$\Delta V = \Delta V_1 + \Delta V_2 + \Delta V_3$

Aplicamos la ley de Ohm:

$I\,R_{eq} = I\,R_1 + I\,R_2 + I\,R_3$

$R_{eq} = R_1 + R_2 + R_3$

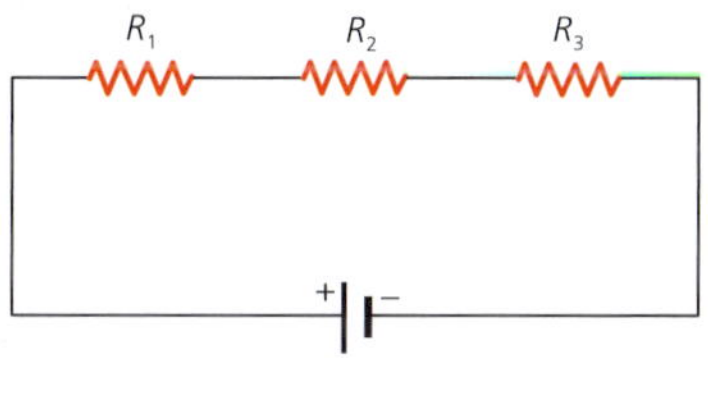

Si las **resistencias** se encuentran **en paralelo:**

- La **diferencia de potencial** es la misma para todas las resistencias; en cambio, la suma de las intensidades de corriente que atraviesa cada resistencia es igual a la intensidad total, pues la corriente se divide.
- La **inversa de la resistencia** equivalente es igual a la suma de las inversas de las resistencias conectadas.

$I = I_1 + I_2 + I_3$

Aplicando la ley de Ohm:

$$\frac{\Delta V}{R_{eq}} = \frac{\Delta V}{R_1} + \frac{\Delta V}{R_2} + \frac{\Delta V}{R_3}$$

$$\frac{1}{R_{eq}} = \frac{1}{R_1} + \frac{1}{R_2} + \frac{1}{R_3}$$

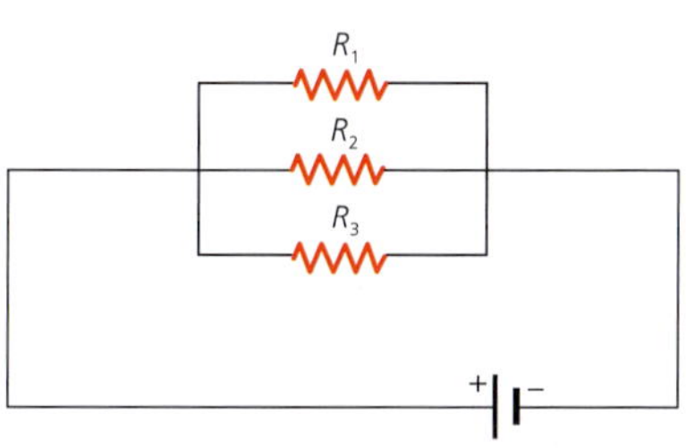

¿SABÍAS QUE...?

En 1827, el físico alemán Georg Simon Ohm publicó la ley que lleva su nombre, en la cual se relacionan matemáticamente la diferencia de potencial entre los extremos de un conductor, la intensidad de la corriente que circula por él y su resistencia.

AYUDA

La utilidad de la ley de Ohm consiste en que permite realizar cálculos en circuitos en los que conocemos dos de las magnitudes que intervienen en ella; por ejemplo, podemos hallar la intensidad si conocemos la diferencia de potencial y la resistencia, o determinar la resistencia si sabemos cuáles son el voltaje y la intensidad.

ACTIVIDADES

5. Calcula la intensidad total que atraviesa un circuito que tiene una pila de 9 V y cuatro resistencias en serie de 1, 2, 3 y 4 Ω. ¿Qué diferencia de potencial hay entre los bornes de cada resistencia individual?

Dispositivos electrónicos

AYUDA

Además del consumo energético, en un circuito o aparato eléctrico nos interesa conocer la rapidez con la que se consume la energía, que viene dada por una nueva magnitud: la potencia.

La potencia es la cantidad de energía consumida en la unidad de tiempo. Su unidad en el SI es el vatio (W).

Los **dispositivos electrónicos** son los diferentes componentes que se utilizan en los circuitos electrónicos. Los más comunes son las **resistencias,** los **condensadores,** los **diodos** y los **transistores.**

Las resistencias. Son dispositivos cuya función es **disipar energía.** La potencia que se disipa en una resistencia de valor (R) conectada a una tensión (V) depende exclusivamente de la intensidad de la corriente (I) que circula.

$$P = I \cdot V = I^2 \cdot R$$

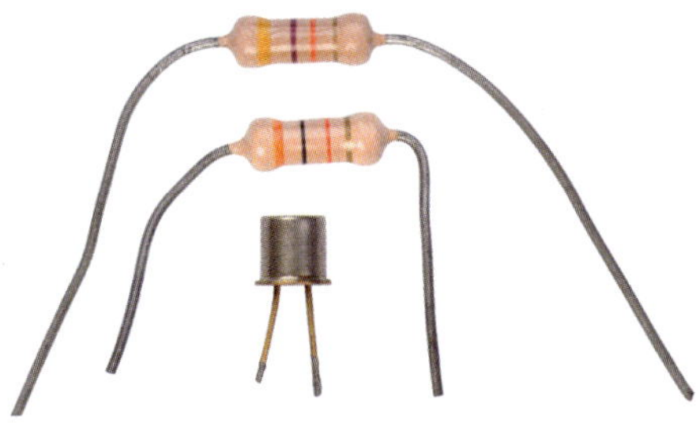

Resistencias.

Cuanto mayores sean los valores de la resistencia y de la intensidad de corriente, mayor será la potencia disipada.

La potencia se disipará en forma de luz o calor. Una estufa eléctrica o un horno eléctrico son resistencias muy elevadas, por lo que disipan mucha energía en forma de calor. Las bombillas antiguas de filamento funcionaban disipando la energía en forma de luz.

Las resistencias también sirven para limitar la intensidad que entra en un aparato eléctrico. Aunque en el mercado existe una amplia gama de resistencias, también es posible obtener un determinado valor como resultado de la combinación en serie o en paralelo de varias de ellas.

Los condensadores. Son dispositivos que **almacenan carga eléctrica.** Están formados por dos placas conductoras, separadas por una capa de material dieléctrico que actúa como aislante. La característica física más importante de un condensador es su capacidad, que en el SI de unidades se expresa en faradios (F).

Los condensadores, en un circuito de corriente continua, acumulan carga mientras están conectados a una diferencia de potencial, y cuando han llegado al máximo de la carga acumulable, la mantienen mientras el circuito esté conectado a la pila.

Sin embargo, si el circuito se desconecta, el condensador se descarga, generando una corriente eléctrica a pesar de la ausencia de generador. Este comportamiento permite, en corriente continua, el uso de condensadores como acumuladores de carga eléctrica, muy útiles una vez que se desconecta el generador.

El flash de las cámaras fotográficas posee un condensador que almacena la energía necesaria para proporcionar un destello súbito de luz.

Condensadores.

Los diodos. Son dispositivos que **dejan pasar corriente en un único sentido.**

Existen dos tipos de corrientes: continua y alterna.

- La **corriente continua** es la que se genera con pilas o baterías y atraviesa cualquier circuito eléctrico. El sentido de la intensidad siempre es el mismo. Por convenio, el sentido de la corriente es desde el polo positivo de la pila hacia el polo negativo, aunque el movimiento real de los electrones es justo a la inversa.
- La **corriente alterna** se genera a través de bobinas que giran a velocidad constante en el interior de campos magnéticos. Es un sistema mucho más sencillo de producir energía a gran escala y de transportarla a grandes distancias, por lo que es la manera en la que viaja la corriente eléctrica a través de los cables de alta tensión.

Debido a la manera en que es producida, la corriente alterna cambia de sentido constantemente.

La corriente que llega a nuestras casas es corriente alterna. Su sentido cambia aproximadamente unas cincuenta veces por segundo.

Sin embargo, la mayor parte de los aparatos electrónicos funcionan con corriente continua en circuitos similares a los que hemos estudiado. Una aplicación de los diodos combinados con condensadores y resistencias consiste en rectificar las señales alternas. Como los diodos solo dejan pasar la corriente en un sentido, gracias a ellos se obtiene una señal similar a la de corriente continua a partir de la corriente alterna.

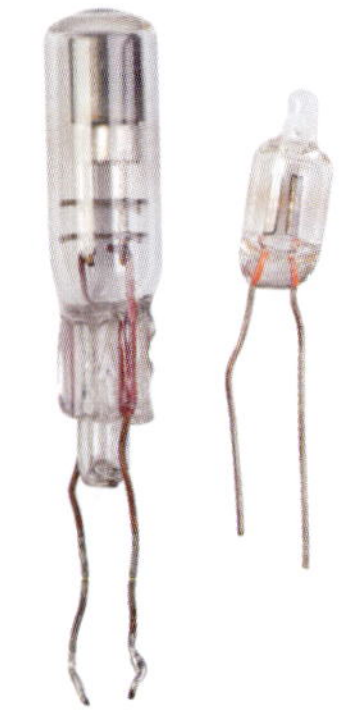

Diodos.

La electricidad que llega a nuestros hogares lo hace bajo la forma de corriente alterna.

Los transistores. Son dispositivos que **conducen o no la corriente eléctrica en función de su polarización.** Además, amplían la señal de salida respecto a la de entrada.

Por otra parte, es posible usarlos como elementos que responden a una entrada binaria con salida también binaria. Este comportamiento de 0 y 1 es la base fundamental del funcionamiento de los ordenadores, por lo que son muy utilizados en su fabricación.

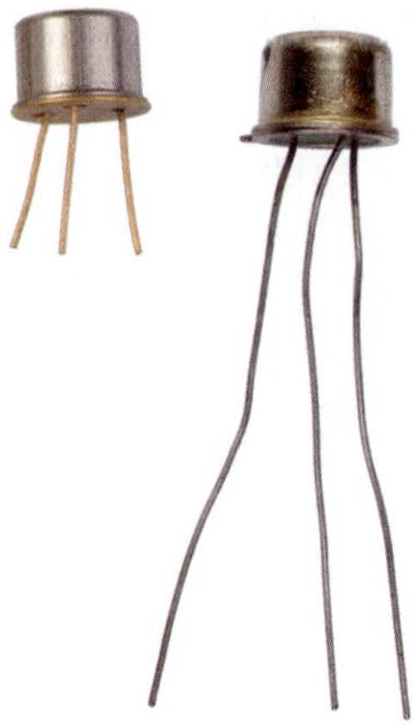

Transistores.

ACTIVIDADES

6 Todos los aparatos eléctricos tienen una inscripción que indica la potencia que consumen, expresada en vatios, y la diferencia de potencial a la que deben conectarse para que funcionen. En nuestras casas, esa diferencia de potencial es de 220 V.

a) ¿Qué cantidad de energía consume una batidora de 800 W que usamos durante dos minutos?

b) ¿Qué intensidad de corriente la atraviesa cuando la ponemos en funcionamiento?

c) ¿Qué resistencia ofrece la batidora al paso de la corriente?

Aspectos industriales de la energía

La **electricidad** se ha convertido en un aspecto básico de nuestra **calidad de vida,** hasta el punto de que resulta muy difícil imaginar el día a día sin ella.

En los **países desarrollados** es necesario producir y suministrar electricidad a gran escala, tanto para la actividad industrial como para el uso doméstico, y año tras año se constata un aumento de la demanda. Por otra parte, los **países en vías de desarrollo** también se unen progresivamente a esta demanda.

Las centrales eléctricas

Una **central eléctrica** es una instalación en la que se convierte energía mecánica, obtenida mediante otras fuentes de energía, en energía eléctrica:

Energía de la fuente
↓
se transforma en → Energía mecánica
↓
se transforma en → Energía eléctrica

En las centrales eléctricas, la electricidad se produce mediante un potente generador equipado con grandes espiras que giran en el seno de un poderoso campo magnético, unidas a **turbinas.**

Central hidroeléctrica. El movimiento del agua hace girar la turbina, que transmite el movimiento al generador, donde se produce la electricidad.

Todas las **centrales eléctricas** funcionan de manera similar. Lo que diferencia a unas centrales eléctricas de otras es el origen de la **energía mecánica** que hace girar las turbinas.

Central	La turbina es accionada por...
Térmica	Vapor de agua producido en una caldera, que se calienta mediante la combustión de carbón, gas, fuel o materia orgánica (biomasa).
Termosolar	Vapor de una caldera calentada con energía solar.
Nuclear	Vapor de agua que produce el calor generado en una reacción nuclear.
Geotérmica	Vapor de agua que genera el calor del interior de la Tierra.
Eólica	El viento que incide en las aspas de un aerogenerador.
Mareomotriz	El agua de las mareas.
Hidroeléctrica	Acción directa del agua a presión de una cascada o presa.

? ¿SABÍAS QUE...?

En las centrales eléctricas se produce corriente alterna de alto voltaje y baja intensidad para minimizar la transformación de la energía eléctrica en calor durante el transporte, que será mayor cuanto más alta sea la intensidad de la corriente.

El trayecto hacia el lugar de consumo

El transporte de la corriente eléctrica se realiza mediante cables de gran longitud, denominados de **alta tensión,** que en ocasiones recorren cientos de kilómetros.

Antes de llegar a las ciudades, el voltaje de la corriente debe reducirse desde los miles de voltios a los que circula hasta los **220 V,** que es el voltaje necesario para el funcionamiento de los electrodomésticos y demás dispositivos eléctricos.

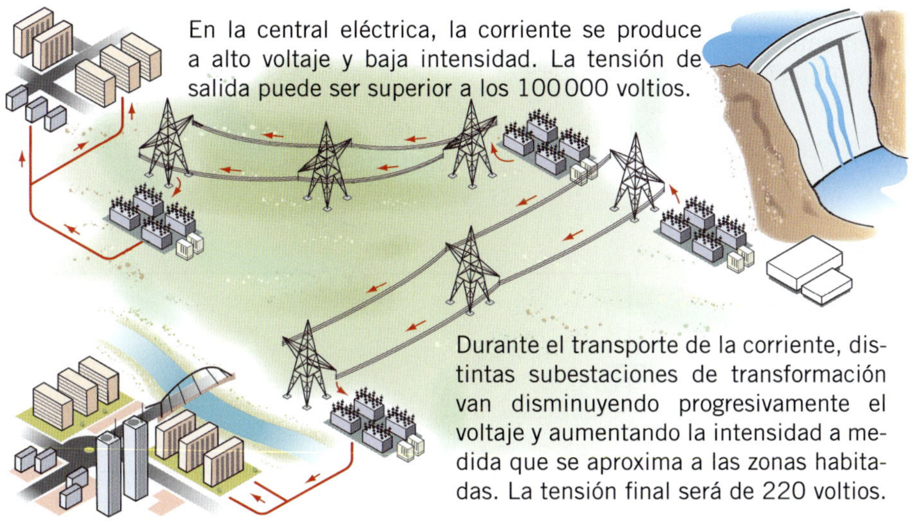

La electricidad se transporta recorriendo largas distancias y sufriendo varias transformaciones desde la central hasta los lugares de consumo.

La reducción o elevación del voltaje de una corriente eléctrica se basa en la **inducción electromagnética.** El dispositivo que se utiliza recibe el nombre de **transformador.**

Un transformador consta de un núcleo de hierro en el que hay dos bobinas enrolladas. Por una de ellas —llamada **primario**— circula la corriente cuyo voltaje deseamos cambiar; en la otra —el **secundario**— se induce una corriente de salida de voltaje diferente al de la corriente de entrada. La función del núcleo de hierro es intensificar el campo magnético producido por la corriente de entrada, aumentando así el rendimiento.

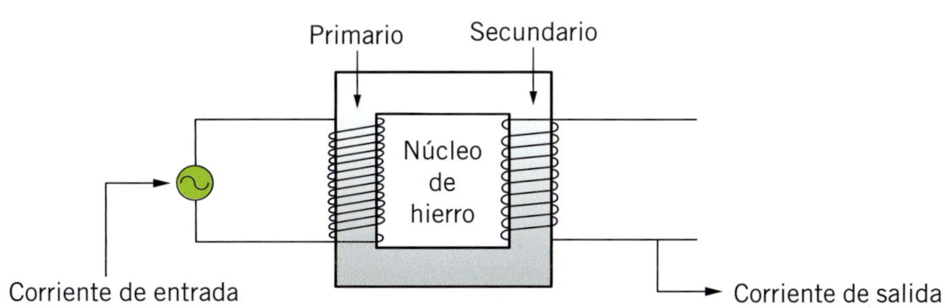

Transformador eléctrico.

ACTIVIDADES

7 Algunos aparatos domésticos requieren un transformador para conectarlos directamente a la red eléctrica. Menciona dos de estos aparatos que tengas en casa. Según la información de la etiqueta de los transformadores, ¿cuál es el voltaje de entrada y cuál el de salida?

Aplica lo aprendido

1. ¿Qué significa que una fuente de energía es renovable? Explícalo con un ejemplo.

2. ¿Qué ventajas aportan las energías renovables frente a las energías no renovables? ¿Por qué entonces es tan difícil sustituir las fuentes de energía no renovables?

3. Elabora un esquema en tu cuaderno con las distintas fuentes de energía: renovables y no renovables.

4. ¿Cuáles son los elementos indispensables en un circuito? Justifica tu respuesta.

5. Indica cuál es la función de los siguientes elementos en un circuito eléctrico y dibuja su símbolo en tu cuaderno.

   a) Batería o pila.

   b) Amperímetro.

   c) Interruptor.

6. Observa el siguiente circuito y responde a las cuestiones.

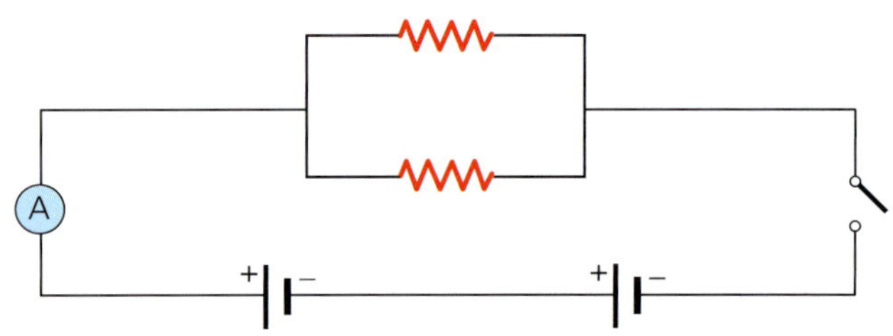

   a) ¿Cuántos elementos componen este circuito?

   b) ¿Qué dos elementos están dispuestos en paralelo? ¿Y en serie?

   c) ¿Estará marcando el amperímetro el paso de corriente? ¿Por qué?

7. Dibuja en tu cuaderno un circuito que contenga dos pilas en serie, un interruptor y tres bombillas en paralelo.

8. El amperímetro es el instrumento que se utiliza para medir la intensidad que atraviesa un circuito, y debe colocarse en serie para realizar la medida. El voltímetro se usa para medir la diferencia de potencial en algún elemento del circuito y se coloca en paralelo.

   a) Dibuja un circuito con dos resistencias en serie.

   b) ¿Cómo debe ser colocado el amperímetro para medir la intensidad que atraviesa cada una de las resistencias? Añade el amperímetro al circuito anterior.

   c) ¿Cómo debe colocarse el voltímetro para medir la diferencia de potencial en cada una de ellas? Añade el voltímetro al dibujo del circuito para justificar tu respuesta.

9. Una linterna dispone de un circuito eléctrico formado por dos pilas en serie, una bombilla y un interruptor. Dibuja el circuito que corresponde a dicha linterna.

Linterna de pilas.

10. ¿Cuál es el sentido de la corriente eléctrica en el siguiente circuito? Justifica tu respuesta.

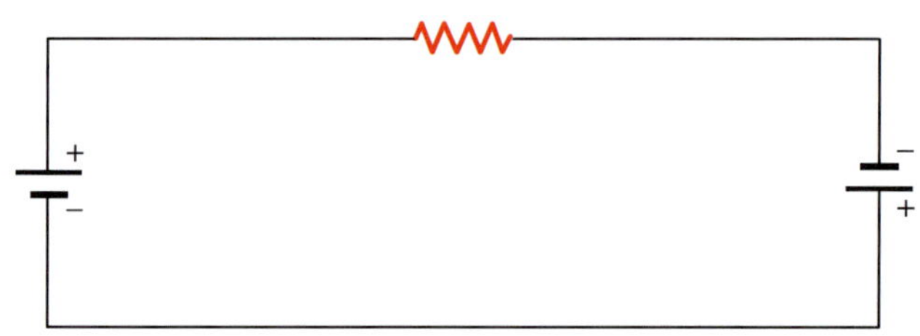

11. Solo circula corriente eléctrica por uno de estos circuitos. Señala cuáles son los dos circuitos por los que no circula la corriente y explica el motivo.

a)

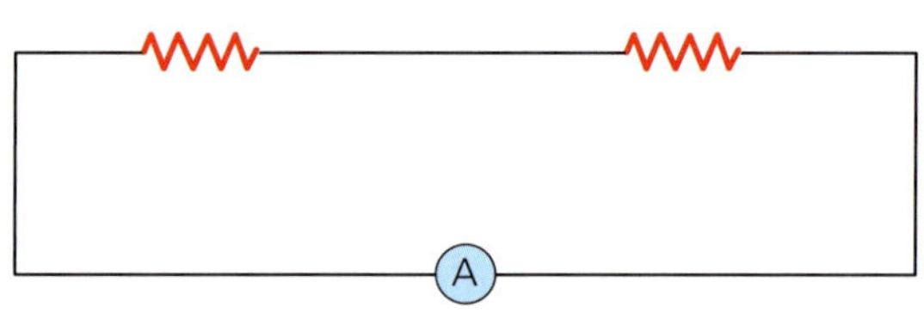

b)

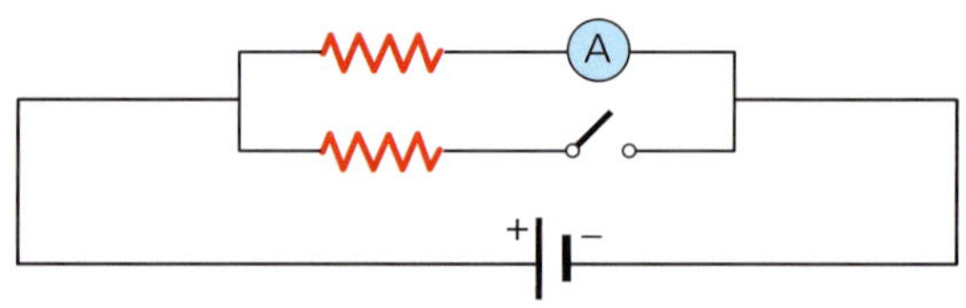

c)

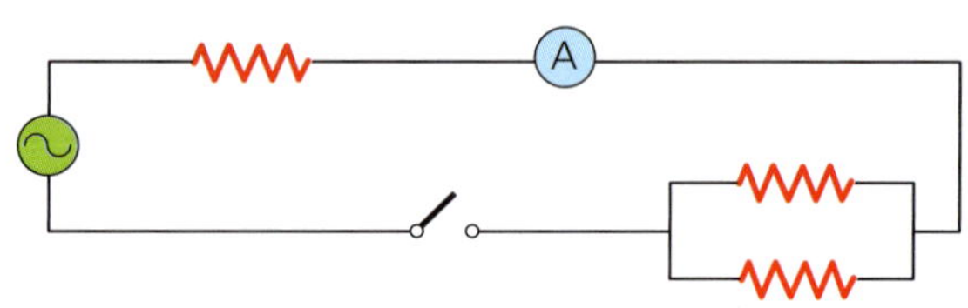

12. Por una sección de un conductor atraviesa una intensidad de corriente de 2 mA, equivalente a una carga de 1 C. ¿Durante cuánto tiempo ha estado en funcionamiento el circuito?

13 Enuncia la ley de Ohm e indica en qué unidades debe expresarse cada una de las magnitudes que aparecen en ella. ¿Cuál es la utilidad de esta ley?

14 Un circuito consta de una pila de 4,5 V y de una resistencia de 2 Ω. ¿Qué intensidad de corriente atraviesa la resistencia?

15 Por un circuito circula una carga de 3 mC durante 2 minutos atravesando una resistencia de 3 ohmios. ¿Cuál es el valor de la pila del circuito?

16 Un circuito consta de una pila de 3 V y de tres resistencias en serie de 3 Ω. ¿Qué intensidad de corriente atraviesa el circuito? Dibuja el circuito y señala en él la intensidad de corriente.

17 En un circuito eléctrico hay una pila de 1,5 V y dos resistencias iguales de valor desconocido. El amperímetro hace una lectura de 20 mA de intensidad de corriente. ¿Cuál es el valor de cada una de las resistencias?

18 En un circuito por el que circula una corriente de 1,5 A hay tres resistencias, colocadas en paralelo, de 10, 15 y 20 Ω. ¿Cuál es la diferencia de potencial del generador del circuito?

19 Disponemos de numerosas resistencias iguales de 2 Ω cada una y de una pila de 10 V. Si queremos que la intensidad que atraviese el circuito sea de 0,5 A, ¿cuántas resistencias y de qué manera debemos colocarlas para conseguir nuestro objetivo?

Supongamos ahora que la intensidad necesaria es de 20 A. ¿Cuántas resistencias y cómo han de ser colocadas si utilizamos la misma pila?

20 Conectamos tres bombillas en serie en un circuito. Se funde una. ¿Seguirían luciendo las otras dos? Justifica tu respuesta.

Ahora conectamos las tres bombillas en paralelo y se funde una. ¿Lucirían entonces las otras dos? Justifica tu respuesta.

21 Redacta un resumen en el que expliques cómo llega a nuestras casas la electricidad que utilizamos diariamente, la manera en que se produce y se transporta, y las operaciones que se deben seguir para que sus características sean adecuadas para su uso doméstico.

22 En las casas, el cableado de los aparatos eléctricos se hace siempre en paralelo. De esa manera se mantiene la diferencia de potencial y el aparato solo consume la intensidad de corriente que necesita. Las bombillas de las lámparas con varias luces siempre se colocan en paralelo. ¿Cuál es la razón?

23 Calcula la potencia eléctrica de una bombilla alimentada por un voltaje de 220 V y por el que pasa una intensidad de corriente de 1,5 A. Calcula la energía eléctrica consumida por la bombilla si ha estado encendida durante 1 hora. ¿Cuál es la resistencia de la bombilla?

24 Una bombilla tiene las siguientes características: 100 W, 220 V. Calcula:

a) La intensidad de la corriente que pasa por la bombilla cuando la encendemos.

b) La resistencia del filamento de la bombilla.

c) El calor que desprende la bombilla en media hora.

d) La energía consumida en una semana si está encendida durante 6 horas diarias.

25 La potencia de una lavadora es 1 800 W. Si un generador le suministra una corriente de 8,18 A, ¿a qué tensión está conectada?

Lavadora.

26 Explica dos diferencias entre la intensidad de corriente continua y la intensidad de corriente alterna.

27 ¿Cuáles son las posibles aplicaciones de los diodos? ¿Y de los condensadores?

28 Escribe en tu cuaderno el nombre de cada uno de estos dispositivos electrónicos y dibuja el esquema que le corresponde en un circuito.

a)

b)

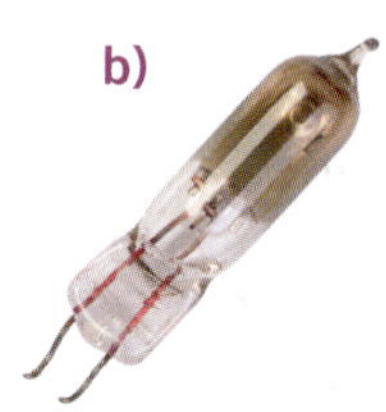

c)

d)

29 ¿Por qué es alterna la corriente que se produce en una central eléctrica?

Rincón de lectura

● CONSTRUYE UN MODELO DE MOLINO EÓLICO

Durante siglos hemos utilizado la energía eólica (término que procede de Eolo, dios griego del viento) para navegar a vela y hemos construido molinos de viento para bombear agua o para moler el grano. El viento nunca deja de soplar y los molinos de viento de la actualidad, los aerogeneradores, emplean esta fuente de energía inagotable para producir electricidad. A continuación vas a construir un molino de viento que puedes usar para elevar objetos.

Materiales necesarios

- Dos bobinas de hilo (grande y pequeña) y un lapicero.
- Un tapón de corcho, palillos y un soporte de madera.
- Cinta adhesiva, plastilina y trozos de cartón.

Procedimiento

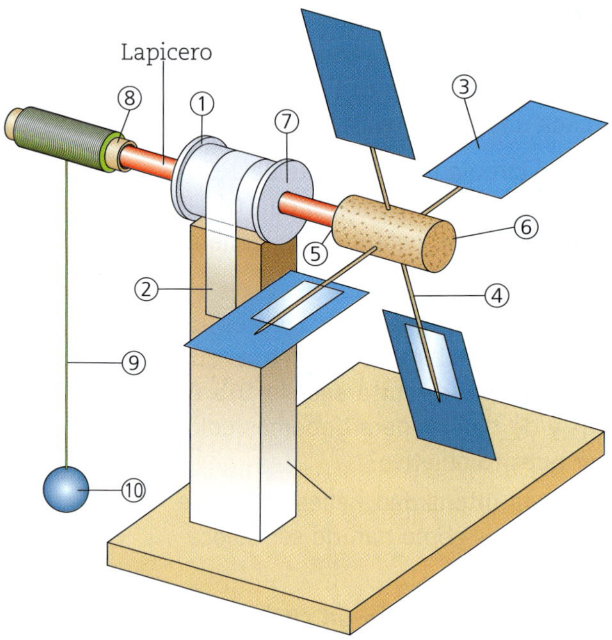

1. Busca una bobina de hilo grande (1) (asegúrate de que el lapicero pueda girar en el interior de su orificio) y pégala con cinta adhesiva al extremo de un soporte de madera (2). Si el orificio es más pequeño que el lapicero, sustituye este por un palo circular, como los palillos de las brochetas.
2. Corta ocho trozos de cartón o cartulina rectangulares (de unos 5 × 2 cm) (3) y pega cada trozo con cinta adhesiva al extremo de un palillo (4). Estas serán las aspas.
3. Haz un pequeño orificio en el tapón de corcho y clava en él la punta del lapicero (5). A continuación clava cada palillo del aspa en sitios opuestos del corcho, tal como se indica en la figura de al lado (6).
4. Introduce el otro extremo del lapicero por el orificio de la bobina grande (7) y luego ajusta este extremo del lapicero en el orificio de una bobina pequeña con hilo (8). Si el agujero queda holgado, rodea el extremo del lapicero con cinta adhesiva hasta que ajuste.
5. Coloca tu molino en el extremo de una mesa y desenrolla unos 30 cm de hilo de la bobina (9). Ata en el extremo del hilo un pequeño peso o una bola de plastilina (10). Abre la ventana o sal al exterior y prueba tu molino.

Conclusión

Cuando la energía del viento mueve las aspas del molino, el hilo se enrolla en la bobina y eleva el peso.

ACTIVIDADES

1. ¿Qué tipo de energía posee el viento y en qué se transforma cuando el peso alcanza su posición más alta?

Anexo

Tareas:

- **El riesgo de la velocidad**
- **La sal común**
- **La velocidad de las reacciones químicas**
- **Máquinas simples: la polea**
- **La factura de la luz**

Tarea

● EL RIESGO DE LA VELOCIDAD

Las autoridades de Tráfico y Seguridad Vial suelen mencionar la equivalencia entre la velocidad de colisión cuando se conduce un coche con la altura desde la que se caería para recibir el mismo impacto.

Este tipo de equivalencias son muy gráficas para que los conductores tengan una idea más clara de lo que supone un accidente automovilístico.

Cuando un vehículo impacta contra otro objeto (un muro, un árbol u otro vehículo), toda la energía cinética que llevaba el vehículo en su marcha se convierte en otros tipos de energía: la carrocería se deforma, las superficies se calientan, aparecen fricciones y tensiones de todo tipo, etc.

De igual forma, si dejásemos caer un vehículo desde lo alto de un edificio, toda su energía potencial se disiparía contra el suelo. Como es bastante sencillo calcular tanto la energía cinética del vehículo en marcha como la energía potencial del vehículo cayendo, basta con igualar ambas energías para averiguar qué velocidad equivale a una determinada altura.

La fórmula que aplicaremos es la siguiente:

$$\frac{1}{2} v^2 = g \cdot h$$

En la fórmula, v representa la velocidad de impacto del coche, g es la gravedad, que en la superficie terrestre es 9,8 m/s^2 y *h* es la altura desde la que sería equivalente caer para sufrir el mismo impacto.

Observa que no importa la masa del vehículo: da igual si se trata de una bicicleta o de un camión. Esto es una consecuencia de la caída libre de los cuerpos, cuya aceleración siempre es igual, sin que influya su masa.

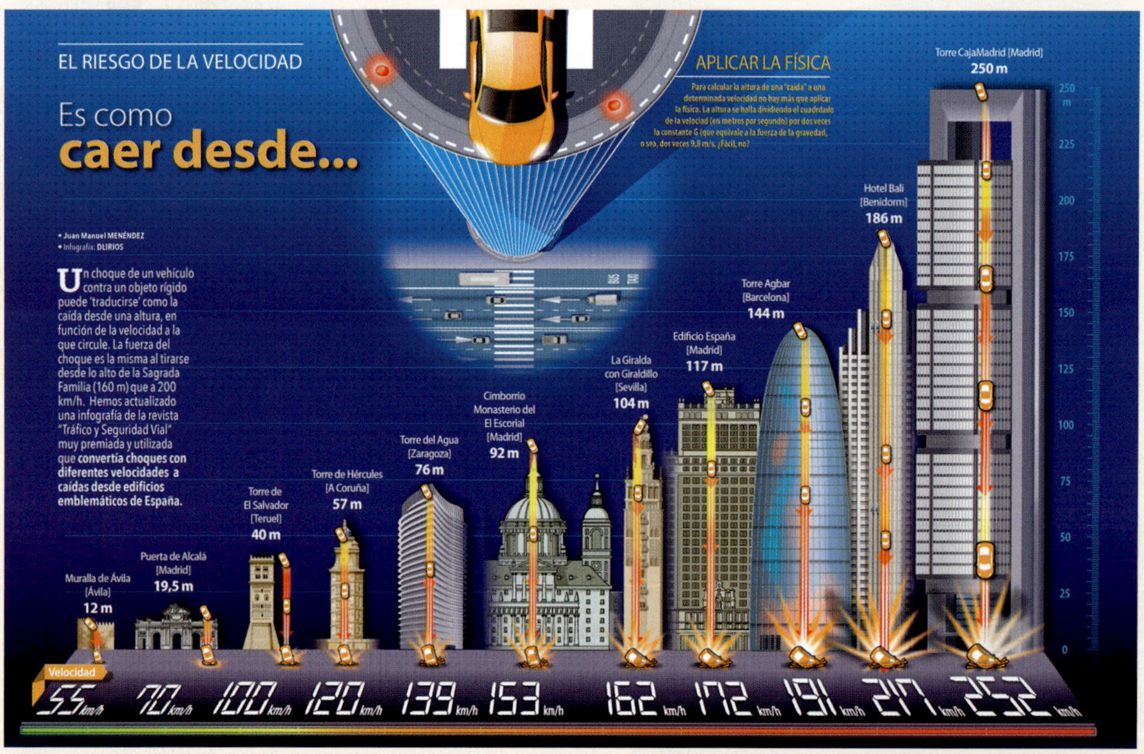

Folleto de la Dirección General de Tráfico que compara la velocidad con la caída libre. Fuente: DGT, Ministerio del Interior.

• Interpreta...

1. Para poder realizar los cálculos adecuadamente es necesario que todas las unidades estén expresadas en unidades del SI. ¿Cuál sería esta unidad para la velocidad con la que choca el vehículo? ¿Y para la altura desde la que se lo deja caer?

2. Las velocidades de un coche se suelen expresar en kilómetros por hora. Copia en tu cuaderno y completa la tabla realizando la transformación de las siguientes unidades. Utiliza para ello factores de conversión.

v (km/h)	55	70	100	139	153	162	172	191	217	252
v (m/s)										

3. Para poder relacionar las velocidades con las alturas hay que aplicar la ecuación de la página anterior. Utilízala para determinar la altura que se corresponde con cada velocidad.

   Comprueba que los resultados se corresponden con los del folleto de la Dirección General de Tráfico.

• Relaciona...

4. El edificio Empire State es uno de los rascacielos más emblemáticos de Nueva York. Su altura es de 381 m. ¿Con qué velocidad de choque del vehículo relacionarías esta altura? Expresa el resultado en kilómetros por hora.

5. Si construyésemos un edificio de 25 m de altura en la Luna, podríamos usar la misma expresión para relacionar velocidades y alturas, pero el valor de g sería diferente. El valor de la aceleración de la gravedad en la Luna es 1,63 m/s^2.

   Si dejamos caer un objeto desde la azotea de ese supuesto edificio, ¿cuál sería la velocidad (en km/h) a la que el objeto llegaría al suelo?

Edificio Empire State, en Nueva York.

• Investiga...

6. Averigua de qué manera afecta el consumo de alcohol a la conducción y a los tiempos de reacción. Elabora con estos datos un breve informe.

7. ¿Cuál es la velocidad máxima permitida en autopista en Alemania, España y Estados Unidos?

8. ¿Cómo calcula un radar fijo la velocidad instantánea de un vehículo?

• Opina...

9. La DGT lanza campañas que intentan impactarnos y llamar nuestra atención con el fin de concienciarnos acerca de la importancia de la seguridad vial. ¿Crees que relacionar las alturas con las velocidades es una buena estrategia? ¿Por qué?

   ¿Qué otras ideas relacionadas con la física se podrían utilizar para concienciar acerca de los peligros del exceso de velocidad?

Tarea

● LA SAL COMÚN

El cloruro de sodio, conocido como sal común, es un sólido incoloro, cristalino y soluble en agua. Está formado por un átomo de sodio y un átomo de cloro.

Es necesario para la salud, aunque debe ser consumido en cantidades pequeñas. Provee al cuerpo de electrolitos y ayuda a relajar los músculos. Sin embargo, cuando se consume en grandes cantidades puede dar lugar a problemas de salud no deseados, como la presión arterial alta.

Propiedades:

- Cuando se funde o se disuelve en agua, los iones pueden moverse libremente, de manera que el cloruro de sodio fundido o disuelto es un conductor de electricidad.
- Se puede descomponer en sodio y cloro, haciendo pasar una corriente eléctrica a través del compuesto resultante.
- Su punto de fusión es 801 °C y su punto de ebullición es 1465 °C.
- Se disuelve fácilmente en agua (35,9 g/100 mL a 25 °C).
- Su pH es neutro.

Sal común.

Aplicaciones:

El cloruro de sodio se usar comúnmente para cocinar, pero tiene muchos otros usos:

- Conservante: desde la Antigüedad, la sal se ha empleado como conservante. Aunque hoy en día existen muchos otros tipos de conservantes, la sal sigue siendo muy utilizada para este fin. Es uno de los componentes que intervienen en la conservación de los quesos, productos lácteos, carne, embutidos y salsas.
- Deshielo: el cloruro de sodio tiene la propiedad de disminuir el punto de fusión del hielo. Por tanto, se extiende sobre carreteras para fundir el hielo rápidamente.
- Limpieza: es uno de los ingredientes del jabón, el detergente y el champú.
- Usos industriales:

– Cloro: el cloruro de sodio se utiliza ampliamente para la producción de cloro. El proceso de electrólisis que se lleva a cabo se basa en que la corriente eléctrica pasa a través de la solución de cloruro de sodio para preparar el elemento de cloro. Este elemento se emplea para la fabricación de PVC y pesticidas.

– Textiles: la sal se usa en la industria textil, especialmente para el teñido, dado que ayuda a fijar el color en los tintes. Además, es una de las materias primas utilizadas para la fabricación de tintes.

- Usos médicos:

– Solución salina intravenosa: la sal eleva la presión arterial. Por ello, la solución salina se emplea para tratar a las personas con presión arterial baja. Los líquidos por vía intravenosa se utilizan específicamente para tratar la deshidratación, la diarrea severa, etc.

– Ungüento oftálmico: en algunos casos, la solución de cloruro de sodio se usa para tratar la inflamación de la córnea en el ojo.

– El agua salada se utiliza para hacer gárgaras o incluso como enjuague bucal.

• Interpreta...

1. La solubilidad del cloruro de sodio es de 35,9 g/mL. ¿Qué cantidad de cloruro de sodio se disolverá en 50 mL de agua? ¿Y en 200 mL?
2. Si la temperatura a la que sometemos el cloruro de sodio es de 1 000 ºC, ¿en qué estado de agregación se encontrará el compuesto? ¿Y a 1 880 ºC?
3. El cloruro de sodio se puede descomponer en sodio y cloro haciendo pasar una corriente eléctrica a través de él. ¿Qué método de separación es este, físico o químico? Luego, según el esquema de la clasificación de la materia, el cloruro de sodio, ¿de qué tipo de sustancia se trata?

• Relaciona...

4. El número atómico del sodio es 11; el del cloro, 17. Sus números másicos son, respectivamente, 23 y 35. ¿Cuántos protones, electrones y neutrones tiene cada átomo?
5. Realiza la configuración electrónica de cada elemento. Determina sus electrones de valencia y el ion más probable que formará cada uno.
6. ¿Qué tipo de enlace constituirán estos átomos cuando se combinen entre sí? Justifica tu respuesta.
7. A la luz de las respuestas de los ejercicios anteriores, ¿cuál es la fórmula del cloruro de sodio? ¿Qué estructura tiene este tipo de compuestos? ¿Qué significa, entonces, la fórmula?
8. Si la masa atómica del sodio es 23 u y la del cloro es 35,5 u, ¿cuál será el valor de la masa molecular del cloruro de sodio?

• Investiga...

9. ¿Por qué es contraproducente beber agua de mar para aliviar la sed?
10. Busca información sobre el tipo de red cristalina que forman los iones del cloruro de sodio y representa esquemáticamente en tu cuaderno cómo es esa red.
11. ¿Qué son las salinas?
12. A través de la electrólisis del cloruro de sodio se obtiene cloro, materia prima fundamental en la fabricación de PVC. ¿Qué significa esta sigla? ¿A qué tipo de compuesto pertenece? ¿Cuáles son sus principales aplicaciones?
13. Busca información sobre los peligros del consumo excesivo de sal para la salud.

• Opina...

14. El consumo excesivo de sal da lugar, entre otras dolencias, a enfermedades cardiovasculares. El problema no es solo la sal que cada uno añade en sus comidas para potenciar el sabor, sino la cantidad de sal que llevan muchos alimentos elaborados, y de sodio, que contienen como estabilizantes, emulgentes, espesantes...

    ¿Qué soluciones propondrías para este problema? Escribe un breve informe con tus conclusiones.

Aperitivos con alto contenido de sal.

Tarea

LA VELOCIDAD DE LAS REACCIONES QUÍMICAS

Las reacciones químicas transcurren a diferente velocidad por su propia naturaleza, pero variando ciertas condiciones podemos modificar la velocidad y hacer que transcurran más deprisa o más despacio.

La temperatura, la naturaleza de los reactivos y el estado de agregación en los que estos se encuentran, la concentración, el grado de división o la presencia de catalizadores son algunos de los factores que modifican la velocidad de las reacciones químicas.

Reacciones químicas son también las que degradan la basura y la transforman en materiales más o menos asimilables por la naturaleza.

¿Cuánto tardan en degradarse los desechos?

Deberíamos pensar en ello cada vez que arrojamos algo a la basura. Incluso cuando lo tiramos al contenedor para su reciclaje, ya que el residuo menos contaminante es el que no se produce. Más aún si se tira en la naturaleza o a la acera.

Veamos algunos ejemplos:

- **1 año. Es lo que tarda en degradarse el papel, compuesto básicamente por celulosa. Pero tiene otros componentes más difíciles de «digerir» por la naturaleza como colorantes y otros aditivos. Si queda sobre la tierra y llueve mucho, se degrada antes. Aunque siempre será mejor reciclarlo para evitar la deforestación.**

Papel.

- **5 años. Es lo que tarda en degradarse un chicle. Además, por acción del oxígeno, se vuelve duro. Con el tiempo, varios años, se resquebraja y desaparece.**

Latas de aluminio.

- **10 años. Las latas de aluminio (cerveza, refrescos, zumos, etc.). Una lata tiene acero recubierto de barniz y de estaño. Se necesita mucha lluvia y humedad para que el óxido la cubra totalmente y, después, desaparezca. Además, el aluminio es un material que se puede recuperar casi por completo.**
- **30 años. Los envases tetrabrik están compuestos en un 75% de celulosa, un 20% de polietileno puro de baja densidad y un 5% de aluminio. Lo que tarda más en degradarse es el aluminio. La celulosa, al aire libre, desaparece en poco más de un año.**

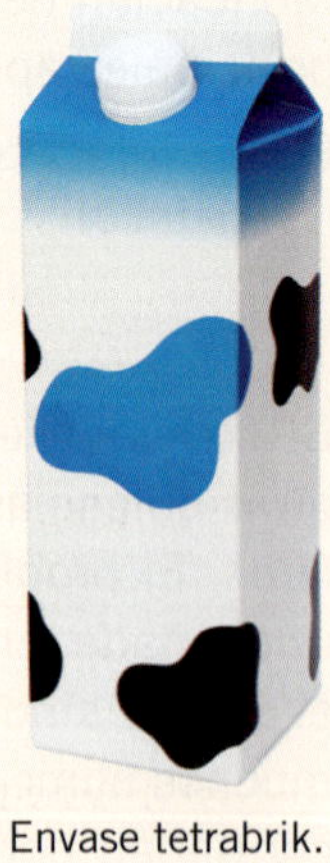

Envase tetrabrik.

Los botes de lacas y espumas también tardan varias décadas en degradarse. Su estructura metálica hace que resistan a la degradación natural.

Botes de aerosol.

www.ecologiaverde.com

• Interpreta...

1. La temperatura afecta en gran medida a la velocidad de una reacción química. En general, un aumento de la temperatura de 10 °C puede suponer una duplicación en la velocidad de una reacción. ¿Por qué crees que utilizamos la nevera y el congelador para conservar los alimentos durante más tiempo?
2. En el laboratorio, en lugar de trabajar con los reactivos en estado sólido, se suelen disolver en agua, y en este medio transcurren las reacciones químicas. ¿Con qué factor estaría relacionado este hecho?
3. Si queda sobre la tierra y llueve mucho, el papel se degrada antes. ¿Con qué factor que modifica la velocidad de la reacción relacionarías este hecho?
4. Los metales tardan décadas en degradarse, y su estado de agregación es sólido. Explica desde el punto de vista de la teoría de las colisiones por qué la velocidad de la reacción es tan lenta.

• Relaciona...

5. Las enzimas son los catalizadores de los seres vivos. Permiten que las reacciones químicas transcurran a la velocidad adecuada.

   Generalmente, la velocidad de toda reacción química depende de la temperatura: a mayor temperatura, mayor velocidad de reacción. Luego si tenemos menor temperatura, la misma reacción será mucho más lenta. Sin embargo, temperaturas demasiado altas desnaturalizan las enzimas de las que depende el metabolismo.

   ¿Qué interpretación le das a la siguiente gráfica?

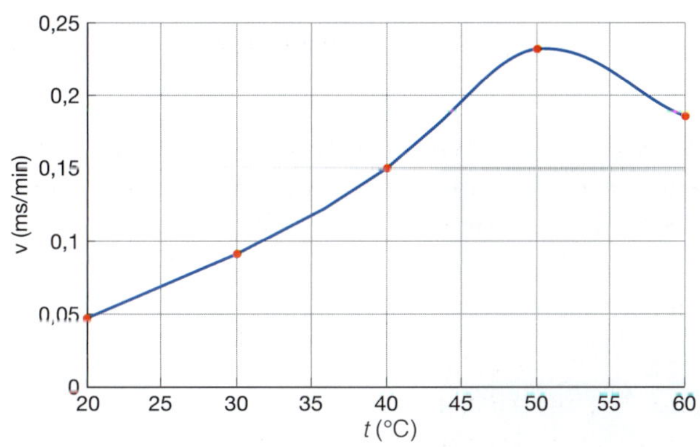

Efecto de la temperatura sobre la velocidad de reacción de la enzima ureasa.

6. El metabolismo de los seres vivos exige temperaturas dentro de unos márgenes muy precisos. El frío excesivo ralentiza considerablemente la respiración y deteriora los órganos o tejidos más expuestos. En cambio, temperaturas excesivas desnaturalizan las proteínas y dañan o destruyen las estructuras moleculares y membranas celulares. Por eso, la vida es muy difícil por debajo de –10 y por encima de 50 °C.

   ¿Por qué las lagartijas toman el sol en invierno y se esconden entre las rocas en verano?

• Investiga...

7. ¿Cuánto tarda en degradarse el plástico? ¿Y el vidrio?
8. ¿A qué denominamos plástico biodegradable?

• Opina...

9. Dada la cantidad de años que se necesitan para poder deshacernos completamente de la basura, ¿qué medidas pueden proponerse para su disminución?

Tarea

● MÁQUINAS SIMPLES: LA POLEA

Una polea es una máquina simple, un dispositivo mecánico de tracción que sirve para transmitir una fuerza. Además, formando conjuntos, llamados polipastos, sirve para reducir la magnitud de la fuerza necesaria para mover un peso.

Existen dos tipos de poleas:

1. **Polea fija: consiste en una única polea que está anclada a un punto fijo. Con ella no se consigue reducir el esfuerzo necesario para elevar un peso, pero se emplea para cambiar el sentido de la fuerza, haciendo más cómodo el levantamiento de las cargas.**
   En las poleas fijas, la fuerza necesaria es igual al peso que tenemos que levantar; no hay ventaja mecánica.

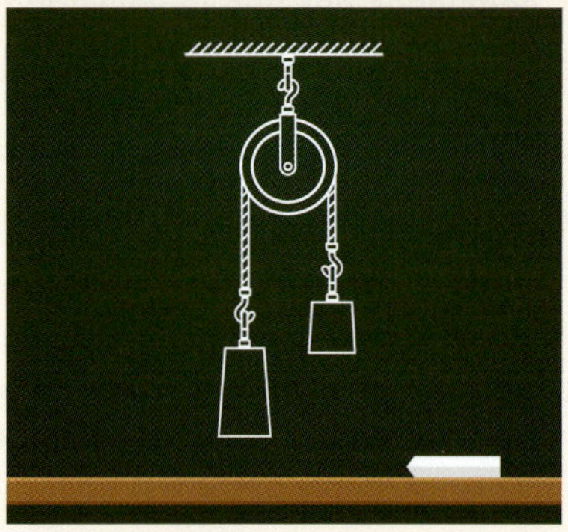

Polea fija.

2. **Polea móvil: es un conjunto de dos poleas, una de las cuales se encuentra fija a un punto, mientras que la otra puede moverse. La polea móvil dispone de un sistema armadura-gancho que le permite arrastrar la carga al tirar de la cuerda.**

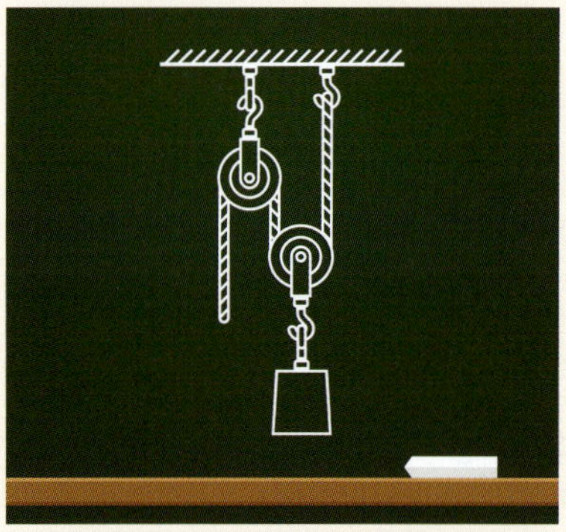

Polea móvil.

La principal ventaja de las poleas móviles es que el esfuerzo que se emplea para elevar la carga representa la mitad del que sería necesario si se emplease una polea fija.

Esto supone que las cuerdas que emplee para este mecanismo pueden ser la mitad de resistentes que en el caso anterior. Sin embargo, presenta una desventaja: el recorrido que debe hacer la cuerda para elevar la carga a una altura determinada (*h*) debe ser el doble de la altura buscada (2*h*).

Pueden hacerse también conjuntos con más de una polea móvil, que se conocen como poleas compuestas. Según vamos aumentando el número de poleas, disminuye la fuerza necesaria para levantar un peso hasta la misma altura, pero va aumentando el recorrido de la cuerda.

Recuerda que la fuerza que debemos ejercer multiplicada por la distancia recorrida por dicha fuerza es igual a la distancia recorrida por la fuerza resistente (el peso de la carga) multiplicada por la distancia que recorre dicha carga: $F \cdot d = R \cdot d$.

• Interpreta...

1. En una polea fija, si queremos levantar un cuerpo hasta 30 cm de altura, y dicho cuerpo tiene una masa de 56 kg, ¿qué fuerza deberemos ejercer en el otro extremo de la cuerda?
2. Si lo hemos levantado a esos 30 cm del suelo, ¿cuánto ha recorrido la cuerda hacia abajo?
3. Supón que usamos la combinación de las dos poleas, una móvil y una compuesta para levantar ese mismo peso hasta esa misma altura. ¿Qué fuerza deberíamos ejercer entonces?
4. ¿Qué distancia habrá recorrido entonces la fuerza?

• Relaciona...

5. La siguiente polea, ¿de qué tipo es?

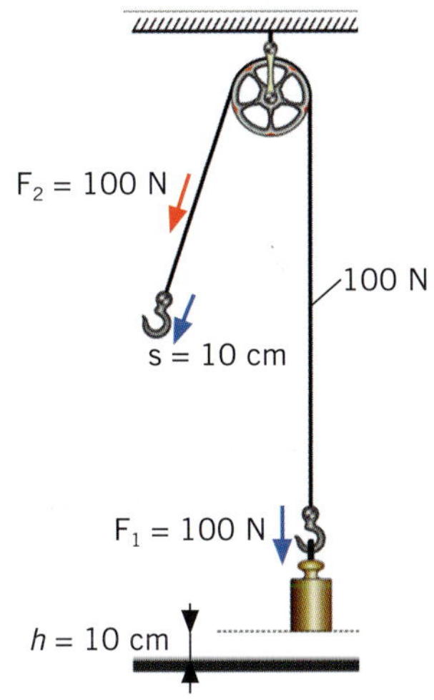

6. Dibuja en tu cuaderno cómo quedaría el sistema si levantáramos la carga 1 m sobre el suelo.
7. Utilizando tu propio peso para levantar una carga, ¿cuál sería la máxima carga que podrías levantar?
8. ¿Qué tipo de polea es esta?

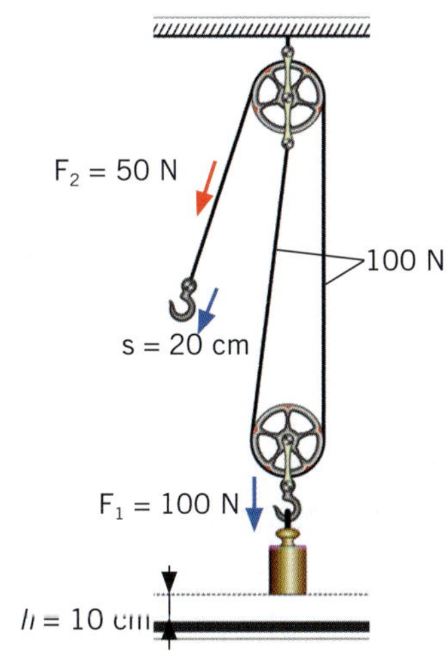

9. Dibuja en tu cuaderno cómo quedaría el sistema si levantáramos la carga 50 cm sobre el suelo. ¿Cuánto ha recorrido entonces la fuerza aplicada? ¿Qué fuerza se ha tenido que ejercer para levantar la carga si esta tiene una masa de 45 kg?

• Investiga...

10. Busca información sobre la historia de Arquímedes y las poleas.
    a) ¿Qué objeto se propuso levantar Arquímedes y en qué condiciones?
    b) ¿A quién se debe esta nota histórica y en qué obra aparece?

• Opina...

11. Pese a que no es el animal más fuerte de la naturaleza, el ser humano es capaz de levantar los pesos más elevados. Un ejemplo de ello es la construcción de las pirámides de Egipto. Existen muchas teorías y los científicos no se ponen de acuerdo sobre los métodos que se pudieron utilizar. Busca una de estas teorías y defiéndela ante el resto de la clase.

Tarea

● LA FACTURA DE LA LUZ

Hacemos uso de la energía para muchas de nuestras necesidades y actividades cotidianas, desde calentar los alimentos o conservarlos en frío, hasta escuchar música o cargar la batería del móvil.

Diferentes compañías eléctricas nos suministran la energía que necesitamos para el funcionamiento de todos los aparatos eléctricos que tenemos en nuestras casas. ¿Sabes cómo se interpreta una factura de la luz?

Para ver la televisión, o simplemente para poder ver cuando ya ha oscurecido, necesitamos energía.

CONOZCA AL DETALLE SU FACTURACIÓN Y CONSUMO

ENERGÍA		
Potencia facturada de 10/10/2015 a 17/12/2015	4,6 kW × 68 días × 0,9767 €/kW	30,55 €
Consumo facturado de 10/10/2015 a 17/12/2015	369 kW × 0,130485 €/kW	48,15 €
Total		78,70 €
Impuesto sobre electricidad	5,1127% s/78,70 €	4,02 €
TOTAL ENERGÍA		**82,72 €**
SERVICIOS Y OTROS CONCEPTOS		
Alquiler de equipos de medida de 10/10/2015 a 17/12/2015	68 días × 0,02663 €/día	1,81 €
TOTAL SERVICIOS Y OTROS CONCEPTOS		**1,81 €**
TOTAL ENERGÍA, SERVICIOS Y OTROS CONCEPTOS		84,53 €
IVA	21% s/84,53 €	17,75 €
TOTAL IMPORTE FACTURA		**102, 28 €**

CONSUMOS

Su consumo de energía de este último periodo ha sido de 369 kWh. Se calcula restando la lectura actual menos la lectura anterior registradas en su contador. El detalle de sus últimas lecturas es:

Lectura actual: real	002149 kWh	realizada el 17/12/2015
Lectura anterior: estimada	001780 kWh	realizada el 10/10/2015
CONSUMO FACTURADO: REAL	**369 kWh**	**de 10/10/2015 a 17/12/2015**

En la factura de la luz hay que pagar una cantidad fija por el alquiler del equipo de medida y una base fija por el suministro de energía, aunque no se haya consumido energía. Lo que nos interesa es la parte de la factura que varía en función del consumo.

• Interpreta...

1. ¿Qué cantidad de energía ha sido consumida en este periodo de tiempo? Está cuantificada en kWh. Expresa este número en las unidades del SI (julios).
2. ¿Cuál es la potencia contratada en este hogar? ¿Podrían utilizarse al mismo tiempo la lavadora, con una potencia de 1 800 W, la batidora, con 800 W, el horno, de 2 500 W, y el microondas, de 900 W? ¿Qué sucedería en caso de usar todos los aparatos al mismo tiempo?
3. ¿Cuál es el precio del kWh? ¿De dónde se obtiene el resultado de 48,15 €?
4. ¿Qué cantidad del importe final corresponde a impuestos?

• Relaciona...

5. Un televisor tiene una potencia de 90 W. ¿Cuánto cuesta tenerla encendida unas cinco horas diarias esos 68 días?
6. ¿Qué intensidad de corriente atraviesa la televisión cada vez que la ponemos en marcha? Recuerda que el voltaje de las casas en España es de 220 V. ¿Qué valor tiene la resistencia equivalente del circuito?
7. Todos los aparatos eléctricos se calientan más o menos cuando llevan encendidos un rato. ¿Por qué ocurre esto?
8. ¿Qué consume más energía, una batidora de 800 W que se utiliza tres minutos al día o un televisor de 90 W que esté encendido cuatro horas al día?
9. Un televisor en modo *stand by* consume 3 W. ¿Qué gasto económico supone tener el televisor en *stand by* 24 horas al día los 68 días de la facturación?

• Investiga...

10. ¿Cuáles son los posibles tramos de potencia contratada? ¿En qué casos se aconseja contratar cada uno de ellos?
11. No todos los meses viene un empleado de la compañía eléctrica a leernos el contador de la luz. Algunas facturas se hacen por estimación y no por lectura real del consumo. ¿En qué se basa esta estimación? ¿Qué ocurre cuando posteriormente se determina el valor real del consumo?
12. Los electrodomésticos más modernos llevan una etiqueta que informa sobre su eficiencia energética. ¿Qué significan estos códigos para determinar esta eficiencia?

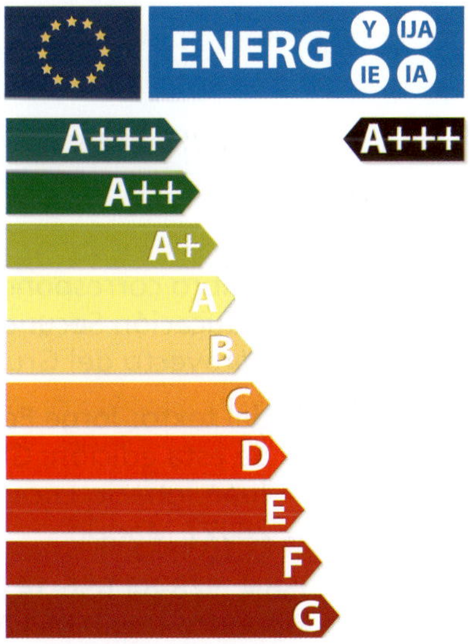

La eficiencia energética de los electrodomésticos se clasifica en una escala de eficiencia energética de A a G en la etiqueta.

• Opina...

13. ¿Qué medidas concretas se pueden adoptar en un hogar para minimizar el consumo de la luz lo máximo posible sin perder calidad de vida?

Dirección del proyecto editorial
Jesús Hinojal

Autores
Jorge Pérez Nistal, Nuria Ortuño López y **Alicia Albiñana Blázquez**

Coordinación del proyecto editorial
Estrella Marinas

Edición y realización editorial
Demipage

Coordinación de diseño
Cristóbal Gutiérrez

Ilustración
Ángel Ovejero y **Ángel Guerrero**

Fotografía
Dreamstime y **Shutterstock**

Todas las actividades de este libro deben realizarse en un cuaderno aparte, nunca en el mismo libro.

Este libro corresponde al Programa de Mejora, Ámbito Científico y Matemático, de Educación Secundaria Obligatoria, y forma parte de los materiales curriculares del proyecto del Grupo Editorial Bruño, S. L.

Juan Ignacio Luca de Tena, 15
28027 Madrid

ISBN: 978-84-696-1419-8
Depósito legal: M-17665-2016
Printed in Spain

BS007950/1E-3I – 7120244